鸣谢

本著作出版得到2013年教育部人文社科青年基金项目《美国专业博士学位研究生教育的制度变革与模式创新研究》（13YJC880041）的资助。

美国教育博士专业学位的发展与变革研究

李云鹏　著

山东人民出版社

国家一级出版社　全国百佳图书出版单位

序

李云鹏的专著《美国教育博士专业学位的发展与变革研究》是他博士论文的升华。著作的出版是一件值得祝贺的事情。

我国教育博士专业学位制度的实践正在进行之中，有很多的疑惑、问题和争议，如何坚守教育博士专业学位的独特性质和定位，切实提高教育博士的培养质量，这是我国发展教育博士专业学位必须持续思考和解决的问题。我国教育博士专业学位制度的建设和发展首先需要有国际的教育博士专业学位发展的参照，吸取其经验和教训，以便更好地发展我国教育博士专业学位培养模式。《美国教育博士专业学位的发展与变革研究》正是在我国教育博士专业学位制度开始实行的时代背景下提出的一个具有时代性的课题，对于我国教育博士专业学位的发展具有借鉴价值，是一项具有创新意义的研究。

美国教育博士专业学位制度的形成和发展具有世界意义，已经成为世界许多国家发展教育博士专业学位的重要参照。李云鹏的著作以美国教育博士专业学位的发展动力为思考的基础，研究的内容具有开创性。首先，著作论述了美国教育博士专业学位的产生和发展过程，历史地分析了美国教育博士专业学位产生的现实基础和演变过程，并对哲学博士与教育专业博士在其发展过程中的关联和冲突做了较充分的论述，较好地把握了美国教育博士专业学位的基本特征和规定性。其次，著作对美国教育博士专业学位发展中的各种争论做了深入的剖析，探讨了教育博士专业学位的性质、价值、地位、定位等高等教育的基本理论问题，不仅揭示了美国教育博士专业学位发展的困境，也指出了各种争论对教育博士专业学位发展的价值。其三，著作从社会转型、知识论转向、方法论转向等方面论述了美国专业博士学位代际嬗变的动力机制，其对美国博士生培养目的的转变、知识生产模式的转变和博士生教育、培养方法的转变等方面的论述，对于我国如何开展教育博士专业学位的教育具有实践和理论价值，著作论述的方式具有较强的理论性。其四，美国教育博士专业学位制度具有多样性，著作重点分析了三个具有典型性的教育博士专业学位的模式，既揭示了美国教育博士培养模式的大学自治和学术自主的院校个性特点，又揭示了美国教育博士专业学位突出经验课程和专业实践的基本取向和共同规律。

李云鹏的著作讨论美国教育博士专业学位的发展动力与变革模式，目的在于论述我国教育博士专业学位如何开展，著作的研究目的是明确的。著作能够始终秉持比较教育研究的立场，以跨文化研究的视角，以事实资料为依据，深入分析美国教育博士专业学位的本质、发展动力和存在的问题，而不是简单化地把美国教育博士专业学位看作是可以移植的样板。

李云鹏在南京师范大学教育科学学院攻读博士学位期间，是一位非常用心于学问的学生，对所研究的课题潜心思考，学业有较大进步，发表了一些相关研究成果。他的博士学位论文站在我国教育博士专业学位未来发展的基础上，对美国教育博士专业学位进行了较好的文献研究和理论分析，受到评审和答辩专家的肯定。作为他的博士论文指导教师，我为他取得的进步感到由衷的高兴。更加值得庆贺的是，他的博士学位论文还获得了中国高等教育学会第九届“高等教育学”优秀博士论文提名奖（2013），以及中国学位与研究生教育学会第三届优秀博士学位论文奖（2013）。现在这部专著的出版，正是对他持续努力研究的最好奖励。借这部著作出版之际，希望李云鹏在学术的道路上继续开拓创新。

程晋宽

2014 年 2 月 16 日

于南京师范大学

目 录

导 论

一、研究背景与研究意义

（一）研究背景

教育博士（Doctor of Education, Ed. D.）是一个什么性质的学位？有什么特点？我国要不要发展教育博士？如何发展？在思考和解答这些问题时，只有放在国际视野中，通过比较研究，才能结合我国的实际情况寻求解决问题的对策，才能在把握共性的同时知道如何去创造个性。比较教育研究犹如一面镜子，为我们设计和实施教育博士提供了有价值的国际参考。

教育博士是一种国际广泛使用的专业博士学位。它以从事教育管理和教育教学工作、具有丰富实践经验并已取得一定成就的专业人员为培养对象，以造就善于运用教育理论与方法来探索和解决教育实际工作中复杂问题的高级专业人才为培养目标。本研究主要基于我国的现实问题及理论欠缺，来进行比较教育研究，以提供国际比较借鉴的资源。

1. 现实的问题

从2010年以来我国教育博士生培养的初步经验来看，各校对教育博士的认识分歧很大，举办教育博士的15所院校的培养方案可谓千差万别，质量评价标准也很不相同，这在一定程度上反映了我国高等教育界对教育博士还缺乏科学认识。对此，笔者认为，由于各校的发展状况和资源条件的不同，培养方式会有较大差别，但对于一个“新生”学位的基本认识应该是比较一致的，对教育博士的学位本质和运行规律应该有一个比较统一的认识，因为这是我们进行教育博士研究生培养的认识论基础。钟秉林教授等人在教育博士设立之初就警告说:“如何保证教育质量，将是教育博士专业学位平稳健康发展所面临的关键问题。”[1] 笔者认为这个“质量”的基础，仍然是人们对教育博士的本体论认识基础。但我们现在缺的恰恰就是这个基础。美国最初博士生教育的教训应该引以为戒：20 世纪初随着美国博士生教育规模的迅速扩大而逐渐出现质量危机。突出表现为，美国大学颁授的博士学位得不到欧洲大学的认可，最有学术前途的美国大学生依然选择去欧洲留学获得博士学位。其主要原因有二：其一，实用主义理论在这一时期盛行一时，博士生教育忽视系统基础理论的学习与研究，严重影响了博士生教育的理论根基和学术水平；其二，美国博士生教育不像欧洲大学那样有严格而统一的质量标准，而是相对分散，缺乏统一性，甚至出现了“文凭工厂”的现象，一些实力较差的机构也自称“大学”，颁发博士学位，有的大学甚至为没有到学校上课而只通过考试的人颁发博士学位。缺乏统一标准和一致性严重影响了美国博士生教育的质量。[2] 可见，任何一种教育实践，如果没有高质量标准，那么它的生命力就不会强大而持久，而要保证高质量，必须从制度设计、运行和质量保障机制等方面做出努力。

在我国教育博士研究生教育的初步实践中，就遭遇到很多困难。据笔者对自己所在学校教育博士生的调查发现，教育博士生普遍认为收费过高，对培养方案尤其是对课程安排普遍不满意，认为选修课和研讨课太少，课堂中个人参与讨论的机会很少，符合个人需要的内容不多。对比美国的教育博士研究生教育，我国的教育博士研究生教育存在以下不足：目标不明确，制度建设滞后，机制不健全，培养方案不清晰，套用教育学博士的培养模式，课程设置不合理，教学方法落后，专业博士学位的特征不明显，所需的教育资源明显不足，高收费没有合理的解释，质量评价与保障措施不完善，对教育博士项目的投入与学生支付的学费及附带成本不成比例，“重申报、轻建设”的老毛病依然存在，甚至在某种程度上得到强化。这些现实问题的存在，客观上促使我们必须深刻反思我国初创的教育博士专业学位本身及其相应的教育。我国教育博士是在强大的市场需求压力下设立的，所以尽管存在“高收费、低投入”的问题，但报名者仍然十分踊跃，报名人数与录取人数的比例远远大于教育学博士，由

---

① 钟秉林，张斌贤．我国专业学位教育发展的新突破——写在教育博士专业学位诞生之际[J]．中国高等教育，2009(3,4)：37－39.

② Ann Speicher. *The Association of American Universities: A Century of Service to Higher Education. 1900－2000.* 见 www. aau. edu/WorkArea/showcontent. aspx? id＝1090. 2011－12－15.

此可以看出考生更看中的是其相对容易获得的博士学位头衔。这种“理性选择”在美国也很常见。美国对加州社区学院主要行政领导攻读博士学位的动机调查显示，高于64%的人是为了工作晋级和职务提升，博士学位的符号价值大于教育本身的价值①，但这与教育博士的原初目的相悖。

2. 理论的欠缺

从我国颁布的教育博士的政策文本来看，我国建立教育博士的基础之一是国际经验，尤其是美国经验。但笔者通过对美国教育博士的研究发现，我们对它了解得还远远不够，而且，有许多不准确的信息，甚至是误解。我国在实施教育博士研究生教育的过程中，如何借鉴美国教育博士研究生教育的成功经验同时避免美国在发展教育博士过程中遇到的问题，如何保障教育博士的培养质量，如何在调和众多利益相关者利益差异中找准自己的位置，这些都是亟待研究的课题和现实任务。杨启亮教授曾经指出我国在教育硕士研究生教育中存在理论共识与实践冲突的问题。而当前我国教育博士面临的问题更加严峻，因为我们在理论上还远远没有达成共识，还需要对教育博士进行深刻而全面的认识及准确的把握。美国是教育博士的发源地，是美国比较成熟的专业博士学位类型之一，成为世界各国学习和借鉴的榜样，也是我国设立教育博士及实施其教育的主要参考对象。鉴于此，本著作以美国教育博士为研究对象。

追根溯源，我国的教育博士是一个舶来品。那么，美国举办教育博士的历史动因和现实背景是什么？教育博士的理论基础与动力机制是什么？美国教育博士的培养模式与变革模式有哪些？有什么共同特点？我国举办教育博士的动因和背景与美国有何异同？在我国特殊的社会背景和教育背景下，我国教育博士的制度设计和实践路径应是怎样的？作为一名比较教育研究者，笔者认为有责任对这一实践性和理论性都很强的问题进行全面而深入的研究。

在对美国有关教育博士的文献阅读中，笔者发现有很多促成美国教育博士产生与发展的动力因素，还有很多是对教育博士的性质与地位的争论。由于这些争论及社会环境、知识生产模式转型、专业博士学位代际嬗变等变化，很多高校不断进行或主动或被动的变革，以寻求教育优化来适应社会需要，确实产

---

① Barbara Townsend. *Rethinking the Ed. D. ,or What's in a Name*? A paper prepared for the Annual Meeting of the Association for the Study of Higher Education, Sacramento, California, November 21 – 24. 2002.

生了一些广受欢迎的教育博士培养模式。因此，本研究以美国教育博士的发展动力与变革模式为切入点，以相关的政治、经济、文化和高等教育的发展动力为自变量，以教育博士的变革模式为因变量，来系统分析美国教育博士的理念及其背后的认识论与价值论，归纳出教育博士的本质规律与发展趋势。

雅斯贝尔斯指出："当社会发生根本变革时，教育也要随之而变；而变革的尝试首先是对教育本质问题的追问。"① 当下我国的教育变革正处于关键的转型期，国家也一再倡导要创建创新型国家，建设现代大学制度，建设高等教育强国。此时追问在我国诞生的教育博士专业学位的本质尤为必要，且意义深远。而要科学地把握教育博士的本质，必须采用科学的研究方法，遵照科学的研究范式。就笔者看来，我国当下对教育博士的研究范式存在两大问题：其一，我国的很多研究往往有很多先入为主的成分，有政策注解的嫌疑，这与比较教育研究一直倡导的发现事实、尊重事实的"客观性"研究相悖，而且"注解"往往缺乏足够确切事实材料的支撑；其二，比较教育研究的"客观性"一直是比较教育学者倡导最多，也是破坏最多的原则。本研究坚持"客观性"这个原则。

3. 比较研究的必要

中美两国产生教育博士的背景和动力不同。美国除了外在的社会需要推动之外，还有教育学学科自身需要、知识生产模式转型的动力推动，而我国更多的是强大的市场需求，因为我们的学位与任职资格并没有形成美国那样紧密的关系。如果仅仅是市场这种外在需要，就在博士生教育的层级上单独开辟一块，其代价是否太大？试想，在其他社会背景和动力机制尚不成熟的情况下，仅靠自上而下的行政命令来推行一套新的学位类型和教育形式，其存在的质量保障机制必然令人担忧。目前，我国在教育博士专业学位制度方面的研究明显滞后。学位是一种高等教育的管理手段，学位制度建设的程度和水平直接决定了教育博士研究生教育的质量，而我国对世界最新的教育博士的发展状况关注不够。美英澳等国的博士学位类型已经超越了学术型与专业型的二分思维，多种博士学位类型并存。仅就专业博士学位而言，也正在发生"第一代"向"第二代"的嬗变，教育博士也有一些"替代品"日渐崛起。而这些在当前我

① ［德］卡尔·雅斯贝尔斯．什么是教育[M]．邹进译．北京：生活·读书·新知三联书店，1991：43.

国的研究中还非常少见。因此，对国际范围内教育博士的最新发展及其趋势的研究极为紧迫，比较教育研究者的责任担当意识促使笔者做此研究。

本书的研究假设是：美国教育博士是美国这个特定社会、经济与文化的产物，其发展与变革是与美国社会的发展相一致的，刻有明显的美国烙印。著名比较教育学家康德尔（Issac Kandel）认为，比较教育研究的最终目的应是"发现教育问题，探讨问题产生的原因及其在特定背景中的解决办法，以及发展教育的原理和原则"①。因此，本研究力求避免就事论事的引介与简单的现象描述，而是试图挖掘影响美国教育博士发展的动因、动力机制和变革模式。我们只能从对美国教育博士的深入研究中获得理性借鉴、启示和警示，不可照抄照搬美国的做法。我国的教育博士学位制度和培养模式需要一个本土生成的过程。

（二）研究意义

我国应该充分发挥"后发外生型"国家的比较优势，既可以吸收美国教育博士专业学位制度的成功经验，降低制度设计的成本，又可以避免美国教育博士专业学位制度的问题，降低制度运行的风险，产生更大的社会效益。尤其是我国正处于教育博士专业学位研究生教育实施的初始阶段，更有必要建构一个科学的制度设计和一个既符合现实又有前瞻性的培养模式。

1. 有助于深化对教育博士本质规律的认识，促进教育博士理论研究的发展

我国的教育博士是借鉴国外经验的产物，缺乏教育博士原生的文化、传统和社会土壤。而目前，我国对整个博士生教育的研究还处于初步探索阶段，理论研究比较薄弱。本研究将有助于我们从考察美国教育博士的纷繁复杂、零碎多样的表象世界中摆脱出来，抓住教育博士及其教育的本质规律，从而深化对教育博士及其教育的认识。

2. 有利于提供教育博士专业学位制度设计的理论依据和政策建议

由于我国开展教育博士培养起步晚，实践经验不足，加之理论研究的匮乏，还没有形成符合教育博士本质规律的教育博士理论体系和制度框架，导致实践中存在诸多盲目性、随意性，发展中还面临许多挑战，迫切需要理论

---

① 参见：陈时见．比较教育导论［M］．北京：商务印书馆，2007：7.

的指导与匡正。因而，加强对教育博士专业学位及其教育的理论研究，为我国教育博士专业学位制度的建设提出急需的政策建议，就显得尤为紧迫和重要。

3. 有助于提供我国教育博士培养模式的参照

本研究在对美国教育博士发展动力与变革模式进行深入分析的基础上，探讨了教育博士的本质特征与发展规律，可以为我国教育博士培养提供可资借鉴的“参照框架”，对纠正我国教育博士实施过程中的具体问题具有重要指导价值，并有利于我们在实践中探索出符合我国实际的教育博士理论体系和卓有成效的培养模式。

4. 有利于指导我国教育博士人才培养的模式创新

从美英澳等国的最新发展来看，博士生教育的类型已经不再是学术型博士与专业型博士两种概念所能够涵盖的，专业博士的内涵与外延都在扩大。有学者根据一些学校的实践提出专业博士第一代与第二代的区分①，甚至“实践者博士”这种第三代的专业博士都初露端倪②。然而我国对博士学位的认识仍然局限在学术型博士与专业型博士、教育博士与教育学博士的传统二分思维中，对教育博士借鉴的入口基本上仍然是第一代模式，而这是美英澳等国已经超越了的阶段，这是我国教育博士专业学位制度制定者和实施者亟待突破的。本研究以国际比较的视野致力于获得对教育博士专业学位本质与发展规律的把握，对教育博士的发展趋势作出准确的判断，为教育决策提供科学的依据。从这个意义上说，本研究有助于构建适合我国国情的、符合教育博士本质规律与趋势的教育博士专业学位制度和培养模式，缩小我国与发达国家在教育博士理论研究和实践方面的差距。

本研究力求突出“问题意识”，出发点是我国教育博士的理论与实践，着眼于对实际问题的理论思考，力求对美国教育博士专业学位的发展动力和变革

---

① 参见：Tom Maxwell. From First to Second Generation Professional Doctorate. *Studies in Higher Education*, 2003(3): 279－291. Alison Taysum. A Distinctiveness of the EdD within the University Tradition. *Journal of Educational Administration and History*, 2006(3): 323－334. 注意：是先有实践，后来学者归纳出其代际划分。

② 参见：Stan Lester. Conceptualizing the practitioner Doctorate. *Studies in Higher Education*, 2004(6): 757－770.

模式做出理论探讨，形成教育博士的理论分析框架，进而对我国教育博士专业学位的制度创新产生一定的理论引导作用。比较研究意味着变革，通过把美国教育博士专业学位制度和培养模式的成功案例作为参考和借鉴，期望更加科学理性地设计我国的教育博士，这就是本研究的社会担当和价值使命。

二、文献综述及概念界定

围绕着“美国教育博士”这一核心问题，笔者通过中国知网、ProQuest 博硕论文全文库、SAGE、JSTOR、EBSCO、Springer Link 数据库等主要的国内外学术资源，对本书所涉及的研究文献进行了全面而系统的查阅。通过阅读和分析，发现目前关于美国教育博士的研究主要集中在以下几个方面。

（一）国内研究现状及不足

综观我国对教育博士的研究，对美国教育博士的研究占据主导地位，以这些文献的基本价值取向为标准，可以分为引介倡导型、批判反思型、知识生产模式与教育博士关系评介型。

1. 引介倡导型

近年来，社会各界对博士生教育的形式和质量给予了前所未有的关注。国内较早关注西方博士生教育的是陈学飞等人，他们较全面地分析了西方的博士生培养模式，对西方博士生教育的历史演变历程、现实状况和主要特点进行了系统描述和介绍，其中在美国篇中有对教育博士与教育学博士培养模式比较的论述。① 刘献君等人研究了发达国家博士生教育中的创新人才培养机制，指出发达国家之所以人才辈出，从根本上说，是因为其高等学校能够根据社会需要和人才成长的内在规律，确立自己的博士生教育理念，不断改进和完善博士生教育的培养目标、过程、保障机制及教育方式、方法，几乎每所创办得比较成功的高校都有一套独具特色且行之有效的创新人才培养模式；认为借鉴发达国家高校的先进经验，我国应大力推进专业学位建设，变革研究生教育类型与规格的结构，以适应社会经济发展的需求。② 陈洪捷等人立足国际视野，分析了

① 陈学飞等．西方怎样培养博士——法、英、德、美的模式与经验[M]．北京：教育科学出版社，2002.

② 刘献君．发达国家博士生教育中的创新人才培养[M]．武汉：华中科技大学出版社，2010.

西方博士生教育强国最近20年的演变与改革趋势，并系统梳理了国际学术界在博士生教育改革、博士质量、专业博士、学术训练等方面的已有研究。① 后两者都是2010年后的近作，都是建立在大规模调查研究基础上的力作，可见博士生教育已经成为当下我国教育研究的一个热点，其中有些内容涉及美国教育博士。

就博士论文来讲，赵立莹以美国博士生教育评估为对象，以评估体系的有效性为切入点，解析了美国博士生教育质量评估体系的特征与未来走向。② 张凌云认为博士生培养模式包括三个维度，分别是博士生培养力、博士生培养方式和博士生培养关系。这三个维度之间的相互作用，是博士生培养模式的变革与发展的根本原因。③ 骆四铭比较系统深入地研究了学位的发展、特征、本质与功能，在分析了我国学位结构与管理中的问题之后，提出一些值得思考的观点：大力发展专业学位高等教育，提高专业学位授予量的比重，改“国家学位”为“大学学位”，建立自主、灵活、自我约束与市场约束相结合的学位制度等。④ 邓光平分析了分权管理模式下的美国专业学位设置政策，指出分权制与多元化是专业学位设置的背景，其特点是阻力小、贯彻好、自主性强、与任职资格相衔接。⑤ 这些对博士生教育和学位的研究成果对笔者有重要的启发作用，并相信“学位研究”会成为一个重要的研究领域。

张应强、马健生、钟秉林等人的研究⑥涉及了美国的教育博士，论证了我国设置教育博士的迫切性和可行性；认为设置教育博士不仅是我国教育专业发展和教师个人发展的需要，而且也是完善我国学位制度的需要，而广大的生源基础、丰富的培养经验和积极的参与热情为此提供了可能。但笔者认为，这些需要都是外在的，而对教育学科研究和教育发展变革这些内在的需要论述得并

---

① 陈洪捷．博士质量:概念、评价与趋势[M]．北京:北京大学出版社,2010.

② 赵立莹．美国博士生教育质量评估体系发展研究[D]．华中科技大学博士论文,2009.

③ 张凌云．德国与美国博士生培养模式研究[D]．华中科技大学博士论文,2010.

④ 骆四铭．中国学位制度:问题与对策[D]．华中科技大学博士论文,2005.

⑤ 邓光平．我国专业学位设置的政策分析[D]．华中科技大学博士论文,2006.

⑥ 钟秉林,张斌贤．我国专业学位教育发展的新突破——写在教育博士专业学位诞生之际[J]．中国高等教育,2009(3,4):37－39;张应强．关于设置教育博士专业学位的政策建议[J]．现代大学教育,2003(1):40－43;马健生,滕珺．论我国教育博士(Ed. D.)专业学位设置的迫切性和可行性[J]．学位与研究生教育,2007(8):70－74.

不充分。是它们的需要还不强烈吗？仅仅或主要根据外在需要来实施一种新的学位，是不能令人信服的。

国内关于探讨美国教育博士培养模式的论文比较多。文东茅和阎凤桥以实地考察美国宾夕法尼亚大学等五所著名大学教育博士培养所获得的材料为基础，比较全面地介绍了美国教育博士培养的目标、规模、特点以及发展趋势。① 马金晶等介绍了美国圣路易斯大学将问题导向的学习理论、团队合作理论、项目管理理论、学校组织变革和教育改革理论作为教育博士培养的理论基础，通过重点改革课程设置和优化评价方式，重构了一个更具适切性的教育博士培养体系，为我国教育博士培养提供了现实的选择路径。② 李云鹏介绍了哈佛大学2010年新设的教育领导博士项目，指出了该学位对原有教育博士项目的修正，反思了我国教育博士研究生教育的一些问题，指出了很多可供我国发展教育博士研究生教育进行反思和借鉴的地方。③ 尽管个案研究难以揭示美国教育博士培养模式的全貌和共同特点，但这些个案是有价值的，也是符合美国高等教育高度多样化特点的。

我国对专业博士学位的研究主要集中在两方面。一方面，呼吁建立多样化的专业学位制度，如姚启和和康翠萍以华中科技大学高教所“大学校长博士学位课程进修班”为例，提出设置教育管理博士专业学位的设想，并对教育博士的培养目的、培养内容和培养模式等相关问题进行了分析。④ 邓光平介绍了国外专业博士学位发展历史及其内涵、特征与发展的原因分析，在借鉴国外专业博士发展的基础上，提出我国应高度重视分轨培养和分类指导、培养规格和质量标准的准确定位、联合培养为主、将专业学位与任职资格紧密联系起来。⑤

另一方面，对国外专业博士学位的介绍。陈洪捷等著《博士质量：概念、评价与趋势》有专章论述专业博士学位的兴起与扩散，分析了教育博士兴起

---

① 文东茅，阎凤桥．美国“教育博士”（Ed. D.）的培养及其启示［J］．国家教育行政学院学报，2004(3)：97－100.

② 马金晶，靳玉乐．美国圣路易斯大学教育博士培养的改革及其启示[J]．高等教育研究，2010(6)：67－71.

③ 李云鹏．哈佛大学“教育领导博士”学位的创设与启示[J]．比较教育研究，2011(5)：41－45.

④ 姚启和，康翠萍．学位制度改革的一项新课题[J]．高等教育研究，2000(6)：64－66.

⑤ 邓光平．国外专业博士学位的历史发展及启示[J]．比较教育研究，2004(10)：27－31.

的因素，但唯独没有教育学科这个内在因素，笔者认为这是不完整的。应该说，我国对专业博士学位结构体系的研究还十分薄弱，在一定程度上影响了教育博士的制度建设。

2. 批判反思型

我国对美国教育博士进行批判反思的理论研究还比较少。赵炬明对美国历史上曾出现的教育学博士与教育博士之间的争论进行了深入的探讨，并认为这场争论“典型反映了学术性价值观与职业性价值观在学位问题上的斗争”。该文认为，美国大学为高等教育研究生颁发学术性的 Ph. D. 和职业性的 Ed. D. 两种学位，这种双轨制既有利于学术发展，也有利于培养实践者。① 从本书对美国教育博士的发展动力与变革模式的研究来看，这种判断是准确的，对我国有重大指导意义。

张济洲、褚艾晶、邓涛②等人讨论了美国教育博士培养的问题与挑战、合法性危机。教育博士与哲学博士培养趋同问题及一些教育博士项目“含金量低”，引起美国关于教育博士的不断争论。面对挑战与危机，美国一些大学对教育博士项目不断改进，突破了传统哲学博士的模式，提高了教育博士的价值和意义。以上的研究对美国教育博士与教育学博士之间的趋同现象有所描述，但原因分析和理论挖掘不够，简单认为是两种学位的评价标准使然，缺少更进一步的追问。笔者认为，教育学学科的因素、知识生产方式、博士质量评价标准、人才培养模式及社会文化的因素都与美国教育博士学位制度的形成与发展关系密切。此外，我国已有研究提出应避免趋同，但如何避免趋同并没有给予深入的探讨。与我国认为应该把二者完全区分的简单思维不同，美国对二者趋同是利是弊存在不同看法。舒尔曼（Lee Shulman）等人指出：“在专业实践学位与研究性学位之间做出绝对的区分是危险的。两学位都应包括大量交叉的经验和训练。所有大学的博士学位必须建基于实体和过程方面的学术之上。”③

---

① 赵炬明．学科、课程、学位：美国关于高等教育专业研究生培养的争论及其启示[J]．高等教育研究，2002(4)：13－22.

② 张济洲．美国“教育博士”培养的实践、问题与挑战[J]．高等教育研究，2009(3)；褚艾晶．“教育博士”培养的合法性危机——基于美国现实面临的问题与挑战[J]．复旦教育论坛，2008(3)；邓涛．国外教育专业博士教育的成效与问题[J]．学位与研究生教育，2009(8)：72－78.

③ Lee Shulman, et al. Reclaiming Education's Doctorates: A Critique and a Proposal. *Educational Researcher*, 2006(3): 25－32.

3. 知识生产模式与教育博士关系评介型

我国近年来对吉本斯等人提出的知识生产模式理论进行了评介，并尝试用这个理论视角来分析专业博士学位或教育博士学位制度。文东茅等人认为吉本斯等人提出的知识生产模式是一个有用的概念工具和分析框架，并认为它是近年来关于学术研究最有影响的理论之一。他们用知识生产模式Ⅱ分析了北京大学教育学院在学术研究、人才培养和组织机构方面发生的变化。① 马万华认为，增加大学学术活力的另一要素就是不同专业学院的建立打破了传统学位教育体系。各种专业学位，比如法学博士学位和工程博士学位等的出现展示了高层次人才培养的多样性。学位教育的多样性为高度发达的后工业社会提供了不同的专业领导人才。② 陈洪捷指出，为了回应知识生产模式的变化，当代博士生教育已经进行了一系列的调整和改革，如增加博士学位的类型、培养模式的多样化、跨学科培养博士、与工业界合作培养博士等等。如何在推进改革的过程中既满足知识生产新模式的需求，又维持博士生教育的"高质量"，是当今世界面临的挑战，也是中国面临的挑战。③ 李云鹏运用知识生产模式理论论述了知识生产模式转型与专业学位代际嬗变之间的内在关系，并以美英澳等国的实例说明了知识生产模式与专业博士学位的互动关系。④ 黄启兵和毛亚庆认为吉本斯关于知识生产的"模式Ⅱ"与质量控制的相关论述为我们理解高等教育质量保障提供了理论基础。⑤ 陈洪捷把知识生产模式与博士生教育联系在一起，认为在很大程度上，博士生教育在世界范围内的改革无不在某种意义上回应知识生产模式的转型。知识生产模式Ⅱ的一个特点是知识在应用的情境中被生产出来。这一变化与世界范围内专业博士生教育的兴起是密切相关的。博士学位类型的多样化是与知识生产的应用语境和知识生产的异质性密切相关的。⑥ 这些研究是分析包括教育博士在内的专业博士学位的重要理论视角，也呼应了一些国外学者的观点。

---

① 文东茅，沈文钦．知识生产的模式Ⅱ与教育研究[J]．北京大学教育评论，2010(4)：65－74.

② 马万华．研究型大学知识生产模式的变革与学术研究的多元发展机制[J]．北京大学教育评论，2009(1)：44－51.

③ 陈洪捷．北大高等教育研究：学科发展与范式变迁[J]．北京大学教育评论，2010(4)：2－11.

④ 李云鹏．知识生产模式转型与专业博士学位的代际嬗变[J]．高等教育研究，2011(4)：42－48.

⑤ 黄启兵，毛亚庆．高等教育质量的知识解读[J]．清华大学教育研究，2009(6)：16－22.

⑥ 陈洪捷．知识生产模式的转变与博士质量的危机[J]．高等教育研究，2010(1)：57－63.

4. 国内研究的不足

目前我国在美国教育博士的已有研究中存在的问题和不足主要表现在六个方面。①研究工作主要停留在对美国教育博士研究生教育实践经验的总结或解释说明的层次上，多是对教育博士的属性、培养模式、影响等维度的介绍性质的研究，理论研究深度和广度不够。笔者强调，发展教育博士研究生教育，首先必须明确教育博士的性质，区分专业型教育博士与学术型教育学博士的关系，找准教育博士的定位，认清教育博士及其教育所肩负的时代使命。唯其如此，才能准确把握教育博士及其教育的发展方向，科学合理地制定教育博士的整体发展框架，引导教育博士健康而可持续的发展。②对美国乃至国际教育博士的最新发展和未来趋势研究滞后，对教育博士理论研究和实践发展的国际前沿把握不够，研究思维落后。③对为什么设置教育博士的理论研究不够，对教育博士的本质还没有清晰的认识，讨论教育博士还缺乏理论分析框架。④对教育博士的研究还停留在表面，而对教育博士的发展历史缺乏系统研究，更未能深入分析教育博士所处的内外部制度环境。教育博士的产生离不开所处的环境，环境既是产生的动因，也是必不可少的保障。⑤国内研究一般对专业博士学位做整体性的论述，较少注意不同学科领域及院校之间博士学位的差异。美国举办教育博士的院校特征非常明显，像哈佛大学的教育博士就坚持学术性博士学位的标准。这既与大学的自身定位有关，更与美国高等教育高度分权、大学自治、学术自由的传统密切相关。学位是大学学位而非国家学位，大学甚至教育学院就有充分的权力举办新的学位课程和授予学位。⑥对美国教育博士的影响因素挖掘不够。美国教育博士除了分权管理模式下专业学位设置政策所体现出的多样化思想满足了社会大众对受教育的多样需求之外，还在于有适宜的社会文化制度。社会文化制度的内核是文化价值观。指出这一点的必要性在于，我国当下的文化价值观和对学位的价值取向存在严重的问题。

（二）国外研究现状及趋势

国外对教育博士的研究范式与国内区别很大，其研究的主体除了研究者个体之外，更多的是民间组织——往往是基金会资助下的民间组织或个体的研究，而且往往持续数年。其研究的方法多使用大量而深入的调查、访谈和数据统计，研究对象范围广泛，包括教育博士的培养机构、社会团体、用人单位、博士生、博士学位获得者等，都被纳入到研究者的视野之中。比较典型的是莱文（Arthur Levine）主持的全国性的调查研究并发表了系列报告，影响很大。

此外，研究者的结论存在比较明显的差别，甚至对立。为此，研究者各方论战不断。尽管研究者对教育博士学位及其运行机制不断进行研究和争论，但是，在现实中，教育博士授予的规模一直是各学科领域中非常大的，而且在哈佛大学、哥伦比亚大学、伯克利大学等著名高校长兴不衰，一定程度上说明了教育博士的强大生命力。当然，教育博士在其发生发展的90年间可谓“命运坎坷、几经波折”①，经常处于争议甚至“危机”之中，但却屡屡从争议和“危机”中获得新生，原因之一就是得益于学者们的研究成果。而能够获得实践认可或获得实践效益的研究都是扎实的心血之作，如本书多次引证的舒尔曼、莱文、司考特（Peter Scott）、麦克斯维尔（Tom Maxwell）等人的研究，起于大量深入的实证调查，收于严密的逻辑推理，其研究结论令人信服。因此，真正有价值的教育研究必须要深刻，也必须要花大力气。

国外对美国教育博士的研究自从其诞生之日起就开始了。近年来，研究更加深入，政府、专业组织、大学在其中扮演着重要的角色。随着美国高等教育普及化和教育层次的逐步升级，对博士生教育和专业博士学位的研究和实践可谓如火如荼。美国有关教育博士的研究主要有以下几个方面：对美国教育博士缘起与现状的研究；对教育博士性质争论的研究；对教育博士与教育学博士关系的争论；对教育博士国际发展趋势的研究。

英国一向坚持“学术金本位”的学位标准，不太注重那些纯粹的应用技术和职业技术的学科和专业，但也于20世纪90年代初设置了教育博士和其他一些专业博士学位类型，并且规模迅速扩大。但法国和德国等对教育博士及其他专业博士学位的态度还是消极的，原因多是新学位的宗旨与大学的传统教育理念和办学宗旨相背。因此，教育博士能否成为一种全球性的学位类型还有待观察。

（三）核心概念的界定

1. 学位和学位制度

学位建立在严格的科学训练和学术考核的基础上，是评价大学乃至一个国

---

① 参见：赵炬明. 学科、课程、学位：美国关于高等教育专业研究生培养的争论及其启示. 高等教育研究，2002(4).

家学术水平的一个尺度，是衡量高等教育质量的一种标志。学位不仅是对个人学术水平的证明和学术资格的认可，也在一定程度上显示了一个国家在国际学术界的地位和影响。学位对个体和社会的作用如何，其价值发挥得如何，又主要取决于学位制度的建设与实施情况。学位具有学术性、等级性、职业性和效益性。

学位制度是国家或高等学校授予学位和保证授予学位的质量以及对学位工作实施有效的管理所制定的有关法令、规则或办法的总称。这是学位制度的“强制性要素”，形成学位制度的显性制度。学位制度反映一个国家的政治、经济、文化等基本社会制度并受其影响和制约，这些社会制度形成的价值观和民族习惯可以归结为学位制度的“文化—认知性要素”，其与社会责任和道德所形成的“规范性要素”，一起构成学位制度的隐性制度。因此，研究学位制度必须从其生存的社会、政治、经济、文化和整个教育系统来综合考察。

2. 专业博士学位

专业博士学位或专业博士（Professional Doctorate，Prof. D.），是美国博士学位的一种类型，涉及医学和法学等多个学科领域，教育博士是其中之一。在美国，专业博士学位的典型是第一专业学位（First professional degree）中的博士学位。专业博士学位是一种面向实践领域，强调应用性研究，解决实践问题，同时强调专业独创性的博士层次的终端学位。

2008 年美国国家教育统计中心（The National Center for Educational Statistics，NCES）提出新的博士分类方法，取消原来的第一专业学位，建立三个新的类别：研究/学术型博士学位（Doctor's degree-research/scholarship）、专业/实践型博士学位（Doctor's degree-professional practice）和其他类型的博士学位（Doctor's degree-other）。研究/学术型博士学位包括哲学博士（Ph. D.）、教育博士（Ed. D.）和理学博士（D. Sc.），其特征是要求论文必须是原创性研究或创造性尖峰计划。专业/实践型博士学位的特征是课程和实践，满足专业人员追求高层次专业知识和技能，经常包括外部机构认证的考试，这一类包括原来的第一专业学位的医学博士（M. D.）、兽医学博士（D. V. M.）、牙科博士（D. D. S.）及法学博士（J. D.）、药学博士（Pharm. D.）等等。第三类既不是研究取向也不是高级专业实践取向的博士学位，NCES 没有给出具体例子。①这种对博士学位的重新分类，把第一专业学位纳入到博士学位的行列，表明了美国对专业博士学位持积极支持的态度，明确了专业博士学位在美国高等教育体系中的地位，从学位类型上厘清了学术型博士和专业型博士，有效扭转了重学术轻专业的倾向。美国研究生院理事会（Council of Graduate Schools，CGS）在这次重新划分的基础上，把专业博士学位分为两类：一种是研究型专业博士学位，如教育博士，强调实践的可迁移的研究，其尖峰体验是学位论文或者实践项目；另一种是实践型专业博士学位，如法学和医学，以课程学习和临床实践为主要内容，目的是在对应专门职业领域获得任职资格，没有论文似的尖峰体验要求。② 那么问题的焦点在于，如果教育博士属于以研究为导向的专业型博士学位，那它与学术型教育学博士之间又有什么根本性的区别？这是本研究的核心问题之一。

事实上，在美国，教育博士并不是典型的专业博士学位，典型的专业博士学位是医学博士和法学博士。③ 美国原来的第一专业学位主要被作为一种进入专业岗位的“职前”高级职业资格（‘pre-service’ high-level qualification）。④而教育博士主要是旨在促进在职教育专业人员专业发展的“职中”性质的学位（in-service award）。⑤ 美国所论的专业博士学位的主体是第一专业学位，其典型代表是医学博士和法律博士，而不是教育博士。但我国当下的研究一般是对教育博士而言的，所以我国与美国所论的具体对象之间经常存在差异，笔者力图描述的是美国的客观情况。

哲学博士（Doctor of Philosophy，缩写为 Ph. D.，PhD 或 D. Phil.），是一个涵盖多学科的博士学位类型。教育学博士（Doctor of Philosophy in Educa-

---

① National Center for Educational Statistics, Proposed Changes to IPEDS Forms 2008 - 09—2010 - 11 (January, 2008). 见 http://nces. ed. gov/IPEDS/news_room/ana_Changes_to_1_29_2008. asp.

② Council of Graduate Schools. *Task Force Report on the Professional Doctorate*. CGS: Washington, D. C., 2007.

③ 这也是本研究强调指出的，我国专业学位不发达，而研究者又多来自教育领域，造成“专业博士即教育博士”“教育博士是专业博士典型”的假象。所以，在本研究中经常出现避开教育博士不谈，而对专业博士学位进行论述。

④ National Qualifications Authority of Ireland. Review of Professional Doctorates. 见 http://www. eua. be/fileadmin/user_upload/files/EUA1_documents/Review of Professional Doctorates_Ireland2006. 1164040107604. pdf.

⑤ Dale Andersen. Differentiation of the Ed. D. and Ph. D. in Education. *Journal of Teacher Education*, 1983 (34): 55 - 58.

tion）是哲学博士之一，本书使用“教育学 Ph. D.”。与教育博士（Ed. D.）相对比的即为教育学 Ph. D.。

3. 教育博士

在美国，教育领域被看作是一个专门的职业领域，有着相对宽泛的内涵，在社会生活中也有着相当广泛的适用性。教育学是一个学科群，包括了健康与安全教育博士（D. H. S.）、音乐教育学博士（D. M. E.）、体育学博士（D. P. E.）、宗教教育学博士（D. R. E.）。而我国教育领域针对性较强，适用面相对较小。教育学博士学位被视为研究型（学术型、理论型）学位，而教育博士被视为专业型（应用型、实践型）学位，好像是泾渭分明。但实践中二者区别甚小，出现严重的趋同现象。为此人们进行了广泛的研究，实践中也出现了一些积极的变革。从美英澳等国研究文献对专业博士学位的内涵界定来看，随着时代的发展，产生了代际嬗变，从学术性有余而专业性不足的第一代转向强调专业实践性的第二代。教育博士作为专业博士学位的重要一员，发挥着表率作用。因此，本研究认为教育博士是教育领域与教育学博士并列的以培养专业实践型从业人员的学位。在美国，教育博士是一门基于教育学科的博士学位，培养学生从事教育领域的学术、行政、教学或研究职位。教育博士是一个终端学位，美国国家科学基金会（the National Science Foundation，NSF）认定其严格性和地位等同于哲学博士。

教育博士的英文名称有 Doctor of Education 或 Doctor in Education，缩写为 Ed. D. 或 EdD 或 D. Ed.，国内也有人翻译为教育学博士、教育博士专业学位。本书采用教育博士专业学位、教育博士或 Ed. D. 的说法。

三、研究方法与分析框架

（一）研究方法论与研究方法

1. 研究的方法论

比较研究是一种有用的且有益的社会科学工具，但它是一种需要运用审慎思考与分析的工具。“比较视角是一种批判性视角——它意味着审慎地对教育、模式和实践进行评价。”① 比较研究法是对事物同异关系进行对照和比较，

① ［美］菲利普·阿特巴赫．比较高等教育：知识、大学与发展［M］．人民教育出版社教育室译．北京：人民教育出版社，2001：中文版导言，3.

从而揭示事物本质的思维过程和依据方法。由于中美两国国情的巨大差异，使得本研究可能会遭遇到怀疑，但任何比较都是暂时抛开了那些不可比因素之外的比较，而且比较教育研究的最终目的是发现教育规律以丰富自己的教育理论和改进本国的教育实践。教育博士作为一种实施博士生教育的途径，其学位制度的构建是各项任务的重中之重。鉴于美国高等教育的高度多样性和博士生教育的高度个性化的特点，本研究把相关的案例与理论依据有机地结合起来，做到点与面相结合，定量与定性相结合，融理论分析于事实描述之中，以求从对美国教育博士的本质与发展规律的研究中，获得理论的启示和有价值的借鉴。

教育在社会体系中从来不是孤立的，而教育制度和学位制度都是与该国历史文化传统和国家发展现状及发展趋势相适应的，必须把教育放在社会发展的大背景之下，解释教育与社会各种动力因素之间的相互关系。“比较教育的研究所关心的主要问题，不是在于分析世界不同地方教育制度如何建立，或如何管理，而是力求探索每个国家、或者社会、或者社团为什么建立这样的教育制度，为什么进行这样的管理。”① 比较教育研究不仅要力图全面客观地描述和解释教育现象以说明研究对象“是什么”，更要深入到研究对象的背后，探究那些影响教育对象的动力因素与研究对象之间的关系，解释教育对象“为什么”会如此存在与发展。

2. 具体的研究方法

（1）历史分析法。在比较教育研究中，历史分析法是最为常用的研究方法之一，康德尔把历史法的操作程序概括为描述、解释、比较和抽象四个阶段。一国的学位制度必然深深根植于过去，比较教育研究也必然要从历史中寻求制度的发展规律。本研究通过对美国教育博士学位制度发生发展的历史沿革、动因及阶段进行比较分析，揭示教育博士产生与发展及变革的内在动因和发展趋势。

（2）文献分析法。文献分析法是通过对文献进行查阅、分析和整理从而找出事物本质属性的一种分析方法。本研究采用文献分析法，主要是由研究问题本身决定的。关于美国教育博士研究的文献可谓浩如烟海，既要从中找到核

---

① ［美］艾萨克·康德尔．教育的新时代——比较研究［M］．王承绪等译．北京：人民教育出版社，2001：41.

心文献，又要对文献的真实性与可靠性进行甄别，从大量资料的论述中找出关键性特征及其客观性证明。美国对教育博士存在很多的争论，使得文献研究尤为重要，同时难度较大。

（3）因素分析法。因素分析法的目的是通过对决定学位制度诸因素的解释分析，来探求其形成的原因。安德森等人认为，社会是一个有机的整体，而教育既是这一有机整体的一个组成部分，又是一个相对独立的体系。因此，对美国教育博士的研究必须考察其与美国社会诸因素之间的互动关系。本研究重视对美国教育博士专业学位制度的内外部发展动力的研究，深入到美国的民族文化传统、经济发展、政治背景等方面，系统分析探讨与教育博士发展有关的各种因素，达到总结教育博士一般规律的目的。在进行具体分析的时候，本研究还借鉴了因素分析法的思路对影响美国教育博士的发展动力进行多因素的分析。

（4）案例法。在美国这样一个以多元文化为特征的社会，教育博士的培养模式具有多样性特点和个性化色彩。因此，在美国教育博士的研究中，抽象的理论分析和单纯的泛泛而谈都很难揭示教育博士的共同特点，只有通过典型案例，才能揭示其异中之同及同中之异。本书选取几个有特色的典型案例来深化对教育博士变革模式的认识，以翔实的资料为基础，对美国几个代表性的教育博士变革模式进行研究。通过案例研究，我们可以窥见整个美国教育博士变革的共同特征，有助于我们抓住教育博士培养的规律，从而深化对教育博士研究生教育的认识。以此为参照，有利于我们在实践中，探索出适合我国实际的教育博士培养模式。

三个案例的选择是有目的的。CPED 是一个多校联盟的变革行动，规模大，变革程序规范，有理论指导和组织机构、评估反馈等。Peabody 和 HGSE 是两所教育博士培养的重镇，规模大，层次高，声誉佳。但二者也在近年尝试变革以应对最新的挑战，Peabody 的重点是改革尖峰体验的方式，HGSE 则是新设一个实践性更强的教育领导博士项目。

（二）分析框架

笔者强调高等教育变革与社会发展是一个互动过程，因此非常重视研究教育博士发展与变革及背后的发展动力。教育博士在性质上属于专业博士学位，具备专业学位的属性和博士学位层次的高度。而专业博士学位作为与学术博士学位相对的学位类型，更加与社会当下的发展密切相关，更能够直接反映和适应社会当下的需要。在众多理论中，吉本斯的知识生产模式理论的解释力比较强。该理论强调知识生产模式转型带来科研机构组织运行方式和人才培养模式的转型，进而引发高等教育与社会关系的转型，形成了知识生产模式转型与专业博士学位代际嬗变的互动。而专业博士学位的代际嬗变与美国的社会转型也处于一种互动状态之中，这种动态的发展与演变是教育博士发展的外在逻辑。从高等教育发展的内部来看，博士生教育的演进与高等教育三阶段的更迭也构成某种程度的互动。更微观地看，教育学科及教育学院的发展是教育博士发展的内在逻辑。所以本研究遵循教育博士的内外部两种逻辑相结合的研究路径展开，重点围绕什么是美国教育博士、它的发展动力与变革模式是怎样的、为什么会有这些变革、我国该怎么设计和运行我们的教育博士学位制度。

本研究分为五章四部分。

第一部分包括第一章，采用历史分析法、因素分析法和系统分析法，从纵横两个维度分析美国教育博士的产生背景及相关因素。作为研究铺垫，首先研究了哲学博士和专业博士学位的产生、发展、特点及面临的问题。然后论述了教育博士的产生与发展及其一般特点和培养模式。最后论述了教育博士的认证制度和评价制度。这些是教育博士学位制度的基本内涵。

第二部分包括第二、三章，采用文献法、比较法和个案法，展开对美国教育博士发展动力的研究。从认识论、方法论与价值论三个维度对问题与争论背后的实质进行挖掘和分析，揭示美国教育博士学位制度与美国特有的不断变更的社会、政治、经济、文化及高等教育发展阶段之间的互动关系，着力以对教育博士的性质与关系的双重争论及知识生产模式转型理论为教育博士发展的动力因素展开研究，从而发现美国教育博士研究生教育的特征和一般规律。

第三部分即第四章，对近年来美国教育博士的变革模式展开研究，并以案例研究法进行剖析探讨，以验证前文所论发展动力的效果，检验知识生产模式理论与专业博士学位代际嬗变的互动关系理论，从中发现美国教育博士的最新发展趋势。

第四部分即第五章，采用系统分析和比较法，对美国教育博士进行经验总结，基于“国际视野与本土行动”的理念，基于我国国情和理性借鉴的原则，对构建和完善我国教育博士学位制度进行思考。

四、研究创新与研究不足

（一）主要创新点

首先，研究选题的创新。在很大程度上，中国正在实施的教育博士是美国教育博士的翻版。但现有研究多集中在美国教育博士的成功经验，而对美国教育博士的发展动力与变革模式的研究还非常少。鉴于此，本研究试图通过剖析美国教育博士的发展动力与变革模式，来引发我国对教育博士的新思维，构建适合我国国情的教育博士学位制度和培养模式。

其次，立足前沿，探究美国及英澳等国教育博士的最新发展与变革的情况。本研究避开国内热衷对美国教育博士培养模式的研究范式，从本体论、认识论和方法论相结合的多维视角来审视并探究美国教育博士的本质内核与发展规律，将有助于从美国教育博士的纷繁复杂的表象世界中摆脱出来，抓住美国教育博士的本质，进而深化对教育博士培养规律的认识。

最后，理论上的创新。本书从内部与外部两条逻辑线索深入分析了美国教育博士产生的背景基础和发展的动力因素及动力机制，提出了知识生产模式理论与专业博士学位的代际嬗变的互动关系理论并予以详细的理论阐释。用案例研究的方法分析了三个代表性的变革模式，总结了它们的共性，验证了知识生产模式Ⅱ的理论效度。在总结美国教育博士研究基本结论的基础上，为我国发展教育博士专业学位研究生教育提出了一些新的观点。

（二）研究的不足

首先，本研究是跨国跨文化研究，虽然阅读和使用了大量的实证性的调查和统计资料，但缺少切身的感性认识和第一手的实证材料。其次，由于美国实施教育博士的教育机构高度多样性，限于资料的缘故，本研究还没有能够对它们做一整体性的研究，只是抽取了几所研究型大学作为案例，未免有失偏颇。但对我国的实际情况而言，也是颇有借鉴意义的，因为我国实施教育博士研究生教育的机构都是研究型或教学研究型大学。

第一章　美国教育博士专业学位的产生与发展

教育博士作为博士学位的一种类型和形式，与专业博士学位结构、博士学位结构乃至整个学位结构密切相关，其产生与发展既有学科发展需要和学位结构需要等内在原因，也有高等教育变革和社会发展的外在原因。分析美国教育博士产生的背景，有助于从根本上明晰教育博士的本质与使命。

第一节　教育博士专业学位产生的背景

由于教育博士在层级上属于博士学位，在类型上属于专业学位，因此，有必要从整体上对美国的哲学博士学位和专业博士学位进行系统的把握。

一、哲学博士学位的产生与发展

美国的高等教育模式源自欧洲的启示，其学位也来源于欧洲，哲学博士就是德国柏林大学哲学博士的翻版，但现代专业博士学位尤其是教育博士的发展却走在了欧洲的前面。

（一）哲学博士学位产生的背景

涂尔干在《教育思想的演进》中提出，要想真正理解任何一个教育主题，“都必须把它放到机构发展的背景当中，放到一个演进的过程当中”[①]。哲学博士学位在美国的演进也有一个过程，从历史的脉络来看，大致分为以下几个阶

---

① ［法］爱弥尔·涂尔干．教育思想的演进［M］．李康译．上海：上海人民出版社，2003：导言．

段：建国后开始实施研究生教育和建立攻读性学位（earned degree）[①]；19 世纪末尤其是以 1876 年约翰·霍普金斯大学的建立为标志，研究型大学开始建立，并迅速发展成为一个研究型大学类型群体，哲学博士开始与原创性理论研究密切相关，并迅速成为大学任教资格和准入证明；1958 年以后，博士生教育大量接受联邦政府的资助，伴随而来的是社会广泛而更加严格的质量检查与问责，在强大的外来压力之下，博士生教育不断进行变革与创新。

美国不同社会组织或专业组织对哲学博士概念的界定有所区别。1995 年美国科学、工程和公共政策研究会（Committee on Science, Engineering, and Public Policy, COSEPUP）认为："哲学博士是北美大学授予的最高学术性学位，哲学博士学位项目培养学生成为学者以发现、整合、应用知识，同时交流和传播知识。"[②] 美国研究生院理事会认为，哲学博士是"美国大学授予的最高级的学术性学位，表明该学位的获得者对所在学科领域做出了原创性贡献，扩大了该学科的知识边界"[③]。美国大学联合会（The Association of American Universities, AAU）没有直接对哲学博士做出界定，而是从课程要求的角度出发提出了博士生教育的概念："博士生教育是课程学习与培养学科接班人的结合，在开展课程学习和研讨课的同时，博士生与导师在教学和研究中合作。这是一个富有活力的伙伴关系，有经验的教师与年轻学术伙伴一道把兴奋与创造性结合起来。博士生教学和研究的主要目的是使他们能够获得对教学和研究的理解。在课程学习结束时，要求他们具备独立开展研究工作的能力。"[④] 尽管概念不同，但一般而言，哲学博士学位候选人应做出"独创性知识贡献"，这历来是授予哲学博士学位最根本的要求，而高度重视课程学习是美国博士生教育有别于其他国家的重要方面，也是其特色和成功的要素之一。

博士学位始于 13 世纪的巴黎大学，但在很长时期内都是荣誉性学位（honourary degree），并非攻读性学位，不要求严格的学术训练和高标准学术原

---

① 《教育大辞典》（第 3 卷）和《学位与研究生教育大辞典》等工具书多把它译为"习得学位"，但笔者认为翻译成"攻读性学位"更为准确。

② Committee on Science, Engineering, and Public Policy. *Reshaping the Graduate Education of Scientists and Engineers.* Washington, D. C: National Academy Press, 1995: 1.

③ Council of Graduate Schools. *The Doctor of Philosophy Degree: A Policy Statement.* CGS: Washington. D. C. 2005.

④ http://www.aau.edu/sheets/GradEdFS.html.

创的学位论文，而且仅局限于几个有限的学科领域，如法学、医学和神学。现代意义上的博士学位是1810年后在德国的大学以哲学博士的形式出现的，此时科学研究和知识生产成为现代大学的主要职能之一。这说明，博士学位或者说学位是大学组织运行的一个组成部分，其所有的特质皆来源于所依存的大学。没有现代大学及现代大学制度的存在，就没有现代学位制度和现代博士生教育。这也正是下文反复强调的：建设现代大学制度是包括教育博士在内的所有现代博士学位产生与发展的前提基础。①

美国的哲学博士学位始于耶鲁大学。早在1814年，耶鲁大学就尝试把研究生教育与本科生教育区分开来，要求学生在开始研究生教育之前必须获得学士学位。为了保证研究生教育的质量，耶鲁大学强调研究生必须全日制住校直到完成课程学习。1847年建立了独立的哲学与文科系（Department of Philosophy and Arts），同年，建立理科学院（Scientific School）和理科研究实验室，为研究生讲授高级人文科学和自然科学及自然科学在人文科学中的应用等问题，并新设应用化学研究所，开展研究生教育。耶鲁大学第一个攻读性博士学位很大程度上源于以后担任约翰·霍普金斯大学首任校长的吉尔曼（Daniel Gilman）的建议，他于1856年提出《建立一个完整的耶鲁学院科学学院机构的提案》（Proposed Plan for a Complete Organization of the School of Science Connected with Yale College），倡议建立谢菲尔德理学学院（Sheffield Scientific School）。在提案中，他呼吁建立哲学博士学位（Ph. D.），而且在授予学位之前需要严格的考试。② 随后，理科学院更名为谢菲尔德理学学院。

1860年谢菲尔德理学学院的院长波特（John Porter）请求校长和同事允许该学院与哲学与文科系合并，授予与德国大学相一致的Ph. D.，获得成功。最初，学士毕业后需要进行两年的研究生课程学习，获得两门外语语言能力，通过检查性和筛选性的综合考试，最后要求学位论文。论文需得到教师认可，要求必须是原创性的研究并获得有创见的结论。1861年耶鲁大学授予三名学生Ph. D. 学位，标志了现代博士生教育和博士学位制度在美国的初步形成。从

---

① 这是本书最基本、最重要的结论，这种结论来源于美国博士生教育和教育博士培养的经验，也是基于对我国当前博士生教育的现状与问题的反思。

② Francesco Cordasco. *The Shaping of American Graduate Education: Daniel Coit Gilman and the Protean Ph. D.* Totowa: Rowman and Littlefield, 1973: 24 – 26.

此，美国攻读性博士学位项目的基本结构是：博士学位课程学习、外语、综合考试和博士论文。这种制度设计至今仍然在使用。1876 年约翰·霍普金斯大学成立并确立以科研和研究生教育为该校的主要任务，强调 Ph. D. 学位原创性研究的属性，建立专门的研究生院，标志着制度化的美国博士生教育的正式形成。随后，哈佛、耶鲁、康奈尔、哥伦比亚、普林斯顿等私立大学纷纷成立研究生院，当时正在兴起的加利福尼亚大学、威斯康星州立大学等通过赠地法案崛起的公立院校也相继开设博士生课程，设立 Ph. D. 学位。

自 20 世纪以来，美国一直是世界上最发达的工业化国家，经济的迅猛发展要求教育也要快速发展来其提供发展动力及人才与智力资源，这就为博士生教育的蓬勃发展提供了重要契机。在 Ph. D. 学位设立之后，由于市场需求极大，Ph. D. 学位授予规模迅速扩大。1880 年全美共授予 Ph. D. 学位 54 个，1900 年增至 382 个，1940 年达到 3,290 个，1970 年代以后 Ph. D. 学位授予的规模稳定在 3 万多，1990 年代以来保持在 4 万多。与此同时，Ph. D. 学位授予院校数量也急剧增加。1940 年与 1920 年相比，授予 Ph. D. 学位的院校由 44 所增加到 88 所，增长了一倍。而且，Ph. D. 学位涉及的领域也逐渐多样化，从原来以自然科学为主逐步扩展到各个专业领域，如工程、教育、管理、商业等。

社会因素是影响 Ph. D. 发展的重要方面。从二战后至 70 年代初，科技的进步、社会和政府对博士生教育的重视程度加大、高等教育大众化与普及化的相继实现等诸多因素促使美国博士生教育迅猛发展。但 70 年代以后，政治危机、学生运动、高校师资趋于饱和（以 1976 年为开始标志）及适龄人口下降等不利因素，使得博士生教育进入萧条期，博士学位尤其是 Ph. D. 学位增长速度减缓，特别是在工科和自然科学领域。为了改变这种状况，80 年代联邦政府加大了对博士生教育科研经费的资助力度，再加上美国进入知识经济时代，博士生教育于 80 年代中期进入恢复期，但增幅缓慢，年均只有 2%，而此时专业博士学位授予数量开始大幅增加。

曾经一度，博士学位与硕士学位之间没有显著区别，硕士学位也是大学的任教资格。但 1900 年由 14 所著名大学组成的美国大学联合会正式宣布 Ph. D. 成为学位中的“金本位”(gold standard)，此后，Ph. D. 学位迅速成为大学的任职资格，相应地，硕士学位在大学中的地位急剧下降。Ph. D. 成为进入专业学术领域、获得专业身份的重要前提和主要标志，1909 年约翰·霍普金斯大学更是倡议把 Ph. D. 仅授予被认为能够对原创性研究做出一流贡献的学生。从此以后，只有持有 Ph. D. 学位的人被视为特定学科领域的专家。[①] 这种要求无疑把 Ph. D. 学位提升到了前所未有的高度，同时也使得一些实力弱的大学对 Ph. D. 学位望而止步。20 世纪初，“大学甚至学院都开始以教师中 Ph. D. 学位拥有者的比例来衡量学校的质量和层次。Ph. D. 学位开始成为学术职业的标志”[②]。因此，几乎所有层次的大学和学院都渴望招聘到 Ph. D. 学位获得者。例如，纽约城市学院 1904 年宣布，以后所有的教授都必须拥有 Ph. D. 学位，8 年后所有讲师的任职资格也要如此。1905 年伊利诺伊大学为了提升该校的地位，宣布未来所有教授必须从经受了严格训练的 Ph. D. 获得者中选拔。到 20 世纪中叶，无论是否从事学术研究，Ph. D. 学位都成为在大学任职的先决条件。“研究的实践随着科学的兴起而进入大学，而 Ph. D. 成为这种实践的资格。”[③] 自此，一个独特的“Ph. D. 文化”逐渐形成，Ph. D. 成为打算在大学任职者竞相追求的目标。

1918 年，美国实现初等义务教育。随着中小学教育的普及，硕士学位逐渐成为中小学教师和学校行政管理人员的任职资格，对研究生教育规模的扩大提出了要求。一战后，美国开始普及中等教育。中等教育的普及直接刺激了高等教育规模的发展，尤其是两年制初级学院的迅猛发展。同时，大量的学院升格为大学，办学层次提高，入学人数激增。因此，需要大量具有博士学位的教师，但当时培养博士学位的机构还很少，致使 Ph. D. 学位获得者远远不能满足高校市场的需求。例如，1884 年哈佛大学共有教师 189 人，其中只有 19 位教授拥有 Ph. D. 学位；密歇根大学有教师 88 名，只有 6 人拥有 Ph. D. 学位。到了 20 世纪 50 年代末，除了学术劳动力市场外，工业界也对聘用 Ph. D. 学位获得者表现出越来越浓厚的兴趣。Ph. D. 学位获得者呈现供不应求的状况，这在客观上刺激了博士生教育规模的迅速膨胀。在此背景下，博士培养机构尤其

---

① John Radford. Doctor of What? *Teaching in Higher Education*,2001(4):527 – 529.

② Victor Baldridge,et al. *Policy Making and Effective Leadership*. San Francisco:Jossey-Bass,1978:251.

③ Laurence Veysey. *The Emergence of the American University*. Chicago:The University of Chicago Press, 1965:176.

是教育学院的增长便是情理之中的事。

(二) 哲学博士学位的内涵与发展

在为不同目的而授予 Ph. D. 的不同专业里，Ph. D. 学位的性质和功能也显然不同。研究生院理事会的报告指出："博士生教育主要有三个功能：①培养基础研究人员和大学教师；②当雇主或其他资助机构需要研究工作时，为这些非学术机构培养研究人员；③为专业工作（profession）培养专业实践人员（practitioner）。"[①] 当然，这就是后来古斯瑞（James Guthrie）所批评的"一轨多能"[②]。不过，在博士生教育的初期，"一轨多能"也是必要的。有学者在强调博士学位所必需的知识创新能力之外，还赋予博士学位以道德和伦理维度的要求。舒尔曼说："我们认为博士学位是一个智力与道德交汇的学位，期望 Ph. D. 毕业生成为学科或专业的接班人（stewards），致力于整合生产、批判、转化、传播和使用知识的工作。"[③] 当然对学科接班人的理解仁智各见，代表性的观点是："在最完整的意义上来说，接班人是学者，能富有想象力地生产新知识，批判性地存储有价值的思想，负责任地通过写作、教学和应用转化理解，接班人还有一个道德和伦理的维度。"[④] 学科接班人不仅要有能力生产新知识，保存学科的传统知识，同时还要把知识转化为对他人和社会的益处。"学科接班人是那些负责维护学科本质，同时以批判的眼光对待未来，是那些我们赋予活力、质量和个别学科整合的人。"[⑤] 总之，虽然博士生教育的内涵还在不断变化，但都是在研究性和原创性两个基本属性基础上的深化与拓展。

二战后，美国高等教育迅速膨胀，但各学位层次的发展速度不同，体现了国家政策的发展导向。1940 - 1970 年间，在校研究生规模增长速度大大高于本科生，而博士生规模增长速度高于硕士生，本科生规模的增长速度高于人口

---

① Council of Graduate Schools in the U. S. *The Role and Nature of the Doctoral Dissertation: Policy Statement*. 1997:7.

② James Guthrie. The Case for a Modern Doctor of Education Degree (Ed. D.): Multipurpose Education Doctorates No Longer Appropriate. *Peabody Journal of Education*, 2009(84):3 - 8.

③ Chris Golde, George Walker. *Envisioning the Future of Doctoral Education: Preparing Stewards of the Discipline*. San Francisco: Jossey-Bass, 2006:3.

④ Chris Golde, George Walker. *Envisioning the future of Doctoral Education: Preparing Stewards of the Discipline*. San Francisco: Jossey-Bass, 2006:4.

⑤ Chris Golde, George Walker. *Envisioning the future of Doctoral Education: Preparing Stewards of the Discipline*. San Francisco: Jossey-Bass, 2006:4.

规模的增长速度。这说明，随着美国高等教育进入普及化阶段，高等教育的发展重心在逐渐上移，研究生教育尤其是博士生教育成为高等教育发展的重点，这也与美国进入知识经济社会和大力发展知识产业的政策导向相一致。

表 1－1　　1870－1980 年间美国学位授予数量

年　份	学士学位[a]	硕士学位[b]	博士学位
1870	9,371	0	1
1880	12,896	879	54
1890	15,539	1,015	149
1900	27,410	1,583	382
1910	37,199	2,113	443
1920	48,622	4,279	615
1930	122,484	14,969	2,299
1940	186,500	26,731	3,290
1950	432,058	58,183	6,420
1960	392,440	74,435	9,829
1970	827,234	208,291	29,866
1980	999,548	298,081	32,615

注：a 包括学士学位和初级专业学位；
b 除初级专业学位以外的所有硕士学位，1870 年之后包括所有硕士学位。
资料来源：Burton Clark. *The Academic Life：Small Worlds，Different Worlds.* The Carnegie Foundation For The Advancement of Teaching，1987：35.

美国的 Ph. D. 学位授予的规模除两次世界大战受到影响而降低之外，一直处于增长之中。当然每次回落之后，便是更大幅度的飙升。例如，1920 年较 1915 年减少了 8.01%，但 1925 年比 1920 年增长了 114.59%。二战后美国高等教育实现普及化，更由于受《国防教育法》推动，20 世纪 60 年代，Ph. D. 学位授予规模戏剧般地增长了 3 倍，使 Ph. D. 学位年授予量接近 3 万个，20 世纪 90 年代突破 4 万。这在一定程度上反映了国家政策对博士生教育的影响作用之大。

（三）哲学博士学位研究生教育的培养模式及学术标准

Ph. D. 的培养模式主要由课程学习、资格考试及学位论文三部分构成，传统的外语能力要求日渐淡化，但并非所有大学，如哥伦比亚大学教师学院的

Ph. D. 学位仍然要求掌握两门外语的能力。课程教学表现为较强的结构化和体系化，由广及深不断地趋向专门化，从结构性课程，过渡到专题研讨课和深入的独立研究并完成研究论文。学位论文要求展现学术工作的广度、研究的深度、独立和有效从事问题研究的能力。[①] 学位论文是博士生教育的核心要素，要求必须进行原创性研究，对相应的学科知识发展有独特贡献。博士学位论文应当：①揭示学生分析、解释、总结信息的能力；②展现学生对有关课题文献的知识，或至少了解以前支撑其论文的学术成果；③描述所使用的研究方法和研究程序；④以前后一致的、合理的方式提出研究结果；⑤展现学生充分地、有条理地讨论研究结果意义的能力。在自然科学学科中，博士论文必须充分地描述细节，使得其他研究人员可以独立地重复这些研究。[②] 这些严格的培养模式和学术标准有助于保证 Ph. D. 学位的卓越质量。

（四）哲学博士学位研究生教育的成就与问题

总体而言，美国的博士生教育已经与美国的社会经济结构融为一体，对美国的社会经济发展贡献卓著，成为美国社会经济腾飞的一个关键因素。博士生教育成为美国强大创新体制的一个重要组成部分，对促进经济增长和社会全面进步发挥了重要作用，成为世界范围内博士生教育的成功典范。

尽管美国的博士生教育成功且富有创造力，但也面临着巨大挑战，主要集中在以下几个方面：研究资助越来越大地影响着博士生教育的内容与质量；过于专业化的教育模式导致博士学位获得者素质的褊狭与局限，进而使博士生教育与就业市场不匹配，学生普遍缺乏教学技能等其他可迁移的能力，许多 Ph. D. 学位获得者不能在工作部门有效地发挥作用；获得博士学位需要的时间过长，流失率高，许多院系的博士生辍学率达到甚至超过 50%；导师指导不力，培养模式不能满足学生、雇主和社会的需求。[③] 总体而言，57% 的博士生在十年内获得学位，约 30% 将辍学或予以辞退，其余 13% 的学生将十年后继

---

① Council of Graduate Schools in the U. S. *The Role and Nature of the Doctoral Dissertation: Policy Statement*. 1997: 8.

② Council of Graduate Schools in the U. S. *The Role and Nature of the Doctoral Dissertation: Policy Statement*. 1997: 3.

③ Susan Gardner. Conceptualizing Success in Doctoral Education: Perspectives Faculty in Seven Disciplines. *The Review of Higher Education*, 2009(3): 383 – 406.

续学业。[1] 这些问题与挑战对美国博士生教育形成了很大冲击。更何况，美国社会向来对教育的态度存在两面性：一方面寄予厚望，另一方面吹毛求疵，严加指责。一项对全美 61 所大学的 6,000 名 Ph. D. 毕业生的调查（反馈率 66%）中，内瑞达（Maresi Nerad）和瑟内（Joseph Cerny）发现博士学位获得者感到“大多数的研究生项目强调狭隘的专业，但是大多数职业却是为普遍主义者准备的”[2]。为此，许多学者质疑博士生课程的实用性，而倡导更加灵活的博士生教育，建议拓展博士生教育的培养目标，以提高博士学位的广泛适应性。

此外，博士生教育在质量管理方面也存在一些不足，主要是因为美国的高等教育系统强调自主办学，“学位工厂”泛滥，学位成为可以交易的商品。市场的巨大需求刺激了大学举办 Ph. D. 的兴趣，Ph. D. 的规模快速增长。而 Ph. D. 最受欢迎之时，也正是各种劣质、假冒 Ph. D. 猖獗之时。在这种形势下，Ph. D. 被哲学家威廉姆斯（James Williams）暗讽为“哲学博士章鱼”（Ph. D. Octopus），喻指 Ph. D. 脱离了自由教育而趋向专门化，也批判 Ph. D. 不过是“一种纯粹广告性资源，一种在公众眼前炫耀的行为”，“一种怪诞的倾向”，“一种粉饰学校招生目录的赝品、丑角和托词”。[3] 质言之，就是讽刺 Ph. D. 学位“华而不实”。为此，美国大学开始形成一些联盟，如美国大学联合会、美国研究生院理事会等，制定一些博士学位的学术标准，并对博士生培养机构和项目进行资格认证和质量评估。

二、专业博士学位的产生与发展

随着 Ph. D. 学位获得者就业结构日益多样化，实际从事研究工作的比例越来越小，不同类型的博士学位开始不断产生，博士学位结构体系中出现了一支重要力量——专业博士学位。专业博士学位的雏形源于 13 世纪的巴黎大学，

---

① John Gravois. In Humanities, Ten Years May not be Enough to Get a PhD. *The Chronicle of Higher Education*. July 27, 2007.

② Maresi Nerad, Joseph Cerny. From Rumors to Facts: Career Outcomes of English PhDs. *Communicator*, 1999(7): 8.

③ Frederick Rudolph. *The American College and University: A History*. New York: A Division of Random House, 1962: 397.

从一开始就带有鲜明的职业性特点。美国的博士生教育在早期形成阶段主要受德国的大学的影响，只设学术型的 Ph. D. 学位，强调培养学生独立开展科学研究并做出原创性知识贡献的能力。美国的专业博士学位始于 1767 年哥伦比亚大学的医学博士（M. D.）[①]，但一直是荣誉性学位而非攻读性学位，质量标准很低。现代专业博士学位始于 1920 年哈佛大学设立的 Ed. D. 。随后，其他强调应用与实践的专业博士学位也相继出现，形成了一个庞大的专业博士学位体系。

（一）专业博士学位产生与发展的背景：美国的社会转型

大学是遗传与环境的产物。高等教育从来就不是游离于社会组织之外的自由体，其发展既遵循自身内在的规律与逻辑，也受到所处的历史条件、文化背景及制度环境的深刻影响。高等教育所处社会政治体制、经济体制以及文化传统共同赋予其鲜明的“个性特征”，并一直规范着高等教育的价值取向与发展方向。某些大学的制度变革只能是既定高等教育制度环境下的局部调适，而且很多的改革动因也往往来自于外部环境。正如涂尔干所言：“教育的转型是社会转型的结果和症候，要从社会转型的角度入手来说明教育的转型。”[②] 考察专业博士学位的产生与发展，要从考察美国的社会转型开始。

美国历史学家康马杰（Henry Commager）把 19 世纪 90 年代视为美国历史和思想发展进程中的一道分水岭。正是在这个时期，美国由一个农业国转变为以工业为主的城市化国家。与此同时，整个社会都把发展的希望寄托于教育身上，社会办学、个人投资捐赠办学蔚然成风。“教育就是他们的宗教，他们很关心教育也舍得花钱办教育；然而，如同他们希望宗教能对人有实际好处一样，他们希望教育能培养有实际用处的人，而他们所谓有用就是有越来越多的人能从事某种工作和职业。”[③] 急剧发展的工业化和市场化在给美国创造了巨大财富的同时，也带来许多严峻的社会问题，孕育着深重的社会危机，民众要求变革的呼声日益高涨。

从其发展背景来看，美国专业学位的快速发展与实用主义文化和高度市场

---

① 见 http://www.columbia.edu/about_columbia/history.html.

② [法]爱弥儿·涂尔干. 教育思想的演进[M]. 李康译. 上海:上海教育出版社,2003:231.

③ [美]亨利·康马杰. 美国精神[M]. 杨静予等译. 北京:光明日报出版社,1988:12.

化的产业结构及自由市场经济的发展程度密切相关。美国经济的快速发展一方面为高等教育的发展提供了充分的物质保证，另一方面也对高等教育提出了新的要求。20 世纪初，社会经济的发展与工业化程度的提高大大刺激了社会各领域对高层次专业人才的需求，博士学位成为大学教师的必备条件，硕士学位成为中小学教师和行政管理人员的必备条件。随着生产的科学化创新性程度的提高，产业界也纷纷设立自己的研究机构，加强新产品和新技术的研制开发，因此需要大量拥有博士学位的科技专业人才。这些在客观上都刺激了专业博士学位研究生教育的快速发展，推动了美国学位结构与研究生教育向实用性方向发展。

19 世纪末 20 世纪初，美国进入全面而深刻的社会转型期。社会转型除了表现在政治经济方面之外，还主要表现在思想文化转型和高等教育转型两个方面。

1. 思想文化的转型：从外部文化引进转向本土文化生成

美国的专业博士学位研究生教育之所以能够取得成功，除了分权管理模式下专业学位设置政策所体现出的多样化思想满足了社会大众对多样化教育需求之外，还在于有适宜的社会文化制度。社会文化制度的内核是文化价值观，而美国文化价值观的精髓是实用主义（pragmatism）。实用主义倡导一切行为从实用出发，鼓励实验和创新，崇尚个人奋斗和个性的自由发展。美国实用主义文化赋予其高等教育管理体制鲜明的特色，并为学位结构及学位授权和设置政策提供了独特的思想基础。

美国从殖民地时期起，一直在引进欧洲的文化。随着美国国力的不断增强，民族意识越来越强烈，本土文化的产生也就顺理成章了。实用主义于 19 世纪下半叶在美国兴起。实用主义文化在美国有着深厚的社会基础，是美国文化的体系化和系统化。在教育传统上，实用主义承袭了早期清教移民重视教育的传统，注重直面社会现实的实际需要，谋求教育的现实效益，把采取行动作为主要手段，主张用实际效果来评价和检验一切思想和观念。实用主义契合了自欧洲移民进入新大陆以来形成的以个人主义价值观为核心的美国精神，浓缩了美国从 13 个荒僻落后的殖民地一跃成为连接两大洋、拥有 50 个州、雄视世界的全球第一强国的全部历史经验。实用主义思想以自由为基础，同时强调多元和包容。正如实用主义的创始人詹姆士所指出的:“实用主义愿意承认任何东西，愿意遵循逻辑或感觉，并且愿意考虑最卑微的纯粹是个人的经验。只要有实际上的后果，实用主义还愿意考虑神秘的经验。”① 实用主义强调人的价值，肯定人的实践，认为人是经验的主体。为此，“一切政治制度和实业组织的最高标准，应当对社会每个成员的完满生长有贡献。即把人性解放和个人价值放在社会的首位……让其思考、观察、判断和选择”②。在充分肯定人的价值的基础上，杜威提出了“新个人主义”。所谓“新个人主义”，就是强调与社会革新相关联的个人的“进取心”“首创性”“发明力”等个人价值，这样就把个人利益与社会利益有机地结合起来，而不再将个人的自由与权利绝对化，认为集体的行动可以弥补个人奋斗的不足，互助和合作能够弥补竞争的缺陷。这些为美国高等教育系统内既竞争又合作的运行机制提供了理论依据。实用主义对于传统的高等教育办学理念来说具有很大的冲击力，使高等教育与社会及教育与个人的关系得以重整，高等教育的社会服务思想逐渐形成。正如教育史学家布尔斯廷（Daniel Boorstin）说过的:“美国大学与其说是一个传授知识的地方，不如说是一个崇拜个人发展的地方。”③ 以人为本，张扬个性是美国整个教育的灵魂和精华。

实用主义文化崛起并引领了社会转型的方向。实用主义抓住了美国社会自由开放、多元包容的精神取向，使人们得以摆脱各种教条的束缚而自由选择自己的生活方式。在土生土长的实用主义指导下，美国的高等教育按照美国人民对自由、民主社会的信念而塑造起来。美国人认为，一个民主国家的教育实际上发挥着连接社会需求与个人需求之间联系的纽带和桥梁作用，而且个人和社会都相信只有通过教育才能够实现自己的理想。美国教育制度所确立的各级教育目标，归根到底，都是能够使所有的受教育者发挥出每个人最大的潜能，成为能够有效服务社会的公民，从而成功地保持和提高美国在不断变化的全球市场中的竞争力。在现代社会职业日益分化，职业的专门化和精细化成为必然趋

---

① ［美］威廉·詹姆士．实用主义［M］．孟承宪译．北京:商务印书馆,1979:44.

② ［美］约翰·杜威．杜威教育论著选［M］．赵祥麟,王承绪编译．上海:华东师范大学出版社,1981:305.

③ ［美］丹尼尔·布尔斯廷．美国人——南北战争以来的经历［M］．谢延光译．上海:上海译文出版社,1989:699.

势。为此，只有多样化的高等教育，才能使社会需求与个人需要这两个多样性得以统一和实现，而美国高等教育的一个主要特征就是多样性。

20 世纪初的“进步主义教育运动”就是教育对社会转型的一种回应，并进一步把高等教育推向实用。进步主义特别相信教育改造个人和社会的力量，希望通过一种“科学的”方法管理个人生活和解决社会问题，以获得更高的实践效率和更多现实的进步。“进步主义教育运动”的精神领袖杜威主张人类社会所必需的职业和生活上的联系，都应该包括在教育的基本范围之内。社会学家特纳（Jonathan Turner）认为，理想中的大学应培养能够“超脱地、明智地在各种相互争斗的利益之间进行调解”的专业人才。他们应“具备服务于社会的理想，打破阶级界限，找到冲突各方的共同利益，赢得真正忠于美国理想的各派的尊重和信任”。这样的“大学人”越来越多地加入各级立法和行政机构，扩大影响，就是美国的经济、社会立法和行政取得“明智的有原则的进步”的希望所在。①

杜威指出，随着工业革命和科学的进步，社会生活正经历着一个根本性的变化，教育要实现对生活的意义也就必须经历相应的变革。传统上，知识被视为一种自足的、静止的、完善的符号体系，现在则受到了严峻挑战。“一场知识的革命已经发生。……知识不再是凝固不变的东西，它已经成为变动不定的东西。它是在社会自身的一切潮流之中积极活动着。”② 所以，杜威提出：“一个课程计划必须考虑课程能适应现在社会生活的需要；选材时必须以改进我们的共同生活为目的，使将来比过去更美好。”③ 概言之，知识观和课程观都发生了根本性的变革，必然影响到学科和学位的设置和结构，这些共同推动了高等教育模式的转型。

2. 高等教育模式的转型：从英德模式转向美国模式

美国的高等教育先移植英国的学院模式，后借鉴德国的现代大学模式，而在社会转型中，构建了美国高等教育模式。随着高等教育通过积极参与广泛的社会服务活动而逐渐从社会的边缘移向社会的中心，以理想主义哲学为基础的

---

① Richard Hpfstadter. *The Age of Reform*, *From Bryan to F. D. R.* New York: Alfred A. Knopf, 1965: 200.

② ［美］约翰·杜威．杜威教育论著选［M］．赵祥麟，王承绪编译，上海：华东师范大学出版社，1981：26.

③ ［美］约翰·杜威．民主主义与教育［M］．王承绪译．北京：人民教育出版社，1990：204－205.

自由教育取向逐渐转向以实用主义和功利主义哲学为基础的专业教育取向。真正推动专业教育大发展的具有里程碑意义的是1862年颁布的《莫里尔赠地法案》(the Morrill Land-Grant Act)。该法案资助各州开办服务地方经济发展的农工学院和相关的学科专业，确立了高等教育为社会服务的理念。这个法案开启了美国高等教育发展的一个新阶段，大学的职能从传授知识和创造知识，进一步扩展到直接为社会经济发展服务；从只培养研究型的学术精英，扩展到同时培养社会急需的各级各类专门人才，形成了美国特色的学术与专业两种学位类型兼容的学位结构体系。尽管当时的赠地学院被欧洲大学斥为“二流学院”，但正是这种注重实用的赠地学院实施的应用型教育，为美国顺利从农业国转变为工业国发挥了重要作用。

《莫里尔赠地法案》可谓大学与社会正式合作的起点，也开启了现代高等教育发展的一个新阶段。强调为工业、农业等生产实践直接服务的“威斯康星思想”“康奈尔理念”等大学服务社会的时代精神引领了美国的社会变革和高等教育史上的“大学时代”，产生了一大批新式大学，同时传统大学也发生了根本转型。其发展模式大致分为两种：一是以约翰·霍普金斯大学为代表的以科学研究为中心的大学模式，一是以威斯康星大学为代表的以服务地方经济发展为中心的大学模式。这两种模式的共存使大学的职能从传授知识、创造知识，进一步扩展到为社会经济发展和文明进步服务；从培养研究型的学术精英，扩展到同时培养社会急需的各类专门人才。美国特有社会转型的背景使美国的高等教育发展模式与欧洲不同，“从19世纪末起已可看出，美国办大学的观念与欧洲大相径庭，如果说欧洲的原则是‘宁缺毋滥’，美国则是‘有胜于无’，也就是一个重提高，一个重普及。……总的说来，重实用就是美国特色。从一开始，教育的目的就是培养对社会有用的人，而较少欧洲那种纯粹以锻炼心智，培养思辨和探索的能力为最高目标的风气。”① 美国实用主义指导下的高等教育为培养实用性、应用型的专业人才创造了广阔的空间。

实用主义思想主导了美国高等教育。随着社会领域中职业的专业化程度不断提高，美国高等教育的功利化倾向进一步加强。对此，博耶在1994年评论道:“上一次世纪之交的时候，新任斯坦福大学校长戴维·斯塔尔·乔丹(Da-

---

① 资中筠.20世纪的美国[M].北京:生活·读书·新知三联书店,2007:241-242.

vid Starr Jordan）断言，在新的世纪里，所有的大学都将朝着‘实在’（reality）和‘实用’（practicality）的方向发展。而在东海岸，当时还在哈佛大学的查尔斯·埃利奥特也说，‘有用’（serviceability）是高等教育的中心任务。坦率地说，早在100年前，‘实在’‘实用’‘有用’这些词就被美国最杰出的大学领导人用来描述高等教育在这个世纪的中心任务，这是令人惊异的。”① 在实用主义者看来，教育不过是一种促进社会发展的工具，根据社会现实的变化，为实现国家的目的而培养人才。随着社会领域中职业的专业化程度不断提高，美国高等教育的专业化倾向进一步加强。主张实用主义思想的高等教育学家们强调满足学生个体的不同生活经验和发展需要，以实用课程和专业学位为主体来对大学的课程和学位体系进行改造。美国大学从来不是与社会需求隔绝的象牙塔，而是与社会各种现实需求紧密联系在一起，以社会的需要作为大学科研和社会服务的出发点。怀特（John White）在1868年康奈尔大学的校长就职演说中，特别强调美国的大学结构必须适应美国人民，适应美国的需要，适应现代社会的需要。这与实用主义哲学及其知识观密不可分。

美国高等教育借鉴英国和德国高等教育模式并进行了本土化改造，不仅通过教学给学生传授现成的知识，还进行科学研究，促进知识的创新和增长，同时还紧密联系社会需求，通过积极参与社会，使知识得到充分的应用，转化为生产力，为地方经济服务。在19世纪末20世纪初，美国高等教育形成了融合英国、法国和德国高等教育模式的精华，并适应美国本土需要的富有特色的美国高等教育模式。美国高等教育在人才培养、促进知识生产和满足社会需求方面都体现了巨大的灵活性和开放性，高等教育模式表现出了越来越大的创造性，成为20世纪以来世界主导的高等教育模式。

3. 现代大学制度的建设：美国高等教育模式的保障

实用主义思想还造就了灵活的美国高等教育适应机制，构建了一个对变动的环境能够主动应变的高等教育体系，类型多样、层级清晰，并有相应的质量监督机制作为保障。从外部机制看，美国社会高度尊重个人及民间组织来自觉承担社会公共责任的行为，高等学校之间自由竞争、优胜劣汰。典型的例子是

---

① ［美］欧内斯特·博耶．关于美国教育改革的演讲(1979－1995)［M］．涂艳国，方彤译．北京：教育科学出版社，2002：71.

1910年弗莱克斯纳（Abraham Flexner）发表的著名的《美国和加拿大的医学教育：致卡内基基金会关于教育改革的报告》（Medical Education in the United States and Canada：A Report to the Carnegie Foundation for the Advancement of Teaching），直接或间接导致80多所医学院关闭或合并，对规范医学院的办学标准发挥了巨大作用并造成了深远影响。从内部机制看，一方面，院校董事会能够及时反映多变的市场需求及各方利益相关者的诉求，保证了学校决策的灵活应变性；另一方面，院校各学术组织普遍信奉“松散结合”的分权协商的管理理念，系科或研究所作为准独立的学术组织有权对新项目专业课程的设置、新研究领域的开辟、专业人员的增减等方面做出决策。按照伯恩鲍姆（Robert Birnbaum）对大学运行模式的分类，美国的院校更接近“无政府的学会组织”。这种源于基层组织的动力机制成为美国高等教育具有强大活力、不断创新能力的力量源泉。

“高等教育的历史，很多是由内部逻辑和外部压力的对抗谱写的。”① 在知识经济社会里，由于工业的发达和科技的发展，市场对高层次应用型人才的需求非常强烈。大学在设置专业时不仅要满足学校本身的需要，还要迎合市场的需要以及职业本身的发展趋势。“市场取向使得美国高等教育常常可以不依靠政府，因此能够保持自主。美国大学更依赖的对象是消费者。”② “总的说来，重实用就是美国高等教育的特色。从一开始，教育的目的就是培养对社会有用的人，而较少欧洲那种纯粹以锻炼心智，培养思辨和探索的能力为最高目标的风气。不论是理想主义者还是实用主义者，不论是提倡精英教育者还是平民教育者，都是把学校看作首先是培养社会所需要的人才的地方，包括道德、能力、知识，处世态度等等，同时也是维护美国民主制度的基地。”③ 概言之，美国特有的社会环境成就了美国特色的高等教育模式。

“美国的系统是最缺乏组织的，几乎完全是一种相互之间自由竞争的市场。这种系统完全由可称为‘社会选择’的无组织的决策所左右，是与统一

---

① [美]克拉克·克尔．高等教育不能回避历史——21世纪的问题[M]．王承绪译．杭州：浙江教育出版社，2001：5.

② [美]戴维·拉伯雷．复杂结构造就的自主成长——美国高等教育崛起的原因[J]．北京大学教育评论，2010(7)：24－38.

③ 资中筠．20世纪的美国[M]．北京：生活·读书·新知三联书店，2007：241－242.

的官僚系统相对立的另一极端。市场调节仍然是最主要的因素。”① 美国高等教育就是按照市场的方式来运作，而且二者形成密切的互动关系。“美国高等教育系统在其演化历程中不但深受自由市场机制的影响，而且还为了自身的生存和发展而主动采纳了自由市场机制，甚至还逐渐对市场机制予以文化认同和合法性肯定。”② 竞争是市场最基本的规则，大学间的竞争也是美国高等教育系统得以良性运转的动因之一。正如美国教育家伯顿·克拉克所说：“在世界上几个主要的先进国家的高等教育系统中，美国的系统是最缺乏组织的，几乎完全是一种互相之间自由竞争的市场。”③ 市场竞争渗透到美国高等教育系统的每一个环节之中，专业学院之间始终存在激烈的竞争。首先，为生源而竞争。美国各专业学院的生存在很大程度上取决于是否能够吸引足够多的优秀学生，这直接关系到专业学院的财政收入和教育质量，而教育质量又是专业学院声誉的决定因素，因为招生质量和学生成就等都是专业评估和专业排名的重要指标。其次，为经费而竞争。除政府拨款之外，美国研究生教育还有很多其他的经费来源，而这些是通过学术竞争才能获得的。再次，为声誉而竞争。在美国，每年都有不同组织举行的专业学院排名和专业排名，例如《美国新闻与世界报道》发布的大学、专业学院及专业排行榜。在美国，声誉就是货币。专业学院的社会声誉是一种重要的无形资产，直接关系到生源、师资和财政状况。

经费来源是影响大学发展方向的一个重要因素。大学运行与发展所需要的经费来源越来越多样化，大学必须从社会中获得资助，否则，难以生存，更妄谈发展与壮大。正如布鲁贝克曾所指出的：“如果大学拥有大量为社会服务的知识，但缺乏把这些知识运用于实践的决心和责任感，那么公众就会认为大学是无用的，失去了存在的根基，因此不再为大学提供经费了。”④ 因此，大学开展专业博士学位研究生教育，培养面向实践领域，直接参与社会发展与经济

---

① ［荷］约翰·范德格拉夫等．学术权力：七国高等教育管理体制比较［M］．杭州：浙江教育出版社，2001：124.

② 陈伟．西方大学教师专业化［M］．北京：北京大学出版社，2008：235.

③ ［美］约翰·范德格拉夫．学术权力：七国高等教育管理体制比较［M］．王承绪等译．杭州：浙江教育出版社，1989：117－118.

④ ［美］约翰·布鲁贝克．高等教育哲学［M］．王承绪等译．杭州：浙江教育出版社，2001：22.

建设的高层次应用型专业人才是大学直接服务社会的一种重要途径。“不管大学是否愿意，要想在全球化竞争环境中作出反应，大学必须视学生为顾客，通过调整培养计划以满足学生的需要。教学甚至是学科基本上不再由教师和研究人员自行决定，而必须充分考虑学生的特殊需求，以及不同群体学生的需求。尤其是多数学习者认为大学应该积极进入终身学习领域，因为知识的更新加速和劳动力市场的不断变化使得人们对终身学习的需求日益增加。”① 专业博士学位的发展不仅满足了大学扩大生源、赢得投资和丰富项目的外在需求，也满足了专业实践工作者追求更高层次专业发展的内在需求。

高等教育规模的扩大和经费困难的矛盾同时出现，通过扩大生源而增加经费收入成为众多大学热衷的生存之道。由此，课程与教学的内容，对学位设置的发言权和决定权越来越为大学的客户所掌握。根据学术理论编制课程并以此为基础授予学位的做法已经落伍，取而代之成为主流的是，适应市场需要、根据市场需要来设置专业、课程和学位的做法。博耶就强调指出：“对大学生和教授来讲，大学不是独立于社会的孤岛，而是行动的舞台。”② 为满足以学习与工作密切相关知识为目的的学生需求，各种新型的大学正在形成。最有名的是阿波罗集团设立的凤凰城大学（University of Phoenix, UPX），这正是吉本斯等人提出知识生产模式转型理论的现实基础。大学作为知识生产中心的地位已经受到挑战，不得不与其他企业所办研究机构展开经费与人才资源等方面的竞争。受此影响，大学在专业课程的设置上转向更加注重市场取向和顾客需要。在学位设置方面，应用型专业学位获得了越来越大的生存空间。

美国高等教育为实践服务的信念是美国高等教育传统中最有价值的核心成分。专业博士学位研究生教育发展的直接动因就是为实践服务，这种教育的发展满足了大学扩大生源和项目类型多样化的需要，实践者需要更高形式的专业发展，一些社会职业岗位需要更高层次的资格来适应工作场所的学习和知识生产的要求。由于社会各领域对高层次专业应用型人才的迫切需要，

---

① Luc Weber. *Survey of the Main Challenges Facing Higher Education at the Millennium.* Werner Hirsch, Luc Weber. *Challenges Facing Higher Education at the Millennium.* The IAU Press, 1999:5.

② ［美］欧内斯特·博耶．关于美国教育改革的演讲：1979－1995［M］．涂艳国，方彤译．北京：教育科学出版社，2002：91.

专业博士学位研究生教育得到迅速发展。无论是授予学位的数量，还是学科领域的范围，都有很大发展。根据美国国家科学院的分析，经济发展对高层次专业人才的需求仍有很大空间，尤其是商业界和企业界，而专业学位更能满足这种需求。

4. 内外部逻辑的合力

专业教育作为连接高深学问与社会职业之间的中介，不完全是学科逻辑的产物，也是社会职业专业化发展的产物。大学的学科也是社会的产物，没有社会的承认，学科就没有存在的合法性。正是由于社会职业的不断分工，才使得知识的分类以及社会上的职业分化与高等教育系统中的专门学业之间逐渐结成对应关系。专业学位是社会发展的产物，科技越发达、社会的现代化程度越高，社会对获得专业学位的人才需求就越大。

专业学位的产生与发展与自 19 世纪末 20 世纪初席卷美国的专业化运动（Professional Movement）相一致。当时美国社会要求高校建立各种专业学院来培养美国急需的各类专业人才。大学的许多专业学院，如教育学院、农学院、公共管理学院、社会工作学院等都在这一时期诞生。专业学院的建立为专业人才的培养提供了组织保障，各专业的教授通过训练他们的专业接班人进行知识生产和专业再生产。在学院之外，各个学科组成全国性或区域性的专业联合会，成为提供专业资格认证的行业团体，使各专业具有标准化。同时，多种专业学位从文理研究生院的管理中脱离出来，而纳入到专业学院的管理权限之内。

可见，专业高等教育进入学院，接受严格的制度化的高等教育是学科发展和社会要求双重逻辑共同作用的必然结果。在职专业人员只有不断更新和获取更多的专业知识和能力，才能满足专业发展和现实工作实践的需要，而传统的学徒制培养模式难以实现这个目的，结构化、制度化的专业学院制的培养模式成为必然趋势。1800 - 1820 年间，耶鲁学院和其他一些大学开始发展专业学院，先是医学院，后有法学院、工程学院等。这些专业学院往往与大学母体没有紧密的联系，都有很大的自主权和独立性。

（二）专业博士学位的内涵与发展

1. 专业博士学位的内涵

专业是特定的社会职业，与之相对应的专业教育是在西方进入现代社会后逐渐实现制度化和体系化的。专业学位是专业教育的文凭证书，是面向社会特定职业、培养专业实践型人才的学位类型，具有职业性与学术性相统一、特定的职业指向性和教育实施的实践依赖性等特征。设置专业学位，发展专业学位高等教育，有助于丰富高层次的人才类型，增强整个学位结构的社会适应性，也满足了社会对各种不同类型人才的需求。

（1）学术性。一个成熟的专业一般都具有一套完整的理论知识和技能体系，这些专业对工作人员的知识、技能、思维能力和道德伦理都有严格的要求。1915 年弗莱克斯纳发表了题为《社会工作是一门专业吗》（*Is Social Work a Profession*?）的著名演讲，提出了专业具有的 6 种属性：学问的；理论的（基于知识和长期训练）；实践的、带有明确的目的性；经由正式教育转化而来（一种教育性传导技能）；服从于自我组织；在动机上是趋向利他的（altruistic）。① 可见，并非每种职业都具备开设专业学位高等教育所必备的复杂知识体系，也非每种职业都需要这种高级专业人才。某种专业学位的设置很大程度上有赖于特定职业的专业化程度，只有那些专业化程度高的职业才能设置相应的专业学位。而如果某种职业不具备相应的知识基础，就难以成为高等教育中的一个专业，也不可能设置相应的专业学位。正如布鲁贝克所指出的："弗莱克斯纳（1930）在思考什么职业应该在大学校园里建立专业学院时，把其限制于那些具有明确的理智体系的职业。"②

（2）职业性。专业学位的职业导向一般非常明确，并使专业学位与社会职业认证形成关联，其知识结构和能力结构强调应用性和复合性，于是大学的专业学位与职业的任职资格形成了紧密联系。在社会诸多"职业"相继成为"专业"的背景下，专业学位学生的培养标准和产业界的用人标准基本统一，专业学位成为社会某些职业岗位的任职资格和必备条件，形成了专业学位和职业资格相互衔接的配套机制。③ 正是这种职业导向明确的培养目标，保证了美

---

① Abrahm Flexner. Is Social Work a Profession? *School and Society*, 1915(26): 901 - 911. 转引自 Christina Balis. *Reluctant Warriors? European Army Professionalism in Transition. Ph. D. diss.*, John Hopkins University, 2005: 13.

② ［美］约翰·布鲁贝克. 高等教育哲学[M]. 王承绪等译. 杭州：浙江教育出版社，2001：27.

③ 在我国，只有风景园林专业学位与国家注册风景园林师职业资格相互衔接，建筑学专业学位与国家注册建筑师建立了基本衔接的制度，其他专业学位都没有与职业任职资格挂钩的机制。

国专业博士学位研究生教育密切关注实践，强调现实应用价值，彰显了专业博士学位的本质和特色。

学位的社会价值是学位发展的基础，“从宏观上看，学位和职业资格起着联结个人能力和社会地位，即社会机会分配的功能。可以认为，学位是以能力为媒介把学校教育和社会机会分配联结起来的社会工具（device）。从微观上看，学位和职业资格制度向个人提供了从接受一定教育训练走向就业轨迹的功能。学位和职业资格给予个人能力作为劳动力质量的证明。换言之，学位和职业资格是显示个人所拥有的职业上的知识和能力的信息集合。被雇佣者和雇佣者，依此信息为基础在劳动市场上互相选择”①。学位通常就是一种职业资格，一种可以换取经济地位、政治地位和一定权力的通货。随着大学和产业界联系日益密切，企业雇主们要求大学课程更加直接地与他们的需要相关。“现代美国社会对大学教育提出的首要期望是形成职业岗位所必需的知识和技能。19 世纪末期，以约翰·霍普金斯大学的创办为契机，医生执业资格实现了标准化，为医生成为高级专业人才确立了重要的基础。与此同时，律师执业资格的确立为法学院的创办提供了前提和保障。在中央政府行政管制薄弱的美国社会中，上述领域的专业人士团体组织与相应的专门职业研究生院紧密结合，构成了培养专业人才的核心机制。”② 专业学位成为特定社会职业的任职资格，强化了专业学位的社会价值，也巩固了专业学位的职业性特征。

对专业学位而言，专业学位不仅仅是一种学术资格，同时也是一种职业资格。“专业研究生院为主体的专业高等教育体系，是美国高等教育系统有别于其他国家高等教育体系的最重要的方面。专业学院充当社会职业的把门人，是通往这些职业的途径，长期以来，一直被认为是社会职业变动的手段。”③ 攻读专业学位成为专业人员获得更高学术资本进而拥有更大的社会资本的途径，越来越多的人认为接受高等教育是从社会底层流动到社会中层和上层的途径。

---

① ［日］金子元久．高等教育的社会经济学［M］．刘文君译．北京：北京大学出版社，2007：193－194.

② ［日］金子元久．大学教育力［M］．徐国兴译．上海：华东师范大学出版社，2009：36.

③ ［美］德里克·博克．美国高等教育［M］．乔佳义编译．北京：北京师范大学出版社，1991：87.

（3）效益性。对大学来说，专业博士学位的开设有利于巩固大学与主要利益相关者之间的关系，从而成为大学发展重要关系网的有机组成部分。美国大学处于激烈的市场竞争中，大学生存与发展的需要迫使大学管理层在新学科设置上必须充分考虑新学科专业的社会需求状况，而不能仅从其内在的理性价值与学术成熟度考虑。有无实用价值、能否带来实际用途是大学设立专业学位的重要标准。“当然，建立专业学院的主要目的不是为了挣钱，而是为了扩大大学的学科广度，提升大学的声誉和影响。一所质量高名声好的专业学院是学校的宝贵财产，许多著名的法学院、医学院、工学院、商学院都在私立大学绝非偶然，因为这些学校能通过提供最好的专业教育来促进学校的蓬勃发展，但是作为一种回报，它们的学费也远远高于高质量的公立大学。”① 大学可以从设立专业学院中得到什么呢？首先，设置博士学位的专业能够招揽一批有影响力的客户，因为博士学位通常能为毕业生带来高收入，这些校友可能是一笔可观的财富。其次，如果专业学院的教育质量得到了很高评价，大学也将因此更有地位。专业博士学位成为一些大学为获取荣誉和利润优先发展的重点，在某些学科领域专业博士学位已经成为声望的标志。当然，也存在专业博士学位导致整个博士学位的学术难度降低的问题，导致大量只是追求博士学位头衔而非打算对学习和研究实在投入的学位候选人泛滥，而一些学术实力较弱的大学利用设置“权宜之计”的专业博士学位项目来获得市场和生存空间。

在一定程度上，职业的专业性强弱与职业地位的高低呈正相关关系，具有鲜明的社会效益性。诸如医生、律师、工程师和建筑师等专业性强的职业的薪酬高，自然其社会地位就高，而培养这些专业人才的学位自然就备受青睐。发展这些专业学位也就意味着在为学校赢得广阔的市场和拥有雄厚社会资本的校友群。因此，大力发展专业高等教育成为许多大学的优先选择。用伯顿·克拉克的话来讲：“如今的大学，专业化趋势占尽优势。不过，对于这样的现实，我们既不应感到惋惜，也不应感到遗憾。因为各种职业本身的性质要求专业化，大学为其服务对象提供的广泛服务也要求专业化。”② 对于一所大学来说，发展专业学位研

---

① ［美］弗雷德里克·博德斯顿．管理今日大学：为了活力、变革与卓越之战略［M］．王春春，赵炬明译．桂林：广西师范大学出版社，2006：142.

② ［美］弗兰克·罗德斯．创造未来：美国大学的作用［M］．王晓阳等译．北京：清华大学出版社，2007：38.

究生教育也是一种品牌经营战略。哈佛大学原校长博克就明确地指出:"忧虑的叙述模糊不了这个事实：名牌大学的专业研究生院是我们高等教育制度最好的产品。……研究生院所提供的知识使从事脑力劳动的人增长了特殊的能力。"① 很多世界著名大学以其专业学位研究生教育而闻名世界，如哈佛大学商学院的工商管理硕士、肯尼迪政府学院的公共管理硕士等等。一向被认为"保守"的耶鲁大学也大力发展专业学位高等教育。耶鲁大学在2004－2005学年的学位授予总计3,864个，其中学士1,291个，硕士1,884个，哲学博士329个，专业博士学位360个，专业博士学位的规模大于哲学博士。

由于专业博士学位是一个庞大的学位群，因此对专业博士学位概念的界定是理论家感到头痛的事。2007年美国研究生院理事会在年度报告中认为:"尽管人们对专业博士学位的概念存在争议，难以描述，但其核心特征主要有三个：①反映和应对来自专业实践领域的需求，这是其他学位无法满足的；②强调应用的研究或高层次的实践；③攻读专业博士学位的人是专门实践领域的佼佼者，他们通过接受教育将会推进主要实践发展及主要标准的提升，而这种教育是基于知识的和富有创造性的。"② 美国专门职业认证协会（the Association of Specialized and Professional Accreditors，ASPA）于2008年提出专业博士学位获得者应该具备以下基本能力：①专业实践水平与该学位的教育目标相适应；②充分利用现有的与专业相关的研究，高层次的实践型博士在学术上应对专门职业的进步做出贡献；③充分理解和支持专业人士所做的工作以及他们对社会的贡献；④具备良好的沟通、批判性思维和解决问题的技能；⑤对影响社会福祉的大众议题能够进行识别和表述。③ 贾维斯（Peter Jarvis）在《专业教育》（Professional Education）中认为：专业教育是培养胜任专业工作的实践者，其目标具体包括三个：所培养的学生应该具有较强的专业伦理观念，对什么才是完美的实践和服务有深刻的理解和准确的表达；专业接班人或在职者应该通过

① [美]德里克·博克. 美国高等教育[M]. 乔佳义编译. 北京:北京师范大学出版社,1991:60.

② Council of Graduate Schools. Task Force Report On the Professional Doctorate. CGS:Washington, D. C., 2007.

③ Association of Specialized and Professional Accreditors. 2008 Statement on Professional Doctorates, September, 2008.

专业教育获得足够的知识与技能；通过专业教育形成批判性思维能力和反思意识。[①] 舍恩（Donald Schon）认为：专业博士学位研究生培养的是“研究型应用性”和“复合型应用性”人才，致力于实践中的具体问题的解决，而这些问题往往具有“不确定性、独特性和价值冲突性”，并不是传统上认为的是纯粹技术问题。[②] 应该说这四个观点反映了专业博士学位的一些本质属性：实践性、应用性、学术性和复合性。

2. 类型与规模的发展

19 世纪之前，只在神学、法律和医药领域授予专业博士学位。美国教育部和美国国家科学基金会确认专业博士学位与哲学博士学位“地位相当”，如有些法学协会组织就承认法学博士学位相当于 Ph. D. 博士学位。

按照美国国家教育统计中心的新分类，专业博士学位的规模大大高于哲学博士学位的规模，如果再加上教育博士等研究型专业博士学位，专业博士学位的规模约是哲学博士学位的两倍。多年来美国第一专业学位的授予数量一直高于研究型博士学位的授予数量，而且专业博士学位的范围极为广泛。据统计，美国在 2005 - 2006 学年共授予硕士学位 584,000 个，其中专业硕士学位 399,331 个，占 68%。在专业硕士学位授予数量中，工商管理硕士和教育硕士合计占了全部专业硕士学位授予总数的 62%；授予哲学博士学位 49,500 个，授予第一专业学位达到了 85,100 个，后者是哲学博士学位的 1.7 倍。[③] 哈佛大学 2007 - 2008 年度授予学位总数为 7,239 个，其中学术型学位占 37%，专业型学位占 63%。以上的事实表明，专业学位在美国整个学位体系中占的比重很大，超过了学术型学位的规模。可见，专业学位在美国整体学位结构中占有大部分份额，专业学位几乎覆盖了所有知识和技术要求较高的社会职业，这也保证了专业学位与其教育具有十分广泛而强大的社会适应性。

---

① Peter Jarvis. *Professional Education*. London: Croom Helm Ltd, 1984: 48.

② Donald Schon. *Educating the Reflective Practitioner*. San Francisco: Jossey-Bass Publishers, 1987: 6.

③ Table 258 Degrees conferred by degree granting institutions, by level of degree and sex of student: Selected years, 1869 - 70 though 2015 - 16. 见 http://nces.ed.gov/programs/digest/d06/tables/dt06_258.asp.

表 1－2　　　　美国高等教育学位授予数统计表（2004－2009）

学位 学年	副学士学位	学士学位	硕士学位	第一专业学位	博士学位
2004－2005	696,660	1,439,264	574,618	87,289	52,631
2005－2006	713,066	1,485,242	594,065	87,655	56,067
2006－2007	728,114	1,524,092	604,607	90,064	60,616
2007－2008	750,164	1,563,069	625,023	91,309	63,712
2008－2009	755,000	1,599,000	631,000	93,300	64,400

数据来源：Degrees conferred by degree-granting institutions, 1869 － 70 through 2018 － 19, 见 http://nces.ed.gov/programs/digest/d09/tables/dt09_268.asp? referrer = report. 2010－7－21.

高等学校作为知识生产和传播的学术中心，在探究专业知识和培养专业人才方面具有先天优势。自 19 世纪后期，美国高等学校开始将有关职业的知识系统地转化为专业学位课程，把培养专业人才纳入到不同层次的教育体系之中，从而开创了专业学位高等教育的历程。由此可见，专业学位高等教育是一种为社会培养具备特定职业所需要的知识和技能，以解决实践问题为旨趣的专业教育类型。为满足经济、社会发展对应用型高级专业人才的需求，美国大学将专业教育引入到研究生教育层次中。教育硕士、社会工作硕士、公共卫生硕士、城市规划硕士等各种专业型硕士学位纷纷出现。而专业博士学位的发展主要在三类专业领域：一是有强学科基础的专业，如工程、医学和心理学；二是更加强调多学科或学科群的专业，如教育学；三是以上两种特性的混合，如商业和管理。专业学位高等教育成为整个高等教育体系中的一个相对完整的教育体系，其层次和类型结构符合社会需要和学位结构体系均衡的发展有助于学位更加有效地发挥社会功能。

美国的各级专业学位是自下而上依次进入高等教育体系内的。《莫里尔赠地法案》实施后，强调为工农业生产实践直接服务的“威斯康星思想”“康奈尔理念”等时代精神，很快成为美国大学的时尚和潮流。赠地学院开设了大量“实用性”专业和课程，不仅获得社会和学生的欢迎，还赢得联邦政府大量经费的支持。私立院校也群起仿效，应用学科的势力大增，就连新出现的社会学科也寻求实用导向。同时，美国的实用主义传统开始与学位结构紧密结合，催生出众多应用型专业学位。形态各异的专业性强的学士学位迅速进入美国大学殿堂。在实用主义和文凭主义的共同推动下，专业学位的升级需求不断得到强化。工程、社会工作、图书馆学、行政管理等专业领域，顺利进入硕士层次。

相对而言，专业博士学位进入大学的难度较大。其中的原因之一是美国大学联合会对哲学博士学位的标准进行了严格界定，而且美国学术界追求与欧洲学术界同等学术声誉的诉求非常强烈，急于改变美国年轻人认为美国的博士生教育质量不高而远赴欧洲攻读博士学位的尴尬局面。此外，就像当初古典课程反对科学课程和专业学位进入大学一样，当应用性的专业学位试图进入博士层级的教育时，也遭到了古典学科和现代学科的反对和抵抗，争论的焦点是学术标准与社会服务究竟孰重孰轻。但是，专业性学科在实用主义的鼓吹下，专业学位最终进入了博士层级的教育。这种渐进的发展模式是符合学科发展规律的。

美国大学一直重视与外部世界的联系，洞悉社会与经济发展的动态变化，针对市场需要设置专业学位，将相应专业的入职标准作为培养目标。哈佛大学校长艾略特（任期 1869 – 1909 年）为哈佛大学制定的校训是:“为增长智慧而进来，为服务社会而出去”，表现了强烈的社会服务意识。在艾略特看来，专业学院比文理学院在为国家服务中能够发挥更为重要的作用。艾略特上任之初就改造了专业学院和专业教育体系，建立了新的学院如商学院、牙医学院、文理学院。此外，艾略特还大力改革专业学院的教学方法，严格评价制度，聘请学术水平高的专职教师，开设了必修课程，将专业学院的教育水平提高到研究生教育的层次。随后建立起奖学金制、研究生院和高级研修学院等相关制度。除了改造传统专业学院之外，哈佛大学还设置许多新的满足社会需要的专业学院。仅在 20 世纪上半叶，哈佛大学就新建了商学院（1908 年）、牙医学院（1909 年）、建筑学院和园艺设计学院（1914 年）、教育学院（1920 年）、公共卫生学院（1922 年）、城市规划学院（1929 年）、公共行政管理学院（1936 年）等诸多专业学院。哈佛大学对专业教育的成功改造和对专业学院的大力拓展使它能够更加敏锐地反映社会发展对高等教育的需求，不仅赢得了丰厚的社会支持和办学经费，也为哈佛大学向现代综合性大学迈进打下了坚实基础。

随着美国经济的迅速发展，专业博士学位体系逐渐成为博士学位体系的重要组成部分，并逐渐占据主导地位。当然，各学科领域的发展也很不平衡。每年授予的哲学博士学位数量从 1970 年到 1988 年增长缓慢，而专业博士学位的数量则翻了一番。从 1960 年到 1988 年，社会科学和生命科学领域所授予的博士学位在所有博士学位中所占的份额保持不变，工程博士增加的份额几乎抵消了理学博士减少的份额，人文科学博士学位减少了 1/3，教育领域的博士学位授予数量在所有博士学位中的份额增长了近 20%。

3. 培养模式的形成

专业博士学位研究生教育的学习方式分为全日制和兼读制（其中第 1 年为全日制）两种，兼读制的学生居多，但人们普遍认为全日制才能保证良好的培养效果。但如果换一种思路，把工作实践作为专业博士学位研究生的实践，那么，兼读制恰好可以实现理论与实践的结合，这正是本书第三章所论知识生产模式Ⅱ及“混合课程”理论的价值所在。

专业博士学位的课程分量一般比哲学博士学位更大，一般没有学位论文的要求，尤其是第一专业学位。例如，耶鲁大学法学院规定，为了达到法学博士的要求，学生必须要达到 82 个学分的要求，要达到写作学位论文的要求，必须住校 6 个学期左右。法学博士没有学位论文要求，只需要独立研究和阅读。耶鲁大学医学院是唯一长期坚持学位论文要求的医学院。耶鲁大学医学院指出，学位论文要求使得学生有机会与导师们（科学家、实践型专家）合作。论文研究可以在基础科学、临床、实验方面有着创新之处。可见，虽然医学院要求学位论文，但这个学位论文要求与哲学博士学位论文的要求有明显差别。由于不必要撰写学位论文或撰写学位论文所需时间较短，专业博士学位研究生培养需要的时间也较短，一般为 4 年，而相应学科的哲学博士学位的培养过程要达到 6 年甚至更长。

专业博士学位的课程设置一般强调跨学科性，课程内容结合实际需要。教学方式采用多种教学手段，包括案例、讨论、实习、模拟等教学方法；教学目标侧重于专业博士生实践能力的培养和训练，要求授课教师不仅有较好的学术素养，还要有丰富的实践经验，能够把理论知识与学生的工作实践紧密结合起来。学位论文一般不要求高深学术和理论的创造性，但要密切结合实践问题，体现出运用理论来发现和解决实际问题的能力。而且随着学生群体的多样化趋势增强，学位论文的形式也日益多样化，有四种最常见的研究成果形式：①比哲学博士学位所要求的研究项目规模小的研究项目，但评价标准必须相同；②完成多个研究项目；③允许采取组合方式，即可提交一系列证明，而不是单独一篇学位论文；④已经发表的研究成果。[①] 但无论怎样，独立完成论文，并通过由外审同行专家的审核，对知识做出原创性贡献或对知识进行原创性的应用，这些仍然是大多数专业博士学位授予的基本要求，体现了美国博士生教育始终贯穿创新型人才的培养理念。

为了强化专业标准，很多专业还实行专业入学考试和入职资格考试。美国专业标准委员会主要由实践型学校管理者构成，开发和管理全国的专业资格认证考试，并鼓励各州把认证资格作为入职资格。法学博士的入学考试要求考生首先通过法学院的入学考试（Law School Admission Test，LSAT），目的在于测试候选人阅读和理解复杂文章的能力、组织和驾驭信息的能力、逻辑思维能力、分析和评价他人的理论的能力以及英文的写作能力等。[②]

4. 成就与问题

专业博士学位研究生教育是培养应用型高层次人才的行之有效的途径。学生选择专业博士学位的原因多种多样，有理论求知的需要以更深入地理解实践，有过去关键事件的影响，还有博士学位富有挑战所具有的吸引力。学生选择专业博士学位原因的多样性对课程、教育学和评价有重要影响。[③] 专业博士学位研究生教育具有实践性与应用性强的特点，适应了广大教育实践工作者在职攻读博士学位的需求，因而受到社会的广泛欢迎。

由于专业学院和实践联系紧密，专业学院能够敏锐地反映社会的变化。“这种面向专业学院的趋势与20世纪60年代的情况形成了对比，那时候学术性学科的研究生教育更受欢迎。但是如今，人们认为研究生院是在限制而不是扩大一个人的机会。而且，与获得博士学位等研究生学位所需要的冗长而不确定的学习相比，课程明确而又有时间限制的专业教育更能吸引学生。……知识

① Tom Bourner, et al. Professional Doctorates in England. *Studies in Higher Education*, 2001(1): 76 – 77.

② 见 http://www.lsac.org/LSAT/about-the -lsat.asp.

③ Jerry Wellington, Pat Sikes. ‘A doctorate in a tight compartment’: why do students choose a professional doctorate and what impact does it have on their personal and professional lives? *Studies in Higher Education*, 2006(6): 723 – 734.

密集型社会确实需要高度专门化的专家，但知识的时代更需要受过广博教育的问题解决者，这些人能够轻易地跨越专业的界限。”① 由于专业博士学位的这些比较优势，其发展前景仍然十分广阔。

美国中北部院校协会的高等教育委员会（The Higher Learning Commission North Central Association of Colleges and Schools）从2005年开始就专业博士学位的发展趋势和大学以及研究生院对新出现的专业博士学位的态度进行研究，并于2006年6月完成报告《有关专业博士的工作小组报告》（Task Force On the Professional Doctorate）。报告认为：专业博士学位在美国高等教育学位体系中确有一席之地，而且它应该被视作一种与研究型博士学位不同的学位而非其替代物。专业博士学位应当被视作美国学位体系中的一种学位层次和类型，因此也应具有相应的认证程序。② 这就为包括Ed. D. 在内的专业博士学位奠定了强有力的合法性基础。可以令人信服地说，专业博士学位在美国博士学位体系中已经确定了一个明确的地位，它被视为美国学位体系中的一个独立层级和类型。

但由于专业学院对市场的高度依赖，而市场具有不稳定性的特征，一些专业学院面临繁荣与萧条的交错。由于美国普遍采用氟化饮用水，牙医专业学位已经失去了大部分市场。信息技术的快速发展使得图书馆专业学位身陷困境。一些大学已经开始取消这些在市场上已经没有生存活力的专业学位。从中我们能够得到的教训是：专业学位易随市场波动，不宜过快过量发展。

在美国大学高度自治的情况下，各院校之间的竞争愈演愈烈。无数大学的崛起、衰退乃至消亡，给大学的自由竞争提供了最好的注脚。正是这种自由竞争为美国学位结构的多元发展提供了强大动力。为适应竞争并在竞争中获胜，各大学不断进行学位结构的调整，使得适应社会发展需要的学位层级和类型及时得以设置，不合时宜的学位类型被及时抛弃。学位类型的更新、规模的变化都反映着市场的变化。以密西根大学安娜堡分校为例，与2005年相比，2007年共停办学士专业18个、硕士专业6个、博士专业1个和其他学位专业2个；同时新增设硕士专业18个、博士专业11个、其他学位专业6个。③ 尽管调整

① ［美］詹姆斯·杜德斯达．21世纪的大学［M］．刘彤等译．北京：北京大学出版社，2005：87.

② Higher Learning Commission of the North Central Association of Colleges and Schools. *A Report to the Board of Trustees from the Task Force on the Professional Doctorate.* HLC. 2006.

③ Bernard Berlson. *Graduate Education in the United States.* New York：McGraw-Hill，1960：185.

原因多种多样，但两年内一所大学的学位结构发生如此显著的变化，足以显示美国大学学位设置的灵活性与调整力度之大。

5. 专业博士学位与哲学博士学位的区别

美国专业博士学位与哲学博士学位之间有什么区别？回答这一问题有相当的难度，因为在高度多样化的美国高等教育中，同一类型的学位在各学科之间就存在很多不同，不同培养机构、不同学科设置的专业博士学位之间也有区别，就是同一学科内部设置的专业博士学位也存在差异①。但终归是可以发现区别的，主要从理论与实践两个层面。

美国专门职业认证协会（ASPA）指出，不同专业具有不同的历史、性质和价值，博士生教育的目的也不同。第一专业学位是职前学位，而其他专业博士学位是职中学位。基于此，对不同专业博士学位的要求也要区别对待。但是作为一种学位类型，仍然需要概括出不同专业博士学位的共同点：与学位目的相适应的专业实践水平；利用与专业相关的现有研究，对专业发展做出知识贡献；展示对其他专业人员工作与贡献的理解和支持，具有跨学科进行合作的能力；展示高水平的交际、批判性思维和问题解决能力；展示确认和解决问题的能力。②

1935 年美国大学协会提出要为不同的学位类型提出不同的教育目标和要求。在研究类型方面，传统的哲学博士学位研究生教育培养专业型研究者，强调理论研究和生产新知识，但不一定指向实际目的或应用的独创性研究；而大多数专业博士学位所要求的研究则是为获取新知识并具有实际目的的独创性研究，强调实践，目的在于造就研究型专业人员，促进他们在多学科情境中对专业实践和个人价值的反思。哲学博士学位论文要求原创性研究，专业博士学位把研究定位为专业实践和为专业实践者的发展服务，追求对基础理论知识的应用，而不是发展这些理论本身。对于独创性的要求，专业博士学位的兴起对传统哲学博士学位要求的“学术原创性”提出了挑战。由于专业博士学位项目的研究以专业实践为中心，“原创性贡献”可能出现在理论的应用方式或专业

① 我国对教育博士和专业博士的研究，一般都是作整体性的论述，没有注意到院校之间的差异、学科之间的差异，这不符合美国博士生教育的实情。

② Association of Specialized and Professional Accreditors Statement on Professional Doctorates. 见 www. aspa-usa. org/sites/default/. . . /ASPA-Statement-Professional-Docs. pdf.

的实践性质等方面，这可能会导致“专业独创性”概念取代“学术原创性”概念。①

专业博士学位是现代高等教育发展的产物，它与哲学博士学位一起构成博士学位结构体系的两大组成部分，二者既相互联系又相互区别。首先，两类博士学位存在不可完全分割的内在联系，都建立于共同的学科基础之上，两类博士学位的候选人所需要的学科基础相同。但两类博士学位之间又有显著区别：哲学博士学位研究生教育的重点是生产新知识，培养高水平学术型、理论型人才；而专业博士学位研究生教育侧重于通过高级专业知识学习和训练，提高从事特定职业的能力，培养高层次实践型、应用型人才。专业博士学位研究生教育在培养方式和管理方法上也明显不同于哲学博士学位研究生教育。② 专业博士学位研究生教育的招生比较灵活，着重考察专业基础知识和专业实践能力，要求有一定期限的工作经历或实习经历；课程突出实用性和综合性，强调模块课程和群组教学；研究选题主要选自生产第一线或具体岗位的实践工作，必须在实践中进行较长时间的现场行动研究；导师组由学术型的大学教师和实践型的实践人员共同组成；论文强调解决现实问题的创造性应用，而不是仅停留在理论层面。而解决一个现实问题往往需要多学科的知识，因此许多专业博士学位要求学生在不同学科的基础上创建一个共同的知识基础。因而，跨学科性成为专业博士学位的一个重要特征，这就体现了本书第三章所论述的知识生产模式Ⅱ理论。专业博士学位避免了学术型博士学位普遍存在的重理论轻实践、研究领域狭窄、不能解决现实问题的诸多缺陷，显然，其社会适应性更强。

专业博士学位实际上是在理论与实践之间搭建了一个桥梁，提供一个为实践者生产和应用实践性知识，并发展他们的专业实践能力的途径。这就构成了专业博士学位“一体两面”的功能：对理论和实践同时做出贡献，通过对专业知识做贡献而发展专业实践能力，通过研究实践中与专业实践紧密相关的现实问题来推动个人的专业发展。但同时，专业博士学位的学术质量标准不能降低。实际上，无论什么形式和类型的博士生教育都应该建立在严格的教育过程

---

① 骆四铭．中国学位制度：问题与对策［M］．武汉：华中科技大学出版社，2007：260.

② Philip Altbach. Doctoral Education：Present Realities and Future Trends. *Springer International Handbook of Education*，2006(Ⅰ)：65－81.

和质量标准的基础之上。

表 1-3　　哲学博士与专业博士研究要素之间的区别

研究要素 / 学位	研究主题的领域	研究类型	研究焦点	研究的预期结果
哲学博士	研究领域的任何课题（研究即目的）	创造新知识的原创性调查研究，但不必直接导向应用的实际目的	科目或学科内研究的空白	在每个学科做出原创性知识贡献
专业博士	为专业实践的知识做贡献	原创性调查获取新知识并有实践的目的和目标	聚焦于与候选人直接专业实践领域相关的课题	预期结果相当广泛，包括通过研究对专业实践的知识做出贡献，个人专业发展、专业知识和专业主义的提升与理解

资料来源：Tom Bourner, et al. Professional Doctorates in England. *Studies in Higher Education*, 2001(1):65-83.

在大学里，学术至上的观念根深蒂固，这种观念不利于实践取向的专业博士学位研究生教育的发展。而分别建立学术型和专业型博士学位体系，则不仅可以促进专业型专业博士学位研究生教育的发展，还有利于学术型哲学博士学位研究生教育更好地追求“学术创新”的卓越。所以，同时设立两种类型的博士学位的做法是符合社会实际需要的明智之举。两种类型的博士学位也为学生提供了多种选择的机会，学生可以根据自己的经验、职业地位及职业前景选择适合自己的学位类型。而且同一所培养机构同时设置两种类型博士学位的时候，其间的互补效应比较明显，当然也增加了二者在性质和培养实践中的趋同可能性。总之，专业博士学位不是哲学博士学位简单的名称变换，也不是降格以求的低标准学位，而是相对独立、颇具特色的博士学位类型，这正是其生命力所在。

第二节　教育博士专业学位的发展

美国是设置教育博士最早的国家之一，也是教育博士研究生教育最发达的国家。第一个教育学博士（Ph. D.）是哥伦比亚大学教师学院于 1893 年设置的，致力于培养进行教育理论研究、推动学科发展的专业型研究人员。这种学术型学位同教育专业所具有的强烈的实践特性和教育职业对专业实践型人才的迫切需求产生了冲突，教育界呼唤高等学校更多地致力于培养研究型专业实践人才。

1920年哈佛大学成立教育学院并设置教育博士学位（Ed. D.）。1922年哈哥提（Margare Haggerty）在《哈佛大学教育学院》一文中说明了当时创办教育学院的目的："哈佛教育学院的目的不是提供普通教育而是培训工作者。它所追求的重要知识不是一般性的综合知识，而是针对特定需要的特殊而有限的知识。它的目标是让那些有确定职业的人们获得特定的专业技术。"① 这说明了哈佛大学教育学院的定位是专业训练而不是发展学术理论，这与文理学院和Ph. D. 的定位有着根本区别。哈佛大学这一举动获得了全美的广泛响应，很快Ed. D. 被引入到斯坦福大学和加州大学伯克利分校。哥伦比亚大学教师学院于1934年开始设立Ed. D. 学位。

一、教育学科的发展与教师教育的转型

教育学意义上的专业设置除了要考虑社会职业的分工外，很大程度上还必须遵循相关学科发展的逻辑。正如伯顿·克拉克指出的："学科有自己的历史和发展轨迹，自己的习惯和实践。"② 因此，考察教育学科及教育学科培养组织的发展历史对把握教育博士的发展规律是必要而有益的。

1857年，全国教师教育协会（National Education Association，NEA）作为一个教师专业组织成立。罗素（William Russell）在第一届会议上提出教师负责自己专业的观念，这是教育学科意欲独立和建立教育学院思想的最初萌动。但大学创办教育系科的努力，步履艰难。虽然大学教育院系的建立起步较早，但发展相对缓慢，直到1879年密歇根大学才产生了美国第一个长期的教育学教职。到1900年，一些大学开始设置教育学教授。但在相当一个历史时期，教育学训练和教育学被排斥于大学之外，而且大学就是否设置师范课程和教育

---

① 转引自：赵炬明. 学科、课程、学位：美国关于高等教育专业研究生培养的争议及其启示[J]. 高等教育研究，2002(4)：13－22.

② Burton Clark. *The Academic Life*：*Small Worlds*，*Different Worlds*. Princeton：Carnegie Foundation. 1987：25.

学教职，争论十分激烈。如 1882 年哥伦比亚大学校长巴特勒（Nicholas Butler）建议在该校设立教育系，但遭到校董事会的严拒，不得已只是在学校设立在职教师周末讲座，尽管受到热烈欢迎，但董事会仍然反对设立教育系，甚至反对把教育学作为高级选修课。1889 年巴特勒设立专门培养教师的纽约学院（New York College），1892 年更名为教师学院（Teachers College），不久并入哥伦比亚大学。各大学纷纷仿效，新建教育学院或兼并原来的师范学校。美国第一所大学教育学院是纽约大学 1890 年建立的，当时的名称是教育学学院（School of Pedagogy），是美国大学建立的第一所具有研究生教育水平的纯粹培养教师、管理者和教育专家的专业学院。

教育学科的研究生教育始于 1893 年的明尼苏达大学。不久教育学科的研究生数量激增，主要动因是教育部门越来越需求高层次人力资源。教师学院 1893 年设立教育学博士（Ph. D.）学位，按哲学博士的标准，注重研究能力而非实践能力。院长罗素（James Russell）把教育学的理论研究作为教育学院的首要功能。罗素对教育学博士学位进行课程改革，开设教育心理学、教育史和教育哲学，期望学生有两个专门领域内的实践经验，还要求选修教育之外的博士生课程。罗素强调课程要“在一个仔细设计的教学环境中对实践进行系统研究”，论文要求能够展示“独立思考和拓展知识的能力”①。

教育学院在哈佛大学里的发展也经历了一个曲折的过程。1865 年哈佛学院院长黑尔（Thomas Hill）考虑把哈佛学院变成大学。他认为自由教育服务于学生的整体发展与人格完善，而专业教育只是提供适合一些领域的文化和指导。他建议建立教育学院并作为大学的一部分，开设教育领域的文学学士学位。1890 年哈佛大学校长艾略特（Charles Eliot）倡导“以大学学习的专业化来培育社会效用”，为未来的教师建立师范课程。尽管艾略特强烈信任专业教育，但并不想创设一个专门的教育学科的培养项目。负责教育学系的汉努斯（Paul Hanus）极力寻求扩大教育学系在哈佛大学中的作用，但许多教师否认教育学是一门科学。受挫后，汉努斯开始研究公立教育部门的管理和科层制问

---

① Jill Perry. What Does History Reveal About the Education Doctorate? In Placing Practitioner Knowledge at the Center of Teacher Education—Rethinking the Policy and Practice of the Education Doctorate. 见 http://cpedinitiative.org/files/What%20Does%20History%20Reveal%20About%20the%20Education%20Doctorate_Perry%20(in%20press).pdf.

题，以寻求突破。1909年汉努斯等人成立教育系，附属于文理学院。1920年哈佛大学教育学院正式成立，霍姆斯（Henry Holmes）出任院长。他看到教育学院在提升教育专业培训方面的价值，同时想让教育学院从哈佛文理研究生院的控制中独立出来，于是设立了Ed. D. 学位，招收已经有成功教学经验的，拥有生物学、心理学和社会科学知识，并寻求学校系统更高地位的学生。Ed. D. 学位的目的是提供一个严格的研究过程，提升候选人已有的知识和技能，培养他们成为更好的学校实践型领导者。论文的目的是培养学生利用现有知识进行独立的调查，产生"重要的、有价值的建设性成果"①。然而许多同事担心新Ed. D. 学位会低于Ph. D. 学位一等。这些担心使霍姆斯也想保留Ph. D. 。但校长洛韦尔（Lawrence Lowell）认为这样会使学术分散，设立两个学位的理由不充分。他把Ph. D. 的专有权留给了文理学院，把Ed. D. 的控制权交给了教育学院，这从根本上确立了它的独立性，也使Ed. D. 成为当时教育学院唯一可用的博士学位。教育学院避免了文理研究生院对Ph. D. 学位项目所设定的要求和控制，获得了自己对课程设置和学位管理的所有权。为了迎合时代的需要和提升教育学院的办学层次，1926年起教育学院完全成为研究生教育层次的专业学院。由上可见，Ed. D. 的创立之初就是权力与教育理念冲突的调和物，是教育学科内外部力量博弈的结果。

教育学院成为综合性大学的一部分，其定位与职能也必然随之发生变化。除培育师资之外，也对教育问题展开理论研究。教师学院附属于哥伦比亚大学，但却在大学校园之外，哈佛大学新成立的教育学院也是如此，学术尊严及声望相对低下。尽管教育理论研究有了长足进步，但学术界仍然拒绝把教育学作为一门独立的学科。面对如此境地，教育学者认为只有努力提高学术研究水平，才能提高学科声誉和学院地位，于是教育理论研究的加强被列为学院发展的首要任务。

但从一开始起，教育学院便在综合性大学中处于一种边缘化的地位，生源质量差和经费不足成为问题的焦点。原因是综合性大学的主要目标是理论研

---

① Jill Perry. What Does History Reveal About the Education Doctorate? In Placing Practitioner Knowledge at the Center of Teacher Education—Rethinking the Policy and Practice of the Education Doctorate. 见 http://cpedinitiative. org/files/What%20Does%20History%20Reveal%20About%20the%20Education%20Doctorate_Perry%20(in%20press). pdf.

究，而教育学院要融入到大学之中，目标自然也要转为以理论研究取向为主，教育学院的教授们则变成了学科理论的研究者而抛弃原有教师教育的目标，必然忽视对学生教育实践技能的培养。

于是，教育学院陷入如何处理学术性与专业性关系的困境。哈佛大学教育学院最初的目标是培养特定的专业技能。在这方面，教育学院与其他专业学院相似，而与文理学院不同。但是教育学院自建立于研究型大学之日起，就必然受到大学学术文化和科研评价机制的深刻影响，与专业学院的最初定位渐行渐远。随着高等教育评价制度不断强调学术研究的功能和指向，教育学院面临着学术性和专业性的双重任务和挑战，要处理好二者的关系和权重并非易事。为了追求学术地位，教育学院也不得不将学术研究置于首要位置，以符合大学对学术研究的评价制度。越来越多的教育学院减少了与中小学校的联系。教育学院的职能和使命在不断拓展，变得越来越多样化。当然，也可以说，变得零碎化。

在研究型大学以学术研究为核心价值的导向下，制造了一种学术科层制，无疑带有浓重实践色彩的教育研究处于最底层。这部分归因于两项不公正的竞争制度：其一，教育学院与其他专业学院竞争，但其教育专业向来声望低下，突出表现为低工资与女性多；其二，教育学院被迫参与全国的排名系统，而这个排名系统主要是为社会科学开发的，不利于专业实践倾向强的教育学科。“在教育学科走向学术化和理论化的过程中，更多依靠的是来自心理学、社会学和哲学这些较强学术性学科理论的支持，甚至成为这些学科的研究领域。由此导致教育学科的课程脱离教育实践，知识系统被其他各类学科所肢解。”① 这种等级制度使得专业学位处境尴尬。当代教育学者古德莱德（John Goodlad）就评论说：“一般而言，教育学院和教育系往往与低薪水、低地位的教育领域的职业相联系，它从师范学校升格为师范学院，其实是失去了尊严，而不是赢得了尊严；因为在师范学院，教师教育从中心地位走到边缘，并且越来越边缘化。”② 在崇尚市场和竞争法则的美国文化中，一个被边缘化的教育专业很难吸引到优秀人才，这就形成了一种恶性循环。1990 年哈佛大学教育学院有

① Anemona Hartocollis. Who Needs Education Schools. *New York Times*, 2005－07－31.

② John Goodlad. Whither Schools of Education？*Journal of Teacher Education*, 1995（5）：377－380.

1,233名学生，成为哈佛大学的第4大学院，但其吸纳资金的排名却在全校10个学院中列第9位。可见，对教育学院来说，想建设成为一个有特色的实力强大的专业学院仍然困难重重。

1988年克利福德（Geraldine Clifford）和古斯瑞（James Guthrie）认为，教育学院面临的内外部问题及其混乱的应对策略一起造成教育学院的地位低下。他们指出教育学院面临四个问题：其一，价值倒置。尽管教育者认为教育被认为是社会发展的核心，但教师的社会地位极低，收入水平处于社会中等偏下的水平。其二，教育研究领域遭受“弱技术”之苦，其高级知识的技术进步并没有转化成教育实践。其三，在实践中，学校教育仍然属于劳动密集型和传统型，教师仍以女性为主。其四，教育学院的宗旨面临混乱，为了生存，经常变换学院的使命和优先发展的项目。[①] 1986年发表的《霍姆斯报告》认为，美国的教师培养质量普遍很差，教师任职资格标准缺乏严格性，教师教育认证政策宽松，一些主要研究型大学不注重教师培养，教师工资待遇过低，社会地位不高。这些内外部多种因素决定了教育学科和教育学院在大学中的尴尬地位，而专业性学位相对于学术性学位的比较优势，决定了教育学院更倾向于发展见效快、效率高的专业性学位。

美国社会的不断发展对学校教育产生了新的需求，而心理学和新的教育哲学观念的出现也促进了新教育理念的产生。教师教育机构在适应社会发展的同时，也在不断进行自我调整，以满足蓬勃发展的工业社会对社会成员所需的专业态度、判断力、实用技能和创造能力等多方面要求。为了满足这些新的社会需求，促进公共教育理想的实现，公众对于教育领导者与管理者的素质要求逐渐提高。“近二十年来的美国基础教育改革大环境中有五个要素对教育管理影响深远：对绩效问责制的推进，对以学习者为中心的领导方式的重视，对应用实证研究、数据分析解决问题的要求，对竞争和选择的推动，对全社会携手共进的倡导。这五个改革要素对教育管理成效的定义进行了更新，也对教育领导人员所需的知识和技能提出了新的更高要求。”[②] 可以看出，专业博士学位顺

---

① Geraldine Clifford, James Guthrie. *Ed School: A Brief for a Professional Education.* Chicago, IL: University of Chicago Press. 1990: 5 – 25.

② Ellen Goldring, Patrick Schuermann. The Changing Context of K – 12 Education Administration: Consequences for Ed. D. Program Design and Delivery. *Peabody Journal of Education*, 2009(84): 9 – 43.

应了这些社会需求，而社会需求促进了专业博士学位的蓬勃发展，二者形成了明显的互动关系。

作为对这些问题及教育研究质量的反思，人们尤其是联邦政府越来越强调基于事实的教育政策与实践。沙沃森（Richard Shavelson）和汤（Lisa Towne）在《教育的科学研究》（Scientific Research in Education）中描述了教育研究的三个特征：多学科方法，关注伦理问题，与实践关系密切。[①] 他们认为在科学实践原则制定的界限中存在大量的科学研究的可能性。如果满足这些特征，教育研究的现实价值和学术价值就能够得到兼顾。

在美国，教育学是社会科学的一个分支，包括社会学、心理学、语言学、经济学、政治学、公共政策、历史及其他，都适用于小学、中学和大学教育。尽管一些教育专家认为，教育学院在每一个可以想到的教育专业中都提供各种各样的课程，这些课程代表着教育思想的广阔范围，但多数教育学家对此持怀疑态度。例如，弗莱克斯纳在1930年对教育学院进行评价时就认为，这些种类繁多的课程使人们误入各种肤浅的歧途中。[②] 这种过于分散的课程设置，淡化了专业教育的理论性，这也是造成教育学学科性不强的主要原因之一。

总之，教育学科的弱学科地位造成了教育学院地位和效益低下。但是，也应该看到，由于教育是美国的巨大产业，拥有广阔的市场，教育学科和教育学院存在的合法性非常牢固。关键是要发挥教育学科实践性强的优势，大力发展教育领域的专业学位，形成学位与任职资格之间的衔接关系，其生存空间就会扩大，地位就会提高。

二、教育博士专业学位的扩张

（一）规模扩张

根据美国教育统计中心的数据，2006－2007年美国有1,206所教育学院，提供的研究项目通常有文科硕士（M.A.），教育硕士（M.Ed.），哲学博士（Ph.D.），教育博士（Ed.D.）或教育专家（Ed.S.）学位，以及各专业学科

---

① Richard Shavelson, Lisa Towne. *Scientific Research in Education.* Washington, D.C.: National Academies Press. 2002.

② Abraham Flexner. *Universities American, English, German. London and New York.* Oxford: Oxford University press. 1930: 98.

教师教育项目的硕士学位。教育学院也给本科生提供教师资格证或许可证项目。一般来说，教育学院设有师资培训、课程与教学、公共政策和教育、教育管理等相关领域的研究生项目。此外，一些教育学院提供学校咨询和心理咨询等服务项目。

20世纪以来，各大学授予的教育学 Ph. D. 和 Ed. D. 学位都随着大学数量的增多和生源的扩大而大幅增长。也有一部分硕士授予型大学也开设了 Ed. D. 项目。1947年美国有31所大学建立了 Ed. D. 学位点。20世纪50年代末，美国已经有92所大学授予一种或者两种教育领域的博士学位。到1983年，这个数字增至167所。1995年，在美国127个教育管理博士点中，有61个只授 Ed. D.，有43个既授予 Ed. D. 又授予 Ph. D.。到2005年，美国已经有250所高等教育机构授予教育领域的博士学位，其中至少有180所以上的机构授予 Ed. D.。2007年的统计资料显示，美国同时授予 Ed. D. 和 Ph. D. 的比例分别是研究型大学91%，博士授权大学64%，综合型大学35%。[①] 可见，相对而言，研究型综合性大学更不愿把 Ed. D. 作为唯一的教育领域的博士学位，更倾向于同时提供两种；综合性大学提供 Ed. D. 的比例比以往有了大幅增长，更愿意把 Ed. D. 作为唯一的教育领域博士学位。[②] 有研究分析其中的原因：相比之下，在研究型综合性大学提供 Ed. D. 经常被视为有损于教育学院地位，因为在 Ph. D. 是"金本位"的研究型综合性大学中，Ed. D. 经常被视为低级学位。当 Ed. D. 通过研究生院这个通常管理 Ph. D. 的部门来管理时，这种对 Ed. D. 贬抑的态度可能被更加激化。[③] 可见，美国多数高校同时授予 Ph. D. 和 Ed. D. 学位，并且后者的授予机构数量多于前者。2008年据美国研究理事会的统计，美国共有142所大学既授予 Ed. D. 也授予 Ph. D.，因此美国对 Ed. D. 的很多研究都在关注两者之间的区别。

---

① Arthur Levine. Education Researchers. 见 http://www.edschools.org/EducatingResearchers/educating_researchers.pdf.

② Russell Osguthorpe, Wong Meijiuan. The Ph. D. versus the Ed. D.: Time for a Decision. *Innovative Higher Education*, 1993(1): 47–63.

③ Russell Osguthorpe, Wong Meijiuan. The Ph. D. versus the Ed. D.: Time for a Decision. *Innovative Higher Education*, 1993(1): 47–63.

表 1－4　　基于卡内基大学分类的博士学位授予分布情况　　（单位:%）

大学类型＼学位类型	只授予 Ph. D.	只授予 Ed. D.	兼授 Ph. D. 和 Ed. D.
研究综合型大学	26	6	68
研究密集型大学	20	45	35
硕士授予型大学 I	18	70	11
平　均	22	40	39

资料来源:Arthur Levine. Education Researchers.

见 http://www. edschools. org/EducatingRe searchers/educatin g_researchers. pdf,2010－10－15.

教育领域的博士学位授予规模在 1900 年仅占博士学位授予总数的 1.6%，之后，一直在快速增长。1920－1980 年，美国授予的教育领域博士学位数迅速增长，从 1920 年的 48 人上升到 1980 年的 7,941 人，甚至达到每 10 年增长四倍的速度；在 1980－2005 年，授予数量呈缓慢下降趋势，但每 10 年增长数仍在6,000－7,000 人之间波动。1997－1998 年教育领域授予博士学位 6,261 个，占 13.6%；2007－2008 年授予教育领域博士学位 8,491 个，占 13.3%。① 从 1962－1999 年，教育领域的博士学位授予数量一直是各学科领域中最大的，在 1995－1999 年接近占总数的 16%，在七八十年代更是高达 20%－23%。②

美国教育领域的学生规模是最大的，1,206 所教育学院或教育部门分布在 57% 的四年制学院中。在 1999－2000 年，1,238,000 个学士学位中将近 10%（108,000）授予给教育领域，是第三大领域。硕士层次，教育是最大的领域，获得 124,000 个学位；博士层次，教育是第三大领域，获得 6,800 个学位。教育是美国第二大行业，提供 1,330 多万个工作岗位。③ 1920－2005 年美国不同学科的哲学博士学位授予总数为 294,769 个，教育学所占比例为 18%，在

---

① The Condition of Education 2010 Table A－42－1. Number of master's, doctoral, and first-professional degrees awarded by degree-granting institutions, percentage of total, number and percentage awarded to females, and percent change, by selected fields of study: Academic years 1997－98 and 2007－08. 见 http://nces. ed. gov/pubs2010/2010028. pdf.

② Lori Thurgood, Mary Golladay, Susan Hill. *U. S. Doctorates in the 20th Century*. 2006:15. 英国研究生院理事会(UK Council for Graduate Education, UKCGE) 2005 年的调查显示共计 6,676 名专业博士生，而教育博士有 1,864 人，占 28%，教育领域博士授予规模也是各领域中最大的。

③ 见 http://www. worldwidelearn. com/doctorate-degrees/doctoral-guide/education/edd-in-education. html.

所有领域中最多。教育领域的学士、硕士、博士比例在所有 12 大门类中都居前列。① 足见美国对教育学科高等教育的重视，尤其表现为重视对教育学理论的研究和对从事教育工作高层次专门人才的培养。

表 1 - 5　　1978 - 2008 年教育领域博士学位获得者数量及比重

年　代	1978	1983	1988	1993	1998	2003	2008
数　量	7,194	7,174	6,361	6,689	6,569	6,643	6,578
比　例(%)	23.3	22.9	19.0	16.8	15.4	16.3	13.5

资料来源：Mark Fiegener. Doctorate Recipients from U. S. Universities Summary Report 2007 - Division of Science Resources Statistics, 2009:31.

1989 年美国教育管理政策委员会建议把 Ed. D. 学位作为学校中层教育管理岗位的入职条件。这个建议对许多高校的 Ed. D. 项目产生了积极作用，Ed. D. 得到重视，尤其在教育管理专业方向。一些拥有 Ed. D. 学位的人才在竞争学校领导与管理职位时更具竞争优势。"自从 1920 年，从事教育实践专业标准的提升鼓励了主管、校长、督导、中学教师通过获得博士学位提高声誉、提高工资。到 1930 年就已经有 2/3 的博士候选人来自实践者行列。"② 据对美国2,594名大学校长的调查，拥有博士学位的占 76.4%，其中拥有 Ph. D. 学位的占 55.6%，教育专业出身的人比例非常高，有 43.2% 的美国大学校长所学专业为教育，Ed. D. 占 20.8%。③ 但是，由于美国实行高度的地方分权制度，政府和专业组织的倡议未必都能够得到地方的执行。研究调查显示，加州大约有 160 个学区，但没有一个要求新的学校领导者必须有 Ed. D. 学位。④ 不同于

---

① Lori Thurgood, Mary Golladay, Susan Hill. *U. S. Doctorates in the 20th Century*. 2006:11. 美国教育领域学生规模的庞大与我国形成鲜明对比。我国的情况是：据 2007 年中国教育午鉴的数据，2006 年全国招生硕士生总数 341,970 人，其中教育学 13,270 人，占 3.8%；博士生总数 55,955 人，其中教育学 1,070 人，占 1.9%。硕士毕业 219,655 人，其中教育学 7,138 人，占 3.2%；授予博士学位总数 36,247 人，其中教育学 629 人，占 1.7%。2008 年我国在校博士生总数 214,963 人，而该年教育学博士生在校人数 3,665，比例微小。这值得我们反思，为什么美国的教育领域的博士群体如此庞大，而我国的教育学博士占总博士群体的比例很小？其原因可能是两国的学位制度不同造成的，比如，在我国从事教育的很多教师拿的不是教育学位，我国教师的专业化程度不高。但笔者认为，最根本的原因是观念，我们对教育专业化的重视程度还很不够。

② Ernest Hollis. Ed. D. vs. Ph. D. in Education. *The Phi Delta Kappan*, 1946(9):258 - 259.

③ Melanie Corrigan. 谁在当美国大学校长——2002 年全美大学校长调查报告[J]. 中国高教研究，2004(4):35 - 37.

④ California Postsecondary Education Commission. *The Production and Utilization of Education Doctorates for Administrators in California's Public Schools*. 2000.

其他专业博士学位与相应专业职位之间具有明确的任职资格关系，Ed. D. 学位还没有成为教育管理者和领导者的任职资格的普遍要求，在一定程度上，这不利于 Ed. D. 研究生教育的良性发展。2002 年美国一半的州没有把获得 Ed. D. 作为担任学校督导的任职要求，只有 1/3 的州把 Ed. D. 作为校长的资格要求，美国主要城市仍然雇佣非教育领域的博士学位获得者来领导学校。当然，人们更愿意相信受过专业教育的领导者会使学校运行得更有效率。

表 1-6　　1990-2009 年间几个主要领域授予博士学位数量比较

学位 / 年度	哲学博士	教育博士	心理学博士	工商管理博士	宗教博士	其他	总计
1990	38,227	3,073	153	115	3,364	3,198	48,130
1991	38,835	3,041	159	103	3,580	3,185	48,903
1992	38,741	3,085	194	100	3,422	2,737	48,279
1993	39,840	2,987	192	110	3,456	2,640	49,225
1994	40,950	2,901	252	130	4,924	2,370	51,527
1995	42,388	2,745	292	125	4,748	2,252	52,550
1996	42,706	2,943	301	130	4,835	2,068	52,983
1997	44,490	2,786	370	123	5,136	2,128	55,033
1998	42,815	2,766	444	104	5,349	1,723	53,201
1999	41,733	2,849	505	139	5,565	1,728	52,519
2000	41,909	2,642	616	148	5,704	1,796	52,815
2001	40,809	2,638	660	112	5,396	1,821	51,436
2002	41,140	2,826	630	136	4,674	1,817	51,223
2003	42,533	2,778	723	151	3,991	1,672	51,848
2004	44,455	2,754	688	134	2,944	1,725	52,700
2005	46,925	2,896	720	128	1,007	1,779	53,455
2006	48,855	2,877	723	106	536	1,876	54,973
2007	50,092	3,098	750	122	357	1,714	56,133
2008	45,885	3,031	717	198	136	1,807	51,774
2009	32,252	2,429	571	110	79	6,599	42,040

资料来源：Leo Mallette. A Century of Doctoral Degrees: How Many Have There Been? LV10069, 2010: 18. 见 www. aabri. com/LV2010Manuscripts/LV10069.

（二）类型：学科与院校

Ed. D. 比教育学 Ph. D. 的诞生晚了近 60 年，但发展速度比教育学 Ph. D. 更快。1941 年 Ed. D. 的授予数量赶上了 Ph. D. 的数量。在整个 20 世纪五六十年代 Ed. D. 都是支配性学位，Ed. D. 获得者数量曾经达到 Ph. D. 的两倍。1956－1958 年的调查显示，授予 Ed. D. 学位 1,677 个，Ph. D. 有 865 个，二者比例接近 2∶1。1950 年 Ed. D. 获得者数量甚至达到教育领域博士学位总数的 77% 。但大学之间差异很大，如哥伦比亚大学授予 Ed. D. 419 个，纽约大学 222 个，二者合计占全国 Ed. D. 学位授予数量的四分之一。92 所授予 Ed. D. 学位的大学中，最少的 12 所在 1956－1958 年间仅授予 19 个 Ed. D. 学位，平均每年每校不到一个。[①] 但 Ed. D. 从 20 世纪 70 年的 53% 持续下降到 1990 年的 44% 。20 世纪 70 年代末 Ph. D. 超过 Ed. D. ，现在 Ph. D. 明显是支配性学位。1956－1958 年 92 所大学提供总共 75 个 Ed. D. 项目和 65 个 Ph. D. 项目，17 所大学仅提供 Ph. D. 项目，27 所大学仅提供 Ed. D. 项目，48 所大学同时提供两者。除此之外，37 所机构提供教育领域的学位或资格证书。由教育学院控制的 Ed. D. 数量是 Ph. D. 的四倍，还有教育学院与研究生院联合控制的，4/5 的 Ph. D. 和 3/5 的 Ed. D. 由研究生院管理。教育领域的博士生项目主要由研究生院管理。二者不同的优势领域也比较分明，Ed. D. 一直在教育管理领域盛行，而 Ph. D. 一直在咨询、高等教育、历史和教育心理学方面盛行。1985 年对 42 所大型研究型大学的调查显示：74.1% 的校友拥有 Ph. D. ，81% 的正在攻读 Ph. D. 。而且，大学的知名度越高，攻读 Ph. D. 的学生比例越大。这 42 所大学中的 9 所只有 Ph. D. ，1 所只有 Ed. D. ，其余二者都有。[②] 2005 年美国教育领域授予的博士学位总数是 6,229 个，其中 Ed. D. 是 3,033 个，略逊于教育学 Ph. D. 。[③] 表 1－7 清楚地显示了 Ed. D. 与教育学 Ph. D. 之间规模

---

① John King. The Doctorate in Education. *Men in Education*. 1961(June):382－386.

② Laurence Brown. A Perspective on the PhD-EdD Discussion in School of Education. Paper presented at the Annual Meeting of the American Educational Research Association. Boston, MA, April 17－20, 1990. 国内猜测 Ed. D. 多于教育学 Ph. D. 的说法，是没有根据的。我国有的研究想当然地认为教育博士 Ed. D. 的规模大于教育学博士，如文东茅："美国多数高校同时授予 Ph. D. 和 Ed. D. 学位，并且后者要多于前者。"张济州："美国每年在教育领域授予的博士学位数通常稳定在 6,000－7,000 之间，授予教育博士学位的比例远高于哲学博士"。产生这些错误，值得研究者反思。

③ Thomas Hoffer, et al. *Doctorate Recipients from United States Universities: Summary Report* 2005. Chicago: National Opinion Research Center, 2006:6－9.

的变化，Ed. D. 在1960年前远远低于教育学Ph. D.，但在60－80年代却远远大于教育学Ph. D.，90年代后开始落后于教育学Ph. D.。两种类型学位规模的波动反映了人们对学位类型理解和社会需求的不断变化。

表1－7　　20世纪教育领域博士学位的授予数量

年　代	E＋E	教育学Ph. D.	比　例
1900	0	78	0.0
1910	2	241	0.0
1920	103	960	0.1
1930	239	2,288	0.1
1940	566	2,871	0.2
1950	4,282	7,887	0.5
1960	16,732	6,660	2.5
1970	33,840	19,307	1.8
1980	32,446	19,638	1.7
1990	29,178	34,633	0.8
2000	28,012	36,040	0.8

资料来源：Leo Mallette. *A Century of Doctoral Degrees*：*How Many Have There Been*? LV10069, 2010：17. 见www. aabri. com/LV2010Manuscripts/LV10069.

注：Ed. D. 的名称直到1990年代才流行，Educat. D. 是在1990年代之前较多使用的名称。E＋E是所有Ed. D. 与Educat. D. 之和。

1991年对全国二年制和四年制高校管理人员的学历调查表明，28%的被调查者是高等教育专业的博士，其中包括32%的校长、36%的负责学生工作的副校长、17%的学术副校长。① 换言之，高等教育专业博士生的专业背景与毕业去向十分明确。首先是管理者，其次是学者，而前者的需求量要大得多。因此，90%以上的Ed. D. 博士点把培养高等教育管理人员和领导者作为主要目标，65%的博士点将之作为基本目标。②

美国大学在提供教育方面的博士学位，有的选择Ed. D. 或Ph. D.，或两

① Barbara Townsend, Michael Wiese. The Higher Education Doctorate as a Passport to Higher Education Administration. *New Directions for Higher Education*. 1991(76)：5－13.

② Barbara Townsend, Michael Wiese. The Higher Education Doctorate as a Passport to Higher Education Administration. *New Directions for Higher Education*. 1991(76)：5－13.

者兼而有之。美国的几个顶尖教育学院只提供Ed. D.（如哈佛大学、约翰·霍普金斯大学），其他几个好的教育学院只提供Ph. D.（如斯坦福大学、密歇根大学等），而其他学校选择提供应用研究方面的Ed. D.和理论研究方面的Ph. D.（如加州大学洛杉矶分校、加州大学伯克利分校、俄勒冈大学、宾夕法尼亚大学、哥伦比亚大学教师学院等）。最后，少数学校提供项目基础上的Ed. D.与研究为基础的Ph. D.（如圣路易斯大学）。美国研究生理事会的报告《有关专业博士的工作小组报告》认为授予研究型博士学位的研究型大学在提供专业博士学位研究生教育上占有优势，因为它们在博士层次的训练方面有经验。当专业性博士学位和研究性博士学位同处于一个学科领域时，双方有可能产生强大的互补作用。①

三、教育博士专业学位的特点、培养模式及其比较优势

（一）教育博士专业学位的特点

1. 学生背景的广泛性。教育学院的博士生来源广泛，缺乏一个共同的学科背景。“美国博士学位攻读者中2/3的所在学科与学士相同，4/5与硕士专业领域相同，而不到一半的教育领域的博士生与其学士学位的学习领域相同。与其他学科相比，教育领域学生的学科连贯性最小，仅有40%多与学士阶段所学领域相同，1960－1964年为44.1%，1995－1999年为41.1%。（原因也可能是教育学科的开放性和学科性不强）”② 教育学院的博士生许多没有教育领域的学士学位③，背景的多样性能够形成丰富的教育资源，但这也意味着博士候选人没有一个共同的知识基础，这严重挑战了教育学院如何提供共同的核心知识基础。而且，大部分在职实践工作者重返校园的目标很明确，“研究者”从来不是他们专业身份的核心，往往与学术型导师所持的研究认识论产生冲突，这对教师来说，也是一个巨大挑战。

教育学是一个复杂的学科，涉及领域广泛的跨学科学习。这种专业广泛性为教育领域提供了许多机会和挑战。学科多样性的后果之一是教育学过于空

---

① 见 http://nces. ed. gov/ipeds/news_room/ana_Change_to_1_29_2008. asp.

② Lori Thurgood, Mary Golladay, Susan Hill. *U. S. Doctorates in the 20th Century*, 2006: 27－31.

③ 哈佛大学教育学院的Ed. D.博士生的学源也很能说明这个问题，相当比例的学士学位不是教育领域的，但硕士学位绝大部分具有教育硕士，与教育博士学位最为密切。参见附录3。

泛，没有形成核心的知识理论体系，难以把各领域凝聚起来。各领域没有共同的核心课程，教育学院的各个分支学科和项目确定自己的课程和要求。教育学专业缺乏相对统一的概念。教育领域内各学科有各自的概念标准，它们的专业承诺相异，认识论有冲突，用不同的方法和准则使理论与实践产生紧密关系，重心在研究与教学之间摇摆不定，为教育实践与理论研究之间的关系而争论不休。与其他学科相比，教育理论更加碎片化，如何把理论运用到实践中是一个很不确定的问题。教育学科，从学科内核到跨学科，从项目目的到与实践联系，一切都不明确。教育同时服务于许多目的和功能，对研究方法、研究对象、研究目的的分歧很大。不仅教育作为一个领域面临危机，而且培养未来学者、研究者、实践者的力量也不集中，呈现碎片化的状态。直到 1990 年霍姆斯小组发表的《明日之学校》（Tomorrow's Schools）报告仍然宣称："教育家们还没有形成对何为最佳教育实践的原则达成专业共识。"① 即是说，教育学专业一直未能在寻求专业内公认的知识和理论体系方面取得进展。这也是教育学专业无法与传统的较为成熟的专业（如法学和医学）获得相同职业声望的重要原因。这也就要求 Ed. D. 的课程以模块为主，在课程体系中，以核心课程为主，目的是构建共同的知识基础。

典型的情况是，学生在导师指导下，确定研究计划，相对独立地进行研究。教育学专业的广泛性为其发展提供了很多机会，但也提出了很多挑战。与其他领域不同的是，没有一个专业组织能够代表所有的教育者和学科特性，更难给教育学领域的博士生总结出共同特点。其培养目标自然也是极为宽泛的，如哥伦比亚大学教师学院的任务是系统地研究和提高有关教育学、心理学和健康卫生服务专业的科学水平，关心全部生活中与各种不同情境和机构中的教学和身心健康状况的促进，培养人们在学校、学院、大学、诊所、医院、日托中心、企业组织、社区单位、政府机关和研究单位中的服务能力，其优势是覆盖面广，社会适应性强。但同时，其缺点是力量分散，难以集中资源和力量，难以做大做强。

2. 学生就读情况的复杂性。教育领域的学生与其他人文社会学科的学生有两个重要区别：第一，自费学生的比例更高。在所有博士生中，自费的占

---

① The Holmes Group. *Tomorrow's Schools: Principles for the Design of Professional Development Schools*. East Lansing, MI: The Holmes Group, Inc, 1990: 77.

29.3%，由雇主资助的占 3.9%；而在教育领域，65.3%是自费，10.1%来自于雇主资助，政府和社会对教育领域的资助较少。虽然缺少资助，但教育领域博士生的债务却低于其他学科。其原因也就是教育领域博士生的第二个特点：大部分是在职兼读①，在读期间仍然有经济收入。但其缺陷是：课程往往设在晚上或周末，学生对学习和研究的时间和精力投入不足。2007－2008 年 Ph. D.（除教育领域）全日制博士生占 57.7%，教育领域的博士生全日制占 22.8%，第一专业学位博士生全日制平均占 78.4%②，2003－2007 年教育领域 82%的博士生是兼读制。可见，教育领域博士生的兼读比例很大。

教育领域的博士生具有其他领域不具备的一些特征。教育领域的博士生往往与教育职业相关，候选人入学之前就有作为专业教师或学校管理人员的工作经历。2003－2007 年 66%教育领域博士生来自于教育与教学领域，而所有学科的博士生来自这一领域的仅 22%。与文理学院的博士生相比，教育学院的博士生年龄更大，获得博士学位的平均年龄 43.8 岁，而文理学院的学生一般是在获得学士学位之后两年就开始攻读博士学位，年龄一般要小 10 岁。教育学院这些年龄大、实践经验丰富的博士生重返高校接受博士生教育，往往有非常清晰的专业目的，对教育效果的期待也更加强烈，给教育学院带来的压力和挑战很大。

3. Ed. D. 区别于教育学 Ph. D. 的特殊性。Ed. D. 是作为一种与教育学 Ph. D. 相互独立的学位而设置的，所以正确认识 Ed. D. 与 Ph. D. 之间的关系，是必须首先解决的问题。这就需要准确把握 Ed. D. 的内涵和本质，并根据 Ed. D. 独特的功能确定它的培养目标、服务宗旨以及培养对象。人们既想赋予 Ed. D. 与 Ph. D. 同等重要的地位，但又力求保持两者的差异性和独立性。从根本上说，Ed. D. 是一种专业性博士学位，因此它应该具有专业博士学位所特有的性质，在学位结构上发挥自己的独特作用。Ed. D. 项目主要是为了使高层

---

① 在美国，全日制或兼读制注册的分类是建立在每学期每个学生注册的学分数量基础上的。在美国大学一般一学年分秋期、春期和夏期三个学期，每学期注册 12 个学分或以上者被授予全日制学生。注册少于 12 个学分（0－11 个学分）的被认为是兼读制学生。兼读制分为两类：一类是每个学期注册 6－12 个学分者为"半兼读制"，注册少于 6 个学分者为"少于半兼读制"。

② U. S. Department of Education, National Center for Education Statistics, National Postsecondary Student Aid Study (NPSAS), 2003－04 and 2007－08. 见 http://nces.ed.gov/pubs2010/2010028.pdf.

次的教育研究能更有效地服务于专业发展，更有效地指导专业实践活动，为教育实践工作者提供一个反思性的实践活动、尝试运用理论来解决现实问题的机会。

美国大学一般将 Ed. D. 与 Ph. D. 分别定位为：Ph. D. 培养的是教育专业的研究人员，强调研究能力的培养；而 Ed. D. 培养的是研究型的教育专业人员，强调的是学生应用理论知识解决教育实际问题的能力。Ed. D. 与 Ph. D. 互为补充，相互促进。Ed. D. 项目是在充分考虑教育领导者在新时代所面临的各种问题，为他们量身打造。为了保证学生具备完成 Ed. D. 课程学习及论文研究的能力，还须对学生的入学条件加以限制，要求拥有一定时间的教育实践工作经验，拥有硕士学位等等。因此，为了保证 Ed. D. 培养目标的实现，满足 Ed. D. 博士生的需求，Ed. D. 必须在课程设置、教学模式、尖峰体验、质量评价方面进行合理设计，才能使 Ed. D. 真正成为一种既具有等同于 Ph. D. 学术水平、又具有独特价值的学位类型。

Ed. D. 虽然是一种专业学位，但同样重视学生的研究能力和研究水平，这方面的要求并不低于 Ph. D. 。Ed. D. 论文强调实践意义，强调研究成果的应用性。而 Ph. D. 论文强调基础研究及其理论意义，强调原创性成果及其对人类知识体系的新贡献。Ed. D. 论文的评价程序与 Ph. D. 基本一致，只是在评审专家的组成上，应包括一位相关实践领域内的专家，对论文的评价由校内和校外专家共同进行。

（二）教育博士研究生教育的一般模式

自创立之日起，Ed. D. 的参照点就是 Ph. D. 。所以，如何使 Ed. D. 享有与 Ph. D. 一样的声誉和地位，又与 Ph. D. 存在显著的差异性，是 Ed. D. 培养工作的重点和难点。美国的 Ed. D. 经历了 90 多年的发展和不断变革，形成了一般的培养模式。

1. 招生。Ed. D. 招生不单纯以分数取人，注意考察申请人在不同领域的整体成就。一般而言，招生目标专注于候选人的知识能力、工作背景和经验、发展潜力及综合素质。所有申请人在个人陈述中交代过去的受教育经历、专业预期及研究计划。除了一般要求的材料外，所有申请人必须提交一份学术写作样本，表明他们具有处理学术资料的能力。相关的工作经验是重要条件之一，申请者应具有相关学科或领域的硕士学位和从事教育工作的经验。以芝加哥州立大学的教育领导 Ed. D. 项目为例，其招生要求：①GPA 至少 3.5 或所有硕士成绩 4.0 以上；②拥有教育管理方向或相关教育领域的硕士学位；③三封教授或管理者推荐信描述考生具备成功完成博士项目的学术潜力；④一定的 GRE 成绩；⑤考生陈述报考 Ed. D. 的原因；⑥候选考生现场写作或面试。美国 Ed. D. 的招生更加青睐学术背景宽广的学生，鼓励具备复合型特质的学生来攻读博士学位，因此所招学生中有许多不仅拥有教育硕士学位，而且同时拥有社会学、统计学等学科的硕士学位。

2. 培养目标。Ed. D. 主要培养高等教育领域中的研究型专业人才，但具体到各个高校又有所不同。如哈佛大学高等教育学 Ed. D. 项目的培养目标是培养懂得研究、领会政策、会实践并了解三者之间相互关系的领导者。毕业生将在大学、研究机构、州或联邦政府从事教学、管理、政策分析及学术研究等工作。密歇根大学高等教育学专业只授予 Ph. D.，培养目标是为大学、文理学院、社区学院以及州或国家政策研究机构培养管理人员，也可以做大学教授。而同时授予两种学位的宾夕法尼亚大学，其 Ed. D. 的培养目标为：改善教育实践，应用所学方法解决教育实际问题，主要为高水平的大学、基金会、非盈利性组织及政府机构培养管理者；其 Ph. D. 的培养目标是：进行教育领域的基础性高深理论研究，培养大学教师或从事高等教育管理研究的学者。

3. 培养方案。在美国，Ed. D. 学位往往是由大学教育学院颁发的教育领域的终端学位。美国典型的 Ed. D. 学位通常需要经过 3 个环节：硕士学位之后 15 门课程学习，综合考试，最后是学位论文。学位论文必须展示博士生的研究与发现，提交学位论文答辩委员会，包括导师即第一评阅人，第二和第三评阅人，通常限制为 5 人。Ed. D. 必须组建指导委员会，至少包括 3 名教授，其中一名来自学生专业领域之外，以帮助学生设计项目。而 Ph. D. 的教授委员会至少 5 名教授，其中一名来自学生专业领域之外，一名来自副修领域。

Ed. D. 项目的课程一般采取模块化组织形式，根据 Ed. D. 项目所涉及的专业领域，有针对性地开设相关专业课程。课程一般涵盖面广，且根据研究发展需要不断改革课程内容，以便将最新科技成果应用到实践中。课程强调理论知识与实践的结合，将知识与能力融会贯通。跨学科课程占据了课程结构中很大的比例，以使学生拓展知识领域和思维视野，把握学科的前沿，这符合教育学学科所具有的广泛性和丰富性的学科特点。

4. 学费与资助。Ed. D. 学位的学费是按照学分来收取的，当然各学科之间的差异巨大。哈佛大学在 2010 – 2011 学年，每个学分是 1,178 美元。此外，学位管理的收费每学期 378 美元。经济资助是 Ed. D. 学习的重要保障。以哈佛大学教育学院 2007 – 2008 年度的情况为例，该院所有入学的 Ed. D. 博士生，不管背景如何，都会获得包括学费、个人健康费、生活津贴的三部分奖学金共 32,400 美元。尽管没有正式的承诺，但是学院一般会为博士生提供四年的经济资助，第五年博士生可以通过担任助研或助教的形式得到资助。Ed. D. 博士生一般在第三年或第四年开始准备论文，这期间，可以申请博士论文研究资助。充足的经费和财政资助，是所有 Ed. D. 博士生培养的重要组成部分，也是高水平博士生培养活动的基础性保障。

（三）教育博士专业学位的优势与劣势

Ed. D. 获得蓬勃发展的原因主要有四个：其一，仅仅设置教育学 Ph. D. 学位已不能满足教育发展的需要，很多人对教育学 Ph. D. 的社会适应性表示忧虑，希望对教育领域的博士生教育给予重新界定。Ph. D. 主要是为大学及研究机构培养擅长于教育理论研究的学者，而社会的发展需要更多处于大中小学实践领域中的专业人员；其二，Ed. D. 项目无论在培养方向、方案设计、过程与评估等方面都与教育学 Ph. D. 项目有一定的差异。根据吉本斯等人提出的知识生产模式理论，社会和学术界对知识生产方式的多样性、参与主体的多元性和生产情境的复杂性，给予越来越多的认同。教育学作为一种实践性非常强的专业，Ed. D. 项目能将有经验的教育实践者召集在一起，共同研究教育实践中有重大意义的问题，找出恰当的对策，这也是一种实践性知识生产的过程，这种知识与源自学术研究机构的学术性知识有本质区别，对教育实践活动有更为重要的意义；其三，灵活的学制与在职学习的方式为广大教育实践工作者提供了获得博士生教育的途径，Ed. D. 适应了广大教育实践工作者专业发展和职务晋升的需要；其四，由于市场的推动，在高等教育大众化和普及化发展的推动下，教育学院的发展越来越依赖于外部市场所提供的资源支持，这种依赖关系使教育学院不能无视社会对其提出的越来越高的要求。Ed. D. 的学生多是带薪就读，而且是在事业方面已经取得一定成就的管理层和领导层人员，拥有较多的社会资本，是大学和教育学院更为欢迎的客户。

然而，从另一种视角来看，上述四个原因都会造成 Ed. D. 学位学术标准低下，更容易获得。真正的 Ed. D. 应该以自己的方式同 Ph. D. 一样富有挑战性和难度。20 世纪末以来美国大学的教育学院开始向这种积极的方向发展，以挽救这一学位的声誉。例如哥伦比亚大学师范学院正在作出精心努力为管理者和实际工作者设立 Ed. D.，并准备接受根据对教育经验的评价而写出高质量的论文，以及要求具有通过对研究的分析和观察而有效利用研究成果的能力。斯珀（Stephen Spurr）等人的建议很简单，他们拒绝任何根据相似但较低的标准而将 Ed. D. 降为二等 Ph. D. 的做法。他们强烈主张建立一个纯粹的专业性 Ed. D. 课程计划，这种计划明确地指向教育学专业而不是指向学科领域，并在各个方面都严格地遵照相应 Ph. D. 的要求进行管理。

第三节　教育博士专业学位的管理与评价制度

美国目前有 400 多所大学设置博士学位，其中至少有 180 所以上的机构授予教育博士（Ed. D.），而这些机构根据各自的特色和实力制定了不同的培养模式和学术标准。美国没有官方统一的 Ed. D. 培养模式与质量标准，没有联邦政府组织来认证 Ed. D. 学位项目。真正的 Ed. D. 设置权与管理权掌握在教育学院手里，大学学位认证机构最终决定学位的标准，大多数情况是由外部同行专家来评估 Ed. D. 学位项目的质量。

一、教育博士专业学位的管理制度

美国大学的学位管理体制与其生成环境具有高度相关性。在美国高等教育系统市场化运作的背景下，大学面向社会自主办学的主体地位及其主体意识得到强化，积极练好“内功”以求得社会的认可成为必然的理性选择。在此背景下，学位授予权必然是“大学本位”的，是大学谋求生存发展的内在诉求。政府在学位授权及学位管理体制中只承担宏观调控的职能，体现在制定政策法规、资助及信息传播等宏观指导方面，实现对学位的间接调控和管理，担当

“掌舵者”的角色。

（一）“分权化”的学位管理体制

分权管理体制是指学位管理权力相对分散，联邦政府、地方政府、社会中介机构和大学各自有明确的分工与合作。学位管理由各州来颁发特许证，并按联邦学位法授权给达到一定学术水平的大学。政府部门不直接参与学位授权审核的具体工作，而是委托学校资格审查委员会或其他得到审查认可的认证机构对学校的整体办学水平与专业学位高等教育的办学条件进行资格认证和质量评估。

州政府对本州的高等教育具有广泛的权力，对本州高校的管理、教学、财政等各方面施加影响。尽管美国各州对高等教育的管理方式不尽相同，但是大部分州都制定了有关对可授予学位的院校的课程标准和师资等方面要求的法规或规章制度。对于专业学位的设置审核，州政府对其课程标准、内容、目的、师资等方面进行评估。专业学位的培养标准主要由州政府权威机构与专业协会共同制定，并由他们以办学资格认证的方式来监督和保障专业学位的教育质量，维持不同专业教育的规模与社会需求之间的平衡。

美国高等教育系统的学术组织也参与到学位的管理之中。州政府只规定了公立高校可授予的最高学位，至于高校在可授予的学位中设置什么类型的学位，仍由各高校自己来决定。甚至在一些私立大学，根据劳动力市场的需要和变动自主地决定或调整学位类型与规模，新增博士学位授权学科也可以不经州大学事务委员会批准而由自行决定。在教育学院内，又有不同的学位项目（program）；同一学位项目中，还可依据教授的学术专长确定不同的专攻领域（concentration）。美国在学位管理方面实行的分权管理模式给大学学位自主管理留下了很大自由发挥的空间。

（二）“市场化”的学位资源配置机制

“市场化”资源配置模式与“分权化”管理体制存在内在联系。由于缺少政府的保障机制，大学要发展壮大，就必须充分利用自身所具有的优势来选择适宜的发展策略。积极面向市场、参与教育资源的竞争，成为所有大学和专业学院生存与发展的必然选择。美国高等教育形成了一系列市场导向的资源配置机制，诸如直接面向学生个人而非学校机构的助学金及贷款政策，通过竞争获取政府和民间科研经费等。相对弱势的行政控制、市场导向的办学机制以及自由竞争的环境氛围，决定了大学和专业学院在学位管理中的主体地位，也使得社会组织有更多参与学位管理的机会成为可能。

（三）“大学本位”的学术管理制度

美国一直有大学自治、学术自由和教授治校的制度传统。“美国大学外部相对弱势的行政控制以及较为成熟的高等教育市场环境，塑造了美国大学相对开放的内部治理结构体系。”① 在美国大学权力结构中，董事会、以校长为中心的行政组织以及教授会，形成了三足鼎立的制衡结构，构成了美国大学独特的治理体系。在外来行政权力干预较弱的制度环境中，美国大学形成了“大学本位”的学术管理模式，学术事务由各级教授会来负责管理。专业学位属于专业学位内部的学术事务，其设置权和管理权都在学院甚至系的教授手里。因此，教育学院有充分的自主权力决定设置什么形式和规模的教育博士项目，并制定自己的学术标准和培养模式。例如，哥伦比亚大学教师学院就始终拥有独立的董事会、财政、师资、管理和捐赠体系，拥有独立设置 Ed. D. 等各类专业学位的权力。

二、教育博士专业学位的认证与评价制度

美国专业学位研究生教育建立了一套完整的质量保障体系，对专业学位的学科类别、课程设置、学位要求都有明确的规定。当然这仍然是各高校自己内部的事务，所以，校际之间差异很大。此外，美国还建立了政府认可和非政府认证相结合的外部质量保障体系，各高校为了获得联邦政府的资助、地方政府以及行业协会的认可，就必须主动参加并且通过相应的专业认证和质量评价体系，以证明其培养质量是合格的。

（一）教育博士的认证制度

1. 高等教育认证制度

美国新增博士学位授权学科一般由州大学事务委员会批准，其余有关学位授予事宜均由经认可的学校自行决定。几乎所有的 Ph. D. 学位都是由研究生院来负责管理、培养和学位审查及授予。而 Ed. D. 学位是教育学院自行设立

① 马廷奇．大学组织的变革与制度创新[D]．华中科技大学博士论文，2004：111.

的学位，一切管理权力都在教育学院手里，这是教育学院和教育学科独立的一种标志。当然这也是法学院和医学院等其他专业学院的一贯做法，这样就有效避免了文理研究生院过分强调学术标准对专业学位特殊性的钳制。

在保障其质量的多种因素中，高等教育认证制度是很重要的方面。美国的高等教育认证制度始于20世纪初，是以院校自我评价和同行评价为基础，以满足公众质量问责和提高学术质量为目标的过程。美国对大中小学教育机构均实行教育认证。“认证”(accredition）一词的英文原意是“值得信赖”，在美国教育系统中有特定含义，其目的是建立和保持信任。

高等教育认证一般分为两个层次：院校认证和专业认证。院校认证是强制性的，而专业认证是自愿的。认证的主要功能是对学校和专业质量做出判断，以便给社会传达必要的信息。各专业都设有自己的认证机构。通过专业认证是学校获得社会知名度和招收学生的有效手段，也有利于公众和个人对该专业进行投资和捐赠。

教育专业的认证周期每5年一次，认证结果要通过网络以及正式出版物向社会公布。美国共有各类高等院校4,000所左右，其中设有教育学院、教育系或者教育专业的大学1,000多所，但是正式获得教育专业认证的仅有650所。那些没有正式获得教育专业认证的250多所教育学院多是质量比较差、招生数量比较少的小学校。

在美国，具体负责专业学位质量保障的组织是各学科专业认证协会。学科专业认证协会根据行业标准，对高校具体的学科专业的教育质量进行认证，其认证过程大致有自我评价、实地考察、综合评价和认证结论四个步骤。各学科专业认证协会都建立了针对性强的学科专业认证标准，对各高校的专业学位有明确的指导作用。认证协会不仅对新设学位点进行认证，而且对已经开办的学位点仍然进行周期性的质量评价，从而有效地促进了各专业学位教育质量的不断提高。

在美国，各个大学各专业都有权授予它认为合适的各种类型的学位，但所授予的学位要想得到社会承认，则需要不断地获得相应的认证。培养机构所要做的就是证明自己的教育质量达到了授予学位的相应标准。培养机构必须向包括政府、学生和雇佣机构在内的所有“客户”负责，而所有“客户”都是其教育质量的问责主体，这就容易形成多元利益相关者共同治理的现象。

2. 教育博士的认证制度

美国高等教育系统建立了满足自身需求的学位认证机制，主动邀请社会认证机构对学位项目的质量进行认证，成为接受政府和社会资助的先决条件，也成为促进和推动专业认证制度发展的动因。

美国的教育专业认证的执行机构是成立于1954年的全美教育认证委员会（National Council for Accreditation of Teacher Education，NCATE）。全美教育认证委员会的专家评价员共有400名左右，所有的专家评价员必须由全国性学术团体提名，然后经全美教育认证委员会的董事会逐个审查，投票选举产生，任期是无限期的。能被提名本身就是很高的荣誉，虽然没有任何报酬，但每一位认证小组专家都以能参加认证委员会为荣。由于工作量很大，专家评价员每年只会履行一到两次任职义务。1982年美国学校管理者协会（American Association of School Administration，AASA）认定的Ed. D. 成果的目标能力维度包括①：

（1）学校氛围改善。设计、实施和评价学校氛围改善项目包括师生共同的努力来形成和实现学校的目标。能力包括：①人际关系，组织发展和领导技能；②合作性目的的确定和行动规划；③组织的和个人的规划和时间管理；④不同教师的参与性管理；⑤学校环境评价方法和技能；⑥改善师生之间的关系质量来促进学习；⑦多元文化和伦理理解；⑧群组过程，人际交往和激励技能。

（2）政治理论和技能。理解政治理论和应用政治技能构建当地、州和全国的教育支持。能力包括：①学校社区的公共关系，联合构建，相关的公共服务活动；②学习治理和运作的政治；③通过债券、税收和其他手段的政治策略；④游说、商议和集体交易，权力、政策发展和政策稳定性技能来保证成功的教育项目；⑤交流和计划教育的清晰的地位；⑥大众媒体在塑造和形成观念的角色和功能；⑦冲突调解和技能来接受和应对内在的矛盾。

（3）系统的学校课程。发展一个系统的学校课程，确保广泛的文化丰富性活动，掌握更复杂的解决高级问题所需要的技能与创造性。能力包括：①规划未来的方法来预期职业趋势和它们的教育意义；②教学课程单元目标和效用

---

① Ethel Porter. *A Follow-up Study of Ed. D. Graduates in Educational Administration at Virginia Polytechnic Institute and State University*. Virginia Polytechnic Institute and State University doctoral dissertation. 1997：16－21.

步骤分类学；③认知理论发展和课程顺序和结构；④发展和应用有效的可靠的教学产出成果显示器；⑤使用计算机和其他技术作为教学辅助；⑥开发和使用可获得的文化资源。

（4）教学管理系统。规划和实施教学管理系统，包括教学目标、课程设计和技术，鼓励更高层次的成就。能力包括：①课程设计和教学传递策略；②教学和动机心理学；③指导和评价学生成就的其他方法；④促进教育目标掌握的变革与管理；⑤应用计算机来管理教学项目；⑥教学设计和资源的使用；⑦效能费用和项目财政。

（5）教师发展和评价系统。设计教师发展和评价系统为教育人事。能力包括：①评价系统和教师需要来确认教师的核心发展领域和新人事的资源分配；②使用系统和教师评价数据在人事政策和决策中；③评估教师发展项目的效用因为它影响专业表现；④作为教师提高和演进的策略使用临床督导；⑤评价个体和机构的资源压力，开发减少压力的方法。

（6）分配资源：有效地分配人力、物力和财政资源，以一种负责任的方式，确保成功的学生学习。能力包括：①促进规划、维持和运作；②财政规划和现金流动管理；③人事管理；④学生人事服务和分类项目；⑤管理的分类技术。

（7）使用研究：在决策中使用研究中获得的发现来提升长期规划、学校运作和学生学习。能力包括：①研究设计和方法包括收集、分析和解释资料；②描述的和推理的数据；③评价和规划模式和方法；④选择、行政和干涉的演进手段。

可见，Ed. D. 成果的目标能力维度是多元的，比较贴近 Ed. D. 博士生的工作实践，有利于把 Ed. D. 博士生培养成专业实践型复合型的高级人才。这些目标能力维度充分体现了 Ed. D. 培养的是高级应用型复合型教育工作者。只不过对能力的评价往往是非常模糊的，无法准确衡量。

3. 内部质量保障制度

美国各高校都根据自己的办学条件和发展目标制定了完善的内部质量保障制度。以哈佛大学为例，哈佛大学通过制定各种博士生教育的相关制度，对导师和博士生的职责和行为做出了明确规定，从而在培养过程中，充分调动了各教育主体的主动性和积极性。其在制度建设方面主要包括：①学术诚信管理制度。

②办公室时间制度。哈佛大学规定：每位任课教师每周必须至少安排两小时的时间，来和博士生进行交流。博士生可以就课程中的疑难问题、感兴趣的问题、与自己研究领域相关的问题、对课程的建议等与教师进行交流。同时，博士生也可以就自己未来的研究方向、研究方法等向任课教师提出咨询。③教学评价制度。每位教师上完课程，都要接受博士生的教学评价。④综合考试制度。综合考试内容既包括博士生研究领域内的知识，又会涉及与此方向相关的其他专业的知识。如果学生没有通过综合考试，将无法进入论文阶段而最终无法获得博士学位。

没有完善的内部质量保障制度，就不能充分调动 Ed. D. 培养主体及导师和博士生两个教育主体的主动性和积极性。美国博士生教育内部保障制度与外部认证和评价制度相配合，共同作用，为 Ed. D. 的教育质量形成了内外部共同作用的保障体系。制度就是防止不合制度要求现象的出现，对我国教育博士学位制度而言，我国还有很大的需要完善的空间。

（二）教育博士的评价制度

美国对博士生教育的评价始于 1925 年，是对博士生教育重视的反映。在美国，对教育博士专业学位的评价制度，既有严格的内部质量评价体系，也有来自政府、专业团体的外部评价体系。从培养单位内部来看，美国各高校对博士生教育均有整套的规章制度，从招生选拔、课程学习、学术研究、开题报告、撰写论文到最后授予学位，导师和研究生院层层把关。外部评价体系则主要包括政府教育行政部门的监督和专业团体组织的评估认可。

1. 评价制度的重要性。在激烈的市场竞争中，专业认证关系到学校的生存与发展。美国专业认证的特点有三个：其一，高校与认证机构之间是委托与被委托的关系，认证标准和程序也由各院校与认证机构共同制订。其二，注重认证评价标准的多样化，在认证评价过程中，提倡结合各学校学科发展的目标来确定评估实施的细则，鼓励各校发展自身的特色。在评价过程中注重搜集真实有效的数据，通过对教师和学生全面调查了解情况，让数据来说话。为了保证专业质量的可持续发展，认证评价不是终结性的而是阶段性的，经过一定周期后还要进行下一轮认证，从而激励学校持续注重专业质量的建设。其三，专业认证评价的结果对于高校发展具有决定性意义，成为高校参与教育资源市场竞争的重要筹码。由于认证评估机制运行良好，认证评价的结果在美国社会受到高度重视，成为影响学生选择学校和就业、政府和社会资金流向的重要参考依据。而没有通过认证评价的高校，在残酷的教育资源市场竞争中处于十分被动的地位，甚至被淘汰出局。在通过认证后获得有利因素的刺激下，许多专业学院自觉接受专业认证，并在认证不合格的情况下，进行改进或是撤销原来的专业学位。

在崇尚竞争的美国高等教育体制中，博士点的排名对于大学提高声望、获取资源具有至关重要的意义。因此，博士点质量评价又充当了外部评价的重要角色，在保障博士生教育质量方面发挥了重要作用。教育学院组织每 7－10 年接受一次评估，评价多由同一大学的兄弟院校和其他大学的相同学科的教师来进行，包括定性和定量的项目评价。

2. Ed. D. 项目评估的模式

项目评价的模式主要有四个：目标模式（goal-based approach）、回应模式（responsive approach）、决策模式（decision-making approach）和内行模式（connoisseurship approach）①。每一个模式对应不同的客户、假设、方法、目的、标准和产出。①目标模式评价沿袭了教育家泰勒（Ralph Tyler）等人的工作，集中于项目在多大程度上达到了预期目标。要素是预期的目标、目标体系及判断项目成功与否的标准。②回应模式。回应模式与目标模式相对应，植根于斯科文（Michael Scriven）的无目标模式，由斯德科（Robert Stake）加以发展。它是一个反复存储项目或机构资料的过程，决定对客户重要的议题，描述议题的优劣。康拉德（Clifton Conrad）和威尔逊（Jean Wilson）给出一个稍微不同的定义，指出回应性评价是一个收集、分析和解释关于项目信息的过程，目的是对投资客户的关注和议题做出回应。回应模式关注项目的活动而不是它的目标和利益相关者的关注。③决策模式。决策模式主要与斯塔佛宾（Daniel Stufflebeam）和阿尔金（Marvin Alkin）的研究相关。决策者所有这种模式在决定分配资源和项目持续与否的情境中。决策模式聚焦于信息对决策者的价值而不是在项目或利益相关者的目标和目标体系上。④同行模式，也称专业模式，在四个模式中使用得最多。艾斯讷（Elliot Eisner）第一个提出同行模式，豪斯（Ernest House）提出“专业评价（认证）模式”。这种模式完全不同于目标模

① Veronica Chukwuemeka. *Impact of Program Review on Higher Education Administration Doctoral Degree Programs*. George Washington University Doctoral Dissertation, 2003: 62－65.

式、回应模式和决策模式。它强调充分尊重和发挥同行专家的作用，同行专家设计并参与评估的全过程。即同行而不是评价设计指导资料收集、解释。这使得这种模式相对于其他三种模式来说不易直接审查。同行设计也断定自身在这个事实之上——最有价值的评价来自该领域的专家。领域内的其他人可能不能清晰地确认或理解，从而形成批判的价值。然而人们更容易接受同行的批判，由于需要高超的知识、领域内的地位和领域内共享的价值系统，同行或专家模式最接近于教育机构项目评价的过程。

总之，主要的评价模式有目标模式、回应模式、决策模式和同行模式。目标模式接近于项目达到先前陈述目标的程度。回应模式注重项目的活动而不是目标的成就。机构使用决策模式来对项目的持续和资源分配做出判断。同行模式最能体现大学的学术性组织的属性，强调专家的角色。基于它们的评价实践，大多数机构使用不同的项目评估模式，但集中于这四个。Ed. D. 项目的评价方法往往是这四种模式的混合，但尤为偏重同行模式。

3. Ed. D. 项目质量评价的指标体系

Ed. D. 项目质量评价的指标体系主要包括①：

（1）评价个体学生的成就和学习经验：①入口：GPA 和 GRE 竞争性录取分数，保证书，英语口试，职业目标。②过程：初步研究、书面通用考试、口试、论文、论文答辩、会议陈述、出版、奖学金、专业的社会化程度等。③出口：论文的质量，获得学位的时间，完成率，学术出版，博士后，学术或非学术岗位。④毕业 5 年后：在所有职业部门的事业产出，出版或专利，职业满意度，博士学位在工作中的用途，基于实用的项目评价回顾。

（2）教育博士项目评价：课程，教师的教学，导师的指导，学生的研究经历，研究方法论，奖学金资助的学生比例，跨学科研究和教学的机会，考试准备，论文支持，师生的多样性。

（3）毕业生的职业发展活动的有效性和质量：教学，学术出版，领导

① Center for Innovation and Research in Graduate Education (CIRGE). Assessing the Quality of Doctoral Education. 见 http://www.google.com.hk/url? sa = t&rct = j&q = Why + are + we + assessing + the + quality + of + doctoral + education. pdf.

（时间管理、组织理解），团队工作与合作，学科内或多学科或跨学科群体内工作，与不同人一起工作，职业发展，培养全球公民。

（4）大学的学术设施条件：图书馆，实验室装备，计算机实验室，学生的研究和办公室空间，不同人群构成，儿童护理设施，健康保健。

可见，专业评价的方法是一个动态的跟踪式的过程。

4. Ed. D. 项目质量的认定

近年来美国许多大学的校内质量保障模式都采用全面质量管理。全面质量管理的全面性的特点要求与研究生培养相关的各个部门的全体教职员工都参与到质量管理过程中，在研究生培养的各个环节都应该把关，强调每个过程的结果都符合预定的目标。相对于外部的质量保障，内部质量保障模式更能充分调动学校内部力量，更容易控制，而且这种内部质量保障体系的完善，也有更大的优化空间。管理者更应当关注于如何调动导师的责任心，如何激发 Ed. D. 学生的主动性，使学生与导师两个教育主体与项目活动紧密地融合在一起。Ed. D. 教育的全面质量管理必须立足于“客户满意”，切实做好教育质量满意度调查工作，明确未来 Ed. D. 教育质量管理工作的重点。

Ed. D. 项目质量的高低，最终的鉴定标准是 Ed. D. 毕业后的一段时期内的职业发展状况和工作绩效。加州大学伯克利分校的 Ed. D. 项目质量评价的具体做法是：毕业生填写问卷调查表，发表包括对院系、学校的意见，对 Ed. D. 项目的满意程度，对 Ed. D. 项目质量的评价以及毕业生从事的职业状况。

2012 年《美国新闻与世界报道》（ the U. S. News & World Report）对教育学院进行了排名。在整个评比指标体系中，科研方面占到了 30%，而 1998 - 1999 年的排名中科研活动一项的比重是 20%，这说明美国的大学排名重视科研的程度有了大幅提高。其评比指标体系包括：①质量评价（40%），包括由教育学院院长和研究生院院长作出的同行评价（25%），学区督导评价（15%）；②生源情况（18%），包括平均的研究生入学考试（GRE）词汇成绩（6%），定量成绩（6%），录取率（6%）；③教师资源（12%），包括生师比（4.5%），教师中获奖人数和担任某些指定教育类刊物编辑人数比例（2.5%），授予博士学位人数（5%）；④研究情况（30%），以研究经费来衡量，包括总经费（15%），教研人员人均经费（15%）。排名又分为教育学院的整体排名与专业排名。[①]

由此可见，Ed. D. 项目质量的认定具有以下几个特点：首先，这些指标项目比较具体，而且做到了动态与静态的结合，考察了 Ed. D. 培养的整个过程，从招生、培养条件、毕业后的发展状况、教育设施的软硬件条件等。与我国相比，美国的质量评价体系更全面，更注重长远的教育影响。其次，排名分类详细，包括学校排名、教育学院排名和专业排名，给各个学校更多的竞争机会。尤其是重视各个专业的排名，有助于各个高校根据自身特点，突出比较优势和特色化发展。此外强调科研建设的分量，说明教育学院的评估指标体系深受大学评价体系的影响，显然这不利于 Ed. D. 等专业学位的发展。教育学院也被迫把发展重心放在理论研究上，势必影响对教育实践的关注。再次，评价指标体系关注学生长期的专业发展，把毕业后的业绩表现纳入到评估的指标之中，是一个长期的动态的评估体系，有助于增加教育学院的社会使命感。

---

① Methodology. *Graduate Education Program Rankings Methodology*. 见 http://www.usnews.com/education/best-graduate-schools/articles/2012/03/12/methodology-graduate-education-program-rankings-methodology?

第二章　美国教育博士专业学位的问题与争论

美国 Ed. D. 已经有近百年的历史，但自其始建就不断遭遇到身份危机，在地位上总是被视为低于教育学 Ph. D. 。Ed. D. 是美国学术界和教育实践领域长期争论的一个话题，话题的焦点是 Ed. D. 作为培养教育实践者工具的合法性与价值不断接受一轮又一轮的检查、指责甚至拒绝。长期以来，以实践为导向的 Ed. D. 与以研究为导向的 Ph. D. 之间界限不清，致使两种学位的质量都受到不同程度的损害。

第一节　教育博士专业学位的问题与困境

Ed. D. 是一个身处困境的学位。在实践中，Ed. D. 被批评为不伦不类。作为一个专业学位，它不仅没有 Ph. D. 学术领域最高学位的地位，也缺少其他专业学位如法律博士（J. D. ）和医学博士（M. D. ）崇高的社会地位，最终 Ed. D. 陷入到模仿 Ph. D. 而不是创造一个独特学位的困境。比如，要获得一个 Ph. D. 学位，需要经过课程学习、资格或综合考试、撰写论文三大环节。这三个环节同样存在于 Ed. D. 的要求中，差别仅在于课程的种类和数量，以及综合考试和论文的性质上。① 历时 5 年的美国卡内基博士教育改革计划（Carnegie Initiative on the Doctorate，CID）得出的结论之一就是 Ph. D. 与 Ed. D. 在培养教育实践者与教育研究者之间缺乏清晰的区分。CID 认为，当前

① Barbara Townsend. *Rethinking the Ed. D. ,or What's in a Name*? A Paper Prepared for the Annual Meeting of the Association for the Study of Higher Education, Sacramento, California, November 21 – 24, 2002.

的 Ed. D. 项目不能充分培养能够应对美国学校和教育挑战的“领导型实践者”。舒尔曼等人发现，“事实上，Ed. D. 与 Ph. D. 学位方案的区别微小，所需的经验（课程）和成果（论文）惊人地相似”①。“寻求 Ed. D. 学位的学生与 Ph. D. 的学生在他们博士学习的任何重大程度的情境和结构特征的评价方面都没有什么显著差别。”②“两类学位的论文要求是不同的，但更多只是停留在理论上。按照规定，Ed. D. 学生写 125 页左右的论文，评价一个高等教育实践方面的问题，而 Ph. D. 学生撰写更长的论文，发展原创性教育研究的理论。但事实上的区别很少这样清晰。”③ 通常，Ed. D. 较 Ph. D. 的模式而言是在“用减法”，减少学术方面的要求，减少强调全日制和住校，然而试金石仍然是某种形式的论文。Ed. D. 被批评没有完成最初设计的目的，被广泛认为是“Ph. D. 赝品”(Ph. D. Lite)。这些批评是有事实依据的，使得 Ed. D. 的地位非常尴尬。

一、教育博士专业学位发展过程中的问题

（一）缺乏制度约束

尽管美国的 Ed. D. 学位获得了巨大发展，但存在的问题也显而易见。由于美国高等教育管理的高度分权和高等教育办学的自主性强等社会背景的影响，在 Ed. D. 学位实施中缺乏足够强有力的制度约束和质量监督保障体系，很多学位点的质量没有保障。Ed. D. 的培养模式严重趋同于教育学 Ph. D.，课程设计缺少逻辑性和连续性，质量标准任意性大，特色不明显，很多高校的 Ed. D. 项目没有形成系统的培养体系和质量保障体系。Ed. D. 的质量受到人们的质疑，尤其是来自 Ph. D. 学位获得者的不满。各校对 Ed. D. 的学位定位与培养模式不断进行修订和完善，有的甚至停办。

（二）师资问题突出

Ed. D. 项目的师资问题始终存在。一方面是合格师资短缺，很多培养机构

---

① Lee Shulman, et al. Reclaiming Education's Doctorates: A Critique and a Proposal. *Educational Researcher*, 2006(3): 25 – 32.

② Laurence Brown. A Perspective on the Ph. D. -Ed. D. *Discussion in Schools of Education*. A Paper presented at the Annual Meeting of American Educational Research Association, Boston. April 17 – 20, 1990: 15.

③ Douglas Toma. *Legitimacy, Differentiation, and the Promise of the Ed. D.* in Higher Education. Annual Meeting of the Association for the Study of Higher Education, Sacramento, California, November 21 – 24, 2002: 20.

的 Ed. D. 项目的师资队伍是临时拼凑的，很多是教授助手，而且有的 Ed. D. 项目的教学组织规模很小。根据阿特巴赫在 2000 年的统计，美国高等教育方向博士学位点教师的平均规模为 6. 3 人，人数最少者为 1 人，最多为 16 人。大多数博士点的教师规模不足以支持一个相对完整的课程体系，结果在大多数情况是有什么教师上什么课。[①] 莱文批评 Ed. D. 项目的师资水平差，更多是依赖助手授课，而且仅有 53% 的教师说对教授的课程非常熟悉；在全职教师中，仅 6% 曾经是校长，仅 2% 曾经是学区主管。[②] 另一方面，Ed. D. 师资多是埋头于理论研究的学者，而毕业生多就职于学校领导或管理岗位，这就必然造成培养与现实需求脱节，这种状况如此经典以至于被称为“学者—实践者悖论”[③]。大学的教育研究者缺乏对当今中小学学校及其学生学习需求的深刻认识，由此导致“教师培养只关注教学（teaching），而不是学生的学习（learning），只关注给未来教师传授教学的知识和技能，而不是关注未来教师如何有效地促进学生的学习”[④]。此外，最需要高等教育管理博士的是教学型高校，而高等教育专业的博士点大都集中在研究型大学，这些教师并不十分了解教学型高校存在的管理问题。再次，教育学院内部对于谁应该教授 Ed. D. 项目，也有激烈的争论，好像没有人对学者与实践者组合起来的导师组指导模式感到满意。

有些学者批判 Ed. D.，认为它不是一个严格的博士学位。1960 年美国学校管理者学会称学校主管培养项目为“悲凉的蒙太奇”(dismal montage)，喻指该项目“只是擅长拼贴剪辑的手法而缺少自己的独创”。1972 年法克尔（Robin Farquhar）和帕雷（Philip Piele）用功能紊乱的结构递增主义来描述教育管理人员的培训项目。1990 年佩特呐（Nancy Pitner）描述教育管理项目为“行尸走肉的项目”(zombie program)。[⑤] 这些对 Ed. D. 项目的讽刺和指责引起了人

---

① Jonathan File. Course offering in higher education: Doctoral programs. *New Directions for Higher Education*. 1991(76):77 - 86.

② Arthur Levine. *Educating School Leaders*. 见 http://www. edschools. org/EdueatingResearchers/educating_researchers. pdf. 2010 - 11 - 20.

③ Arthur Roadon & David Larimore. The Scholar-Practitioner Paradox, Revisited in Higher Education. *Journal of Research and Development in Education*, 1973(2):50 - 62.

④ Arthur Levine. *Educating School Teachers*. Washington, DC: Education Schools Project. Chart 1, 2006: 28. 见 http://www. eduationschools. org.

⑤ Ethel Porter. A Follow-up Study of Ed. D. Graduates in Educational Administration at Virginia Polytechnic Institute and State University. Virginia Polytechnic Institute and State University doctoral dissertation. 1997:1 - 2.

们的反思和警觉，尤其是 Ed. D. 项目利益相关者的高度关注。

尽管美国教育部和美国国家科学基金会（The National Science Foundation, NSF）承认许多专业博士学位与 Ph. D. 等值，但民间对此并不认同。有人批判有些学校把 Ed. D. 项目当作了"学费收款机"，而提供的是一些非连续的"注水"课程，一些师资薄弱的硕士学位授予学校也开设 Ed. D. 项目。比 Ph. D. 低得多的招生和毕业标准、较差的师资、不充分的实践指导、贫乏的研究，冲淡了 Ed. D. 项目的严谨性和质量标准，最终铸就一个学业时间更短更易毕业但更少要求的"不合时宜的学位"①。2005 年莱文（Arthur Levine）表示教育学院培养中小学管理者的许多 Ed. D. 项目都应该被取消。他呼吁各州取消各种薄弱教育管理课程的设置，敦促各学院停止把教育学院作为"摇钱树"的行为，把学费收入用到其他更重要的课程上。莱文主张，Ed. D. 项目中的校长及主管人员不必撰写与工作毫无关系的论文，"那完全是浪费时间，典型的沽名钓誉"。而培养机构与当地政府及地方学校系统相勾结，且不问学位是否严格或有用就给予获得速成博士的获得者加薪。此外，许多教育学院否认教育管理项目存在问题，坚持继续增加项目数量，这是"学位工厂"盛行的原因之一。② 虽然在这里，莱文没有区分 Ed. D. 与 Ph. D. ，但莱文的论调是 Ph. D. 不合格，而 Ed. D. 更糟糕。

（三）目标错位

当综合性大学教育学院的目标转向以研究取向为主时，它们也失去了原有的目标定位。教育学院的教授们则主要变成了学科的研究者，而必然忽视对学生实践能力和专业精神的培养，使得 Ed. D. 项目具有"学术化"倾向。Ed. D. 项目普遍缺少专职的导师队伍和教学队伍，其导师基本上是 Ph. D. 的导师队伍，而导师大部分都是 Ph. D. 学位获得者，在教育价值观念上，他们只信奉学术，轻视专业学位；在培养模式与论文标准上，他们习惯于运用传统的 Ph. D. 培养方式来培养和要求攻读 Ed. D. 学生。有学者抱怨，Ed. D. 的培养普遍存在理论与实践相脱节的问题，忽视了学生工作实践的真实需要。

---

① Arthur Levine. *Educating School Leaders*. 见 http://www.edschools.org/EdueatingResearchers/educating_researchers.pdf. 2010 - 11 - 20.

② Jennifer Jacobson. The Ed. D. ——Who Needs It? *The Chronicle of Higher Education*. 2011 - 09 - 23.

（四）项目缺陷

1974 年保罗（Dressel Paul）和梅修（Lewis Mayhew）对 12 所大学的大型高等教育管理项目进行了问卷调查，发现主要的缺陷是：课程内容主要是描述性的，过于强调当前的议题，不充分的统计要求，培养与实践之间的鸿沟加大，没有对长期规划给予应有的重视。一半的毕业生建议项目应该包括更多基于实践的成分，如实习、实践与管理技术。1/3 的毕业生建议通过取消差的项目，加强选拔性招生，进行专业质量评估和项目评价来改善项目。13% 的答卷者指出研究的分量不够，呼吁更加强调解释和使用理论研究而不仅仅是应用研究。13% 建议增加多学科的要求而减少教育学学科方面的要求。11% 建议改善教师的指导、教学、对学生的兴趣、与高等教育相关方面的经验等质量。10% 呼吁澄清项目的目的和目标，更加注意人际关系和伦理技巧。有人还建议通过广泛传播信息、树立典型、多元合作来改善项目的形象。①

（五）与 Ph. D. 项目趋同

美国各大学在开办 Ed. D. 时有意或无意地淡化它与 Ph. D. 的区别，因为社会流行的博士生教育价值观认为，Ph. D. 学位的地位要高于 Ed. D. 学位，所以模仿 Ph. D. 学位的培养模式是一种比较安全的选择。这些因素叠加在一起，使得原本在个别大学中存在的 Ed. D. 与 Ph. D. 项目趋同问题没有得到逆转，而且逐步蔓延成为一种普遍的现象。就当前的情形来看，两者的趋同性已经明显地表现在毕业生的就业方面。统计表明，在 1930 – 1940 年期间，美国有 50% 的 Ed. D. 学位获得者并没有进入教育实践领域工作，而选择了大学的教学与科研工作。而在 Ph. D. 的毕业生中，也有 46% 选择了从事教育实践工作。②

二、教育博士与教育学博士两种学位的趋同

从一开始，Ed. D. 的参照物就指向 Ph. D.，设想与 Ph. D. 在学术探究和生产知识方面有所不同，强调以应用性研究为中心，但这一中心又是在 Ph. D.

---

① Veronica Chukwuemeka. *Impact of Program Review on Higher Education Administration Doctoral Degree Programs*. George Washington University doctoral dissertation, 2003: 10 – 11.

② Ernest Hollis. *Toward Improving Ph. D. Programs*. Washington D. C.: American Council on Education, 1945: 6 – 7.

的模式框架内展开的，这就为日后 Ed. D. 趋同于 Ph. D. 埋下了“祸根”。理论上，Ph. D. 与 Ed. D. 之间的区分是不明确的。人们设想 Ed. D. 与 Ph. D. 在严格性上相同，但实质不同。然而，在实践中，两种学位的区别一直纠缠不清[①]，二者的实质也趋于相同。作为学位最核心的要素——学位论文，二者之间也没有显著的区别。在培养过程中，两种博士学位的要求极为相似，包括研究和统计能力，使得两种学位质量标准模糊不清，导致人们指责二者都是“二等学位”。

（一）培养目标的趋同

由于种种原因，Ed. D. 教育的培养目标在落实中逐渐偏离了“实践性”的专业学位定位，滑向过度追求“学术性”的误区，导致两种不同学位培养模式的趋同。

从理论上看，Ed. D. 教育培养的是“研究型专业人员”(Researching Professionals)，“实践性”是主要价值取向。而 Ph. D. 培养的是“专业型研究人员”(Professional Researchers)，“学术性”是其主要价值取向。但现实如何呢？1963－1964 年勒德罗（Victor Ludlow）调查了 91 所教育学院的 Ed. D. 学位获得者，考察两种学位获得者的能力、职业动机和工作满意度。结果发现两种学位获得者在这些方面并没有显著差别，在美国，Ed. D. 和其他博士学位都被承认是大学教授或学者的接班人。作为学位最核心的要素——学位论文，二者之间也没有显著的区别。

（二）培养模式的趋同

长期以来，人们认为除了服务于不同的目的之外，Ed. D. 项目始终在模仿 Ph. D. 的培养模式，而舒尔曼认为 Ed. D. 最重要的特点是有针对学生职业目标而设置的特色课程。但实际上，一些教育学院把两种类型的博士生放在相同的项目之中，无论是希望成为实践者还是学者，他们都选择类似的系列课程、独立的研究、生产可以在同行评价的期刊上发表的学术论文。在对 1956－1958 年 Ed. D. 与 Ph. D. 的对比研究中，罗素（John Russell）发现：“总的说来，Ed. D. 项目与 Ph. D. 项目在许多方面惊奇地相似。”“最大的区别仅仅是

① Ernest Hollis. Ed. D. vs. Ph. D. in Education. *The Phi Delta Kappan*, 1946(9): 258－259.

Ph. D. 有外语要求及最终的研究项目的性质有一个微小区别。”①

加州大学系统在 1998 年培养了 457 名教育领域的博士，其中 210 人为 Ed. D.，179 人为 Ph. D.，其余的为其他名称的博士学位。90% 的大型学区和 95% 的小型学区主管认为 Ed. D. 与 Ph. D. 没有区别。② 认为有区别的都是 Ph. D. 获得者，认为 Ph. D. 有研究统计课程，要求更严格的原创研究，拥有更高的声誉、更大的符号价值、更高的社会地位和信任度。

表 2 - 1　　对 Ed. D. 和 Ph. D. 偏好的调查结果对比　　（单位:%）

调查对象	大型学区			小型学区	
回　答	是	否	不知道	是	否
Ed. D. 或 Ph. D. 对职位提升是否重要	9. 3	89. 6	1. 1	3. 6	96. 4
Ph. D. 毕业生	33. 3	60. 4	6. 3	0. 0	100. 0
Ed. D. 毕业生	1. 9	98. 1	0. 0	0. 0	100. 0

资料来源：California Postsecondary Education Commission. *The Production and Utilization of Education Doctorates for Administrators in California's Public Schools*, 2000:160.

上述问卷（表 2 - 1）回答“是”的当中，89. 1% 更倾向于 Ph. D.，而 10. 9% 更倾向于 Ed. D.。所有毕业生都倾向于自己的学位类型。

1971 由 Phi Delta Kappa（PDK）和美国教师教育学院协会（the American Association of Colleges for Teacher Education，AACTE）资助的全国性调查，证明两种项目之间的相似性在增加，许多 Ph. D. 项目除名称之外的一切都实际上是 Ed. D. 项目。调查结果建议同时提供这两种学位的大学更加清晰地描述二者的区别，如果区别微小，就应该考虑合二为一。尽管一些大学已经取消了其中一种学位（通常是 Ed. D.），但是许多大学继续同时提供两种学位，它们暗示两种学位之间有项目和研究方面的区别。还有一种说法是：最初 Ed. D. 流行的一个原因是没有外语要求。调查发现部分学校开始放弃 Ph. D. 学位的外语要求（33%），1978 年的调查发现 80% 以上的学校取消了 Ph. D. 学位的外语要求。今天几乎已没有教育学院再把外语作为 Ph. D. 学位的必要条件了。

① John Russel. The Doctorate in Education. *Journal of Teacher Education*, 1961(12):23 - 28.

② California Postsecondary Education Commission. *The Production and Utilization of Education Doctorates for Administrators in California's Public Schools*, 2000:58.

随后，大学开始废除所有的语言要求而支持数据和计算机能力。结果，Ph. D. 又重新成为教育领域主导性的博士学位。但笔者认为，外语因素只是一个因素而已，并不是问题的关键。

（三）评价标准的趋同

上述研究证明两种学位之间区别微小，而且几十年来 Ed. D. 项目依然如旧。1994 年尼尔森（Jack Nelson）和库若夫（Calleen Coorough）比较了 Ed. D. 和 Ph. D. 的博士论文，发现在进行研究的种类、使用的方法和适宜的读者群方面区别很小[①]。Ed. D. 论文的 42% 是应用描述性研究，在实验性研究方面没有区别。数据分析方面有重大差别，Ed. D. 使用简单的频次和比率，Ed. D. 更加依赖于调查；而 Ph. D. 要求更多的多元数据分析。但总的看，两种学位都有 88% 的论文被归为应用型，几乎完全一样。再强调 Ed. D. 是实践性学位，Ph. D. 是研究性学位，已经丧失了现实基础。另有调查显示，Ed. D. 要求论文的比例与 Ph. D. 一样（98%）。极少数不要求论文的学院要求其他形式的研究或评估方案来代替论文。[②] 区别仅在于学生对两种学位价值的不同看法。[③] 为此，有研究者呼吁 Ed. D. 作为实践者学位更应强调实践应用而不是更加结构化的研究。哈佛大学原有的 Ed. D. 项目就明确强调对教育领域中的重要问题进行原创性研究，并声称其 Ed. D. 项目的质量可与任何学校的 Ph. D. 相媲美。这一现象也成为一些学者批评 Ed. D. 项目与 Ph. D. 项目缺乏区别的重要原因之一。

按照美国研究生院理事会对博士学位的分类标准，Ed. D. 与 Ph. D. 一样都属于研究型学位。“研究”也是专业博士学位的基本内涵，但强调研究与专业实践紧密相关，面向特定专业领域，服务于专业组织和专业实践者。其研究的独创性要体现出“专业独创性”，而非“学术独创性”。借用学术性博士的标准评判专业性博士学位的标准，这种做法的依据明显不足，更不利于克服专

---

① Jack Nelson, Calleen Coorough. Content Analysis of the Ph. D. versus Ed. D. Dissertations. *Journal of Experimental Education*, 1994(2): 158 - 168.

② Russell Osguthorpe, Wong Meijiuan. The Ph. D. versus the Ed. D.: Time for a Decision. *Innovative Higher Education*, 1993(1): 47 - 63.

③ Arthur Levine. *Educating school leaders*. New York: The Education Schools Project. 2005. 见 http://www.edschools.org/EducationgResearchers/educating_researchers.pdf.

业性博士学位潜在的合法性危机。专业博士学位最终应参照学术性博士学位为自身确定特殊的、公认的学位标准，Ed. D. 也应该严格制定出与 Ph. D. 不同的学位标准。

相对其他领域，教育领域博士对学术的淡漠也是令人头疼的。调查显示，70%的医学博士生感受到学术领域的导师强调学术和研究，而在教育学科，只有32%的博士生感受到导师强调学术和研究，25%没有感受到导师对学术和研究的强调。[①] 1985年，第尔（David Dill）和毛瑞森（James Morrison）研究了81所机构以决定博士生学习和研究目标的本质，结果发现大多数机构没有不同研究方法的要求，只是 Ph. D. 要求更多的研究性课程。[②] 受就业市场的影响，博士生更加寻求在学术领域之外就业，寻求兼读制学位，目的是实践而非学术研究。

Ed. D. 的学术水平与授予高校的关系密切，哈佛大学的 Ed. D. 在学术界就具有很高声誉，一半以上的毕业生从事教学和研究工作。因此，各院校不同的特点对 Ed. D. 的性质和培养模式的影响很大。但是，在 Ed. D. 的培养方面，如果追求 Ph. D. 的学术标准，就只能失去自我本来的特色，而不能满足教育实践的需要。这一点在美国已经得到了越来越多的认同。

法学院和医学院都把自己的专业博士学位作为唯一的终端学位，而教育学院还没有统一到一个专业博士学位上来。有人认为，教育学科设置两种学位是因为二者目的根本不同。已有研究分析，尽管两种学位的哲学理念的前提不同，但具体的学位要求却极为相似甚至相同。理论上主要有三种论调：专业论、统一论、自主论。专业论认为既然教育学院是专业学院，它就应该追随其他专业学院的做法，提供自己的专业学位。这一论调的基础是教育学不是学术性学科，而是一个研究领域，可以吸引不同学科为教育专业培养人才。由于那些获得 Ed. D. 学位的大多数强调职业范围内的教学和管理而非研究，所以 Ed. D. 项目不应该像硬科学的 Ph. D. 学位那样集中于理论研究。于是，Ed. D. 应聚焦于实践而不是理论。统一论认为现在的教育学院提供的项目计划太过于

---

① Eileen Kolman, et al. The Outcomes of Doctoral Education: An Institutional Study. *Research in Higher education*. 1987(2): 107–118.

② David Dill, James Morrison. EdD and PhD Research Training in the Field of Higher Education: A Survey and a Proposal. *The Review of Higher Education*, 1985(2): 169–186.

多样化，提供了很多非教育领域的博士学位项目，分散了教育学院的力量，所以应该统一到把 Ed. D. 作为唯一的博士学位头衔。Ed. D. 将统一教育领域，把不同群组的学科集中到教育学院。进行两种学位之间的比较，通常受损更大的往往是 Ed. D.，因为 Ph. D. 的社会声誉要高得多。而法学院单独设立法学博士（J. D.），医学院单独设立医学博士（M. D.），作为唯一的终端学位就有效避免了专业博士学位的尴尬地位。自主论则主张通过提供 Ed. D. 学位，教育学院能够享受更多的自主权，从而摆脱研究生院的控制和束缚，教育学院也将从提供自己学科的博士学位中受益。如果教育学院办 Ph. D.，意味着它们必须跟上文理研究生院的"鼓点"，受制于文理研究生院的管理，而文理研究生院关注于 Ph. D. 的研究质量更胜过专业学位项目。总之，这三种论调都强调 Ed. D. 学位在教育学院中的主导地位，倡导的是"专业学位专业学院办"的理念。

（四）解决趋同问题的努力

事实上，哈佛大学最初就是因为认为必须是有别于文理学院 Ph. D. 的独立的学位头衔，才设立 Ed. D. 的。近年来，仅提供 Ed. D. 的学院比例稍有下降，而仅提供 Ph. D. 的略有上升。相比而言，研究型大学越来越不愿意把 Ed. D. 作为唯一学位，它们倾向于提供两类学位。只提供 Ed. D. 的综合性大学的数量有相当大的增长。在同时提供两种学位的学院里，学生更倾向于选择 Ph. D.，主要因为在学术领域 Ph. D. 更受人尊敬也更容易就业。但可以预见，Ed. D. 与 Ph. D. 任何一种都不能主宰教育领域的博士学位，二者会长期共存。

事实上，美国对 Ed. D. 的争论从其诞生之日起就开始了。教育史学家克雷明（Lawrence Cremin）在考察了 20 世纪 20 年代哈佛的 Ed. D. 课程之后，指出它提供的课程数量比哥伦比亚大学教师学院的少，哈佛教育研究生院 Ed. D. 的学位要求与哥大教师学院的 Ph. D. 十分相似。唯一的例外是 Ed. D. 的选题更为广泛。在仔细研究两所大学的学位之后，克雷明发现两校 20 世纪 20 年代的论文有大量相似之处。当时哈佛大学发生的事情证实了克雷明的观点：整个 20 世纪 20 年代哈佛教育研究生院的师生不知道 Ed. D. 的本质。Ed. D. 设计为与 Ph. D. 学生的目的除了口头宣布 Ed. D. 的目的是专业实践而非学术创新之外，教育研究生院从未解释过 Ph. D. 服务于研究而 Ed. D. 服务于实践。虽然它提出一个 Ed. D. 的定义，创造了 Ed. D. 与 Ph. D. 功能不同的表象，而事实上这种区别根本不存在。[①] 同时一些教育学院还鼓吹教育硕士（Ed. M.）是教育实践者的终端学位，这使得 Ed. D. 更加令人困惑而遭到更多的质疑。

1934 年教师学院设立 Ed. D.，结果 Ed. D. 与 Ph. D. 同时存在于一个学院之中。Ed. D. 包含 3 年的课程学习，书面和口头考试，一份项目报告，课程“覆盖教育领域工作者共同面临的问题”，即基础课程，如历史、哲学和心理学，后来又吸收了教育管理、指导、课程与教学。最终的项目报告超过 Ph. D. 论文的选题，经常包括课程发展的调查、管理和机构改革问题。克雷明认为随着两个大学专业培训项目的发展，两个学位之间在目的与目标之间的混乱开始显露，尽管院长罗素十分希望创造出与法律和医学专业相匹敌的 Ed. D.，但难以如愿。

自从 20 世纪 30 年代始，研究者就一直在寻求区分 Ed. D. 与 Ph. D.，主要集中在课程类型、研究型培训的性质、考试和论文的结构、毕业生的职业愿望。这些研究充分证明了教育领域的两个学位在创立之初就没有对其本质和培养过程给予清晰的理解。尽管经过了近一个世纪的研究，但仍然没有平息无止境的混乱。而一些争论呼吁采取更多的实际行动。

直到最近还有学者和组织试图在两种学位之间做出区分，通过跨机构的合作努力来改变两个学位。教育博士卡内基行动（the Carnegie Project on the Education Doctorate，CPED）是第一个全国性的行动，努力区分两种博士学位。随着项目发展人们开始考虑思考进行专业培训的新方式，比如注入聚焦于实践问题的强有力的调查技能，在不确定情境中开发决策能力，使用学生的工作场所作为实验室检测和发展学生的技能。这些 CPED 中的 Ed. D. 学位寻求首先理解知识、技能和成功实践必需的基础。其次，发展培养教师、中小学校和大学领导者的项目在实践环境中获得成功的能力。CPED 将继续改善工作，确保 Ed. D. 成为教育实践者青睐的卓越学位。

---

① Jill Perry. *What Does History Reveal About the Education Doctorate?* In Placing Practitioner Knowledge at the Center of Teacher Education—Rethinking the Policy and Practice of the Education Doctorate. 见 http://cpedinitiative.org/files/What%20Does%20History%20Reveal%20About%20the%20Education%20Doctorate_Perry%20(in%20press).pdf.

笔者研究发现，对于 Ed. D. 与 Ph. D. 的趋同问题，不能把责任都归结于 Ed. D.，Ph. D. 也在推波助澜。教育学 Ph. D. 为了适应社会要求的变化，也强调项目自身与毕业生将要从事的专业岗位相联系。美国大学在 60 年代特别是 70 年代以后，允许 Ph. D. 的论文选题关注教育一线的实践问题，而这些实践问题恰恰是 Ed. D. 学位论文关注的焦点。这种做法放松了 Ph. D. 对学术的要求，使 Ph. D. 学术性学位变得名不副实。这是一个我国应当汲取的深刻教训。

实际上，两种学位并没有两个有效完成不同功能的独立实体，我们更多的是在混淆和妥协，导致二者界限模糊。关键问题是，如果 Ed. D. 没有区别于 Ph. D. 的特色，那它存在的必要性何在？教育学科和教育学院是否需要两种学位？如果需要，是否需要当前这样一个“Ph. D. 赝品”的学位类型还是需要创造一个特色项目的 Ed. D.？对此，美国教育界长期有着争论。争论主要有两个层面：一是对 Ed. D. 性质的争论，二是对 Ed. D. 与 Ph. D. 关系的争论。

第二节　教育博士专业学位的性质之争

Ed. D. 毕竟是在教育学 Ph. D. 之后在教育学院设置的博士学位，与教育学 Ph. D. 同处于教育领域，确立其与 Ph. D. 不同的性质确有一定的难度。

一、定位与使命的异同

就当时创办 Ed. D. 的动因来说，主要有三点。其一，在学术上，试图通过创建一个新的学位——教育博士（Ed. D.）来专门培养教育实践领域所需要的高层次专业人才，以区别于研究取向的教育学 Ph. D.，也是为了顺应社会“专业化运动”的潮流，满足更多实践者获得博士学位的急切需求。其二，在政治上，创办 Ed. D. 是为了回应大学教授们对 Ph. D. 的尖锐批判，因为当时教育学 Ph. D. 实际上已经成为既培养学者又培养实践者的混合型博士学位，还因为文理学院的教师抵制和反对专业学院提供 Ph. D. 学位。其三，在博士生教育权力与资源分配上，创办 Ed. D. 能够使教育学院摆脱文理研究生院的控制，获得独立设置 Ed. D. 学位并开展课程与教学的权力。[①] 就 Ed. D. 创立的原始动机来看，Ed. D. 与 Ph. D. 存在很大差别，其专业性学位的定位非常明确。但遗憾的是，哈佛大学教育学院从一开始就偏离了这种初衷，其 Ed. D. 学位并没有专门授给教育实践者，而同样也授给教育理论研究者。有研究者评价说："自 Ed. D. 诞生于哈佛大学的那一时刻起，它就与一般教育学院中的 Ph. D. 差别无几。究其原因，与其说是外界对 Ed. D. 的要求使然，倒不如说是由哈佛大学的特性与学术传统所决定的。"[②] 由于哈佛大学卓越的学术地位，其 Ed. D. 的学术性和质量标准与 Ph. D. 似无二致。由此可见，一流的研究型大学仍坚持卓越的学术本位，即使是专业学位，其学术含量亦要有高的标准。

从学位目的来看，Ed. D. 主要培养实践者——从校长到课程专家、教师、教育工作者及评价者，强调使用已有的知识来解决复杂的教育问题。因此，研究问题、研究技术和论文要求强调实践倾向。而教育学 Ph. D. 被认为是一个传统的学术性学位，往往从一个特定学科的视角来培养研究者和大学教师。教育学 Ph. D. 的研究问题、技术和博士学位论文要求比 Ed. D. 更加理论化，与其他学术性学位相似。"一般来说，Ph. D. 强调发展学生的理论思维，而 Ed. D. 更强调培养学生的实践探索能力。两种学位都重视培养博士生的调查研究技能，但是培养这种技能的目的有所区别。Ed. D. 是为了利用调查研究技能去解决教育中现存的问题，从而直接参加教育实践；而 Ph. D. 是为了利用这种技能开展科研，从而发展有关教育问题的一般理论知识，并期望这些知识理论能被付诸于实践。"[③]

从研究的类型看，大多数教育学 Ph. D. 的研究是原创性的基础研究，以便获得新的知识和理解，而不必考虑任何实用的目的，Ed. D. 从事的研究则是一种应用研究。按照世界经合组织（OECD）的界定，应用研究也是一种

① Arthur Levine. *Educating Researchers*. The Education Schools Project, 2007: 38. 见 http://www.edschools.org/EdueatingResearchers/educating_researchers.pdf.

② Bradley Courtenay. Eliminating the Confusion over the Ed. D. and Ph. D. in Colleges and Schools of Education. *Innovative Higher Education*, 1988(1): 11 - 16.

③ 陈学飞．西方怎样培养博士——法、英、德、美的模式与经验［M］．北京：教育科学出版社，2002：234.

具有创造性的研究，目的是在获得新知识的同时，使研究达到实际的目的和效果。

Ph. D. 学位论文聚焦于基础学术理论发展的论述与探究，强调对知识作出原创性贡献，强调对一门学科或交叉学科领域重大问题的研究。因为并非所有的问题都可研究，并非所有的问题都具有重大的研究价值。一个单纯描述性的解决方案对 Ph. D. 学位论文是不恰当的。可接受的问题只是那些：①在理论、方法或政策层面对学科领域构成困惑的问题；②解决方案需求分析，而不是单纯表面或描述性的要求；③能产生一种合理的理论和研究方法。

Ed. D. 被认为是一个专业学位，是为实践工作者准备的。Ed. D. 博士论文一般导向政策制定和具体的行动。这意味着，所生成的结论必须有助于解决所提出的问题或以更有意义的方式重新拟订问题，使其有助于实践行动。Ed. D. 博士论文的最终目的是要解决一个实践中的应用性问题，这应该是显而易见的成果。

1970 年斯博（Stephen Spurr）试图追溯两种学位的发展史。他发现发展 Ed. D. 的原因是防止照搬来自 Ph. D. 教授提出的学术标准。基本上所有 Ed. D. 都设立在独立的教育学院，避免了文理研究生院的压力和 Ph. D. 的规则和标准。[①] 浩乐斯（Ernest Hollis）在 1945 年指出，文理学院的教师有几个导向，包括“专业领域是否有适于提供 Ph. D. 的学术知识体”及一定的研究课题是否“合适”。[②] 结果，这些标准和导向迫使哈佛大学在 20 世纪 20 年代初开设了第一个 Ed. D. 。与教育学 Ph. D. 相似，哈佛的 Ed. D. 设计为高级学术，但不像 Ph. D. ，它设计为应用研究而不是基础研究。

在 1900 - 1940 年间，许多机构如伯克利、斯坦福和密歇根大学模仿哥大与哈佛，建立教育研究生院，设置 Ed. D. 学位。尽管 Ed. D. 培养机构数量在迅速增长，但许多教育研究生院不得不努力争取社会对其作为专业学院地位的认同，同时陷入对 Ed. D. 学位目的的持续争论之中。导致这个争论主要有以

---

① Stephen Spurr. *Academic Degree Structures: Innovative Approaches*. New York: McGraw-Hill. 1970.

② Barbara Townsend. *Rethinking the Ed. D., or What's in a Name?* A paper prepared for the Annual Meeting of the Association for the Study of Higher Education, Sacramento, California, November 21 - 24, 2002.

下几个原因：第一，提供两个博士学位导致理论需求与实践需求之间持续的冲突。1897年克伯莱（Ellwood Cubberley）认为，学术/理论的与专业/职业的需求之间没有区别。但后来随着教育学院发展困难的增加，他改变了原来的观点。1923年他试图终结理论与实践培训之间的争论。他说："大学的独特功能，不是行动而是思想。"哥伦比亚大学教师学院院长罗素（James Russell）清楚地发现，教师学院"学术型教授与专业型教授"之间存在紧张关系。他观察到，学术型教授重视陶冶和扩展知识，而专业型教授集中于培训和工作技能。他认识到两个群体之间的区别使得实现教育专业化更加困难。他感叹作为这两个群体的管理者，如果二者相安无事就已经万幸了。到1924年，罗素更是叹息学术型与专业型教授不该融合在同一所机构内。[①] 克利佛德和古斯瑞认为传统的学术性专业抵制专业学院提供不受研究生院管理控制的博士学位。然而，尽管有这些反对声，一些教育学院还是获得了独立，但伯克利大学教育学院至今不能把建于1921年的Ed. D. 从文理学院的控制中摆脱出来。第二，从教育领域两个博士学位建立之初，不同的目的、相似的项目内容已经混淆了学位目的，困扰了教育学专业化的努力。克雷明认为早期教育领域专业培训的发展加固了Ph. D. 与Ed. D. 之间持续混乱的基础。克雷明认为当项目致力于培养教育领导者时，罗素的教师专业培训的观念是可行的。基于这个考虑，克雷明认为罗素失去了一个建立高于教师的专门职业的机会，他认为教育领域专业培训与其他类似法学和医学等传统学科相比，一个关键区别是大部分的课程总是在教育专业学院之外，即教育领域知识庞杂。通常，需要教授的文化因素在本科阶段就已完成，专门的学术因素依赖于教育之外的学术部门的研究，专业知识与技能是唯一保留在教育学院之内的。最后但也许是最为关键的一点是，文理研究生院也开发教育学Ph. D. 项目，对教育问题进行学术研究，这就造成文理研究生院的Ph. D. 与教育学院的Ed. D. 之间直接竞争。这严重挑战了教育学科领域的知识基础和研究对象的统一性，造成教育学科的独立性差，进而造成教育学科与教育学院地位低下。

---

① Jill Perry. *What Does History Reveal About the Education Doctorate*? In Placing Practitioner Knowledge at the Center of Teacher Education—Rethinking the Policy and Practice of the Education Doctorate. 见 http://cpedinitiative. org/files/What%20Does%20History%20Reveal%20About%20the%20Education%20Doctorate_Perry%20(in%20press). pdf.

1983 年安德森（Dale Anderson）为了回应其所在华盛顿大学珀尔曼分校（University of Washington-Pullman）对两种学位进行区分的要求，进行了调查研究来确认两种学位的异同。尽管他主要考察项目要求和毕业生的就业结构，但还是发现了很多不同点。两种学位在招生、培养和毕业要求方面十分相似，在论文主题方面，Ed. D. 接受实践问题研究而取代基础理论问题研究。他还发现提供两种学位的机构和获得双学位的学生数一直都在增长，1930 年仅 6 所大学提供 Ed. D.，到 1982 年增加到 128 所大学，其中 86 所同时提供 Ph. D. 和 Ed. D.。他发现“Ph. D. 是一个学术性学位，培养进行理论研究的人，而 Ed. D. 是专业性学位，目的是改进实践”①。

在 Ed. D. 设立不久，其学位性质就受到了质疑。人们经常引用 1903 年詹姆斯创造的精彩的“哲学博士章鱼”(Ph. D. Octopus）的隐喻来质疑 Ed. D.，意指 Ed. D. 虚张声势但并无实质性内容。很多人质疑攻读 Ed. D. 学位的过程是否使他们获得了所追求的专业经验和学术角色。一些学者质疑 Ed. D. 是否应同时为职业培训和学术研究做准备。作为回应，一些教育学院只设 Ed. D. 学位。

作为一个专业学位，Ed. D. 的目的是培养学校领导者进而改进教育实践。除了官方的和专业的目的之外，Ed. D. 学生和实践者还抱着为满足自身专业发展和职务晋升的目的来攻读博士学位。对 Ed. D. 的要求，院校之间的差异巨大。通常 Ed. D. 项目在内容上更以实践性为取向，要求更少的研究性课程，有更灵活的住校要求。教育学院要进行 Ed. D. 培养，就必须改变 Ph. D. 课程的内容和科目安排，允许学生有更多个性化的研究兴趣而不是教师所希望的那样。②

Ed. D. 与教育学 Ph. D. 在教育学科内的分布并不是均匀的，各有自己不同的擅长领域（参见表 2 – 2）。

---

① Dale Anderson. Differentiation of the Ed. D. and Ph. D. in Education. *Journal of Teacher Education*, 1983 (3):55 – 58.

② Barbara Townsend. *Rethinking the Ed. D., or What's in a Name?* A paper prepared for the Annual Meeting of the Association for the Study of Higher Education, Sacramento, California, November 21 – 24, 2002.

表 2-2-1　　不同领域教育学 Ph. D. 博士论文的数量及比例

年代 领域	1950	1960	1970	1980	1990	总 计
指　导	2(67%)	0(0%)	291(55%)	282(58%)	190(57)	764(56%)
教育管理	3(38%)	40(15%)	343(34%)	463(39%)	494(38%)	1,340(36%)
高等教育	0(0%)	0(0%)	102(54%)	282(57%)	257(56%)	641(56%)
教育史	0(0%)	14(38%)	60(50%)	55(59%)	61(73%)	190(57%)
体　育	1(100%)	27(42%)	117(45%)	131(54%)	126(64%)	403(52%)
教育心理学	6(100%)	83(50%)	445(63%)	551(74%)	600(83%)	1,681(72%)
教师教育	1(100%)	26(23%)	163(37%)	83(44%)	105(57%)	377(41%)
总　计	13(65%)	190(30%)	1,521(47%)	1,847(54%)	1,833(56%)	5,404(51%)

表 2-2-2　　不同领域 Ed. D. 博士论文的数量及比例

年代 领域	1950	1960	1970	1980	1990	总 计
指　导	1(33%)	0(0%)	242(45%)	201(42%)	145(43%)	589(44%)
教育管理	5(63%)	221(85%)	658(66%)	717(61%)	802(62%)	2,405(64%)
高等教育	1(0%)	0(0%)	88(46%)	210(43%)	204(44%)	505(44%)
教育史	0(0%)	23(62%)	60(50%)	38(41%)	22(27%)	143(43%)
体　育	0(0%)	38(58%)	144(55%)	112(46%)	716(36%)	369(48%)
教育心理学	0(0%)	83(50%)	258(37%)	194(26%)	126(17%)	663(28%)
教师教育	0(0%)	87(77%)	272(63%)	106(56%)	79(43%)	544(59%)
总　计	7(35%)	452(70%)	1,722(53%)	1,578(46%)	1,449(44%)	5,208(49%)

资料来源：Jack Nelson, Calleen Coorough. Content Analysis of the Ph. D. versus EdD Dissertations. *Journal of Experimental Education*, 1994(2): 158-168.

从表 2-2 可以看出，总量上教育学 Ph. D. 博士论文数量略多于 Ed. D.，教育学 Ph. D. 占明显优势的领域是教育心理学、教育史、高等教育和教育指导，而 Ed. D. 占优势的领域是教育管理和教师教育。但各个专攻领域都有两种博士学位，说明各领域都需要学术型与应用型两种人才，只不过侧重程度不同而已。当然，二者的比重一直在变化之中，市场因素还是主因。如果两种学位各在擅长的领域发展，也就相安无事了，但各个领域都有两种学位，就难免会产生趋同问题。

Ph. D. 被认为更具理论性，更着重于培养未来的学者和研究者。Ph. D. 较少应用环节，严格控制学生规模，经常更新课程以立足知识的前沿，同时要求导师必须具备积极从事学术研究及获得科研资助的能力。Ph. D. 的主要目标是培养教育研究者，而 Ed. D. 通常被认为是实践者的学位，致力于培养学校管理方面的领导。然而，调查发现，两种学位之间的差异依然模糊。在许多博士项目中，对 Ed. D. 和 Ph. D. 的要求经常相同或相近，关于两种学位之间的边界也存在巨大争议。

针对 Ed. D. 的培养目标偏离初衷并与 Ph. D. 趋同的问题，美国发起了一场要不要将两种博士学位加以区分的讨论。现实中的表现是：二者学术要求相同，论文选题相似，更多学生选择 Ph. D. 或进入 Ed. D. 后不久转入到 Ph. D. 。到 20 世纪 50 年代末，学术界号召美国教师教育学院协会（The American Association of Colleges for Teacher Education，AACTE）开展研究以明确区分二者。但事实上仍然是两个学位持续的混乱和明显的趋同，直到 2007 年莱文还在抱怨说："从一开始，两种学位之间的清晰区分就模糊不清，确定教育领域博士学位实际代表着什么的问题难以弄清楚。"① 大多数实证研究表明，两种学位的要求极为相似，而且二者存在很多混乱。Ed. D. 这种淡化实践性、追求学术性的做法不仅使其失去了自己的特色，而且也使其在事实上逐步沦为 Ph. D. 的附庸。考特尼（Bradley Courtenay）主张把 Ph. D. 作为一个纯粹的基础研究学位，聚焦于培养未来的"学科接班人"，以区别于实践取向的博士学位；而 Ed. D. 应当以"应用研究"为旨趣，造就实践领域的专家。②在作为美国 Ed. D. 教育改革前沿的皮博迪学院（Peabody College）中，也有一些教授极力支持这种改革主张。古斯瑞教授说："只有清晰地区分 Ed. D. 与 Ph. D. ，Ed. D. 才有可能真正成为合法的、被广泛认可的学位。"③ 但也有人反对教育在理论

---

① Arthur Levine. (2007). *Educating researchers*. New York: The Education Schools Project. 见 http://www.edschools.org/EdueatingResearchers/educating_researchers.pdf.

② Bradley Courtenay. Eliminating the Confusion Over the Ed. D. and Ph. D. in Colleges and Schools of Education. *Innovative Higher Education*, 1988(1): 11 - 16.

③ Ray Waddle. *To Ed. D. or not*? 见 http://peabody.vanderbilt.edu/x6843.xml/.

研究与实践之间划分清晰的界限，认为那样必将进一步恶化美国教师教育中业已存在的理论与实践分裂的现状，而界限模糊实际上有益于教育领域博士学位系统的健康，也有利于促进教育领域博士学位研究生教育中理论与实践的融合。① 但总体来看，前者占据优势，即要求对 Ed. D. 的培养目标进行准确界定，强调 Ed. D. 面向实践，以将它与 Ph. D. 区别开来。舒尔曼等人强烈呼吁为教育实践领域重新设立一个新专业实践博士（Professional Practice Doctorate, P. P. D.）。② 随之而来的是规模浩大的 CPED 行动，反映出了美国重塑 Ed. D. 的决心和积极行动。

二、培养模式的异同

Ed. D. 的招生要求依据学校的目标和传统，因校而异。Ed. D. 与 Ph. D. 学位之间的区别还不如校际之间的区别大。在入学要求方面两种学位有区别。美国各高校要求 Ed. D. 的 GRE 成绩普遍比 Ph. D. 低 50 - 200 分左右。Ed. D. 要求候选人具有一定的教学经验。Ph. D. 更倾向于设置临时性的招生标准和设立最大年龄限制。Ed. D. 的课程数量较大，设定的学分平均为 60，而 Ph. D. 平均为 48。Ed. D. 项目对住校要求更灵活，3/4 的 Ed. D. 项目没有外语要求，而外语却是 Ph. D. 所必需的，只是要求比传统上的要弱。Ed. D. 统计课程最经常成为外语课的替代品。Ed. D. 的选修课较多以满足学生的个别需要，实习的成分较大。Ed. D. 论文聚焦于应用性问题，不要求原创性的知识贡献。Ph. D. 和 4/5 的 Ed. D. 要求正式的博士论文，越来越多代替 Ed. D. 学位论文的是现场研究报告、档案袋、现场实习等其他更为灵活多样的尖峰体验形式。

---

① Stanley Carpenter. On-Going Dialogue: Degrees of Difference: the Ph. D. and the Ed. D.. *Review of Higher Education*. 1987(3): 281 - 286.

② Lee Shulman, et al. Reclaiming Education's Doctorates: a Critique and a Proposal. *Educational Researcher*, 2006(3): 25 - 32.

表 2-3　佛罗里达州立大学教育领导与政策项目 Ed. D. 与 Ph. D. 学位要求对比

学位 项目	Ed. D.	Ph. D.
培养目标	专业管理实践者	研究者或政策分析者
入学要求	GRE 至少 900 分，每部分至少 400 分	GRE 至少 1050 分，每部分至少 400 分
住校要求	必须在连续 12 个月内获得 24 学分或在连续 16 个月内后的 30 学分	必须在连续 12 个月内获得 24 学分
实　习	允许非全日制学习，12－16 周实习期（24－30 学分）	要求全日制学习，12 周实习期（24 学分）
指导委员会	4 人，都必须有教授身份，大学的代表必须来自教育领导与政策研究系之外的终身教授	4 人，都必须有教授身份，大学的代表必须来自教育领导与政策研究系之外的终身教授
学位要求	至少 52 学分，包括 21 学分核心课程，19 学分研究课程，12 学分选修课；24 学分的论文	至少 58 学分，包括 21 学分核心课程，22 学分研究课程，9 学分辅修课程，6 学分选修课程；24 个学分的论文
博士论文	论文主要聚焦于高等教育中的行政、管理、治理或其他应用性问题	论文要含有原创研究，对知识做出重大贡献，表明学生具备更大研究和理论发展的能力

资料来源：Florida State University Doctoral Student Handbook-Revised August 2010. 见 http://www. coe. fsu. edu/Academic-Programs/Departments/Educational-Leadership-and-Policy-Studies-ELPS/Academic-Programs/Degree-Programs/Higher-Education/Resources/Documents-and-Forms/Doctoral-Handbook 2:13.

以高等教育专攻领域为例，高等教育 Ed. D. 学位以服务于实践为宗旨，为各种高校培养训练有素的行政管理人员，是推动美国高校行政管理专业化运动的一支重要力量；高等教育的 Ph. D. 学位以学术性理论研究为主方向，以探究未知和发展新知识为目标，旨在为各类高等教育理论研究机构补充后备力量。将两种类型的博士生培养计划加以区分，对保障博士生教育质量和维护 Ph. D. 的学术声誉都具有重要的现实意义。

尽管两种学位的属性不同，但是对于二者的研究并没有揭示出重大的区别。在入学资格、基础要求、论文研究方面差别不大，当然不同机构之间的差别较多。比如，1994 年尼尔森和库若夫研究了 Ed. D. 和 Ph. D. 的论文，发现在进行研究的种类、使用的方法和预期的读者方面区别很小，尽管 Ph. D. 论文更可能使用高水平的统计方法，但即使这样也不是显著的区别。多元数据分析的使用比例显著增加，但比例仍然很小，*Ph.* D. 的 7% 和 Ed. D. 的 2% 。①

犹他州立大学（Utah State University）的 Ph. D. 为学术机构培养人才，他们需求研究专长，对特定领域的理论基础有一定理解。为了使学生实现学科专业的“社会化”进入研究者的角色，要求全职住校一年。换言之，博士论文的选题源于研究文献。虽然有些博士毕业生获得学区和州教育机关的领导职务，但大部分留在高等院校，从事生产和传播知识的工作。Ed. D. 计划培养教育机构的行政管理及课程与教学的领导者。学生通过在本地教育机构进行实习获得实践经验。Ed. D. 倡导在实践中进行应用研究，论文一般都立足于实际问题，聚焦于提高实践这一目标。Ed. D. 为在职学生提供更大的灵活性，允许学生在夏季完成住校要求。②

对于二者的区别，司考特认为实际上是 Ed. D. 源于 Ph. D. 的局限性，与 Ph. D. 相竞争。二者的关键区别是 Ed. D. 包括更多的教学元素，通常模块化，其中许多课程与学生的职业和工作密切关联，以群组学习的形式组织起来。这使得兼读制学习成为可能，在模块结构内，学生们作为一个群组共同学习与研究，在每一个模块结束时提交作业。

越来越多的院校同时提供两种学位。1947 年 27 所大学同时提供两种学位，1960 年 48 所大学同时提供两种学位，1969 年 72 所，1982 年 86 所。更高比例的 Ph. D. 项目要求住校，多数 Ph. D. 要求三个学期的全日制住校，至少两个连续的学期住校。一些 Ed. D. 也要求住校三个学期，但不要求连续。Ed. D. 对工作经验的要求降低了，1947 年 94% 的 Ed. D. 要求工作经验，而在 1982 年 57% 的 Ed. D. 要求工作经验。现实中，虽然大多数 Ed. D. 学生的目的不是成为研究者，但其项目实施者往往把他们视为研究者，提供的经验更类似于 Ph. D. 项目而不是为高层次的教育实践和学校领导做准备，尖峰体验仍然要求某种形式的论文形式。人们认为这种 Ed. D. 培养模式偏离了最初的设计。

1982 年调查，在同时设立 Ed. D. 与 Ph. D. 的机构，在招生要求方面完全

---

① Jack Nelson, Calleen Coorough. Content Analysis of the Ph. D. versus EdD Dissertations, *Journal of Experimental Education*, 1994(2): 158 – 168.

② Graduate Programs: Curriculum and Instruction Doctoral Programs: PhD or EdD. 见 http://teal. usu. edu/htm/ graduate-programs/curriculum-and-instruction-doctoral-programs/distinctions/Distinctions Between PhD and EdD.

相同的有 58.3%，不同但同等要求的占 31.0%，所不同的是 Ph. D. 招生要求更多。在培养过程中，92.3% 的 Ph. D. 项目要求资格考试，而 Ed. D. 的比例是 88.2%。Ph. D. 更经常要求外语。很高比例的两种学位都要求研究工具或一套系统的研究能力。都要求本科后至少四年的学习时间，97% 要求 3 年或更多。大多数 Ed. D. 与 Ph. D. 项目都要求学士后 80 个或更多的学分，Ed. D. 经常要求更多一些，35% 的 Ed. D. 要求 90 学分或更多，而 30% 的 Ph. D. 要求如此。大部分的 Ph. D. （56.6%）要求教育之外的课程，而 Ed. D. 的要求较少（44.6%）。两种学位中的 93% 都不要求远程课程，两种学位都给现场学习和工作经验记学分，57% 的 Ed. D. 及 52% 的 Ph. D. 。37.2% 的 Ph. D. 要求外语，而 2.5% 的 Ed. D. 要求外语，比以前的比例减少。Ph. D. 的 96.4% 和 Ed. D. 的 85.7% 都高比例地要求学生拥有科学的研究工具或一套研究能力，而在 1947 年还没有这样的要求。更高比例的培养机构提出学业年限要求，63.8% 的 Ed. D. 及 61.4% 的 Ph. D. 要求 5－7 年。在接受“实践问题”或调查替代基础研究方面，两种学位有实质性的差别，一半的 Ed. D. 接受，而只有 19% 的 Ph. D. 允许这样。Ph. D. 毕业生首先在大学工作，其次在中小学，而 Ed. D. 毕业生首先在公立中小学，其次在学院或大学教学。即便都是在高校，Ph. D. 毕业生多在学术部门，而 Ed. D. 毕业生多在实践部门。①

由于博士项目的培养模式随着学校、学位、专业的不同而不同，因此以一个专业为分析对象，可能会更好地把握研究对象。以教育政策专攻领域的博士为例。由于 Ph. D. 主要培养学术理论型人才，关注学生研究能力的培养和研究方法的训练，很多专业都明确其培养人才的定位是“学者”(scholar)，因此招收的学生多以没有或几乎没有工作经验的学生居多。Ph. D. 的就业岗位主要是大学或学院教授、政府机构的政策分析师、教育机构的政策评估者等。而 Ed. D. 更加关注对教育实践问题和教育政策的理解和把握，其目标是培养能够解决实践问题的人才，实践性是其区别于 Ph. D. 的主要特点。因此，Ed. D. 一般招收在职的具有丰富教育实践经验的教育专业人士，甚至有些大学规定只招收中小学校长、教育管理者、教育行政人员等。这些人才的就业单位一般是

① Dale Andersen. Differentiation of the Ed. D. and Ph. D.. *Education Journal of Teacher Education*, 1983 (34):55－58.

各级政府机构、非营利性组织、教育机构、社区、企业以及慈善事业等。

博士学位日益成为大学领导者的任职资格和关键性的竞争力。而社区学院正随着校长退休风潮的来临，面临校长匮乏的危机。全国有1，764所社区学院，而领导层即将发生的更迭是剧烈的。美国需要更换超过40%的校长和主管，因为他们在未来10年将离开现在的工作岗位。[①] 于是渴望这些岗位的人正在寻求博士学位。据2007年美国教育理事会（American Council on Education，ACE）的统计，73%的社区学院的校长拥有教育领域的博士学位，而有博士授权大学的校长只有7.1%拥有教育领域的博士学位。可见，拥有博士学位是社区学院院长任职的一个普遍性的条件。

Ed. D. 适应了在职人员寻求专业发展与职务升迁的需要。近些年来，美国的一些州对教育管理者和领导者的任职资格要求在逐步提高，Ed. D. 学位拥有者在竞争这些职位时具有更大优势。因此，当前美国很多高级教育管理和中小学校长职务都是由拥有 Ed. D. 学位的人来担任的。而在美国大学校长当中，也有一部分人拥有 Ed. D. 学位。根据2001年对美国2，594名大学校长的调查，有43.2%的美国大学校长所学专业为教育，在两年制学院，该比例甚至高达73%，有20.8%的校长拥有 Ed. D. 学位。[②] 美国1993－1994年度小学校长的8.6%，中学校长的10.3%拥有博士学位。可见 Ed. D. 学位与学校领导者任职资格之间的关系越来越紧密。

与“文凭主义”的潮流相关，专业人员视博士学位为区别于他人的途径、获得高级领导岗位的工具。尽管有证据证明博士学位对获得高等教育机构中的管理岗位有用，但还没有研究证据证明博士学位确实促进了实践的表现。1996年豪斯（Jennifer Haworth）认为21世纪初博士生教育存在四个趋势：博士获得者人群特征的多样化、博士学位授权机构和博士项目的膨胀、博士生学习更加专业化、获得学位时间延长。[③] 四个趋势都指向社区学院的领导者，他们是

---

① AACC，2005 American Association of Community Colleges. Competencies for Community College Leaders. Washington，DC：American Association of Community Colleges. 2005.

② Corrigan E. 谁在当美国大学校长——2002年美国大学校长调查报告[J]. 文东茅编译. 中国高教研究，2004(4)：35－37.

③ Jennifer Haworth. Doctoral Programs in American Higher Education. In John Smart (Ed.)，*Higher Education：Handbook of Theory and Research*，New York：Agathon Press. 1996(XI)：386.

中年学习者，寻求实践取向的项目，灵活的就读时间要求。但是 Ed. D. 项目的增长模糊了两种学位之间的界限。Ed. D. 学位处于对学生更负责任的压力之下，要求更多地提供群组学习。事实上，群组学习已经成为 Ed. D. 区别于 Ph. D. 的一个重要方面。38% 的 Ed. D. 以群组学习的形式，而 Ph. D. 仅 12%。①

看来，采取一个清晰的行动来彻底解决这场争论非常必要。早在 1930 年乔治·华盛顿大学的门罗教授（Walter Monroe）就进行了对教育领域博士生培养的调查。他调查了 6 所提供作为 Ph. D. 替代品的 Ed. D. 学位，发现这些 Ed. D. 具有某些不同于 Ph. D. 的要求。1931 年在《美国大学授予高等教育学位的做法：系列官方声明》（Practices of American Universities in Granting Higher Degrees in Education：A Series of Official Statements）一书中，弗里曼（Frank Freeman）在门罗的调查基础上，又调查了 13 所文理研究生院授予教育学 Ph. D. 的机构及 7 所授予 Ed. D. 的机构，研究的目的是勾画出 Ed. D. 与 Ph. D. 学位要求的不同。弗里曼发现在外语要求方面，原来是两个学位都要求，现在 Ed. D. 已经基本取消；所有 Ed. D. 都要求专业实践经验，而 Ph. D. 不是；Ed. D. 的论文被期待"应用现有知识而不是发现新知识"，发现新知识是 Ph. D. 的要求。②

在论文选题方面，"Ph. D. 更多选择教育史或教育哲学方面的研究，而 Ed. D. 论文更可能是一个教育问题的实践性研究，往往是考察一个学校系统或某种课程类型"③。在研究方法方面，Ph. D. 论文倾向于实验性或准实验性的研究，使用多变量统计，具有更大的普遍性，更聚焦于某些领域如教育心理学。而 Ed. D. 论文包含更多描述性的研究，比如调查访谈。在研究对象方面，大多数 Ed. D. 论文关注当地人群的地区公立学校和教育机构，研究的对象倾向于学生和教师。而 Ph. D. 论文经常使用大学生作为其他人群的代理人。

---

① Lee Shulman, et al. Reclaiming Education's Doctorates: a Critique and a Proposal. *Educational Researcher*, 2006(3): 25－32.

② Frank Freeman. *Practices of American Universities in Granting Higher Degrees in Education: A Series of Official Statements*. 1931(19). Chicago, IL: University of Chicago Press.

③ John Ashton. Other Doctorates. Everett Walters (Ed.), *Graduate Education Today*. Washington, DC: American Council on Education, 1965: 66.

Ed. D. 毕业生是实践者，必须学习如何从事原创性研究来理解和改善实践，还有一些想成为社区学院或大学的教师。许多 Ed. D. 毕业生在大学、学院和中学做教师、管理者、评价者和为不同教育项目、社区机构和商业的评估专家。Ed. D. 给学生极大的灵活性，促进他们完成职业目标。

"档案袋"引入尖峰体验是 Ed. D. 改革的一个显著变化。"档案袋"式的毕业论文形式，要求学生首先确定一个研究主题，然后对该主题的不同方面进行相互联系但又彼此独立的研究，对每个研究成果撰写不同的研究论文。[①] "学位论文"转向"档案袋"也回应了 Ed. D. 客户的要求。传统的学位论文的读者局限于学科内或学科群内的学术组织和个人，而"档案袋"的读者人群更为广泛，除学术人员外，还有实践者、产业组织和社会机构等。档案袋是一个有组织的，旨在促进学生的学术和专业发展，并提供一个评估学生进步的基础性材料，代表学生在课程、自主学习、研究、实习和其他高级学习活动中的目标、计划和完成的深度和范围的评价工具。同时，档案袋提供了一个自我反思的工具，记录了博士生学习发展的过程。档案袋评价方法在美国教育专业学位研究生教育变革实践中得到推广，并受到越来越多大学的青睐。

档案袋记载了候选人如何处理研究与实践之间的联系及研究是如何通过实践得到检验的。大卫（Imig David）认为 Ed. D. 的优点是它包括了更多的协作工作，对他人收集的数据进行分析，而不是像 Ph. D. 那样，必须要生成自己的数据和假设。一组 Ed. D. 学生从不同的角度分析一个资料库，每人完成资料库的一篇独立的论文，当与其他论文汇集在一起的时候，将共同提供针对一个实际问题的全面的解决方案。[②]

培养方式的差异。一般而言，Ph. D. 基本以学科为中心建构课程体系，强调学术的精深与探索性，同时注重相关学科的覆盖面。教学过程重在激发学生的原创性思维，对学生的质量评价也主要以科研能力考核为主，学位论文重视理论价值和在未知领域的原创性发现。而 Ed. D. 更多的是围绕构成相应专业所需的知识体系来组织课程，对学术的质量评价重在考察其专业知识的掌握程

---

① Faculty of Education. Health Professional Studies of University of New England. Introduction to Course of Doctor of Education. 见 http://fehps. une. edu. au.

② Elizabeth Redden. *Envisioning a New Ed. D. Inside Higher Ed.* 见 http://www. insidehighered. com/news/2007/04/10/education.

度和在职业领域运用专业知识解决实际问题的能力。Ed. D. 教学过程的实践依赖性尤为突出，因为它培养的就是能够承担学校变革和教育发展的高级专业人才。培养过程上，Ed. D. 课程包含大量的实践性活动和高水平的专业训练，强调专业知识的传授和职业素养和技能的提高；Ph. D. 课程重在基本理论和方法的训练，强调研究能力的提高和研究的创新。在人才质量标准上，Ed. D. 的学位论文强调应用价值和意义，重在探究职业领域的现实技术或管理问题；Ph. D. 强调理论价值和对未知的原创性发现或理解。

大约1/3的Ed. D. 毕业生在公立学校社区就业，而仅15%的Ph. D. 学生在此部门，更多的Ph. D. 毕业生在大学和学院就业。Ph. D. 寻求感兴趣的学术问题，而Ed. D. 视博士学位为职业努力来获取专业提升。①

表2-4　　教育领域博士学位受访者的就业状况比较　　（单位:%）

学位 / 就业岗位	Ph. D.	Ed. D.
教　师	28.3	18.9
管理者	23.4	49.3
研究者	4.8	——
经　理	6.9	6.8
专业职员	27.6	19.6
自由职业	4.1	2.7

数据来源:Eileen Kolman, et al. The Outcomes of Doctoral Education: An Institutional Study. *Research in Higher Education*. 1987(2):114.
注:由于部分数据缺失,数据总和不是100%。

从培养模式来看，Ed. D. 学生的培养计划一般由专业学院统一制订，实行群组授课，课程学习所占比重较大，且大部分为必修课，授予学位的主要评价标准是课程学习成绩、参加项目情况和毕业论文或项目设计；Ph. D. 培养计划一般由导师制订，培养强调个性化，课程学习比重相对小一些，且大多是因研究需要而选修的课程，授予学位的主要标准是毕业论文研究成果。但实际上，这种界定是模糊的。Ed. D. 是一种在应用型学科授予的研究学位，但美国各大

① Marlowe Slater. The Doctorate in Education. *Journal of Teacher Education*, 1961(12):146-151.

学对授予标准并未与 Ph. D. 明确区分。此外，Ph. D. 人才可以在高校、科研院所内部相对独立、封闭地进行培养，而 Ed. D. 必须坚持面向专业实践领域，坚持开放办学，才能培养适应社会需求的合格人才。

学位论文问题始终是人们指责 Ed. D. 的重要依据。为了解决 Ed. D. 与 Ph. D. 毕业论文趋同的问题，一些人主张取消 Ed. D. 的毕业论文，而另外一些人则坚决反对。皮博迪学院的墨非（Joseph Murthy）教授等人认为，Ed. D. 的学生不需要撰写学术研究论文，可以用实证性的、案例性的研究设计（project）来代替它，因为这样做有利于保证 Ed. D. 学位论文的选题、研究过程和结果等都与教育实践保持密切的联系。① 而反对者强调，取消学位论文就意味着降低了 Ed. D. 培养的质量标准，实际上是大学迎合兼读制学生买卖学位的庸俗行为。他们主张，从博士学位标准的“严肃性”出发，攻读 Ed. D. 的学生也应该撰写严格符合博士学位标准的学位论文，以此来展示自己的研究能力。② 对于博士论文的性质，美国研究生院理事会强调指出，博士论文是学位获得者学术工作的开端，而不是其巅峰。30 年多前，贝雷森通过调查就发现，美国 55% 的研究生院院长、45% 的教师和 40% 的博士学位新获得者认为博士论文应当更多地被看作学术训练的手段，而不应过多地强调对学术知识的原创性贡献。③ 博士论文只是一种学术训练的手段，目的是体现撰写论文的专业博士生的培养目标。据此类推，教育管理领域的 Ed. D. 培养计划的毕业生应能证明他们有能力恰当地运用研究、理论和知识来解决教育政策和实践中产生的问题。Ed. D. 学位论文代表一种经验，通过这种经验，学生能够证明他们能够达到这种目标。就此而言，对论文取舍的争论意义不大，论文只是证明学生具备独立研究的能力。

Ed. D. 就是在不断的争论与质疑中发展壮大的。“Ed. D. 通常是针对那些对学校管理及相关的教育职业感兴趣的人开设的，要求论文但多是对某个方案的描述而不要求原创。在管理和教育之类的一些学科领域，量身定做式的专业博士学位已经成为一种日渐强大的趋势。这意味着只需要进行大规模的周末课

---

① Ray Waddle. *To Ed. D. or not*? 见 http:// peabody. vanderbilt. edu/x6843. xml/. 2011 - 11 - 20.

② Ray Waddle. *To Ed. D. or not*? 见 http:// peabody. vanderbilt. edu/x6843. xml/. 2011 - 11 - 20.

③ Council of Graduate Schools in the U. S. The Role and Nature of the Doctoral Dissertation: Policy Statement, 1997: 8.

程并完成学位论文或其他研究项目，就可获得被认可的博士学位，而这种教育模式被很多人认为远远达不到传统博士生教育的要求。尽管很多人批评这种趋势使得传统的博士学位贬值，但规模一直在增大，当然，营利性的院校常常在专业领域提供这类博士学位，而它们的要求永远不可能像传统的博士生教育那样严格。"① 目前美国大部分 Ed. D. 项目对课程学习和论文研究仍沿用传统的学术模式和评估标准，课程、综合考试和论文使得 Ed. D. 获得者在培养模式上与 Ph. D. 一样，即本书第三章所述的第一代专业博士学位的培养模式。这种方式使得在评价 Ed. D. 对专业知识的创新和专业实践的适切性方面受到越来越多的质疑，导致了关于知识分类、不同种类知识地位的反思及对 Ed. D. 目的与功能的争论。

第三节　教育博士专业学位与教育学博士学位的关系之争

Ed. D. 在美国的产生与发展并非一帆风顺，而是始终处于问题与困境之中，Ed. D. 与 Ph. D. 两种学位的趋同是最大的问题。对于 Ed. D. 的争论主要集中于两个方面：Ed. D. 的性质之争及 Ed. D. 与 Ph. D. 的关系之争。前者主要涉及两种博士学位的定位与使命及培养模式的异同，后者主要涉及价值与地位的争论、存废与关系的争论及解决问题途径的争论。

一、价值与地位的争论

在教育领域，经常有对 Ph. D. 与 Ed. D. 价值与重要性的争论。具有讽刺意味的是，没有充分的证据证明 Ed. D. 在改善实践领域的价值，大多数 Ph. D. 获得者并不进行学术研究，学位类型之间的区别往往只停留在理论上。

Ed. D. 的存在潜在地对实践领域产生以下几个方面的影响。其一，更多的人攻读 Ed. D. 是因为他们需要它作为一个水平资格和任职资格证书，使他们获得加薪或获得更高的管理岗位。在教育管理领域，尤其如此。1989 年国家教育管理政策委员会（National Policy Board for Educational Administration,

---

① Philip Altbach. Doctoral Education: Present Realities and Future Trends. *Springer International Handbook of Education*, 2006(I): 65 – 81.

NPBEA）建议把 Ed. D. 学位作为中层教育管理岗位从业的证书条件。虽然州级教育管理机构没有要求 Ed. D. 作为校长和院长的资格，但拥有学位者经常希望获得这些岗位。Ed. D. 对于那些寻求高校管理岗位的人有用，尤其是在社区学院。调查显示社区学院高级管理者 83% 有博士学位，54% 获得 Ed. D. 学位。当问及加州社区学院主要行政领导攻读博士学位的原因时，64% 多的回答是“工作晋级和职务提升”“非常重要”。① 尽管，加州大约 160 个学区中没有一个要求新的学校领导有 Ed. D. 学位，但是个体希望提高职业机会与想学习如何成为一个有效或更有效的教育领导者联系在一起。于是，他们在寻求如何改善实践领域及其技巧的答案。最近对加州社区学院管理者的调查研究中，大于 47% 的回答显示“获得组织和领导技巧”是攻读博士学位非常重要的原因。

是否获得 Ed. D. 学位使得专业行为表现和业绩与众不同了呢？这是一个重要的需要回答的问题，因为它是判断 Ed. D. 对实践领域价值的重要标准。据推测，Ed. D. 获得者将比获得学位前的行为表现发生更多变化。但由于许多变量在影响一个人的行为，因此难以确定个体的行为是否因获得 Ed. D. 而改变。关于中小学管理者培养项目包括博士生项目的文献，很少发现项目与管理者表现或学校改善之间的内在关联。

判断 Ed. D. 对实践领域的价值如何，那些雇佣或与教育领导者共事的人最有发言权。加州调查结果显示获得 Ed. D. 学位的重要性对于校长而言比院长大，来自小学区的院长比来自大学区的院长作用大（见表 2 - 1）。当问及完成 Ed. D. 的收益时，院长们最愿意提它的“符号价值”(symbolic value)，提高了作为领导基础的信誉和尊重、几乎一半的受访者认为 Ed. D. 的“符号价值超过训练价值”。获得博士学位的学校督导认为博士项目给自己带来了：符号价值（作为领导的信任和尊重）、普遍的知识基础、领导技能、分析技能和职务提升。48% 认为符号价值大于博士项目本身的价值，77% 认为符号价值大于或等于教育价值。②

加州 1999 年“1279 议会法案”(Assembly Bill 1279) 倡议加州大学培养足

① Barbara Townsend. *Rethinking the Ed. D. , or What's in a Name*? A paper prepared for the Annual Meeting of the Association for the Study of Higher Education, Sacramento, California, November 21 - 24, 2002.

② California Postsecondary Education Commission. The Production and Utilization of Education Doctorates for Administrators in California's Public Schools. 2000.

够多的专业博士学位专业人员以满足加州现在和未来的需要。有研究描述了加州公立中小学培养和使用 Ed. D. 的情况，并对是否需要更大规模的 Ed. D. 学位进行评估。在过去 10 年，中小学管理岗位上拥有 Ed. D. 学位的人数保持稳定，从 2,111 人升至 2,184 人。加州大学大约每年培养出 450 名，公立学校每年退休博士 100 人，而招聘新博士 110 人。① 可见，加州教育领域的博士培养已经远远超过实际所需。学位是高等教育联系社会并服务社会的一种途径，在市场经济的背景下，市场需要是一个高校和学位类型生存与发展所必须时刻关注的对象。这种对 Ed. D. 供求状况的调查，对我国有重要的启示意义。

对于 Ed. D. 博士生最想要获得的东西，被调查的学院院长反复提到 Ed. D. 项目需要强调实践知识基础，比如教学方法、学校财政、教育政治学、数据分析方法、学校法律和规划管理。事实上，获得广泛基础的知识是实践者提及的最重要的博士项目产品，甚至超过领导技术。呼吁更加强调项目课程，满足领导者获得管理和组织技能，还要基于理论和实践的政策理解力。在项目内容方面需要利益相关者之间更加紧密的合作，以便于项目内容反映当下和未来的需要。

调查发现授予 Ed. D. 学位的大学教育学院的院长强调 Ed. D. 学位的三个优势：传授教与学的知识，分析数据及把研究与实践相连，能够应用所学来改善教育教学的领导技能。最有说服力的能够证明 Ed. D. 价值的是：学校领导和管理者需要运用理论和研究持续作为制定决策的基本要素，深入理解教与学，系统地看待组织结构和文化，并由此而进行学校领导，指导和解释项目评价和项目研究。与此类似，加州大学教育学院院长认为 Ed. D. 的价值在于：引起领导范式的变化，改进机构的领导技能；理解研究方法并针对现存问题进行高质量的行动研究，进行项目评价；理解课程、学习理论和教学方法；获得尊重，具有专业地合乎道德地进行工作的能力。虽然角度不同，但其中的共同点是：适应现实需要，解决实际问题。

另一项研究结果是：大约 83% 的学校首席执行官（Chief Executive Officers，CEO）拥有博士学位（其中 72% 获得 Ph. D. 或 Ed. D. 学位）。CEO 认

---

① California Postsecondary Education Commission. The Production and Utilization of Education Doctorates for Administrators in California's Public Schools. 2000.

为获得博士学位的主要目的是职位提升、智力发展、个人满足及获得组织和领导技能。66%的CEO认为博士学位对于其现在的岗位是基本的要求，其余1/3认为博士学位仅有用而已，并非必需。当问及博士学位对工作的重要性时，总体75%认为博士学位是基本的和非常有帮助的，但是47%获得非教育学科博士学位的CEO认为博士学位用处小。在教育学Ph. D.与Ed. D.之间也产生了有趣的区别：教育学Ph. D.中的94%认为博士学位极为或非常有用，而持这种观点的Ed. D.仅有76%。被调查的学校督导中，几乎都认为对于提升教育管理能力来说，Ed. D.与教育学博士没有区别，90%的大学区和96%的小学区督导认为二者没有区别。认为有区别的是拥有Ph. D.学位的人，都认为Ph. D.更佳。对于职位晋升而言，获得Ed. D.还是Ph. D.不太重要，仅有33.3%拥有教育学Ph. D.学位的人认为重要，而且89.1%更倾向于Ph. D.。[①]可见，Ph. D.比Ed. D.对学位获得者的工作价值更大。

当CEO被问及希望学校关键领导岗位拥有博士学位的种类（Ed. D.、Ph. D.或其他学科博士）时，近50%的CEO回答三种学位一样，25%倾向于高等教育专攻领域的博士学位（Ed. D.或Ph. D.），10%倾向于Ed. D.，1%-9%（根据地域不同）倾向于Ph. D.，7%-11%（根据地域不同）倾向于其他学科的博士学位。

很少有高等教育项目常规地进行项目评价，而项目评价的一个重要方面是让毕业生评价学位对他们工作实践的价值。一个全国性的研究考察了四个高等教育项目的全国范围内的毕业生群体，考察学位对职业生涯的影响。大量的高等教育博士学位获得者表达了失望，认为博士生教育没有提供预期的职业提升，也表示困惑于“高等教育是一个地位低下的研究领域”。研究者还问如果重新开始是否还选择高等教育博士或是否仍然攻读博士，回答将再去攻读博士学位中的43%表示不再是高等教育领域，然而，539名回答者中的70%表示他们的“博士学习与后续的专业研究‘高度相关’或‘相关’”[②]。这种前后矛盾的回答一定程度上反映了学生对Ed. D.矛盾而复杂的心态。

---

① California Postsecondary Education Commission. The Production and Utilization of Education Doctorates for Administrators in California's Public Schools. 2000.

② California Postsecondary Education Commission. The Production and Utilization of Education Doctorates for Administrators in California's Public Schools. 2000.

在考察回答者的职业生涯时，要考虑不同类型的博士学位。表面上看，没有哪一种学位在高等教育管理中有更大的影响。但是，大学教师和中小学教师更愿意攻读 Ed. D. 而不是 Ph. D.，而对于高校管理者却恰好相反，其原因有待考察。

Ed. D. 对教育学院的影响有以下几个。博士学位的设置被视为扩展和提高高等院校在高等教育系统中竞争地位的途径，在竞争激烈的美国教育体系中能够颁发 Ph. D. 和 Ed. D. 是一所大学拥有声望并加入研究型大学行列的一个标志。有些州规定了博士学位只能由特定的大学授予，且颁发博士学位的大学大多位居名校之列。如加州规定，博士学位只能由加州大学授予，其他大学只能颁发学士和硕士学位。由于 Ed. D. 经常是地区性大学提供的第一个博士学位，在这些机构中，教育学院因设 Ed. D. 而提升了大学的地位，因而受到重视。南康乃迪克州立大学（Southern Connecticut State University）委托的一项对是否应该实施 Ed. D. 的研究清楚地说明了这一点。该研究调查了大约 200 所提供 Ed. D. 的院校，发现当 Ed. D. 是该大学第一个博士学位时，Ed. D. 提升了大学的学术声誉，鼓舞了教师士气，尤其是教育学院。因此，希望通过授予博士学位来提升其声誉的公立大学，博士学位项目被视为扩展和提高院校在高等教育系统中竞争地位的途径，因而，博士生教育也有了长足发展。

Ed. D. 还可能对一些教育学院有市场价值。如果 Ed. D. 是大学唯一的博士学位时，举办 Ed. D. 项目会增加入学规模。除 Ph. D. 之外，增设 Ed. D. 是否会增加入学规模，还不清楚。如果 Ed. D. 是比 Ph. D. 更容易获得的学位，入学规模会增加。如果 Ed. D. 被认为是在实践领域，尤其是在中小学教育部门，作为“实践性专业博士学位”，那么不管人们对于这样一个博士生教育项目的难度持什么看法，它都有可能增加招生。

Ed. D. 还会给教育学院带来经济价值。首先，Ed. D. 博士生自身就是一批有影响力的客户。因为博士学位通常能为实践者带来高收入，它们的忠实校友本身就是一笔可观的财富。其次，如果教育学院的质量得到很高的评价，大学也将因此更有地位。但一些拥有 Ph. D. 学位的学者明显对专业博士学位持消极态度，他们更倾向于认为 Ph. D. 学位优于专业博士学位。有部分学者质疑专业博士学位的合法性，认为它不是一种真正的博士学位。①

对 Ed. D. 项目效用的调查结果表明，项目整体是有效的，扩大了学生的视野，提供了知识而成为教育管理变革的代理人。毕业生认为获得学位使他们获得高度的个人满意度和成就感。Ed. D. 学位提高了职业升迁的机率，而没有职位升迁的毕业生认为学位增加了他们领域内的知识。② 但也有学者指出，“美国包括 Ed. D. 在内的专业博士学位虽然发展很快，但总体上仍然是对 Ph. D. 学位的补充，并没有获得与 Ph. D. 学位同等地位”③。笔者认为包括 Ed. D. 在内的任何教育的最高目的都是一致的，即育人，因此，评价 Ed. D. 主要看它是否使得学生变得更灵活，对现状更有批判性，更准备引起社会变化，而不仅仅是深化知识本身或仅仅培养学生进行社会现状的再生产。

二、存废与关系的争论

批评者认为 Ed. D. 没有为中小学和高等教育培养具有实践知识和专家型领导能力的领导者，没有充分培养“领导型实践者”以面对美国学校和大学的挑战，需要更加严格的相关训练。因此，有人号召取消 Ed. D.，有人主张重塑 Ed. D.。随着论争的升级，Ed. D. 废除与否的问题成为关注的焦点。

“Ed. D. 的问题长期存在，导致了学生、培养机构和从业人员的混乱。要解决这个问题，我们应该重新思考 Ed. D. 的培养。为 Ed. D. 建立一个独特的理论基础，而不是像现在一样依附于教育学 Ph. D. 的培养模式。建立一套强有力的、独特的、联系实践的培养体系，使两种学位区别开来。像 M. D. 那样，建立不同的课程和评估体系。”④ 面对这些责难，有人呼吁要加强两者之间的区别，避免引起两类学位的趋同或混淆。

---

① UK Council for Graduate Education(UKCGE). *Professional Doctorates.* Dudley:UKCGE,2002:42 – 43.

② Ethel Porter. *A Follow-up Study of Ed. D. Graduates in Eductional Adminstration at Virginia Polytechnic Institute and State University.* Virginia Polytechnic Institute and State University doctoral dissertation. 1997: abstract.

③ Ruth Neumann. Doctoral Differences: Professional Doctorate and PhDs Compared. *Journal of Higher Education Policy and Management*,2005(2):173 – 188.

④ Lee Shulman,et al. Reclaiming Education's Doctorates: a Critique and a Proposal. *Educational Researcher*,2006(3):25 – 32.

2005年，哥伦比亚大学教师学院前院长莱文（Arthur Levine）发表《教育学校的领导人》（Educating School Leaders）的报告，影响很大。报告认为，Ed. D. 学位的危害巨大，不仅伤及教育学院，也伤害了教育领域。他认为 Ed. D. 学位存在的必要性值得怀疑。①

舒尔曼也认为："我们现在已陷入尴尬境地，我们既没有培养 Ed. D. 的那种令人赞美的模式，也没有培养 Ph. D. 的优秀模式。因为我们基本上是在用相同的模式来培养两者，不管培养的是 Ed. D. 还是 Ph. D. 。"② 舒尔曼等人主张避开目前的 Ed. D. 框架的影响，仿照医学博士，为教育实践者重新设计一种崭新的专业学位教育项目——专业实践博士（Professional Practice Doctor, P. P. D. ），并要求其主要招收学校在职人员，采取临床教学和案例研究，雇佣具有丰富实践经验的"临床教员"，以培养高素质的、专业领导型的教育实践者。

但是，上述观点和改革建议也遭到了质疑和反对。浩乐（John Hoyle）的调查研究发现，绝大多数从事教育管理工作的校长和院长认为他们所修读的博士课程为他们当前的成功做了充分准备，全国该专业的教育质量是令人满意的，而不是像以前普遍认为美国教育管理专业应该大变革甚至取消。③ 这个研究成果已经引起人们广泛的兴趣和关注。与莱文鼓吹抛弃 Ed. D. 的主张相反，若宾（Hank Rubin）认为 Ed. D. 与 Ph. D. 的问题完全类似"婴儿与洗澡水"的事情，莱文的关切或研究并没有错误，只是他的结论有误。Ed. D. 具有多方面的意义和价值，是令人尊敬的学位，毕业生地位的影响和利益相关者的职位牢牢地使 Ed. D. 在学术殿堂获得地位。取消这种学位的前景很小，更好的选择是做出一个具有广泛基础的承诺，以澄清和加强 Ed. D. 的项目目的与培养方案，从而提高其信誉。④

一些人认为，Ph. D. 具有广泛的适应性，不应再发展其他类型的博士学位

---

① Arthur Levine. *Education School Leaders.* 见 http://www.edschools.org/Educating Researchers/educating_researchers.pdf. 2010－11－20.

② Lee Shulman, et al. Reclaiming Education's Doctorates: a Critique and a Proposal. *Educational Researcher*, 2006(3): 25－32.

③ John Hoyle. Educational leadership preparation program lacking in quality? Bunk! *American Educational Research Association School Leadership News*, Spring, 2007: 3－4.

④ Hank Rubin, The Proposed Abolition of the Ed. D.. *Chronicle of Higher Education*, 2005－11－04.

形式。尽管专业博士学位在论文选题、论文评价、毕业要求等方面均不同于传统的 Ph. D. 学位，但批评者担心，专业博士学位的评判标准不是对知识而是对专业实践的贡献，这是非常模糊不清的，因为在很多情况下，尤其是在基于工作或行动研究的项目中，可能要同时追求这两个目标。在一些以 Ph. D. 为金本位的学者和雇主眼里，专业博士学位，从好的角度说是一个“二等学位”，从坏的角度来说，危害到博士学位的完整意义和价值。而且这种观念根深蒂固，颇有市场。

在20世纪50年代，在文理学院获得博士学位的学者们批评 Ed. D. 的声音有所增加。在争论的时候，许多机构选择把 Ed. D. 学位作为教育学院范围内专门的博士学位。① 在许多教育学院，两种学位极为类似。一些大学在保持 Ph. D. 培养学者和教师的同时，开始改变 Ed. D. 项目。

夏威夷大学（University of Hawaii）教育学院在 1974 年设置 Ed. D. ，重专业实践能力的培养。1988 年夏威夷大学开始转型为研究型大学，强调教师的学术成果，建立高质量高级学位的学术能力，实践者取向转向研究者取向。20 世纪 94 年 Ed. D. 学位彻底转型为研究型学位，强调所有学生的理论研究。由于过于强调研究，教师和学生开始要求更名为 Ph. D. 。这对学生尤为重要，因为人们普遍认为 Ed. D. 不是培养学术研究的人才，于是，1999 年学位更名为 Ph. D. 。由此可见，教育学院的发展定位在某种程度上决定了学位项目的性质。

在很大程度上，Ed. D. 与 Ph. D. 冲突的中心聚焦于：研究在教育领域博士生教育中究竟应该扮演什么角色。按“专业学院论”的说法，所有 Ed. D. 项目都应该取消论文，因为法学博士和医学博士都不要求论文。但研究发现，98% 的教育领域的博士继续要求论文及完成论文所需要的一系列研究能力。Ed. D. 需要论文的一个理由可能是教育学与法学和医学的知识基础与发展取向不同。

奥古斯若普（Russell Osguthorpe）等提出解决 Ed. D. 与 Ph. D. 趋同困境的四种途径：在目前二者趋同的情况下提供两种学位；提供两种学位，但在

---

① Jack Nelson, Calleen Coorough. Content Analysis of the Ph. D. versus EdD Dissertations. *Journal of Experimental Education*, 1994(2): 158 – 168.

要求上作出区分；仅提供一种，对其概念界定更清楚，尤其是对论文的要求；取消二者，提供另外一种学位，名称另取。作者分析了四种选择的利弊得失后，更倾向于第二种选择。[①] 第一种途径最容易，但也许最危险，继续维持 Ed. D. 的低等地位。第二种现在被很多人看好，因为它给教育学院最大的自由度提供学位，学生有最大的自由度选择某一学位或同时选择两种学位，但是需要把二者区别明晰出来，而以前从国家层面来区分两种学位的努力最终都陷入僵局。20 世纪 90 年代比 60 年代在教育领域提供博士学位的院校已经翻了一番。几所著名研究型大学仅提供 Ed. D.（如哈佛和约翰·霍普金斯大学），但过去 10 多年间增加的 Ed. D. 大多数来自于综合性大学。第三种选择，尽管最难实现，但可能给专业带来最多益处，不仅因为它将减少教育领域博士教育的混乱，而且因为它将引起教育工作者对学位的基本要求达成共识。比如，如果仍保留论文要求，那么教育专业必须达成一致，专业提出什么标准来判断最终产品的质量，以及这些标准与其他专业和学科的标准有何不同。第四种途径，提供一个 Ed. D. 和 Ph. D. 之外的学位将是有效的，但前提条件是取消现有的博士学位头衔，而且改革成本太大。后两种选择的重要性不是要选择哪种具体学位，而是一旦一个学位被共识，主要的努力必须集中到学位的要求上。[②]

有观点呼吁取消其中一个学位。1993 年奥古斯若普等人调查了所有过去 10 年内美国提供博士学位项目的教育学院以决定 Ed. D. 与 Ph. D. 的趋势。他们没有发现更倾向于提供某一种学位，但 Ed. D. 更经常设置在综合性大学，Ph. D. 更经常设置在研究型密集大学中。他们也发现两种学位有相似的项目要求，呼吁进行全国性的讨论以减少两种学位之间的混乱，进而加强教育专业的博士生教育。

到 20 世纪 80 年代末，争论转向教育领域是否需要两种博士学位。1988 年在《教育学院》（Ed Schools）一书中，克利福德和古斯瑞审视了美国一流大学的教育学院，建议进行严厉而急迫的改革。为了教育专业化，他们建

---

① Russell Osguthorpe, Wong Meijiuan. The Ph. D. versus the Ed. D.: Time for a Decision. *Innovative Higher Education*, 1993(1): 47－63.

② Russell Osguthorpe, Wong Meijiuan. The Ph. D. versus the Ed. D.: Time for a Decision. *Innovative Higher Education*, 1993(1): 47－63.

议教育学院应聚焦于培养教师和教育领导者，而不是从事学术研究或推进学术前沿。他们建议取消 Ph. D. 以便使专业实践型的 Ed. D. 作为教育工作者的学位之选。

1991 年布朗（Laurence Brown）回应了克利福德和古斯瑞的观点，认为取消一个学位是荒谬的。追溯历史，布朗认为人们获取 Ed. D. 的兴趣从 20 世纪 20 年代一直到 50 年代都在增长，但在 60 年代大幅下降，原因是政府和社会需要更多的基础研究，联邦资助大幅增加。20 世纪 70 年代，教育学 Ph. D. 毕业生人数超过 Ed. D. 人数。Ed. D. 人数的持续下降促使布朗质疑 Ed. D. 的存在与功用。在对 42 所机构的研究中，他采访教师和学生关于教育领域博士学位项目的特征、就业目标和学位区别。布朗总结说，教育学院中的博士项目与整个大学传统博士项目的结构一致。研究得出的结论是 Ph. D. 为一个更受欢迎的学位。因此，他不同意克利福德和古斯若提出取消 Ph. D. 的观点。

1998 年蝶瑞（Thomas Deering）认为既然两种学位相似就没有必要设两种学位，由于 Ed. D. 严格性不强，应该取消。① 他说，既然 Ed. D. 的最初目的是“改善技能增加实践教育者的知识”，两个学位之间的持久的混乱需要用取消 Ed. D. 的方式来解决。为了说明两种学位之间的区别，他考察了 50 个机构对论文的处理、每个学位所教授和运用的研究类型、毕业生的就业结构。通过比较论文，蝶瑞发现关键的区别是一般认为的 Ph. D. 论文的目的是创造新知识，而 Ed. D. 论文是调查实际问题。然而在实践中，蝶瑞发现这种区别甚微，两种学位的论文都使用定量与定性的方法。从就业结构来看，两种学位持有者都可以在教育学院就业。因此，他同意取消 Ed. D. 。他还指责教育学院在助长这种持续的混乱，声称“通过提供两种更为相似的终端学位，大学和教育学院不知不觉地在广大师生之间制造了混乱，逐渐损害教育领域所有终端学位的身份”②。

---

① Russell Osguthorpe, Wong Meijiuan. The Ph. D. versus the Ed. D. : Time for a Decision. *Innovative Higher Education*, 1993(1): 47 - 63.

② Thomas Deering. Eliminating the Doctor of Education Degree: It's the Right Thing to Do. *The Educational Forum*, 1998(62): 243 - 248.

表 2－5　　最能改善教育学院的资源排序　　（单位：%）

调查项目	比 例
拥有更多实践经验的教师	56
更多相关的课程	40
升级的技术	36
需要更多临床经验的课程	35
来自最高层次大学致力于高水平教育者的培养	31
提供更多财政支持的能力	30
需要更强有力研究培养的课程	16
更具选择性的招生标准	15
更加致力于培养学生的教师	14
更小的班级规模	9
更多研究专长的教师	8

资料来源：Arthur Levine. Educating School Leaders.
http://www.edschools.org/ EducatingResearchers/educating_researchers,pdf. 2010－11－20.

据莱文的调查研究（表 2－5），在最能改善教育学院质量的因素中，教师和课程的因素最重要，而教师需要具有更多实践经验，而不是研究专长。但很显然，这种对教师的期待与大学对教育学院的评价机制相对立，组织困境是教育学院难以摆脱的。莱文给出了 6 条建议：①改变社会的激励机制，停止奖励教师积累学分和学位，提供教育领导者项目必需的资源；②建立和实施最低质量标准；③定期评价领导项目，关闭不合格的项目；④废除混合课程；⑤取消 Ed. D.，取而代之的是教育管理硕士（M. E. A）；⑥保留 Ph. D. 专门培养研究者。① 莱文指出虽然两种学位之间的区分对教育领域有益，但对教育学院来说，是不可能去做的事情。莱文列举了 6 条制约因素：首先，实践者取向的项目有助于保证“教育学院有利可图”，培养学者昂贵而费时，而培养大量实践者更为经济划算。第二，Ed. D. 学位获得州政府的批准更为方便易行，硕士授权机构想通过授予博士学位而提升地位，Ed. D. 是一条方便的途径。其三，Ed. D. 传统上在教育学院的控制下，是一个保卫自治权的途径。第四，Ph. D.

① Arthur Levine. *Educating School Leaders.* 见 http://www.edschools.org/ EducatingResearchers/educating_researchers. pdf. 2010－11－20.

被视为更有威望，无论学生计划寻求研究型职业与否都会追求它。第五，为了与其他类似法律和医学专业学位并驾齐驱，教育学院希望授予自己的学位。最后，莱文指出，政治和惯性抑制教育学院发生变革。

许多学者建议既改革 Ed. D. 也要改革 Ph. D. 。2006 年舒尔曼等人发表《重建教育的博士学位：一个批判和建议》（*Reclaiming Education's Doctorates: a Critique and a Proposal*），认为 Ed. D. 学位的问题是长期的和后果严重的。既培养学者又培养实际工作者的双重目的是混乱的，结果，两个目的都做得不好。解决之道，反思与重塑教育领域的博士学位，与实践建立强有力的联系，新设一个独特的以学术为基础的强大而独特的专业实践博士（P. P. D. ），以培养高素质的、专业领导型的教育实践者，把实践作为学生生活的一部分，目的是积极地专门地服务于专业实践。与大多数现行的教育学 Ph. D. 和 Ed. D 不同，这两个学位服务于不同的目的，有不同的课程和评估标准。该博士学位的培养目标是校长、督导、政策协调员、课程协调员、教师等。教育学 Ph. D. 和 Ed. D. 现在这样紧密地交织在一起，舒尔曼等认为在创建 P. P. D. 之后，大学将能够继续前进并改善 Ph. D. 和 Ed. D. 的研究和学术成分。[①] 他们认为新学位的名称不是关键问题，而是把它作为加强博士培养的一种途径，以便清楚地描述两种学位。作者们呼吁研究型教育学院的学术院长们联合起来改造 Ed. D. ，提醒专业博士学位研究生教育应该重视学生的工作经验和兼读情况，应教授应用性的研究方法，要求产出与 Ph. D. 一样严格的学术性研究成果。

三、解决问题途径的争论

比较而言，更多人同意奥古斯若普提出的第二种途径：保留二者，尽量区分。古斯瑞认为："教育研究和专业实践尽管肯定能提供彼此好处，然而各自明显属于不同的行为，每个都有更强的独立性和排他性。Ed. D. 应该尊重和反映差异性，而非合并差异性。Ed. D. 应该得到更突出的发展，以作为教育实践者的学位选择……教育领域需要一个现代的 Ed. D. 学位。Ph. D. 与 Ed. D. 需要分离，每一个致力于各自不同的目的、项目标准和荣誉。要实现分离，为每

---

① Lee Shulman, et al. Reclaiming Education's Doctorates: a Critique and a Proposal. *Educational Researcher*, 2006(3): 25－32.

一个学位建立独自的尊严，难度很大。这个分离对所有组织来说都是精致的和危险的，就像把连体婴儿有必要手术分开一样，同样对专业尊严、学院尊严、参与学生个体的福祉来说，两种趋同学位的分离是必要的。”① 应该说，这种分析和判断是非常中肯的。

学位作为一种学术等级的制度，学位授予权作为一种强烈的办学层级信号，其间关涉到广泛的利益与利益冲突。“学位制度为一般社会所接受并得到信任很必要。也就是说，学位制度是一种信用制度，起着货币的功能。”② 而劳动力市场往往也只是根据证书的象征符号和授予学位所在学校的声誉，并基于对这些制度符号和对应的教育制度的信任做出对应聘者的决定，却很难立刻检验持证者的实际能力。这就是劳动力市场普遍存在的所谓“羊皮纸效应”和“筛选理论”。造成教育领导者项目低质量的原因是大学外的激励制度使证书的符号价值优于要获得的技能。同时，Ed. D. 项目吸收带薪学生以能自付学费，而使教育学院增加财政收入。而实用理性促使学生更倾向于选择便宜、快捷的学位，这就制造了动机不明、以最容易的途径获取学位的学生群体。因此，有必要取消仅靠累计学分而获得学位和因获得学位而加薪的功利性的社会激励制度和评价制度。大学必须通过采用加强项目严格性的行动来坚守教育学院和 Ed. D. 项目的高标准。③ 在二选一的方案中，调查显示，有或无高级学位的有管理能力的学校领导优于有高级学位但无专业能力的学校领导，可见能力重于学位。学习、好奇心、智力探索值得努力，Ed. D. 项目的最终评价要落在学生的事业成就上，这是讨论 Ed. D. 教育价值的起点，是 Ed. D. 质量评价的核心指标。“项目要求学生投入精力和心血，但令人伤心的是，人们发现 Ed. D. 项目的目的仍然牢固地局限在学位证书的获取上。”④

人们越来越多地认识到对二者都必须加以改善，而且由于 Ph. D. 与 Ed. D. 如此紧密混杂，如果改善其一，必然会改善二者。“分离而卓越”的论调颇有市场。也有一些人则反对在理论研究与实践之间划清界限，认为模糊

---

① James Guthrie. The Case for a Modern Doctor of Education Degree（Ed. D.）：Multipurpose Education Doctorates No Longer Appropriate. *Peabody Journal of Education*,2009(84):3 – 8.

② ［日］金子元久．高等教育的社会经济学［M］．刘文君译．北京：北京大学出版社,2007:195.

③ Joseph Flessa. *The Trouble with the Ed. D. Leadership and Policy in Schools*,2007(6):197 – 208.

④ Joseph Flessa. *The Trouble with the Ed. D. Leadership and Policy in Schools*,2007(6):197 – 208.

Ed. D. 与 Ph. D. 之间的界限反而会有利于教育领域博士学位的整体发展。[①] 舒尔曼也指出，在专业实践型学位与研究型学位之间做出过度区分是危险的，两种学位都应该包括大量交叉的经验和训练。但总体来看，前者占据优势，即要求对 Ed. D. 教育的培养目标进行准确界定，强调 Ed. D. 要面向实践，以将它与 Ph. D. 区别开来。

对于解决教育学院的办学困境，有研究者提出了应对策略，认为要克服教育学院典型的两大困境：低学术地位和高度依赖学费作为收入来源。其他困境包括：教育学院缺乏公认的研究标准，与其他教育改革元素之间缺乏强有力的联系，学术标准模糊。六种策略可以改变当前教育学院办学的衰败状况：精英教育学院之间形成联盟来共同改善 Ed. D. 和坚持高的招生、过程和结果标准；形成一个专门机构开发和采用提升的 Ed. D. 标准，组成全国教育领导学术协会协调教育学院的 Ed. D. 教育工作；联邦特许和财政支持，建立高标准，由高声望的外行、学者和实践者支持的全国委员会；建立广泛的资助体系，认真挑选候选人；投资于高质量的项目，导向有特色的成绩评价系统，来帮助教育学院进行重大改革；此外需要全国性的策略来定义和认证 Ed. D. 的质量，提供合适的专业排名，以便解决教育学院及 Ed. D. 的地位问题。[②] 应该说，这六种策略和建议对我国而言都极有借鉴价值。

但是，州级的 Ed. D. 教育领导项目标准有三个两难问题。首先，几乎每一个州都有全州的项目标准指标来规定期望学生学习的内容，但这些标准通常仅仅关注学术性学科，而 21 世纪的学习要求解决复杂的现实问题，能够形成群组工作。简言之，难点是如何尝试转换 Ed. D. 教育领导项目到通常视为临时性的强有力的学生学习。这实质上是本书第三章所重点论述的博士生教育模式 1 向模式 2 的转型。其二，大多数州有管理者证书项目的领导标准及期望学生达到的标准，但是这种标准往往是等级的而非概念的或研究的。管理者证书项目经常有管理的权重，但很少有证据证明这实质性地影响了教育的绩效。因而，Ed. D. 项目很少与州的标准一致但经常出现学习概念的或研究的观点。其

---

① Stanley Carpenter. On-Going Dialogue：Degrees of Difference：the Ph. D. and the Ed. D. *Review of Higher Education*，1987（3）：281 －286.

② James Guthrie. Strategies for Elevating the Public and Professional Regard of the Ed. D.. *Peabody Journal of Education*，2009（84）：100 －106.

三，领导部门、培训和培训后的职业期待之间缺少强有力的联盟。绝大多数的教育学院高度依赖学生学费来支撑，而且它们的地位低下，很少有足够的自尊。这些决定了大部分教育学院不敢提高入学标准和项目要求的严格性，把课程设在学生的疲倦期，实行兼读制，允许学生全职工作。事实上很少有项目要求 Ed. D. 学生住校学习。这些都在一定程度上阻碍了 Ed. D. 试图改善的努力。

面对 Ed. D. 的发展困境，有人仍然持乐观态度。舒尔曼等认为重塑和反思研究型博士（Ph. D.）和有特色的实践型博士（Ed. D. or P. P. D.）是可能的。“我们面前貌似不可解决的问题，实际上是激动人心的机会。如果我们把实践与学术的教育博士生更好地各安其位对应其专业和学科，我们将贡献更多。”① 2007 年年初，卡内基教学促进委员会发起了预期三年的重塑 Ed. D. 卡内基行动（CPED），旨在明确两种学位的培养目标，改革培养模式，真正确立 Ed. D. 的地位，使其成为教育实践者青睐的杰出学位。行动受到许多大学的积极响应。目前各个大学正在对其教育博士培养目标和原则进行重新考量并提交报告，通过明确两种学位的培养目标和原则、改革培养模式从而真正确立专业博士研究生教育的地位。事实上，一些大学如范德堡大学、圣路易斯大学、南加利福尼亚大学等正在采取积极的变革策略致力于突显 Ed. D. 制度的特色，使其明显有别于 Ph. D. 项目。② 2006 年舒尔曼等人就称赞南加州大学的罗斯教育学院（Rossier School of Education，RSOE）在 Ph. D. 与 Ed. D. 之间作出了有力而合理的区分，而这所大学依然积极参加了这项行动。从美国近百年对 Ed. D. 的争论与变革中可以发现：理论上的区分固然重要，而行动更为关键。

---

① Lee Shulman, et al. Reclaiming Education's Doctorates: a Critiqueand a Proposal. *Educational Researcher*, 2006(3): 25－32.

② 参见：David Marsh, Myron Dembo. Rethinking School Leadership Programs: The USC Ed. D. Program in Perspective. *Peabody Journal of Education*, 2009(84): 69－85; Timothy Caboni, Eve Proper. Re-envisioning the Professional Doctorate for Educational Leadership and Higher Education Leadership: Vanderbilt University's Peabody College Ed. D. Program. *Peabody Journal of Education*, 2009(84): 61－68; Susan Everson. A Professional Doctorate in Educational Leadership: Saint Louis University's Ed. D. Program. *Peabody Journal of Education*, 2009(84): 86－99. 等文。这些项目的反思与变革是教育研究的价值体现。

第四节　追根溯源：关于争论的反思

尽管争论各方就如何定位 Ed. D. 的属性和设计 Ed. D. 的培养模式还没有达成一致，但这些持续的论争已经不断激发人们对 Ed. D. 学位进行深入的反思和实践变革的尝试。而实质上，争论深刻反映出不同高等教育理念之间的冲突。

一、实质：高等教育目的与功能的分合

对 Ed. D. 的争论反映了高等教育目的的分歧。“有关建立和取消一个博士专业的决定，更多地根据招生的市场，而不是根据名牌大学的优势专业。”[①] 职业分化是专业学位高等教育发展的内在动力，市场机制同样也作用于高等教育，市场需求拉动高等教育供给。专业学位的“专业”更多地基于专业标准来设置，这种专业有独特的知识领域，有鲜明的实践性，而实践性是专业学位的根本属性。

关于 Ed. D. 应该更加实践取向及 Ph. D. 更加理论取向的论调，与早期对高等教育职能的争论相似。事实上，这种争论可以追溯到赫钦斯与杜威关于高等教育的争论，赫钦斯认为通识教育是大学最重要的任务，因为它“训练人的头脑”来解决社会问题，而杜威认为重视经验的学校能够更好地为解决社会问题做准备。而且美国一直有关于大学是否应该为职业做准备，是否应该进行自由教育以便个体完全地参与民主生活持续的争论。无论在任何层次上，实践取向的假设就是高等教育应该充分为工作做准备，理论取向的假设就是接受高等教育的目的是生产知识与理解世界。“一方面，职业膨胀和知识变化的加速正在影响着教育机构。另一方面，大学从知识生产者变成知识的消费站，学术内的教育正逐渐商品化。这一进展的速度之快，人们来不及反思和批判分析。这潜在地扰乱了大学及其四个核心信仰：追求真理、自我批判、尊重他人及容忍反对观点。”[②]

---

① ［美］伯顿·克拉克．研究生教育的科学研究基础［M］．王承绪译．杭州：浙江教育出版社，2001：322.

② Alison Taysum. The Distinctiveness of the Ed. D. in Producing and Transforming Knowledge. *Journal of Educational Administration and History*, 2007(3): 285 – 296.

（一）实用主义高等教育的目的与功能

卡内基教学促进基金会前主席博耶与哈佛大学前校长博克多次呼吁高等教育应该加强与广大社会的联系，努力反映广泛的社会需求。博耶认为只有当高等教育能够满足广泛的目的，即高等教育参与“建设一个更加公正的社会”以及一个“更加文明和稳固的”国家，高等教育才能达到最佳的境界。他反对学者把大学看成是“一个学生获得毕业文凭、教师获得终身教职的场所，而大学开展的所有工作似乎与国家紧迫的公民教育，社会、经济发展以及道德教育问题没有特别的关系”[①]。因此他提出了各种不同类型的学术活动：开展能够不断促进人类知识发展的研究活动；参加综合性或跨学科性的研究活动，通过知识交流，不仅与学生分享知识，而且与同事以及广大公众分享知识；运用知识帮助解决社会问题。博耶的观点引起了博克强烈的共鸣。博克提出社会需要从接受高等教育中获取比以前更多的东西，大学应该直接解决最基本的社会问题，坚持为教育实践服务和实事求是的精神。正是这种精神帮助哈佛大学教育学院确立了在发展 Ed. D. 博士生教育方面的领导地位。可以说，高等教育服务于实践的理念是美国高等教育有史以来最有价值的精神元素，也是美国高等教育能取得今日成就的重要原因。

扎根于实用主义文化土壤的美国大学，一开始就将应用研究放在重要的地位。根据盖格（Roger Geiger）的研究，在 19 世纪的最后 25 年中，“吝啬的国会为研究拨款是出于实际需要而不是对科学的好奇”[②]。那时候，联邦政府重点支持的研究是农业上昆虫害的研究和食品、药品纯度的研究，这些研究项目具有典型的实用主义色彩倾向。为了扭转社会过于关注应用研究而忽视基础研究的风气，安德鲁·卡内基和约翰·洛克菲勒在大学设立了专门的基础研究机构并予以大力资助，由此开创了美国民间基金会资助大学科研的新体制。民间基金会对大学基础科研的资助对形成美国研究型大学产生了重要的积极作用。

---

① Ernest Boyer. The Scholarship of Engagement. *Journal of Public Service and Outreach*, 1996(1): 11－20.

② ［美］罗杰·盖格．增进知识——美国研究型大学的发展（1900－1940）［M］．保定：河北大学出版社，2008：56.

20世纪60年代后期，丹尼尔·贝尔就曾对大学教育的过度专业化和职业化倾向提出批评，他说："在目前的知识组织阶段，我们不能再训练人们担负特定的理智任务或提供一种纯职业的训练。事实上，专业化的日渐扩展表明，不能再为一项'职业'来教育一个人。必须提供理智迁移、继续教育和职业中间培训的途径；要做到这一点，只有在概念探究方式方面打下一定的基础。"① 换言之，高等教育只能在自由教育的基础上开展专业教育，过度的专业教育只能培养一些片面的技术工人，而绝不会是领域的专家。真正的专业人才，必须首先是一个完整的人。

（二）理性主义高等教育的目的与功能

在早期对高等教育的批判中，学术与专业之间的区别非常清楚。1919年维布伦（Thosretin Veblen）倡导把研究作为大学的中心任务，认为追求高深学问是文理研究生院的职责和使命，"大学已成为现代文化的主要研究机构，毫无疑问，担负探求知识的责任是大学唯一的义务"②。而专业教育甚至大学教学都与此相对立。对维布伦而言，大学与低级的专业学校之间的区别，与其说是学位的不同，不如说是种类的不同。维布伦认为："不文明的大学必然被交给实用主义的、功利主义的学科，因为那是原始风尚的性质；而不文明的大学仅仅是同样不文明的精神状态的另一种有点升华的表现。不文明的文化是实用主义的，功利主义的，老于世故的，它的学习带有同样的情况。"大学应该只关心"对知识的无私追求"，关心"无所事事的好奇"，甚至并不献身于"高雅文化的保存"③。弗莱克斯纳批评当时的教育学院，认为"它已淹没于各种过分、浅薄和眼前的事务之中，满足于急功近利。对那些还不知道'是什么'（what）的人，它要告诉他们'怎么做'（how）"④。

19世纪末以来，美国Ph. D. 项目饱受指责的问题是：对学术研究的过分重视，博士生毕业后就业困难等。无疑，Ed. D. 能够有效地避免这两个问题。

---

① ［美］约翰·布鲁贝克．高等教育哲学［M］．王承绪等译．杭州：浙江教育出版社，2002：111.

② Thorstein Veblen. *The Higher Learning in America*, D. W. Huebslch, 1919: l5.

③ 转引自：克拉克·克尔．高等教育不能回避历史［M］．王承绪译．杭州：浙江教育出版社，2001：218－219.

④ ［美］亚伯拉罕·弗莱克斯纳．现代大学论：美英德大学研究［M］．徐辉，陈晓菲译．杭州：浙江教育出版社，2001：81.

但笔者考虑的问题是，Ph. D. 作为最高级别的学术性学位，重视学术研究存在“过分”之说吗？Ph. D. 的就业是 Ph. D. 的问题还是高等教育的问题，还是劳动力市场的问题？Ph. D. 需要为毕业生的就业负责吗？当然，谁也不能无视劳动力市场的影响。但总的说来，Ph. D. 的培养只能是精而又精的模式，其严格的学术传统仍然是 Ph. D. 的价值精髓所在。

赫钦斯认为把专业学院留在大学之内所应进行的工作，就是尽量废除实用性而全心全意地注重学理性。杜威也认为：“在对社会必要的和有用的职业中，并无内在的东西把它们分成学术的专业一类，和低级的、卑贱的、不自由的职业一类。”他反对“降低职业训练的地位，使其在传授专门技能的特殊学校中实施，从而使其与自由教育完全绝缘。”他主张：“用一种自由的精神去鼓舞职业教育并使其充满自由的内容。”① 斯道（Richard Storr）强调：“研究生教育基本上是一个探究的工具，导致思维迸发，因此人们认为研究生教育是真正的教育而非训练。”②

美国高等教育历来存在理性主义与功利主义的冲突，而专业学院尤其是商学院的商业性运作使理性主义者难以接受。弗莱克斯纳认为，商学是否是一个专业，值得怀疑。他说：“专业是学术性的，它们拥有文化的根基，拥有体现一种理想的准则。在漫长的历史进程中，它们表现出一种解决问题的理智本性。商科的情况则有所不同。赢利的动机必须起主导作用；广告推销是获得成功必不可少的因素。”③ 总的来说，他担心商学院会办成一个纯粹的教授人们赚钱方法的专业学院。但事实上，商学院受到工商业人士的普遍欢迎。商学院的建立顺应了美国资本主义市场经济发展的需要，充分体现了大学为国家服务的精神，反映了大学把握时代脉络、适应社会要求的一面。但应当承认，反对派的声音有助于专业学院避免过度商业化运作，从而有助于保持高等教育的本质。

在遵循大众化高等教育思想的教育系统中，学生主要偏向于获取有用的技

---

① 杨东平．大学二十讲[C]．天津：天津人民出版社，2009：77－78.

② Richard Storr. *The Beginning of the Future: A Historical Approach to Graduate Education in the Arts and Sciences*. New York: McGraw-Hill Book Company, 1973: 84.

③ [美]亚伯拉罕·弗莱克斯纳．现代大学论：美英德大学研究[M]．徐辉，陈晓菲译．杭州：浙江教育出版社，2001：144.

能和知识，而不是成为以承载高深知识和培养思维、情感的教养为主要目标的文化精英。但必须指出，技术专家获取实用知识往往是肤浅的，有碍大学成为知识创造中心的地位。弗莱克斯纳指出："即使大学医学院主要培养开业者，并常常是职业型开业者，医学仍深深扎根于文化的土壤。它的理想在根本上属于人文的、科学的和哲学的范畴。"① 简言之，专业教育也应以自由教育为基础。因此，博士生教育不能单独由职业市场的要求所引导，有太多的价值考量来对抗仅仅实用的考虑。但多数大学为了生存与现实的发展，乐于拥抱商业化和知识消费。

1936 年芝加哥大学前校长赫钦斯发表《美国高等教育》，呼吁应该重申高等教育最基本原则的重要性。他批评美国的教育全都已经混乱至极，高等教育更是误入歧途，充满了功利主义和唯市场取向的庸俗化倾向。他强调，大学必须具有独立的教育理念，不能被外在的市场因素所决定。大学如果变成社会的"就业培训所"，就必然会丧失"大学的理念"，成为乱七八糟的大杂烩。赫钦斯反对大学过于重视职前准备的职业主义、热衷于成立专业学院以及追逐商业利益。专业学院不仅没有对大学的学术生活起到积极的作用，而且加快了大学的瓦解。应用研究应该由大学的附属机构而不是由大学来进行。同样，专业教育应该是专业学院的主要任务。大学除了满足社会需求之外，还要肩负引领大学走向未来的重要使命。据笔者己见，当下我国大学的乱象与赫钦斯所批判的美国 20 世纪初的高等教育有很多相似之处。

（三）兼容式高等教育的目的与功能

根据克拉克·克尔的观点，在美国独立以后，其高等教育哲学是按照四个方向发展的。第一个哲学方向是美国开国元勋杰弗逊所主张的，既强调人民受教育权利上的平等，积极推行普遍入学，同时也要为精英教育留有余地。第二个哲学方向是和富兰克林关于"有用的知识"的重要性的主张一致的，即一切有用的知识都是值得尊重的，不仅仅是理论性知识。高等教育检验的不是知识的类型，而是知识的质量，不关心它的类型。第三个方向是跟经济学家凯恩斯有关。按照凯恩斯的观点，无论全部是个人主义经济，还是全部是控制的经济，都不是有

---

① [美]亚伯拉罕·弗莱克斯纳．现代大学论：美英德大学研究[M]．徐辉，陈晓菲译．杭州：浙江教育出版社，2001：79.

效的。更好的是在宏观层次实行有引导的经济，微观层次由个人决定。在高等教育内部，实行在有引导的使命框架以内进行分权和竞争的思想，实行在一个“协议”内的“指导”，可以避免所有院校的均质化。第四个方向是高等教育机构自治的重要性。但是自治不仅仅是一种权利，自治必须以履行社会价值为基础。克尔指出，这“四个哲学方向是标准的美国人的信念，虽然我们没有直接地讨论这些信念，从结果来判断，它们是所有我们制订总体规划的人的共同信念”①。开放包容的高等教育理念在使美国高等教育保持高度多样化的同时，维持了高等教育系统的整体平衡和少数群体的卓越，就是美国多元的高等教育哲学理念。

在这种多元哲学理念的指导下，美国高等教育的目的与功能也是多元的，代表性观点有四种：单一论、多元论、模糊论和无用论。20 世纪 90 年代以来多元论和模糊论一直占据主导地位。多元论的代表人物克拉克·克尔指出，在多元化社会中，大学的目的和功能不是单一的，而是多元的。随着职业的分化以及学术劳动力市场的萎缩，博士学位作为大学教师“资格证”的传统正面临挑战，从而引发了关于博士生教育是继续保持以“学术为业”的传统，还是要与学生的短期职业目标以及更广泛的职业选择建立联系的本质之争。伯顿·克拉克认为教育目的的自然模糊性是大学的主要特征。

21 世纪初，美国高等教育受到了来自四面八方的抨击。对高等教育的批评和辩护形成了两类极端的看法：一类看法是，高校组织低效，不能满足用人单位和学生的需求，而高校习惯于因循守旧和安于现状，如果高等教育不能或不愿适应社会变化，就会导致其社会中心地位的丧失，也许还会失去基本的生存能力。另一种看法是，高校反应过度，过于积极地调整自己以服务于不断变化的商业利益或政府机构的要求，使得公立高等教育被扭曲为一种服务于短期的功利主义目标的事业，并认为适应市场压力会使短期的经济需求占据主导位置，其代价是导致高等教育忽略更为广泛的社会责任，从而将长期的公共利益置于危险之中。高等教育不应该为任何具体或直接的现实利益服务，而应通过与当前的需求保持一定的距离，以服务于更为长期的需求。② 这与人们对

---

① ［美］克拉克·克尔．高等教育不能回避历史——21 世纪的问题［M］．王承绪译．杭州：浙江教育出版社，2001：143 – 145.

② ［美］帕特丽夏·冈普奥特．诞生于服务的使命——公立大学的优良传统［C］．载菲利普·阿特巴赫等．为美国高等教育辩护［M］．别敦荣，陈艺波译．青岛：中国海洋大学出版社，2007：70 – 72.

Ph. D. 的批评如出一辙。高等教育不能孤立于社会之外，不能回避社会的责任和要求，高效能的高等教育必然意味着对社会负责。但是，高等教育目的必须有自己的边界，承担的社会责任必须是有限度的，必须保持自己的相对独立性。商业化正在挑战大学，大学需要严肃面对，不能屈从于市场或短期利益。实际上，大学应该采取折中的态度。“如果大学不可避免地要卷入到复杂的社会中去的话，那么我们就既需要专业方面的高深学问，也需要研究方面的高深学问。经验即历史表明，当这两方面结合起来的时候，它们各自都得到繁荣或发展。专业学院通过利用大学其他部分的研究指导自己的实践，而研究则可能通过在实践中的验证更加充实自己的成果。”① 多元兼容是美国高等教育和美国社会的突出特点和显著优势。

康奈尔大学前副校长罗纳德·艾伦伯格在任时曾倡导扩大专业硕士项目，而“这个提议差点被文理学院（现在仅在艺术和人文科学领域设有专业硕士项目）的教师说成是异教徒。毕竟，许多康奈尔大学教师认为，大学的目的是从事科学研究和培养校区内的本科生和哲学博士。他们把管理部门要求他们参与专业硕士项目和远程教育的号召看做是具有不同价值观念的直接表述。甚至有些人把这些号召看做是向大学根本‘灵魂’挑战的证据，认为管理者重新调整大学的发展方向，偏离了教职员所追求的价值目标。他们不理解或者装作不理解对大学不再有利的经济形式。管理部门需要努力增加收入来不断加强康奈尔大学的核心研究和教学项目，而不是削弱它们。由于缺少收入，康奈尔大学有可能必须减少在这些博士教育上的努力”②。这就凸显了大学理念与现实的激烈冲突。财政的压力是大学趋向功利主义的一个重要原因，但还不足以让大学成为市场的附庸。正是因为美国大学里面始终存在着比较强大的理性主义教育的声音，尽管美国高等教育模式是世界上与市场关系最密切的，但仍然传承着大学的核心精神，始终坚守以学术与知识为中心的组织属性。从这个意义上来说，争论和反对的声音是可贵的。

---

① [美]约翰·布鲁贝克．高等教育哲学[M]．王承绪等译．杭州:浙江教育出版社,2001:27.

② [美]罗纳德·艾伦伯格．美国大学学费问题[M]．崔玉平译．北京:北京师范大学出版社,2008:176.

二、焦点：理论与实践的张力

（一）教育学科的特点

教育学作为一门实践性非常强的学科，同时有理论和实践两方面的需求。据此，其人才规格也是两种：理论研究型和实践应用型，当然二者兼备的人，便是我们通常理解的教育家，但，教育家毕竟是少数。多年来，教育领域一直在努力寻求教育实践与教育研究之间的平衡，部分作为这种“研究—实践”辩证法的反映，设立两类学位以满足不同学生群体的需要，而 Ed. D. 更倾向于培养理论与实践贯通的教育家，只不过目前看来，成功率不高。

当然，教育学作为一个领域需要在理论与实践之间获得一个良性互动，但有人认为理论与实践之间的张力是“非此即彼”的选择，这种二元对立的态度造成确定教育学科核心知识的困难。教育面临诸多培养学科接班人的挑战，因为教育领域本身正在经历根本性的变革，不断吸收新的研究视角和方法。有研究者认为教育研究需要多学科的视角，因此难以达到对核心知识的共识。拉格曼（Elen Lagemann）在《一门捉摸不定的科学：困扰不断的教育研究的历史》中追溯现在的教育实践到所谓“桑戴克之胜与杜威之败”。她认为教育被误导去模仿自然科学的研究范式，偏离了杜威所具有的系统深刻的社会的和实用主义的视野。她还认为教育学科长期存在学者与实践者之间的纷争，每一方都力争获得服务人类特定领域的权力，这些持续的研究纷争使教育领域碎片化。教育领域缺少统一性，不同专业的教育学者的培养没有统一的研究标准，这消极地影响了教育研究的质量和学科地位。不过，辩证地看，这种多学科的知识体系和研究范式，既可视为教育学科的不足，也可视为其独有的优点。

教育学是一门实践性很强的学科，其根本旨归在于改变与优化教育实践。“教育学是一门实践性学科……教育学需要的是实践而不是理论化的知识形式。”①但“教育学院（HGSE）同神学院一样，总徘徊在培养从业人员的目标定位和全力打造高水平学术教育与研究的两极之间”②。Ed. D. 重视培养学生

① ［加］马克斯·范梅南．教学机智——教育智慧的意蕴［M］．李树英译．北京：教育科学出版社，2000：13－15.

② ［美］莫顿·凯勒，菲利斯·凯勒．哈佛走向现代——美国大学的崛起［M］．史静寰等译．北京：清华大学出版社，2007：183.

的理论素养和科研能力，但并不要求学生在理论和科研方面做出原创性的贡献，而只是要求学生具备卓越的理论应用能力，即运用学到的理论知识来思考并解决具体的教育实践问题。而要达到此目的，除要掌握充分的理论知识外，还要培养学生良好的教育研究思维和研究能力、强烈而明晰的问题意识、批判性的治学态度、不断实践与反思的习惯等等，而这些都是与 Ph. D. 的培养理念相一致的。毕竟，二者都是博士层次的学位。

教育作为一种专业实践活动，其性质与医学、法学等典型的专业有很大不同。教育以人际间的精神交往为核心，而其他专业较少涉及这一层面的内容。舍恩在对专业实践的研究中，就充分考虑到人际间精神交往活动这一要素，揭示了被近代理性主义所长期忽略的专业实践的精神层面，这对教育专业活动根据自身的特点建立专业化标准和推进专业实践活动有积极意义。

（二）理论与实践的关系

在专业教育中，理论与实践是紧密联系的。从知识方面看，正如舍恩所指出的，专业知识是一种现场取向的实践知识，专业知识具有由“实践中认知”和“行动中反思”的本质，专业知识的获得要与情境的脉络性和即时性紧密结合起来。[①] 从技能方面看，所谓专业技能也并非简单的机械操作，而是“在掌握本专业‘是什么的知识’（knowledge what）的基础上，将理论上‘如何做的知识’（knowledge how）在实践中的运用与批判性的理解相结合的过程。在专业技能的习得过程中思想、行动、理论和操作相互渗透、相互结合”[②]。因此，在专业教育中技能的训练离不开掌握专门的知识，离不开培养心智和判断力。

在学术界，理论与实践的争论有很长的历史，自 17 世纪就已开始。人们普遍认为理论与实践总是有着积极的联系，当然，这种联系可以制造偏见。当理论被赋予特权时，比如在博士生教育（尤其是 Ph. D. 研究生教育）中，理论就被视为高于实践。事实上，就博士学位而言，学术型与应用型的区分是相对的，是基于个体兴趣的区别，其本身没有高下之别。实践需要理论的指导，

---

① Argyris Chris. *Theory in Practice*: *Increasing Professional Effectives*. San Francisco: Jossey-Bass Publishers, 1974: 16.

② Peter Jarvis. *Professional Education*. London: Croom Helm Ltd, 1984: 77.

否则实践必然是盲目的。学术研究又必须依据实践经验，否则理论思维就会成无源之水而枯竭。问题的关键是，两者中哪一种作为主导的生活方式。所以，理论与实践是不能分离的，学术与应用之间的区分也是相对的，而且二者是互补的。双轨并非意味着二者没有共同点，尤其是教育学科，都必须始终围绕理论与实践两个维度展开人才培养，只不过侧重点不同而已。这是我们在研究不同学位类型人才培养时必须突破的观念障碍。许多 Ed. D. 博士生都是经验丰富的高级专业人员，他们的期望可能非常高。对学术型教师来说，Ed. D. 教育更是一个很大的挑战。如何在理论和实践之间达到一个合理的平衡，是一个有待进一步深入研究的问题。

舒尔曼认为:"专业知识根植于学术知识基础的说法，引出了专业教育的基本教学问题：理论与实践的关系如何协调。理论只在具体学科里运用，而实际问题则是跨学科的。……根植于理论、经验或规范的基础知识，是所有专业的中心。"① 按照杜威的认识论，行动是获得真正知识的唯一途径。知识不是先于行动而存在的，相反，知识是行动的结果。把大学的教育理论概念化并予以隔离孤立于社会生活之外，这是杜威等人极力反对的。

（三）Ed. D. 的理论与实践之间的张力

从美国对 Ed. D. 在博士学位结构体系中的分类来看，Ed. D. 具有双重属性：专业性和研究性。一方面，Ed. D. 属于专业型博士学位，具有应用性与实践性的属性；另一方面，Ed. D. 属于研究型博士学位，研究性和学术性也是 Ed. D. 的规定性特征，只不过其研究的独创性方面表现为"专业独创性"，而不是"学术独创性"上。在一定程度上，这种双重属性造成了 Ed. D. 学位发展的障碍，但从另一方面来看，这种双重属性恰恰是 Ed. D. 学位有别于 Ph. D. 的特色和优势。

教育领域博士学位研究生教育存在的问题是漫长而严重的，因此必须直面这些问题和采取有明确目的的行动，否则教育学院将无力执行最初的使命——生产高级知识和培养高质量的人才。始于 1903 年詹姆斯的精彩隐喻"哲学博士章鱼"，很多人已经质疑获得博士学位的过程能否培养学位获得者所追求的

---

① Lee Shulman. Theory, Practice and the Education of Professionals. *Elementry School Journal*, 1998(5): 511 – 526.

专业角色和学术角色。当然，一些问题是教育领域博士生教育所独有的，因为教育领域博士学位兼具实践性和高水平理论运用的两大特征，这两大特征要求 Ed. D. 的培养目标必须以教育实务为基本取向，努力培养学生丰富的理论底蕴、广阔的实践视野、独立的研究能力和扎实的专业技能。为保证这些目标的达成，Ed. D. 的培养需要具备一定的灵活性，课程设置必须以实践问题为中心，开展有价值的“问题研讨课程”，同时采用互动、参与的教学方式，充分调动学生的积极性，发挥学生的实践智慧。

Ed. D. 与 Ph. D. 两种学位之间的争论是理论与实践两种文化之间张力的反映。专业博士关注专业内知识的生产和应用，其研究以情境为中心，目的是使专业人员有能力自主判断而智慧地做出决定。情境是一个社会建构，深深地植根于当下的文化和每个个体的心里。在专业人员眼里，只有专业知识才能清楚地把一个具体的问题说清楚，只有具有实践经验的专业人员才能对情境更深刻地了解。而每一个专业情境都有其文化形式，以 Ph. D. 为标志的“理论文化”和以专业博士为标志的“实践文化”并不相容。切特（David Cater）认为:“假设学术研究产生有用的专业知识……教师教授的专业知识以某种形式为实践的真实世界培养新手……既天真又错误地期望抽象的学科知识能在一对一的可操作的情境中指导实践。”①

切特认为“理论文化”有自己的价值、信念、信仰和传统、规则和行为体系，这些使其在大学里的地位高于实践。获得学术素养和“理论文化”是许多 Ph. D. 博士生的期望，这也是 Ph. D. 的独到之处。但并非每一位博士生都希望成为学者或赏识学术工作的“理论文化”。切特认为，把博士生教育从专业情境中分离出来是不合逻辑的，因为实践型专业人员来大学继续学习的原因主要是获得课程和理论研究，专业博士生的研究不再是个体的求知好奇心驱使的努力。理想地看，专业博士学位的课程主要源于专业认同，群组学习的过程使专业人员之间的对话机会达到最大化。

Ed. D. 学位总的目标是培养熟练的知识消费者、评价者、委托者和生产者。这意义非常重大，不仅因为它更加植根于高级专业教育者的环境之中，而

---

① David Carter. A Curriculum Model for Administrator Preparation and Continuing Professional Development, *Journal of Educational Administration*, 1994(2): 21－34.

是因为它灵活地联结理论与实践，这一联结点既是以研究为基础的又是被研究所驱动的，支撑了学习者专业实践的提升。研究是 Ed. D. 的重要方面，但它强调通过研究对专业实践的知识生产做出贡献的能力。第一代专业博士把 Ed. D. 博士生定义为教育领域的知识生产者；第二代专业博士强调发展通过研究对专业实践做出重大贡献的能力。这一概念似乎不公开包括知识生产和超越实践。这是潜在的危险，因为这很可能使专业人员被鼓励成为知识工人。[①] Ed. D. 学位的培养目标是研究型的教育专业人员。

教育既是一个学术性领域，又是一个实践性领域，因此既需要学术性学位又需要专业性学位。“美国在高等教育研究生培养与研究方面有关学科性、课程设计与学位的争论表明：美国大学为高等教育研究生颁发学术性的 Ph. D. 和职业性的 Ed. D. 两种学位，这种双轨制既有利于学术发展，也有利于培养实践者。”[②] 所以，贝兹（Benjamin Baez）建议 Ed. D. 的培养需要：①创造核心课程，提供学生机会解决一些关键的教育问题，应该教授学生成为批判性读者和思想者；②给学生研究教育问题的多元视角和反馈；③要求研究者在一个陌生的教育机构实习，这将促进研究者检查他们的假设并建立研究的伦理维度的意识。[③]

Ph. D. 和 Ed. D. 是教育领域可以获得的两个最高学位，它们在许多方面是同等地位的，但在学习的焦点和目的方面有不同。Ed. D. 致力于最好的教学和学校管理的实践。当前，许多 Ed. D. 与 Ph. D. 缺乏在教学对象、课程设置、论文形式、质量标准等重要方面明晰的区分。如在很大程度上，很多 Ed. D. 项目依赖 Ph. D. 的培养模式和质量标准，要求学生撰写与实际工作相去甚远的研究性毕业论文。但由于大多数教育实践工作者缺乏相关的学术训练和研究技能，所以这些项目又不得不降低学位论文的学术标准。

马克斯·韦伯指出在老的通才与新的“专才”(specialist type of man）之间存

---

① Alison Taysum. The Distinctiveness of the Ed. D. in Producing and Transforming Knowledge. *Journal of Educational Administration and History*, 2007(3): 285－296.

② 赵炬明．学科、课程、学位：美国关于高等教育专业研究生培养的争论及其启示[J]．高等教育研究，2002(7)：13－22.

③ Benjamin Baez. Degree Of Distinction: The Ed. D. Or The Ph. D. In Education. A paper for the Annual Meeting of the Association for the Study of Higher Education, Sacramento, California, November 21－24, 2002.

在高度紧张的竞争关系，已经成了教育产生诸多问题的根本原因。尽管许多人推崇的是通才，但“专才”赢得了这场竞争。[①] 韦伯将“专才”从“有教养的人士”中区分出来的思想，主导了后来关于高等教育目的的讨论。哈佛大学前校长洛韦尔指出，商业博士的目的不是造就商业行政管理人才，而是要注重理论的研究。新专业领域也必须由大学组成的专业学会来认可其学术品质。博克也持同样的观点:“我注意到所有的专业学院不仅要传授知识，而且要训练学生对实际问题的思维判断能力。这种治学思想代表了专业学院教学精华：用专门的知识和技术加强分析研究。这种教学思想符合教授们的兴趣，也对专业人员所做的工作具有重要意义，因而在教师们的心目中和教学中占有支配地位。然而它忽略了某些对实践有重要意义的问题。因此，过分强调一种分析形式，会受到专业人员的批评。专业人员指出，他们工作中许多重要方面被忽略了。”[②] 可见，在专业博士学位的培养活动中，学术训练仍然需要占有重要地位。

与此相反，克罗（Gary Cow）建议应把学术研究排除在教育领导项目之外。他认为美国教育领导者的主要发展很少涉及研究，这一证词表明在实践者进行 Ed. D. 培养过程中，研究所应具有的作用和价值并不明确。争论好像聚焦在 Ed. D. 培养是否应包括学术研究，如果是，学术研究应贡献于专业内的知识、实践或领域内的轴心。[③] 事实上，培养专业实践者的教育活动本身就十分复杂。问题是，Ed. D. 应该聚焦于个体自身专业方面的发展，还是应包括教育领导者的全面发展？这一点很重要。假如发展包括学习者付出机会成本去获得思考工具以提供对符号系统的洞察力，这将使得学习者经历一个身份改变，影响个体的事业和生活轨道。乔治（Micheal Gregory）认为博士生教育对学习者的重要性和博士生教育对专业和个人的再建构的影响是重要的。“博士学位是一个标志，它不是专业优越，而是一个智力成就的标签，这很重要和特别。然而专业博士学位有更多，它证明获得建基于理论理解非专业竞争力，而这是 Ph. D. 通常

---

① ［美］伯顿·克拉克．高等教育系统——学术组织的跨国研究［M］．王承绪等译．杭州：杭州大学出版社，1994：13.

② ［美］德里克·博克．美国高等教育［M］．乔佳义编译．北京：北京师范大学出版社，1991：75.

③ Alison Taysum. The Distinctiveness of the Ed. D. within the University Tradition. *Journal of Educational Administration and History*，2006(3)：323 – 334.

不能保证的。”① 豪（Valerie Hall）建议，Ed. D. 有特色，因为它们给“个体和社区组织研究工具以产生它们从个人和系统限制中解放自己”②。也许 Ed. D. 的特性在于它是一个空间，在其中的教育实践者能够接受挑战并形成对自己能知能做的重新认识。Ed. D. 通常聚焦于实践，但是要把实践置于批判探究的过程之中。通过真正达到此目的的内在途径，而不被工具主义所破坏，Ed. D. 能够成为教育管理者作为成人学习者的“救星”，而不是一味地谴责 Ed. D. 是智力活动的附属。于是，Ed. D. 展示了一个专业教育接受者为知识社会学做贡献的机会。

学者们也越来越认识到把科学分为纯科学和应用科学、把研究分为学术研究和专业研究的两分法是不合理的。Ed. D. 或专业博士的培养要避免狭隘的工具主义，正如密歇根大学前校长塔潘（Henry Tappan）所说的：“在学术和实用教育之间应不存在严格的分界，因为所有真正的教育都是实用的。”③

教育领域一直努力在教育实践与教育研究之间寻求平衡。虽然基于研究的 Ph. D. 已经在教育领域获得根基，声誉超过 Ed. D.，但是有人呼吁更加以专业和实践取向，减少研究和论文要求，增加实践要求。1988 年古斯瑞建议逐步取消研究型 Ph. D.，扩大专业型的 Ed. D. 和教师培训。1995 年的霍姆斯报告也主张教育学院更加聚焦于专业发展。但拉伯雷（David Labaree）认为聚焦于教师培训会导致教育学院在智力和教学方面范围狭隘。支持 Ph. D. 的人认为教育学院会从调适参加项目作为研究者的智慧与理解中受益良多。1999 年纽曼（Anna Neumann）等人发表《培养教育实践者去实践教育研究》（Preparing Education Practitioners to Practice Education Research），建议沟通理论与实践是形成博士生教育的关键任务。他们质疑把教育学院的博士生区分为一部分追求成为教育研究者另一部分追求成为教育实践者的二元思维的做法。他们敦促研究生院修订和重新思考课程与教学实践来反思“研究源于实践”。④ 不能脱离

---

① Michael Gregory. Professional Scholars and Scholarly Professionals. *The New Academic*, 1997(22): 19 – 21.

② Valerie Hall. We Are All Adult Educators Now: The Implications of Adult Learning Theory for the Continuing Professional Development of Educational Leaders and Managers. Paper presented to the ESRC Seminar Series: Redefining Educational Management, Milton Keynes, 2 June 1998.

③ Frederick Rudolph. *The American College and University-A History*. NewYork: Alfred A Knopf. Inc. 1962: 160.

④ Anna Neumann, et al. *Preparing Education Practitioners to Practice Education Research*. // Ellen Lagemann, Lee Shulman. *Education Research: Problems and Possibilities*. San Francisco: Jossey-Bass Publishers. 1999: 423.

实践来谈理论，实践可以检验和修正理论。博士生项目，“除了提供专门管理和行政技巧，我们的项目必须给予学生宽广的领导能力，这将保证他们度过不确定和不稳定的时期。项目设计鼓励批判性思维、问题解决、容忍野心和矛盾，发展一种整合的意识和强烈的道德承担。在快速变革的时代生存，未来的高等教育领导者必须是反思性实践者”①。

“杜威知道，尽管在师范教育中理论要先行，但是如果理论与实践相脱离，将会是死水一潭。因而他支持的专业教育是将‘理论在实践’的课程观转变成‘理论为实践服务’的课程观。他认为理论虽然是首要的，但这不能只是为了学术。这一观点不仅对杜威的专业教育理论，而且在他整个的实用主义理论中对理论与实践关系的论证也是很重要的。”② 然而理论与实践的争论已经引起 Ph. D. 与 Ed. D. 学位的混乱与竞争。除了认识论方面的困惑，教育领域结构也很复杂。复杂性表现为知识领域是动态的、多样的和不断扩张的。但是不像其他结构复杂的领域，教育没有中心的专业组织联结研究与实践部分。学术研究与实践之间的相关性正在引起越来越多的关注，尝试知识的合作生产，学者与实践者一起进行研究，来提供克服两难困境的机制，这正是知识生产模式Ⅱ理论所倡导的。解决途径可以是 Ed. D. 学位通过对专业知识做贡献来发展专业实践，对理论与实践同时做出贡献。事实上，理论与实践之间的这种张力，有助于教育学科不断前进。

三、根源：质量观与文化观的差异

Ed. D. 与 Ph. D. 争论的根源是对博士质量的不同看法。国内外评价博士质量大致有四种视角：学术视角、过程视角、效益视角、就业视角。传统上，主导博士质量评价的主体是导师和学术共同体，这两个群体对博士质量的评价往往着眼于学术生产和学位论文的学术性。但是，随着相关社会环境的变化以及博士就业取向的多元化，博士质量已经成为一个综合的、多维度的概念，仅仅从学术生产和学位论文两个方面对博士质量进行评价已经不够充分了，有时

---

① Patricia Murrell, Todd Davis. Visions and Priorities: The Future of Higher Education Doctoral Programs. *New Directions for Higher Education*, Winter 1991: 103 – 113.

② Lee Shulman. Theory, Practice and the Education of Professionals. *Elementry School Journal*, 1998(5): 511 – 526.

甚至可能会出现较大偏差。从关注博士学位头衔的获得、强调作为结果的博士论文，逐渐转移到把博士生教育看做一个过程，包括结构、内容和质量；博士学位授予和博士培养过程日益受到规章、标准、明确界定的权利和义务、评估程序和质量控制的约束。

当今国际上对教育质量的理念已从“适用性”“符合性”转向“使顾客满意”，从侧重内在质量转向侧重外在质量。教育作为一种特殊的“服务性商品”，其服务质量也应考察教育是否使“顾客”满意。“满足社会需要的程度”很大程度上是通过“顾客满意度”来衡量的。那么 Ed. D. 项目的任务就是应首先明确社会对其需求是什么，然后再通过质量管理活动，不断提高“提供的服务”与“社会需要”的适切性。

教育最重要的“产品”是受过教育的人。美国研究生教育的一个理念就是培养民主社会中有教养、有独立思考和分析判断能力的实干家，能够正确发现和分析问题，掌握并灵活运用信息，去有效地解决问题。从人才培养规格来看，人才培养的“全面性”与社会需求的“专业性”之间的矛盾及人才培养的“基础性”与社会需求的“应用性”之间的矛盾都十分突出。教师们普遍认为项目的智力氛围是重要的质量显示器，围绕一系列问题建立起积极而宽松的学习环境，通过解决实践问题来培养学生对复杂教育机构的领导能力。传统上，教育管理者和领导者培养项目聚焦于获取、处理和传递资料和信息，而不是知识、理解和智慧，但现在的学校领导者必须同时面对不同利益诉求的利益相关者。因此，Ed. D. 项目必须培养参与者从事反思性实践及培育良好的思维习惯来从事教育实践活动。

学位类型是社会需要多样性的反映。区分学位类型，有利于根据不同的需要培养不同性质和规格的人才，提高教育的效率和效益，同时也有利于社会对人才的选择和使用。多种标准，才能各得其所。Ed. D. 作为一个专业性非学术性的学位，在不同的教育机构被赋予了不同的意义：“证据表明与 Ed. D. 和 Ph. D. 相关的声誉比起学位自身的内在性质来更紧密地与授予学位的大学相关。”[①] 学术界认为 Ph. D. 比 Ed. D. 更全面、更有声望。“学术教育与职业教

---

① Ernest Hollis. A Comparison of the Ed. D. and the Ph. D. in Education. *School Review*, 1946(54): 77-82.

育之间的区别也不是纵向的水平差异，而是横向的类型差异。”① 当然，确定 Ed. D. 学术标准的主体既有社会，更主要是设置 Ed. D. 学位的教育学院。如果美国的教育学院都有 HGSE 的勇气和魄力，所谓的 Ed. D. 危机就不存在了。社会上流行着一些假设：Ed. D. 严格性不足，渴望学术性岗位的人会寻求 Ph. D.，追求专业岗位的人更经常地寻求 Ed. D.，Ed. D. 更容易获得学位。Ed. D. 学生的能力比 Ph. D. 弱，无论是智力的还是学术的。但这些假设都没有得到事实证明。事实上，两类学位都有高度成功的毕业生。②

四、争论本身的价值与意义

美国教育史家克雷明就特别指出：“激进分子与保守人士皆能为美国生活与思想做出重要的贡献；试验与机会主义一直是美国进步的富有生机的精神。”③ 美国思想史学家霍夫斯塔德也说：“美国公众每隔一段时间，就要掀起全国性的自我反思的浪潮。这种批判形成一种拉力，使美国不至于滑向纯粹的弱肉强食的原始森林。”④ 学术争论对教育的良性发展而言，利大于弊。

美国社会结构向来注重权力平衡而防止集权。“一方面是权力制衡的政治体制，一方面是在言论自由的保障下，自上而下、自下而上，全社会自我揭短、互相揭短地批判的传统，这样促成了持续的渐进的改良，虽不能彻底解决问题（任何一个国家也不能），却得以把矛盾控制在一定范围，一次次渡过危机。也可以说是社会在不断摇晃中避免了激烈震荡。……不论是出于基督教的悔罪传统，还是出于自由主义的公众认知权的原则，这种自我批判精神和对通过公开讨论解决问题的信心是美国改良机制的灵魂，也是美国的活力所在。”⑤ “确实，许多美国学者认为保持争论，不同思想不断交锋，不仅对美国高等教

---

① 潘懋元．现代高等教育思想的演变：从 20 世纪至 21 世纪初期［M］．广州：广东高等教育出版社，2008：137.

② Mary Archbold. *The Highly Successful: Education, Career and Personality Dimensions of UCLA Education Doctoral Recipients*, 1970 – 1980. Los Angeles: UCLA, 1991: 81 – 82.

③ ［美］劳伦斯·克雷明．美国教育史（三）——城市化时期的历程（1876 – 1980）［M］．朱旭东等译．北京：北京师范大学出版社，2002：741.

④ Richard Hpfstadter. *The Age of Reform, From Bryan to F. D. R.*. New York: Alfred A. Knopf, 1965: 16.

⑤ 资中筠．20 世纪的美国［M］．北京：生活·读书·新知三联书店，2007：19 – 20.

育的精神极其重要，对美国民主的健康也非常重要。美国高等教育可以被看成是个有组织的辩论。这也可能是美国高等教育对民主社会的最重要贡献之一。……在民主社会中，就大学的目标和工作而进行的辩论不是病变的征兆，而是健康和生命力的表现。对大学使命及其实现方式的不同意见，可以看成是高等教育正在履行其使命的证据。这个使命就是，追问什么是真，什么是善，什么是美；是赋予学生灵感和技巧去不断地追问这些深刻问题；是挑战传统的思想和习俗；是让学生追问他们自己，什么给他们的生活带来意义，什么使他们能更加热爱生活。”① 美国对学术争论的宽容或说鼓励刺激了不同利益相关者对教育事业的关心，积极投身于教育变革。

只有争鸣，才有思想的碰撞；只有碰撞，才能产生新的思想火花。“对立观点的冲突产生出点燃真理火炬的火花”②，冲突中的每一种不同的观点几乎都带有真理的某些成分，而这种理性与理性的相互碰撞，其结果是使人们的头脑更敏锐，知识面更宽广，人们的认识水平得到提高。追求知识和社会公正往往被视为一个建设更美好世界的基础，而从事智力追求和批判的学术自由是基础之基础。教育机构“不能达到我们对它所提的所有要求，也不能满足我们对它的所有期望。我们要求学校达到的目标越是重要，我们对它的批评就可能越强烈”③。教育历来是社会危机中社会批判的对象，这既是教育问题多多的现实所致，也是人们对教育寄以厚望的体现。

1988 年德里克·博克指出，在过去的 369 年里，美国高等教育有过无数次改变自己计划以适应不断变化的社会环境的经历，因此，美国高等教育始终处于变化之中。正因为有这样一次次的变化，美国高等教育才能够始终保持活力而能得以发展。诚如尼奎斯特所指出的：我们或许永远不能真正理解博士生教育，我们能够做的仅仅是重新审视我们的所作所为，调整我们的培养计划，确保博士学位获得者保持其独特的创造性贡献能力，使其成为不断变化社会所

---

① [美]E. G. 博格文. 追寻美国高等教育之魂[M]. 赵炬明译. 复旦教育论坛,2004(1):69－71.

② [美]劳伦斯·克雷明. 美国教育史(二)——建国初期的历程(1783－1786)[M]. 洪成文等译. 北京:北京师范大学出版社,2002:200.

③ Benjamin Levin. Criticizing the Schools: Then and Now. *Education Policy Analysis Archive*,1998(16): 1－11.

需要的具有深入分析技巧和能力的知识工作者。①

美国学术界对博士生教育的反思与批判并不是根本目的，它的意义在于总结过去，认清危机的形势，发现严峻的问题，寻求合理的改进途径。因此，反思与批判本身就是改革的组成部分。正如日本学者田野郁夫所指出："对于大学这种基本上是保守的组织机构来说，不面临深刻的危机就很难期待改革的进展。……没有危机的地方就没有机会，相反改革的机会正是存在于危机之中。"② 正是 Ed. D. 的种种危机，刺激了美国 Ed. D. 培养机构不断变革，不断探寻 Ed. D. 的理论基础与动力机制，从而创造出新的培养模式。

---

① 金海燕，王沛民．美国"重新规划 PhD"述略[J]．高等工程教育研究，2004(1)：53－57.

② [日]田野郁夫．日本大学的危机[J]．高等教育研究，1997(6)：1－6.

第三章　美国教育博士专业学位的理论基础与发展动力

高等教育领域的全球化给博士生教育带来了广泛而深刻的影响。作为大学知识生产与研究能力的核心部分，博士生教育同时被看作全球知识经济体系下科学研究和知识生产的首要来源。探究教育博士的理论基础与发展动力是把握教育博士本质与规律的重要内容。

第一节　社会转型与博士生教育转向

教育领域的博士学位有教育学博士（Ph. D.）、教育博士（Ed. D.）、高级行政教育博士（Exec. Ed. D.）、教育领导博士（Ed. L. D.）等等不同名称，Ed. D. 仅是教育领域的博士学位类型之一。教育博士的产生与发展离不开博士生教育转向与社会转型的大背景。

一、博士生教育目的的转向

博士生教育理念随着时代的发展需要不断被审视。博士学位不应再仅被视为从事学术职业的敲门砖，它已经成为一种证明，证明博士学位获得者具备创新能力、批判性思维、自主科研的能力以及承担知识风险的责任感，并且有能力不断地推动知识进步和创新。随着博士就业结构多样化的发展趋势，团队意识、合作能力等非专业技能方面的能力也应在培养过程中得到重视，以在提高学生专业素质的同时，提高其人际交往能力等方面的社会化程度。加强大学与用人单位间的联系，为博士毕业生就业选择多样化提供严谨的研究环境和符合社会发展要求的职业做准备。可见，博士生教育的目的在发生转向，从学术本位转向重视能力培养与加强社会适应性，这回应了社会对博士生教育要求的变化。

在认识论的层面上，知识生产模式的改变被认为是推动科研模式和博士生教育模式变革的内在动力。英国社会学家吉本斯（Michael Gibbons）等人提出的知识生产模式理论，认为知识生产模式的转型是推动科研模式和教育模式变革的内在动力，传统的基于学科变革的知识生产模式Ⅰ日渐弱化，而基于应用的知识生产模式Ⅱ正在兴起，传统的学科界限变得模糊，不同专业领域之间的平等被打破，学科的权威越来越让渡于实用性与社会责任，知识生产者的身份变得模糊多变，而利益相关者增多了。知识生产模式Ⅱ要求改革大学的办学模式，实现从传统学科知识的生产者向复杂问题的解决者与知识的创造者转变。阿特巴赫（Philip Altbach）指出，博士学位的传统目的（为研究进行训练）和博士学位的实际用途日渐分离。在博士就业市场已越来越多样化的背景下，如果大学仍然是按传统的“学术型”模式在培养博士生，必然使得博士学位研究生教育缺乏时代性。①

美国著名社会学家帕森斯（Talcott Parsons）等人从结构—功能主义理论的视角出发认为：美国高等教育最引人注目的特征之一就是大学内部各种功能的分化，而这一分化是更大范围的社会分化的反映。经过变革和发展的美国认识理性系统逐渐兼顾了“知识本身即目的”和“知识用于解决问题”两大价值取向，平衡了认知复合体的体制化和认识论资源的应用性等不同维度的价值倾向，充分表明了美国高等教育系统和学术生活所达到的成熟程度。② 专业博士学位聚焦于实践，目的是提升实践而不是认知。在价值取向方面，从纯学术好奇心驱使转向职业利益导向。高等教育大众化导致学生追求更高学位以便“在一个过度拥挤的就业市场获得更高的地位优势，在一个日益动荡的社会增强安全的地位，或在一个失范的后现代世界满足自我实现的渴望”③。人们攻

---

① Philip Altbach. Doctoral Education：Present Realities and Future Trends. *Springer International Handbooks of Education*，2006（I）：65 – 81.

② Talcott Parsons，Gerald Plattt，Neil Smelser. *The American University*. Cambridge：Harvard University Press，1973：108.

③ Peter Scott. Tale of Three Revolutions ? Science，Society and the University. Peter. Scott（Ed.）. *Higher Education Re-formed*. London：Falmer Press，2000：195.

读博士学位的目的日益多元化。“知识用户”的崛起，导致关注“大学和工业界之间新关系的结果，为了使用的知识，而不是为了自身的知识，这种转变已经改变了后现代大学”①。

表 3－1　　大学结构中认知理性的制度化

知识分类	“以本身为目的”的知识	“以解决问题为目的”的知识
认识复合体的体制化	认识论核心 （由“学科专家”执行并为培养“学科接班人”而设的研究和研究生教育）	为改善社会状况做贡献 （通过将“专家”当作解决实践问题的“通才”）
认识资源的应用	培养“公民”的普通教育 （作为“通才”）	应用性的专业训练 （作为“专家”）

资料来源：Talcott Parsons，Gerald Platt，Neil Smlser. *The American University*. Cambridge：Harvard University Press，1973：106.

在现实的层面上，美国内战之后，美国自由资本主义经济进入快车道。从20世纪50年代至80年代，美国整个产业结构都发生了很大变化，第一、二产业在整个国民经济中的比重大幅下降，而第三产业的比重从略过半数增至近70%。产业结构—就业结构—学科及学位结构，三者构成一个影响链。经济的增长和社会产业结构的变化必然带来整个社会职业结构的不断变动与重组，博士毕业生的就业结构也必然发生巨大变化。就业结构的多样化表现为更多的学生涌入与市场密切相关的专业和学位类型，从人文和自然基础学科转向职业性强的学科，从理论性强的学术型学位转向应用性强的专业型学位类型。而这些因素共同决定了博士生教育的目的必须发生转向，从学术本位为主转向学术本位兼顾社会本位与个人本位，以满足社会对各类高级专门人才的需求。

据统计，从1920年到20世纪80年，美国劳动力结构中的白领工人由25.0%增加到52.0%，其中专业技术人员由5.0%增长到16.1%，管理人员由7.0%增长到11.2%。克拉克·克尔的研究表明，20世纪80年代末，发达国家至少25%的劳动力属于专业技术和管理人才，美国、加拿大、日本、瑞典等国则超过30%。② 由于产业结构的巨大变化，博士毕业生的就业结构必然发

① Gerard Delanty. *Challenging Knowledge：The University in the Knowledge Society*. Buckingham：Society for Research into Higher Education and Open University Press. 2001：108.

② Burton Clark. *The Research Foundations of Graduate Education*. University of California Press，1993：360.

生深刻变化，进而影响到大学学科、专业、课程及学位类型的设置。“贝伦松发现，在1900年有70% -80%的博士毕业生进入学术专业队伍，到了20世纪20年代末降为70% -75%，20世纪30年代则为65%，1958年时仅为60%。”① 学术研究岗位的相对饱和，预示了Ph. D. 学位的规模扩大必然要减缓及博士毕业生的就业结构更加多样化。“1999年只有52%的博士毕业生进入高校，约22%进入工业，11%进入中小学，9%进入政府部门，6%进入非盈利组织。”②2001年华盛顿大学对人文、自然和社会科学三个领域在1989 - 1999年博士学位获得者的职业特征做了分析，结果发现：三个学科领域的博士学位获得者只有平均44%从事学术研究工作。③ 这种就业结构的多样化导致博士生教育的人才培养规格与社会需求之间的错位日渐扩大，进而引发人们尤其是博士生和雇主对博士生教育目的社会适切性的怀疑。人们对市场优先于学术的选择制约着对专业和学位类型的选择，实用理性的观念成为主导，越来越多Ph. D. 学位获得者涌入与市场密切相关的专业和学位类型，从学术性强的自然学科和人文学科转向专业性强的社会学科，从理论性强的学术型学位转向应用性强的专业型学位。美国高校开始积极设置多种形式的博士学位，以满足社会对各类高级专门人才的需求。

表3-2　　教育领域获得Ph. D. 学位的毕业生就业岗位的变化趋势　　（单位:%）

部门 / 时期	学术	工业	政府	其他
1970 -74	64.0	1.5	8.7	25.8
1995 -99	48.0	6.5	5.4	40.1

数据来源：NSF/NIH/USED/NEH/USDA/NASA, Survey of Earned Doctorates and Doctorate Records File. Lori Thurgood, et al. *U. S. Doctorates in the 20th Century*. 2006:70.

高等教育是受其内外部逻辑共同作用的结果。“高等教育特别在回应教授

---

① Talcott Parsons, Gerald Plattthe, Neil Smlser. *The American University*. Cambridge, Massachusetts: Harvard University Press, 1973:147. 据20世纪90年代初德国官方机构的估计，大约有2/3的博士毕业生在高校之外的机构就业。在英国，1992年哲学博士毕业生大约有45%是在工商企业和政府部门就业。培养在高校和研究机构之外从事各种实际工作的高级专业人才，成为各国博士生教育的共同趋势。

② Lori Thurgood, Mary Golladay, and Susan Hill *U. S. Doctorates in the 20th Century*. 2006:3.

③ Scot Smallwood. The Path to a Ph. D. -and Beyond: How a Group of Historians has Fared, 10 Years after Graduation. *The Faculty*, 2003(39):10.

的愿望时，要遵循它自己内在的发展逻辑，这是正确的。但是它还必须回应外部社会的不断变化的环境。高等教育的历史，很多是由内部逻辑和外部压力的对抗谱写的。高等教育从来没有完全自治过。”① 博士生教育不再被看作是个别教授或者个别院系的职责，而是变成了国家政策的重点之一。尤其是美国在1958 年颁布《国防教育法》的一段时期内，博士生教育得到了空前的重视，成为国家和个人投资的重点，期望以此带来智力挑战和经济回报。其理论基础之一是人力资本理论，该理论假设教育水平的提升可以满足国家和个人高水平知识和技能的需要。

在 20 世纪 20 年代，接受高等教育的学生人数成倍增加，高等教育从精英阶段进入大众化阶段。在高等教育大众化发展的趋势之下，高等学校的发展越来越依赖外部市场所提供的资源支持，这种依赖关系使高等学校不能再无视社会对大学提出的各种要求。二战以后，尤其是《退伍军人法案》的推动，美国接受高等教育的人数迅猛增加，高等教育进入普及化阶段。高等教育大众化和普及化降低了不同学位拥有者之间的区别度，拥有学士学位已不再是社会精英的标志，追求更高的学位成为入职晋升的被迫选择。高等学校为了生存与发展也必须考虑到学生这一主要“客户”的职业前程，努力从课程和专业及学位类型的设置等诸方面迎合学生的需要，这些无疑强化了高等教育与社会的紧密联系。20 世纪 90 年代中期，克拉克 · 克尔就指出:“高等教育是一种手段，通过这个手段，人们不问遗传的背景可以得到社会的好处，可以在社会中起一个更加完美的作用，可以更加惬意地被吸收到社会之中，而不是被部分地拒绝站在社会之外。”② 事实上，高等教育只有融入社会，才能引领社会。

在 20 世纪 50 年代以前，博士学位获得者大部分就职于研究机构，从事纯粹的学术研究。而随着社会对更多博士学位获得者的更大需要，博士的职业选择变得更加广泛，比如进入以教学为主的社区学院，与国家发展紧密相关的产业部门等。就业的分化使博士生教育的发展面临更多的发展机遇，也促进了美国博士生教育的蓬勃发展。关于博士生教育的目的，美国研究生院理事会

---

① [美]克拉克 · 克尔. 高等教育不能回避历史——21 世纪的问题[M]. 王承绪译. 杭州:浙江教育出版社,2001:序言.

② [美]克拉克 · 克尔. 高等教育不能回避历史——21 世纪的问题[M]. 王承绪译. 杭州:浙江教育出版社,2001:239.

（CGS）认为，博士学位主要是培养学生终身追求真理、并证明其是一个有创造性的学者，同时开展研究，为他们在社会、政府、商业、工业组织以及传统的大学和学院教学做职业准备。这一论述清晰地说明博士生教育已经脱离了单纯的唯理智论的学术发展路线，而更多地与职业发生联系。

随着博士生教育问题的涌现，博士生教育的适切性受到广泛的质疑，即博士生教育如何与工作实践和职业相联系的问题，主要表现为博士生教育的培养目标与社会需求之间的矛盾。阿姆斯特朗（John Armstrong）的表述也许最能说明问题："博士生的培养太过狭隘，过于以校园为中心，培养时间太长。此外，许多博士生对个人和职业的期望范围太狭窄。大多数人不知道最有价值的东西是什么。他们认为，自己应该知道的就是怎样解决某些具有高技术含量和高度专业化的问题。事实上，他们真正应该知道的是怎么样提出问题，并从强有力的和根本性的原理出发，部分地解决这些问题。"① 这一观点有助于澄清博士生教育的本质，拓宽博士生教育的思路，使他们更好地为未来各种不同的工作和职业做准备。高等教育需要为博士生在学界之外就业做准备，而劳动力市场所需要的交际沟通、团队合作能力，可迁移技能和通用性技能等，是传统师徒制培养模式所难以实现的，但专业博士学位的性质与培养模式能够满足这些需求。

很多学者都认为博士生教育目标的设定，应该适应社会和劳动力市场的需要，博士生教育应该是一个开放的系统，并以此为依据对博士生教育进行改革。其中，伯吉斯（Robert Burgess）认为博士生教育模式变革主要受到政策、终身学习理念和劳动力市场变化三大因素的影响。在博士毕业生就业市场已越来越多样化的背景下，大学必须突破传统的单一的"学术型"模式，使博士生教育多样性以提高社会适应性。美国博士生教育的调查项目"五年后的社会科学博士"（Social Science PhDs-Five + Years Out，SS5），在对人类学、传播学、地理学、历史学、政治学和社会学六个专业的博士毕业生进行大范围调查的基础上，提出博士生教育应该实现范式的转变，应该从社会需求的角度来重新审视和规划博士生教育；建议对博士的职业生涯进行评估和规划，并以此来指导当下的博士生教育。总之，这些建议主要来自博士生教育本身之外，多是

---

① John Armstrong. *Rethinking the Ph. D. Issues in Science and Technology*. 1994(4):19 – 22.

来自市场因素的影响，博士生教育的内在需求和发展规律被或多或少地忽视了，这是不争的事实。

美国哲学博士在近几十年取消了传统上对两门外语能力的要求，取而代之的是增加研究性课程。博士生教育更加强调专业化，聚焦于实用性，尤其是专业博士学位的目的是提升实践而非学科知识的贡献。在一定程度上，博士生教育成为提供以职业生涯为目标的掌握知识和培养技能的教育过程。攻读博士学位不再仅仅为了进入学术职业获得学术训练而是越来越多地为在非学术领域而获得实践技能，增加职业选择的机会。吉本斯等人认为："现代高等教育教导人们不要过于专注于一种职业或者是掌握一套技术，它使人们做好了应对二者变化的准备，即他们必须快速地转变。"① 博士生教育模式的多样化趋势表明，博士生教育正在走向功能性分化。这就是美国所谓兼容式的博士学位结构。

有人对博士生教育模式的多样性提出批评，认为博士学位类型的增加和培养模式的不断翻新，并未提高不同学位之间的区分度。而支持博士学位多样化的人认为，随着博士生教育规模的日益壮大，博士学位攻读者的兴趣和动机也必然趋于多样化。

二、博士学位结构的转向

美国博士生教育结构转向最核心的动因是知识经济时代的来临，知识经济对劳动者的实践能力和专业技能提出了更高要求。它更加看中合作能力、领导能力、动手解决问题的能力以及把知识运用于实践的能力等一系列"可迁移能力"，并要求知识工作者能更多地掌握专业技能并运用于实践以提高工作效率。这要求大学必须改变传统以学术型学位为主的博士生教育模式而加强对实践型博士学位研究生的培养，提供适应知识经济发展所必需技能的培养成为博士生教育的首要任务。

美国博士学位的设置及其培养目标紧密地结合生产实际和科技发展的需要，出现了学术型学位和专业型学位的双轨并举的博士学位结构体系。多样化的学位结构使博士生教育更具针对性，培养机构也能够根据社会的要求在研究型人才和

---

① Michael Gibbons, et al. *The New Production of Knowledge: the Dynamics of Science and Research in Contemporary Societies.* London: Sage, 1994: 75.

专业型人才培养之间做出更好的权衡和把握，从而使培养过程更具灵活性。

著名的社会思想史学家霍夫施泰德（Gert Hofstede），把美国的大学史中的1860－1920年划分为科学认识的时代，把1920－1960年划分为教育向专门化发展的时代。这个划分与美国高等教育从精英化到大众化再到普及化三个阶段演变的时间大致相同，也与学术型博士学位与专业型博士学位的产生与发展基本同构。

表3－3　　美国授予学位情况（2007－2009年）

2007－2008					2008－2009				
协　士	学　士	硕　士	第一专业学位	Ph. D. 博士	协　士	学　士	硕　士	第一专业学位	Ph. D. 博士
750,164	1,563,069	625,023	91,309	63,712	787,325	1,601,368	656,784	92,004	67,716

资料来源：Table 279. Degrees conferred by degree-granting institutions, by level of degree and sex of student: Selected years, 1869 – 70 through 2019 – 20. 见 http://nces.ed.gov/programs/digest/d10/tables/dt10_279.asp? referrer = list.

美国专业学位由专业学士、专业硕士和专业博士三个层级构成了内容清晰、层次分明的专业学位结构体系。从专业学位层次来说，专业学士学位比例很小，这主要是由于社会经济的发展程度，社会上需要越来越多高层次的专业人才。专业硕士学位是美国研究生教育的绝对主体，约占硕士学位总量的85%，为社会输送了大批高素质应用型人才。从表3－3可以清晰地看出，以专业博士学位为主体的第一专业学位的规模远远大于Ph. D.学位，约是后者的1.5倍。专业型学位为社会提供了高层次的应用研究型人才，为法律、医疗、教育、商业等行业培养了大批高水平的从业人员。为了满足学生多方面的需要，美国形成了学术型学位与专业型学位可以相互衔接贯通的学位体系，现在一些学科尤其是医学和法学，出现了双学位的发展倾向。

自20世纪后期，美国进入知识经济社会，更加注重实用型的专业学位，以紧密结合经济和科技发展的迫切需要，培养适应社会需要的高级人才。据美国学者克拉克·克尔的研究表明，20世纪80年代末，西方发达国家至少25%的劳动力属于专业技术和管理人才，美国、加拿大、日本、瑞典等国则超过30%。[①] 这些高级人才中的大多数人都拥有专业博士学位。

---

① Burton Clark. *The Research Foundations of Graduate Education*. Berkeley: University of California Press, 1993: 360.

1996年豪斯（Jennifer Haworth）认为21世纪初博士生教育将存在四个趋势：博士学位获得者人群特征的多样化、博士学位授权机构和博士项目的膨胀、博士生学习更加专业化、获得学位时间延长。① 如果如此，专业博士学位的发展空间将会更大，因为它更顺应了这四个趋势。“博士生教育改革的核心是专业博士学位的增长。专业博士被认为是对传统Ph. D. 的另一种选择，能够更好地培养学生参与非学术职业。人力资本理论，高等教育的冲突与竞争，文凭主义和高等教育的公司化共同作用而提供了更多专业博士学位的机会。”②

美国对博士生教育有关学生训练方面的批评主要包括：教育和训练过于狭隘；缺乏关键的专业技能，比如不能在一个团队中有效合作和工作，缺乏组织和管理技巧；教学授课能力准备不足；耗时太长以至于无法完成学业，甚至无法取得学位；对于学术之外的有关就业和工作信息不灵通；博士学业完成后需花很长时间去调整至一个稳定的工作状态。③ 此外，出现了博士生身份模糊，辍学率增加，高度依赖导师，缺乏跨学科方法或途径，就业能力、综合能力和职业技能欠缺而不适应学术界之外的劳动力市场等一系列问题。

对于上述问题，从20世纪90年代早期起，各大民间组织和利益相关者就颇有微词，政府、学术组织和民间团体也组织了很多大型的研究项目来推动博士生教育的改善。美国科学、工程和公共政策研究会（COSEPUP）于1995年发表了《重塑培养科学家和工程师的研究生教育》（Reshaping the Graduate Education of Scientists and Engineers）的研究报告，对自然科学和工程类研究生教育进行了深刻反思。另外较有影响的全国性项目有研究生院理事会的“未来师资计划”（Preparing the Future Professors/Professionals，PFF）、美国科学基金会的“研究生教育与科研训练整合计划”（Integrated Graduate Research and Traineeship program，IGERT）、“研究、教学与学习一体化中心”（The Center for the Integration of Research，Teaching，and Learning，CIRTL）、卡内基教育促进

---

① Jennifer Haworth. *Doctoral Programs in American Higher Education.* In John Smart (Ed.), *Higher Education: Handbook of Theory and Research*, New York: Agathon Press. 1996(XI): 386.

② Laura Servage. Alternative and Professional Doctoral Programs: What is Driving the Demand? *Studies in Higher Education.* 2009(7): 765–779.

③ Maresi Nerad, Mimi Heggelund. *Toward a Global PhD? Forces and Forms in Doctoral Education Worldwide.* Seattle: The University of Washington Press, 2008: 198.

会的卡内基博士学位创新计划（CID）等。共同的目的是提高博士生的各种可迁移能力，包括管理能力、交流能力、研发能力和团队工作能力，使博士生具有在复杂的知识密集型环境下工作的能力，把教育重点放在通过结构化项目和模块课程来培养学生广泛的可迁移能力，并希望对这些可迁移能力给予某种形式的认可，以作为学生学业成绩的一部分或单独进行评估。

日益强烈的高等教育全球化对博士生教育的影响也很大，包括：更多国际留学生、更多兼读的年长学生群体；对市场变化的反应更快；高等教育变得更加商业化，强调生产收益，学位已经变成超越纯粹知识生产的商品；可迁移的、专业的、共享的技能更加重要；博士生教育的标准化程度更高；要求更高的质量问责；更加融入全球网络进行全球交流。一些大学和国家正在通过制定“扁平”(flatten）规则，使全球博士生教育趋于一体化。由于学位的符号价值和流通性，任何在教育学位方面有足够专业知识的人都可以对学位赋予经济价值。学位持有者成为国内甚至国际“市场”中的“销售人员”，而他们持有的学位代表着知识、技术及其他方面的能力。① 博士生教育全球化是一种趋势，专业博士学位在国际范围内更加广泛的传播就是对其很好的证明。

2004 年 4 月，在美国西雅图召开了“重新规划 Ph. D. ”项目（Re-envisioning the PhD）研讨会，200 多名与会代表遍及全美与博士教育相关的各个领域，他们在七项主张方面达成高度共识：①与博士生教育相关的各个领域必须在内部及相互之间形成有效的变革机制，分散改革的风险，提高学术界内外部的责任感；②必须向博士生说明博士生教育的内容和要求；③采取更为系统和长远的措施来提高知识分子的多元性，特别是扩大招收少数民族和妇女学生；④利用各种力量和手段来影响变革，这些变革可以是学校课程的评议、政府的资助政策、基金会的资助政策、博士生的发言权、全国咨询中心的评价标准、对机构和专业的认证以及博士雇佣者的期望；⑤培养机构必须对博士生加强教学技能方面的培训，进行教学示范和评估；⑥增加学生更加实在、更加系统的专业发展的体验；⑦为了能够保证更加长久持续的变革，必须逐渐使全体教师

---

① Maresi Nerad, Mimi Heggelund. *Toward a Global PhD? Forces and Forms in Doctoral Education Worldwide*. Seattle: The University of Washington Press, 2008: 209.

发自内心地支持和促进博士生的成长，特别是营造研究型机构的文化氛围。①

2005 年在位于美国西雅图的华盛顿大学召开“全球博士生教育变革中的动力与模式”的国际会议，与会国家都赞同将博士生教育的特征定义为：原创性毕业论文必须有最能体现原创精神的部分。博士生教育越来越多地在结构性的培养方案下开展，并需要完成必要的课程。② 对于获得博士学位的目的，所有国家对其的认识都由单纯的知识创造转移到了为就业做准备，而这种认识是前所未有的，可见博士生教育也越来越弹性化。“向上流动到较高社会阶层的学生正在敲门要求入学。”③ Ph. D. 未来的趋势是博士学位的获得者更多是为了就业，而越来越少为了纯粹的生产知识。美英澳等国博士生教育的共同趋势是：博士生教育不再被视为基于纯粹的好奇心和追求知识。相反，生产实践性新知识已成为国家重要的战略资源和经济发展因素。英国研究生教育理事会（the United Kingdom Council for Graduate Education，UKCGE）对专业博士学位的定义可谓贴切：“专业博士学位是一个高级学习项目，有时满足大学授予博士学位的标准，设计为满足大学之外的专门需要，发展个体在专业环境中工作的能力。”④

从 18 世纪末研究型博士兴起以来，博士生教育一直被视为“知识创造”的过程，学术成果导向的质量观一直占据着支配性的地位，博士论文几乎成为评价博士生教育质量的唯一标准，相对忽视培养过程。有一些教育家主张，博士生教育应该成为一种全民性的培养目标，即培养有较高素养的人。对他们来说，获得博士学位已经不是为了成为专家，而是为了获得教养。这种多少有些浪漫的说法在美国已经有很多的事实，老龄博士生在大学校园里越来越常见。

从学位类型结构来看，美国更注重实用的专业性学位。美国博士生教育之所以能推动国家经济迅速增长，使科技发展在世界上遥遥领先，很重要的一点就是博士生教育的专业设置包括所授予的学位，能够紧密结合经济和科技发展

---

① 见 http://www.grad.Washington.edu/envision.

② Maresi Nerad, Mimi Heggelund. *Toward a Global PhD? Forces and Forms in Doctoral Education World-wide*. Seattle: The University of Washington Press, 2008: 313.

③ [美]克拉克·克尔. 高等教育不能回避历史——21 世纪的问题[M]. 王承绪译. 杭州：浙江教育出版社，2001: 121.

④ The United Kingdom Council for Graduate Education (UKCGE). 2002: 62.

的迫切需要，培养适应社会需要的高级人才。这在一定程度上反映着美国人民在长期拓荒中形成的实用主义知识观的传统。同时，劳动力市场对高级专业人才的需求不断扩大也促使学位类型日益偏向于专业型学位。博士生教育多样化的扩展提升了专业博士学位的地位。价值取向方面从纯学术兴趣取向转向职业结果利益导向，从单一学科研究转向跨学科或多学科研究。随着国际竞争的加剧，美国对科学研究和博士生教育的需求和期望更加强烈。"博士生教育改革的核心是专业博士学位的增长。被认为是对传统 Ph. D. 的另一种选择，更好地培养学生参与非学术职业。人力资本理论，高等教育的冲突与竞争，文凭主义和高等教育的公司化提供更多的专业博士学位的机会。"①

但是，博士学位日益多样性而却使用共同的博士称号，这给院校、学生和产业界造成了严重混乱。这种混乱引起的问题包括：这些名称不同的博士学位之间是否存在本质的不同？是否在 Ph. D. 部分环节上进行修订即可满足各种特殊需求？是否需要发展一种模式，这种模式不是完全统一但有一定的一致性？② 名称的泛化既可以理解为学位的灵活性，也可以理解为专业博士学位发展的障碍。尽管美国的现代专业博士学位开始得最早，而且有大量不同的专业博士学位类型，但是很少有专门研究分析专业博士学位在高等教育中的角色和职能。尽管一些人已经质疑甚至批判专业博士学位的必要性和价值，但是现实中专业博士学位获得了强大而迅速的增长，Ed. D. 就是其中绝好的代表。

最近 20 年，世界范围内博士生教育的改革主要表现在以下两个方面：增设新的学位类型（主要是专业型学位）以满足社会经济发展的需要；推动跨学科培养博士生的模式，在欧洲其主要手段是建立跨学科性质的研究生院，以消除博士生教育过于狭隘的负面影响。博士学位类型的多样化一方面满足了社会和不同人群的需要，同时也引发了很多批评的声音。专业博士学位在论文选题、论文评价、毕业要求等方面均不同于传统的 Ph. D.，但批评者担心，区别对待的办法会使博士质量标准趋于模糊，从而从整体上对博士生教育的质量产生腐蚀性影响。因此，在对博士生教育质量的批评中，专业型博士往往首当其

---

① Laura Servage. Alternative and Professional Doctoral Programs: What is Driving the Demand? *Studies in Higher Education*, 2009(7): 765 – 779.

② Maresi Nerad, Mimi Heggelund. *Toward a Global PhD? Forces and Forms in Doctoral Education Worldwide*. Seattle: The University of Washington Press. 2008: 37.

冲，其合法性面临重重危机。也有学者反对博士生教育类型的多样化趋势，认为只要 Ph. D. 的培养模式作出适当的调整，即可适应工业界的需要，完全不必重起炉灶。① 理由是“无论这些博士学位获得者被聘用到哪里，博士学位研究生教育都是对研究行为的一种严格训练和启蒙。一些人将博士生教育视为一种独立的研究，必须对于人类知识宝库和理论的积累做出一定的原创性贡献。还有一些人将其视为生产被训练的头脑以适应社会的基本需要和投身于解决当代社会的重大问题之中”②。况且，专业博士学位在很多方面都是模仿 Ph. D. 。攻读专业博士学位的培养年限、过程模式、学术水平、质量评价等均参照 Ph. D. 学位的标准，只是在课程的侧重点、培养的方向、论文的性质等方面有所不同而已。与此同时，由于 Ph. D. 与研究相关，而研究是大学最重要的职能，但大部分 Ph. D. 获得者在从事教学或管理工作，所以批评之声不断出现。有人倡议建立专门针对教学和管理的不同学位，有人质疑 Ph. D. 是否对作为大学教学有必要性，也有人建议重整 Ph. D. 来应对更广泛的需要，还有人为 Ph. D. 的质量稀释而伤感。但是，无论如何，兼顾学术与实践恰恰是专业博士学位的本质属性，因此，专业博士学位的发展成为博士学位结构变化的重点。

更高比例的在职人员参加博士生教育使博士生源更加多元化，培养目标与规格要求也必然要多元化，这必然会导致博士学位类型与博士学位研究生教育模式的多样化。美国专业博士学位的设置也主要取决于市场的需要程度，相对“饱和”的专业领域发展缓慢；而那些需求“旺盛”的学科，如工商管理、工程、教育、医疗卫生等领域专业博士的生源多，发展快，这与美国高等教育一向奉行的“服务社会”的理念是一致的。

三、美国社会转型与专业博士学位的互动

美国的社会转型直接促进了高等教育的转型，高等教育的学位结构随之发

---

① Terry Evans. Why do a ‘prof doc’ when you can do a PhD? Paper presented to the ‘Working doctorates:the impact of Professional Doctorates in the workplace and professions’,5th International Conference on Professional Doctorates,Geelong. 2004.

② William Frankena. *The Philosophy and Future of Graduate Education*. Ann Arbor:University of Michigan Press,1980:144.

生了改变，原来 Ph. D. 主导的博士学位结构不再能满足社会多样化的需求，专业博士学位顺势而生，并获得了巨大发展。与此同时，博士学位结构的改变和专业博士学位的发展适应并促进了社会转型，二者形成了良性互动。

（一）社会转型促进了专业博士学位的产生与发展

19 世纪末以来，随着美国社会经济的迅速发展，社会职业门类急剧增加，许多职业成为专业，几乎所有的中高层管理部门，甚至包括基层管理部门的岗位都逐渐实现了专业化。社会迫切要求高校建立相应的专业学院来培养各行各业急需的专业人才，将对应等级和类型的学位作为从事某种专业工作的必备条件或任职资格。社会职业专业化程度的提高促进了专业学院的建立和专业学位的发展，美国大学的许多著名专业学院，如医学院、法学院和教育学院多是在这一时期建立的，教育博士、商业博士、医学博士和法律博士等现代专业博士学位也随之普遍建立起来。美国著名社会学家特纳认为，理想中的大学应是培养能够“超脱地、明智地在各种相互争斗的利益之间进行调解”的专业人才。他们应“具备服务于社会的理想，打破阶级界限，找到冲突各方的共同利益，赢得真正忠于美国理想的各派的尊重和信任”。这样的“大学人”越来越多地加入各级立法和行政机构，扩大影响，就是美国的经济、社会立法和行政取得“明智的、有原则的进步”的希望所在。① 因此，在人才培养目标上，大学越来越多地强调实用性和社会适应性。

大学与社会的关系是随着社会的转型而发生变化的。随着大学从社会边缘走向社会中心，作为高等教育金字塔顶端的博士生教育也不能再只是“为学术而学术”了，而要直接为经济和社会发展提供服务。大学开始与社会联姻，大学需要社会的物质和环境资源，而社会需要大学的智力资源，二者互为支撑共同发展。在美国，实用主义文化和专业化精神使得社会发展与学位结构紧密结合，催生出众多应用型专业学位，形成了学术性与应用性两种学位兼顾的高等教育学位体系。对此，布鲁贝克的评论是：“如果大学不可避免地要卷入到复杂的社会中去的话，那么我们就既需要专业方面的高深学问，也需要研究方面的高深学问。经验即历史表明，当这两方面结合起来的时候，它们各自都得

---

① Richard Hofstadter. *The Age of Reform: From Bryan to F. D. R.* [M]. New York: Alfred A. Knopf, 1955: 200. 转引自：资中筠. 20 世纪的美国[M]. 北京：生活 · 读书 · 新知三联书店，2007：242.

到繁荣或发展。专业学院通过利用大学其他部分的研究指导自己的实践，而研究则可能通过在实践中的验证更加充实自己的成果。”①

（二）专业博士学位顺应并促进了社会转型

专业博士学位是一定历史阶段社会发展转型及高等教育自身发展变革的产物，它与社会转型之间是一种互动关系。社会在不断发展变化，作为整个社会有机组成部分并为其服务的教育，必须对社会外在的要求做出回应，通过自身的发展定位与社会使命来调整自己的结构与功能。社会转型不仅对博士生教育提出了要求，而且也为之奠定了客观基础，成为发展专业博士学位的决定性因素。而专业博士学位的发展又反作用于社会转型，起到加速度的功能，成为美国高等教育富有活力、适应和引领社会转型的重要力量，培养的大量应用型、复合型的高层次专业人才成为美国社会经济发展的重要人力资源。正如杜威所言：“可以想象，没有社会的重建，教育的重建就不可能得以完成（当然，反过来高等教育在社会重建当中也要发挥一定作用）。”② 随着社会转型，社会“分布式”知识生产使得大学与其他知识生产者融为一体，大学也由学科型组织转化为兼顾学科型组织与应用型诉求的复杂机构。

大学往往是一面鲜明反映该国历史与民族性格的镜子，在美国这个崇尚创新、推崇个性的国家里，大学与社会之间存在的这种互动表现得更灵敏、更为快捷。布鲁贝克指出，美国大学从来不是孤立的“象牙塔”，而是“瞭望台”。市场机制主导是美国社会和高等教育最根本的特征，社会需要成为设置专业学位最有力的指挥棒。在美国，学位的设置和授予权在大学，而不是政府。尤其是独立的专业学院几乎控制了专业博士学位的所有权力，使得专业学院的结构和规模的变化能够最及时地反映社会需求的变化，这无疑促进了美国社会经济的转型与快速发展，其结果是社会转型与专业博士学位形成了一个互动机制。

在不同的历史条件下，美国对学术型与专业型两种类型博士学位的重视程度和侧重点是不同的。在二战前，其博士生教育以培养学术型科研人员和大学教师为目标，因而集中于研究型博士学位的建设。二战后，知识经济社会迅速

---

① ［美］约翰·布鲁贝克．高等教育哲学［M］．王承绪等译．杭州：浙江教育出版社，2001：27.

② ［美］劳伦斯·克雷明．美国教育史（三）——城市化时期的历程（1876－1980）［M］．朱旭东等译．北京：北京师范大学出版社，2002：215.

成长，美国又开始重视专业型博士学位的发展，尤其是60年代后，专业博士学位获得了空前的发展。2001年美国总统小布什在就职演说中就明确指出，21世纪美国繁荣的程度将依赖于复合型人才的力量。可以预计，专业学位尤其是专业博士学位的发展空间仍然很大。

专业博士学位尽管因学科不同而差异巨大，但也有几个共性：研究倾向于在学术之外进行，在工作场所或专业领域，鼓励学生在政治、经济和文化的情境中应用知识，其价值在于对实践领域有重要意义。专业博士学位强调高等教育、政府和产业之间更强而密切的关系，招收的学生已经有丰富的专业工作经验，发展和应用专门知识于实践部门，实践问题的研究是专业活动的中心，强调反思性实践，倡导非论文形式的尖峰体验。专业博士学位与后工业资本主义结成联盟，但仍然保持必要的智力自治。专业博士学位是沟通实践与理论的桥梁，是发展研究能力和基于证据的实践途径，这超越了应用知识于实践的“知识搬运工”角色，而是在实践环境中生产知识的“知识生产者”角色，只不过生产的是应用性知识。

专业博士学位意味着什么构成合法性知识与如何培养新知识生产者的技能和属性之间的张力，引起广泛的关于博士生教育的认识论和教育学的争论。① 从现有的相关文献来看，在理论层面并未有重大突破，在实践层面上也面临着诸多困难。正如艾彦在为马克斯·舍勒所著《知识社会学问题》写的导言中曾指出的：“对任何一个时代问题作出适当的解答，都绝对不能只靠迫切的愿望和渊博的知识，还需要真正的理论视角和方法论的根本创新。”② 知识生产模式理论是本书的理论视角。

第二节　知识生产模式的转型

知识生产模式的转型是导致专业博士学位的教育理念与培养模式发生根本转变的一个关键性动力因素，而专业博士学位也随着教育理论研究与教育实践

① David Boud, Mark Tennant. Putting Doctoral Education to Work: Challenges to Academic Practice. *Higher Education Research and Development*, 2006(3): 296.

② 艾彦. 以人为中心的现象学知识社会学. //[德]马克斯·舍勒. 知识社会学问题[M]. 北京:华夏出版社,1999:6.

的发展而发生变化。综观20余年来全球范围内专业博士学位的研究与实践，笔者发现专业博士学位正在发生着明显的代际嬗变，第一代专业博士学位日渐弱化，第二代渐趋强势。然而，当前我国在这方面的研究还非常少，设置专业博士学位主要依循的仍然是西方第一代专业博士学位的模式。因此，对国外专业博士学位代际嬗变的研究在指导我国开展专业博士学位的研究和实践方面具有重要的理论价值。

一、知识与知识生产

知识的视角是研究高等教育的一个重要路径。“如果有什么东西对于高等教育是基础性的话，它就是知识的中心概念。”① 大学是围绕高深知识开展工作的地方。伯顿·克拉克说过：“只要高等教育仍然是正规的组织，它就是控制高深知识和方法的社会机构，它的基本材料在很大程度上构成各民族中比较深奥的那部分文化的高深思想和有关技能。知识材料，尤其是高深知识材料，处于任何高等教育的目的和实质的核心。”② 伯顿·克拉克还指出：“无论讨论哪一层次的教育，都离不开知识这一核心概念。”③ 在现代社会中，知识已经成为社会经济持续发展中最核心的决定因素，专门从事知识的生产与创造的组织机构——知识型生产组织（Knowledge-based Organizations，KBOs）越来越成为支撑社会进步和发展的主导力量。④

大学与知识生产的关系不仅在于大学是知识生产的核心组织，还在于大学与学科知识的生产存在特殊关系，即一个知识领域要取得学科地位的基本途径是进入大学课堂。学科知识在大学获得合法性的过程一般有如下阶段：首先在大学里设立一些讲席职位，然后再建立一个系来开设相关的课程，最后学生在完成课业并考核合格后取得该学科的学位。教育的制度化伴随着学科研究的制

① Frans Vught. “The New Context for Academic Quality,” in *Emerging Patterns of Social Demand and University Reform: Through a Glass Darkly*. Daivid Dill and Barbara Spore (Ed.). Garching bei München: IAU Press, 1995: 202.

② [美]伯顿·克拉克．高等教育系统——学术组织的跨国研究[M]．王承绪等译．杭州：杭州大学出版社，1994：11.

③ [美]伯顿·克拉克．高等教育系统——学术组织的跨国研究[M]．王承绪等译．杭州：杭州大学出版社，1994：12.

④ Peter Drucker. The New Society of Organizations. *Harvard Business Review*, 1992(5): 95－104.

度化——创办各学科的专业期刊，按学科建立各种学会组织。

学科分化是专业博士学位种类日益繁多的内生力量。“伯顿·克拉克认为知识的膨胀和随之而来的学科急剧发展，以及学科又发展成为学科分支，这也许是近年来最重要但经常被忽略的影响高等教育的因素，它增加了高等教育系统的复杂性，事实证明其影响比大众化和市场化更为有力。同时，学科分支也在瓦解，因此，学科领域不断扩大或成长起来，覆盖更多的领域。与此同时，分支学科的纳入，分支学科地位的提升，这两者结合起来意味着适合高等教育科目的概念扩大了，新的学术研究院系和新的学位课程应运而生。”① 伯顿·克拉克还强调指出，如果说知识就是力量，那么扩张的知识就是扩张的力量，分裂的知识就是分裂的力量。知识形成学科，知识的扩张和分裂形成学科的衍生，进一步促进了专业博士学位的多样性。

知识经济的到来使大学从社会的边缘走到了社会的中心，大学承担着比以往任何时候都要大的知识生产的压力。在这种背景之下，如何获取更多的学术资源，如何更好地促进知识的产出成为当今大学变革的主题。正如密歇根大学前校长杜德斯达（James Duderstadt）认为的：“通过学术研究产生新知识，这就是大学的生命所在。”② 克拉克·克尔在《大学的功用》中指出知识在社会中的重要性，“知识是社会的核心。越来越多的人和越来越多的机构从来没有像现在这样需要，甚至是要求知识。大学作为知识的生产者、批发商和零售商，不可避免地要向社会提供服务”③。

高等教育所担负的教学、科研和直接服务社会三大功能都是以知识为基础的。英国学者贾维斯对实践知识做了详细分析，认为实践知识包括四种：内容的知识、过程知识与技巧、信仰与价值、缄默知识。贾维斯认为实践知识具备以下几个属性：是而且必须只能在实践环境中学习到的与合法化的；实践的，并不仅仅是把一些“纯粹的”学术原则运用到实践环境中；理论化了的，因为它包括了大量的内容知识；动态的，只在它处于工作状态的时候才能够得以保持；整合的，不是以学术性学科划分成孤立的个体，不是一个学术性学科，

① ［英］托尼·比彻，保罗·特罗勒尔．学术部落及其领地——知识探索与学科文化［M］．唐跃勤等译．北京：北京大学出版社，2008：15－16.

② ［美］詹姆斯·杜德斯达．21世纪的大学［M］．刘彤等译．北京：北京大学出版社，2005：9.

③ ［美］克拉克·克尔．大学的功用［M］．陈学飞等译．南昌：江西教育出版社，1993：80.

尽管如教育与医学的某些实践领域都宣称自己是一个学术性学科；主观的，是有价值涉入的。[①] 从中可以看出，实践知识不仅是实践的，也是理论的，而且是动态的、整合的、主观的，这些与我国流行的主流知识观有很大的不同，具有重要的启发意义。李（Alison Lee）提出，什么样的知识在专门职业中奏效并不能由大学现有的知识生产逻辑来确定，产生于应用情境中的知识所需要的法制和评价是大学学科知识系统所不能触及的。

1987 年舒尔曼把教师教育课程的知识分为七大范畴。①内容知识：学科本位的知识基础，学生必须对所任教的学科有专业而深刻的认识；②学科教育学知识：教授这些知识所需要的教学技巧；③学习者的知识：认识学习理论和学习者的特征，如教育心理学、发展心理学和学生辅导等；④一般教学法知识：针对课堂管理与组织的理念和策略；⑤课程知识：课程的基本理论以及对学校课程的认识；⑥教育脉络知识：了解教师群体的文化特征，熟识学校、社区及政府政策之间的关系；⑦目的、价值、哲学和社会背景知识：即教育哲学、教育社会学、教育价值的知识。[②] 这种详细的分类反映了教师教育所需知识的复杂性及教师专业的复杂性，一定程度上反映了教育领域博士学位的高深学术性，也为完善教育学知识体系做出了理论贡献。

知识在社会各个领域中变得越来越重要，具体表现为两点：一是知识变成了资本，可用于投资，人们对待知识生产与获取的态度也从“闲逸的好奇”变为人力资本投资。二是知识变成了商品，可以用于交易。因此，对知识的评价从注重内在价值转变为外在价值，从理论价值变成实践价值，高等教育也相应地从“社会中的高等教育”变成“社会的高等教育”[③]。由于研究经费的短缺，政府和社会更加强调对研究项目的管理，努力评价它的效果和质量。自大学诞生以来，解决问题的或应用的研究已经成为研究系统的一个重要特征，对研究相关性和质量责任的要求越来越高。现代社会日益成为一个审计社会（Audit society），审计文化引发的广泛的社会问责日益成为影响教育发展的势力强大的制约因素。

---

① Peter Jarvis. *Universities and Corporate University*. Sterling: Stylus publishing Inc, 2001: 49.

② Lee Sulman. Knowledge & Teaching: Foundations of the New Reform. *Harvard Educational Review*, 1987 (57): 135 – 143.

③ Ronald Barnett. *The Limits of Competence*. London: SRHE and Open University Press, 1994: 21.

大学在人才培养方面越来越关注培养学生的知识生产力（knowledge productivity）。美国与欧洲对知识的偏爱存在显著差异：美国人偏重所谓的程序性知识（procedural knowledge），即关注如何使事情得到解决；德国人则偏重对世界进行描述的陈述性知识（declarative knowledge）。拉宾格（Jay Labinger）发现，以知识本身为目的者和以知识应用为目的者之间产生了一种“科学战争”，他们关于学术专业功能定位上分别持有的传统知识生产观和新型的知识建构社会观之间存在着矛盾和冲突。① 以纽曼为代表的英国传统大学观就认为，大学在于传授现成的知识，“知识本身即为目的”②。而“知识本身即为目的所指的知识是自由的知识或绅士的知识”③，纽曼认为自由的知识是与实用性、功利性相排斥的，“自由知识立足于自己的要求，不受后果的支配，不期望补充，不受目的的影响，也不会被任何技艺所同化”④。而由于美国实用主义思想主导着美国大学的发展，这种把知识分为自由知识与实用知识的做法在美国从未被完全接受过。美国重视问题的解决和任务的完成，概念驱动的行为结果就是成功的标准，这也正是美国实用主义文化的反映。

传统上以单一学科架构为主体的知识生产模式越来越不适应社会发展的要求，学科间的壁垒必然要被打破。二战以来，涌现了大量解释知识生产问题的名称各异的知识创新模式（见表3-4），这些知识创新模式并不是纯粹的概念与理论抽象，而是在认识与实践两个层面得到统一。这几种知识创新模式的共同点是它们都不遵循“学科导向”（discipline-oriented）的逻辑，而转化为“问题导向”（problem-oriented）的逻辑。其中，知识生产模式理论受到了最多的关注，在世界范围内产生了巨大影响。据笔者使用 Google 学术搜索显示，截至 2011 年 10 月 11 日《The New Production of Knowledge》被引用次数为5,076，而 2012 年 1 月 28 日其引用次数为 7,765，其引用数量之大增速之快是很惊人的，足见其影响力之大。

---

① Jay Labinger. *The Science Wars and the Future of the American Academic Profession.* Daedalus,1997(4):201-220.

② ［英］约翰·纽曼．大学的理想［M］．徐辉等译．杭州：浙江教育出版社，2001：23.

③ ［英］约翰·纽曼．大学的理想［M］．徐辉等译．杭州：浙江教育出版社，2001：31.

④ ［英］约翰·纽曼．大学的理想［M］．徐辉等译．杭州：浙江教育出版社，2001：28.

表 3－4　　9 个流行的关于知识生产创新的概念

概　念	作　者（出版时间）
终结科学（Finalization science）	Böhme et al.（1983）
战略研究（Strategic research）	Irvine and Martin（1984）
后常态科学（Post-normal science）	Funtowicz and Ravetz（1993）
模式 2（Mode 2）	Gibbons et al.（1994）
创新系统（Innovation systems）	Edquist（1997）
学术资本主义（Academic capitalism）	Slaughter and Leslie（1997）
后学院科学（Post-academic science）	Ziman（2000）
三螺旋（Triple Helix）	Etzkowitz and Leydesdorf（2000）
创业型大学（Enterprise university）	Marginson and Considine（2000）

二、知识生产模式与模式转型

如果以一种历史的视角来审视大学自 19 世纪以来在知识生产方式上的变化，我们发现大学实际上经历了两次根本性的转变，或称两次“学术革命”（Academic Revolution）：第一次是 19 世纪初，以柏林大学为代表的德国大学模式，将新知识的发现作为其学术目标，知识的生产开始成为大学的一项主要目标和功能；第二次是从 20 世纪后期开始，通过知识转化，将大学产生的知识、技术转移到经济活动中，成为大学在知识传授与知识生产之后具备的又一学术功能。大学成为社会发展的引擎，不断将知识转化为技术创新的源泉，并进而通过知识的传播与应用实现其经济价值，使之成为整个社会的财富。

吉本斯知识生产模式理论是探讨教育博士乃至所有专业博士学位产生与发展背景的重要解释工具。1994 年吉本斯等人出版《新知识生产》（The New Production of Knowledge），提出知识生产模式 1 与知识生产模式 2 的概念。模式 1 是洪堡大学以来的近代型知识生产模式，主要指在单个学科内以认知为目的的知识生产，即以学科体系和有形学院构成科学的源起组织和制度基础，在这种知识生产模式中，“科学”与“研究”同义，是一种学院科学或者纯科学研究。而“知识生产模式 2 在应用的环境中运作，问题不是被设定在学科框架内，而是跨学科的或多学科的。它被实施以非等级、分类组织的形式，本质上是短暂的。它没有被框定在大学结构中而被制度化”①。

模式1指柏林大学创立以来的知识生产模式，致力于纯粹的科学研究，问题的设置和解决在学术共同体内特定学术背景中进行。伴随着科学研究的发展和学术共同体的强化，学科分化加剧，进而造成学科组织制度化，并随着学科专业的分层细化产生等级制。知识生产局限在单个学科之内，大学和研究者在具体的研究实践中形成学科型结构。这种学科型结构在现代科学研究与知识生产的管理和组织运行中发挥着主导性作用。伴随学科型结构而来的是专家系统，在现代所有的学科领域中，专业化被认为是增进知识、形成学科研究范式的一种可靠途径。在人才培养方面，学生被引入植根于大学的学科共同体，被要求运用学科的理论和方法，采用“科学的”“客观的”研究模式，致力于获得一个更丰满更准确的知识结构和理论体系。大学独立为学生提供教育和技能训练，其研究成果的质量由诸如同行评议和公开发表这一确定框架所审核与控制。

毋庸置疑，这种学科型、专业化的知识生产模式大大促进了现代科学技术的飞速发展。但其狭隘性也不容忽视：学科壁垒严重，科学研究与社会利益相脱节，新知识传播和应用的渠道不畅通。吉本斯等人认为，自20世纪80年代中后期，伴随着知识经济的到来，一种不同于传统知识生产模式1的模式2开始出现。知识生产模式2跨越了模式1存在的学科边界问题，研究问题的选定和解决途径不是被设定在单一学科框架内，而是跨学科或多学科的。学术网络和无形学院构成知识生产模式2的源起组织和制度基础，因而，它是非等级、异质性的组织，形式灵活易变，不同背景的知识工作者如学者、研发设计者、生产工程师、熟练技工和社会科学家聚集在一起，促进了不同学科的交叉与融合，刺激了知识创新。模式2的发展导向由学术型转变为应用型，知识生产的场所呈现出“社会弥散”的特征，“来自各领域的要素被整合于知识生产的全过程之中，其解决方案同时包含了理论与经验、认知与非认知的成分，具有极大的‘异质性’特征”②。模式2知识生产直接关系到公众的现实利益，因此

① Michael Gibbons, et al. *The New Production of Knowledge: the Dynamics of Science and Research in Contemporary Societies*. London: Sage, 1994: vii.

② Michael Gibbons, et al. *The New Production of Knowledge: the Dynamics of Science and Research in Contemporary Societies*. London: Sage, 1994: 179.

社会问责渗透到知识生产的整个进程之中，不仅反映在对研究结果的阐释和传播中，还体现在对研究项目优先次序的设置上。因此，它不再是一个自容性的活动，必须接受多方主体的质量问责，知识生产在理论上、模型上、方法上和技术上已经超越学术机构的边界。虽然同行评议也存在于模式 2 中，但是它吸收了一系列更广泛、更暂时以及异质性的实践者，并在一个具体的和局域性的背景下协商合作。二者的区别见表 3－5。

表 3－5　　两种知识生产模式对比

知识生产模式 1 型	知识生产模式 2 型
知识是在学术共同体所控制的环境中产生的	知识是在应用的背景中生产的
大学和专家是知识生产的中心	知识生产的场所和从业者呈"社会弥散性"和"异质性"
质量控制的主要途径是同行评议	具有更为宽泛的质量控制系统
学科内	跨学科或超学科
学科分化，为知识而知识，知识推动，自主研究	更多的协作，问题导向，实践牵引，自反性强

资料来源：Helga Nowotny，Peter Scott and Michael Gibbons. *Re-Thinking Science*：*Mode* 2 *in Societal Context*.. 见 www. helga-nowotny. at/documents/Nowotny_Gibbons_Scott_Mode2. pdf.

吉本斯等人提出知识生产模式 2 与模式 1 形成鲜明对比的五个典型特征：

第一，应用的情境。知识生产模式 1 的问题植根于研究性领域，其设置及其解决是单个学科内以认知为目的的，由各级学术组织分层管理，由同行专业群体认可，问题的界定基础与应用之间的界限非常清晰。而模式 2 中知识植根于广阔的应用情境，与实际应用紧密联系在一起，问题源自经济和社会的领域中产生的现实逻辑，而非学科知识发展的逻辑。在这种模式中，基础与应用之间、理论和实践之间是来回往复不间断地运动的，因此，基础与应用、理论与实践之间的界限变得模糊。该模式的组织结构松散，始终围绕研究任务展开。

第二，跨学科。知识生产模式 1 具有高度学科性，而模式 2 由于更多地源于实际问题，因此具有天然的跨学科性质。跨学科不像学科内或多学科，它不必源于原已存在的学科也不总致力于新学科的形成。这种创造性的行动存在于动员发动和管理这些观念和方法论的能力。跨学科势必造成研究者和其他参与者的结构一直变化，经常组建暂时性的工作团队。

第三，异质性。知识生产模式 1 把知识生产的中心集中在大学的各个院系，而模式 2 的生产空间则突破传统单一的大学这个中心的束缚，知识生产的场所呈现出“社会弥散”性，而从业者更加地“异质性”，社会各个机构或个人都出于自身的需要参加到知识生产的过程中来。

第四，自反性/社会问责，更多反思性。传统单一认识论的思想已被多视角的思想所取代，每一个视角适合某一个地方。研究过程不再被动地定性为对自然（或社会）世界的客观调查，相反，它已经成为一个辩证的过程，一个也许无终止的在研究者和研究对象之间紧张的对话，研究的基本词汇（who，whom，what，how）处于失去重要性的危险之中。在研究系统的组织层面，一个根本性的变化是从“自治文化”转变到“责任文化”。① 新知识的后果不再被视为研究过程之外的事，问题解决的环境直接影响主题的选择、研究设计和结果用途。

第五，新的质量控制。在质量监控上，模式 1 的关注阈限于知识和学术本身，采取传统同行评议、学术研讨等方式；模式 2 则成了一个综合的多维度的概念，主体不同，其评价标准就不同，所以要兼顾各方面的利益诉求。“研究的标准和质量控制不再由学科及同行评价所决定；其他社会的、政治的和经济的标准在应用的情境中出现。越来越难以判断什么是好的研究。”② 由于知识生产区域和生产主体的社会弥散性，其质量问责也必然渗透到知识生产的整个进程。“知识生产变成社会问责和反思。研究在新的合法性的压力之下。它越来越取决于社会价值和政治目的。”③ 模式 2 知识具有评价的多维标准。除了来自同行的评价，市场竞争力、效益及社会接受程度等在决定模式 2 知识产品的质量中也发挥着重要的作用。虽然科学的卓越仍然是必不可少的标准，但很明显的是更多来自科学之外的标准，包括经济的、政治的、社会的或文化的，都必须整合在一起。这意味着我们必须学会与多种定义的质量标准共处，这使

---

① Helga Nowotny, Peter Scott, Michael Gibbons. *Re-Thinking Science: Mode 2 in Societal Context.* 见 www.helga-nowotny.at/documents/Nowotny_Gibbons_Scott_Mode2.pdf.

② Michael Gibbons, et al. *The New Production of Knowledge: the Dynamics of Science and Research in Contemporary Societies.* London: Sage, 1994: 8.

③ Michael Gibbons, et al. *The New Production of Knowledge: the Dynamics of Science and Research in Contemporary Societies.* London: Sage, 1994: 71.

得辨识、优先和选择质量的过程严重复杂化，而政策制定者和财政部门更加依赖这一过程。

模式 2 的一个特征是知识在“应用的情境”中生产。科学不再是一个自治的空间，与社会其他部分清晰隔离。模式 2 知识生产与社会的更加复杂性同时发生，导致二者内在不确定性的增加。模式 2 知识生产超越了模式 1 学科知识，通过异质性和多样性，市场和文化模糊的分类，挑战了现代性状态下的功能区分的秩序性的图景。概言之，模式 2 的特征主要是：应用的情境、跨学科、异质性、自反性/社会问责、新的质量控制。

在知识生产过程中，“人性”扮演了一种特别的角色。尽管许多人类学家拒绝“人性”这个词汇，传统观念认为人文学科是最有学术性和公正性的学科，最远离应用和情境化，它们的用途几乎完全内部化。吉本斯等人在《知识的新生产》中挑战了这个观点，取而代之的是，视人文学科为所有学科中最吸引人的，不仅因为它们不可避免地包含反思的观念，这些观念是对自然的，甚至是社会的、科学规范和方法论的怀疑。

胡夫（Anne Huff）概括了模式 2 与模式 1 的不同：模式 1 可以概括为“科学家寻求科学真理”。工作是以学科为基础、大学为中心的，由高度训练的个体来主导。它主要是认知的，由同行评议与应用。模式 2 的特征是从应用中生产知识。其实践者通常在模式 1 机构中获得学科训练，但他们的工作倾向是跨学科的。模式 1 是分等级的（hierarchical），模式 2 是异构结构的（heterarchical），它是基于群组的而非聚焦于个体工作。模式 1 生产者担心认证和检验，模式 2 是在使用中得到验证。模式 1 对即时应用不感兴趣，而模式 2 倾向于即时性效果。①

按照知识社会学的思路，可以对知识生产模式 2 的内在属性进行分析。从“生产什么知识类型”的角度来看，知识生产模式 1 主要围绕学科理论知识，而模式 2 主要围绕实践应用知识；从“谁生产知识”的角度来看，知识生产模式 1 的生产者主要是学科专家及其接班人，而模式 2 的生产者范围更广，包括学科专家、专业实践者、社会组织、政府、社区等诸多利益相关人；从“如何生产知

① Anne Huff. 1999 Presidential Address: Changing in Organizational Knowledge Production. *Academy of Management review*, 2000(1): 288 – 293.

识”的角度来看，知识生产模式1主要局限在大学甚至是学科内，依据学科知识的内在逻辑，不断完善和扩展，其目的是“为知识而知识”，而模式2的生产空间主要框定在大学、专业和工作三者的重叠区域，整合了三方的利益诉求，其目的不再是单纯的知识目的，应用的目的已经非常明确。

三、对知识生产模式的讨论

吉本斯及知识生产模式理论在西方社会赢得了巨大声誉，同时也成为争论的焦点。反对者指责它试图为随意的政策咨询式的研究赋予合法性，但支持者则赞赏把象牙塔的科学更加接近于大学围墙之外的真实生活。

知识生产模式2理论的提出，获得了两种不同的评价：有的大为赞赏，也有质疑和批判。有学者认为，“尽管吉本斯等人提出了知识生产的两种模式，但他们对这两种科学知识生产模式的分析主要是基于现象的归纳和比较，不同模式之间的历史联系及其进化的机理远没有得到合理的解释，事实上，‘模式1’和‘模式2’的表述方式，本身就表明吉本斯等人在敏锐地意识到科学知识生产方式变化的同时，仍然没有形成对这种变化本质的深入认识”①。为此，2001年诺沃特尼（Helga Nowotny）、司考特和吉本斯三位学者出版了《重新思考科学：不确定时代的知识与公众》（Re-Thinking Science：Knowledge and the Public in an Age of Uncertainty）一书，论证了知识生产模式2具有后现代性和协同发展性，期间还发表了多篇论文进行辩解。他们从三个方面对知识生产模式2进行了辩护。第一，三位学者从高等教育社会学的视角提出当代社会变革对大学知识生产的重要影响，认为当代社会进入了“知识社会”和“风险社会”(Risk Society)。第二，该论著将知识生产模式2的观点扩展到大学系统之外，认为大学、产业界及政府等各社会部门各领域之间的边界正在趋于模糊，相互依赖性日益加深。第三，产业界、政府及大学等机构都在知识生产过程中发生着职能与角色的变革，具有高度情境化的知识生产模式2能够创造出不同于模式1的“社会关涉性知识”。② 他们指出知识生产模式的根本性变化是从“自治文化”转向“审计文

① 李正风．科学知识生产方式及其演变[D]．清华大学博士论文，2005：18.

② Helga Nowotny, Peter Scott, Michael Gibbons. *Re-thinking Science: Knowledge and the Public in an Age of Uncertainty*. Cambridge: Polity Press, 2001.

化”，而导致知识生产模式转型的主要社会情境有：科学研究商业化；高等教育系统的快速发展；人性在知识生产中的特殊角色；全球化；来自知识生产更广泛分布和更深入反思导致学科组织结构重组；对模式2知识的管理。①

应当承认，知识生产模式的理论不够完善，还在不断修正。比如，当吉本斯第一次表述这个问题时，他清楚地认为：“模式2不会取代而是补充模式1，事实上，模式2源于模式1。”但其后不久，他考虑到模式2正在变成主导的程度，因此倡导直接教授模式2技能，而不再把它作为补充性的辅助了。② 吉本斯等人宣称尽管模式2知识在很多方面偏离了传统上用于评价研究质量的价值和规范，但是它与模式1有同等的合法性。1994年吉本斯等人说：“我们正经历着科学、社会和人文知识生产方式的根本变革。传统的以理论独尊、实验性科学、学科内部驱动、以大学为核心的知识生产范式模式1，正在被新知识生产方式，即模式2所取代。”③但到了2000年，吉本斯等人又认为，新的实践不会摈除旧的，也不是模式1屈从于模式2，更可能的情况是两者将长期继续共存。④ 2003年诺沃特尼、司考特和吉本斯三位学者又发表了题为《再谈模式2：新知识生产》的学术论文，对1994年《新知识生产》和2001年《重新思考科学》的相关观点进行了再论证。他们指出，模式2知识生产观是应经济全球化、知识社会、高等教育大众化和学术商业化等社会重大变革而兴起的，对国家创新和社会经济发展具有重要战略意义。⑤ 实际上，两种知识生产模式存在着一种内在的互动关系。“模式2是从模式1的学科矩阵中演化出来，并且将继续与之共存。”⑥ 如果没有模式1之下的研究

---

① Helga Nowotny, Peter Scott, Michael Gibbons. *Re-Thinking Science: Mode 2 in Societal Context*. 见 www.helga-nowotny.at/documents/Nowotny_Gibbons_Scott_Mode2.pdf.

② Michael Gibbons. Higher Education Relevance in the 21st Century. Paper Prepared for the UNESCO World Conference on Higher Education, Paris, France, 5 – 9 October1998:33.

③ Michael Gibbons, et al. *The New Production of Knowledge: the Dynamics of Science and Research in Contemporary Societies*. London: Sage, 1994:18.

④ Michael Gibbons. *Universities and the New Production of Knowledge: Some Policy Implications for Governmen*. // Andre Kraak. *Changing Modes: New Knowledge Production and Its Implications for Higher Education in South Africa*. 2000:41.

⑤ Helga Nowotny, Peter Scott, Michael Gibbons. *Mode II Revisited: The New Production of Knowledge*. Minerva, 2003(41):179 – 194.

⑥ Michael Gibbons, et al. *The New Production of Knowledge: the Dynamics of Science and Research in Contemporary Societies*. London: Sage, 1994:17.

工作的存在，研究工具的发展即使是在模式2之下，也会迅速地枯竭。从模式1到模式2应是良性循环，因此，应该要求在两种模式下进行知识生产的学者们能够相互交流。

在笔者看来，后面的看法更为准确。世界各国的知识发展水平差异悬殊，即便在一国之内，不同层次、不同类型的大学肩负的职能也不相同。模式2的出现是一个缓慢的过程，其发展或取得社会的主导地位更应该是一个漫长的过程，但可以确信的是：知识生产的模式越来越从传统的基于学科的知识生产模式1转向基于实践应用的知识生产模式2。安格（Ien Ang）认为："知识生产模式2不会取代传统的知识生产模式1的学科结构，只会补充它并与之互动。"① 麦克威廉姆斯（Erica McWilliams）等人也认为，模式1和模式2这两种研究是相辅相成的，将会长期共存下去。②

英国著名学者司考特等人认为吉本斯提出的知识生产模式1与模式2理论有局限性，他们认为更为重要的是"大学理解的方式和学术知识与专业知识之间建立关系的过程"③。司考特认为，现代型知识生产模式已经由传统的社会价值、古典分析、纯理性思辨知识转向知识的改良和创造力。传统上，大学从事基础科学研究是受好奇心驱使的，而现在已发生了根本性的变革，由传统的基础科学研究向基础与应用科学相结合的方向转型。④ 毋庸置疑，知识生产模式的转型必然受到众多因素的影响，比如，政府投入减少和大学经费来源渠道多元，迫使传统的科学研究模式让位于现代应用性的科学研究。司考特在阐述后现代社会的五大特征时，指出自反性是其中的一个重要特征，作为对这一特征所呈现的形式的解释，他认为知识的生产者和使用者的边界已经模糊，这说明大学长久以来所独有的功能——知识的生产和发展，在后现代社会中正在逐渐削弱。

实际上，两种知识生产模式并行不悖，而且完全可以相互补充。吉本斯指

---

① Ien Ang. Who Needs Cultural Research? 见 http://www.fas.harvard.edu/~chci/papers.html.

② Erica McWilliam, et al. *Research Training in Doctoral Programs: What Can be Learned from Professional Doctorates?* Canberra: Department of Education, Science and Training, 2002: 41.

③ David Scott, et al. *Professional Doctorates: Integrating Professional and Academic Knowledge.* Berkshire: McGraw-Hill Education. 2004: 42.

④ Peter Scott. *Changing Players in a Knowledge Society.* //Gilles Breton, Michel Lambert (Ed.). *Universities and Globalization: Private Linkages, Public Trust.* París: UNESCO Publishing, 2003: 211 - 222.

出:"尽管知识生产模式1和模式2有完全不同的生产模式，但它们彼此相互影响。在科学学科里培养出来的专家确实从事了知识生产模式2的研究工作。虽然有些人会回到原初的学科阵营，但也有一些人会选择从事诸多应用情境所设定的复杂问题的解决工作。与此相反的是，超学科知识生产的某些成果，特别是新的研究工具可以成为多种学科发展的一部分，并能促进这些学科发展。"①

四、知识生产模式转型对高等教育的影响

鉴于知识生产在高等教育中的基础地位，由于知识生产模式2的来临，高等教育等学术机构的运作模式也必然会发生根本性的变化。知识生产模式2是基于用户实际知识需要的知识生产模式，其基本的特征是知识生产围绕客户的需要来进行。知识生产模式2对大学传统的办学理念提出了挑战，要求高等教育做出以下两个方面的转变：

(一) 大学办学理念的转变

在知识经济条件下，知识生产的动力来源主要有三个：一是社会需求，知识的生产同其他产品一样，也是在市场需求的拉动下才不断深化发展的；二是知识本身发展的需求，知识生产具有较强的内生性，即知识能够再生新知识；三是社会供给，从某种意义上讲，在经济利益的驱动下知识生产和知识供给是先于社会需求并在不断创造社会需求的。当然，这些市场化的因素将不可避免地弱化大学教育理念，消解大学学术自由，分化大学价值追求，最终使大学出现内在的分裂。

20世纪60年代以来，伴随教学科研和社会服务能力的提高，大学逐渐进入经济社会舞台的中心，开始在社会生产和生活中扮演主角，成为美国后工业经济社会的"发动机"和"动力站"，成为"仅次于政府成为社会的主要服务者和社会变革的主要工具……它是新思想的源泉、倡导者、推动者和交流中心"②。大学的办学理念随之也发生了深刻转变，大学的办学模式也随之改变，

---

① Michael Gibbons. Innovation and the Developing System of Knowledge Production. Paper Presented at Centre for Policy Research on Science and Technology at Simon Fraser University Summer Institute on Innovation, Competitiveness and Sustainability in the North American Region, 2001. 见 http://edie. cprost. sfu. ca/summer/papers/Michael.

② [美]约翰·布鲁贝克．高等教育哲学[M]．王承绪等译．杭州:浙江教育出版社,2001:19.

大学更加主动地参与到社会变革和生产活动中。尤其是20世纪后期，科技革命浪潮迭起，其中大学发挥着重要的“引擎”作用，“斯坦福—硅谷模式”的成功迅速成为一种大学与产业界互动的新模式。新模式要求大学知识生产具有市场化、商业化功能，大学必须广泛地与市场、产业联合。这时“以问题为本”的知识生产模式就成为一种必然。斯劳特（Sheila Slaughter）和莱斯利（Larry Leslie）把这种趋势命名为“学术资本主义”(Academic capitalism)，即一种市场导向和知识生产与转化方式。这种以问题为导向的知识生产模式，不再拘泥于学科和范畴的规则，更多地体现着跨学科、综合性的思想。这时学科建设退至问题发现、问题诠释和问题解决之后。

（二）大学办学模式的转变

知识生产模式2理论符合知识经济社会发展的大背景，适应了大学自身发展的需要和社会经济发展对大学的更加多样化的要求，已经并将对高等教育的发展产生广泛而深刻的影响。1994年吉本斯提出，大学的社会职能已经从知识拓展和智性训练，向创造经济财富的职能发展，这使得大学在知识生产过程中必须向跨学科及跨机构方向转变。大学也由学科型组织转化为应用诉求导向的服务型组织。社会分布式知识生产使得大学与来自社会实践领域的其他知识生产者融为一体。大学中的知识生产正在从“传统型基础科学研究向基础和应用型科学研究相结合的方向转型”①。大学的知识生产更多地趋向于以应用性问题为导向，打破了原有的学科壁垒，大量的跨学科研究进入大学，学术发展日益呈现多元化的倾向。同时，大学知识生产的需求者和利益相关者也日益多元化，不同参与者的利益诉求都要求得到反映，传统的研究反而变得日益罕见。在知识型经济日益强势的社会中，已经变成“学术型企业”的大学正面临如何在变革与保持传统价值之间做出选择的挑战。

人们越来越认识到知识经济，既是知识生产新模式的一种催化剂，也是其结果。这些知识生产的新模式需要构建知识生产者之间的新关系，只有一些是在大学内设置。这其实是强大的动力，政府、大学和工业界重新审视现有的博士生教育模式。当今时代是创业型大学（entrepreneurial university）的时代，

① Peter Scott. *Changing Players in a Knowledge Society.* //Gilles Breton, Michel Lambert (Ed). *University and Globalization: Private Linkages, Public Trust.* París: UNESCO Publishing, 2003: 221–222.

要求学术、产业与政府之间建立新的关系，其运行机制将是至关重要的。而对大学知识贡献的评价而言，科学标准和功利标准共存，而且各方都是质量问责的主体，其间的关系不断地进行调和与博弈。澳大利亚专业博士的发展动力就来自于高等教育的普遍变革，受政府政策的驱动，要求教育机构训练满足经济与工业新需要，政府政策更明确地与专业工人和工作场所相联系，最终使高等教育尤其是博士生教育为国家的经济发展做出更大的贡献。

大学正在成为"学术资本主义"的企业化组织。在这种组织中，所有的参与者"既被公共部门所雇佣又日益倾向于独立于公共部门，既是来自公共部门内的充当资本家的学者，又是受政府资助的企业家"[①]。传统的院系组织有着特定的学科规范和价值观，研究者通常根据院系组织来确认自己的身份。新的研究组织按"研究问题"将知识生产者和利益相关者召集在一起，形成了跨系、跨机构和跨学科的协作，显得更灵活和更有效。[②]

大学由独立机构向"产学研联合体"转变。在知识生产模式2的背景下，大学与其他机构组织实现实质性的联合，结成"产学研联合体"。目前，已经有大学之外的企业、工业实验室、研究中心、咨询机构在面向用户独立地开始相关的知识生产和颁授博士学位的人才培养。"在这一点上，大学和公司的界限是模糊的。吉本斯等人曾经指出大学变得更像公司，而公司正变得更像大学。例如公司给员工带薪休假时间和其他形式的培训机会。"[③] 但由于各自的优势和劣势，它们之间的联合将成为一种必然。伴随着这种转型，大学中的师资构成将走向多元化，如企业技术人员开始担任大学的"产业教授"。知识生产者与知识型生产组织之间的关系也发生了质的变化，已经不再是传统意义上的雇佣关系，而是新型的共生关系。"知识模式的重组意味着大学的革新而不是终结。现代大学制度的伟大之处在于，它可以成为现代知识社会中相互交流的最重要场所……用哈贝马斯的认识论术语来说，大学必须再次把知识和人类兴趣联合起来。"[④]

学者和教育家学术共同体治理模式逐渐向教育家和企业家管理模式转变。

---

① Sheila Slaughter, Larry Leslie. *Academic Capitalism: Politics and the Entrepreneurial University.* Baltimore: John Hopkins University Press, 1997: 8.

② Peter Scott. *The Meanings of Mass Higher Education.* Buckingham: Open University Press, 1995: 76.

③ [英]杰勒德·德兰迪．知识社会中的大学[M]．黄建如译．北京:北京大学出版社,2010:131.

④ [英]杰勒德·德兰迪．知识社会中的大学[M]．黄建如译．北京:北京大学出版社,2010:7－8.

随着知识生产的转型，大学应对环境的复杂化，大学会越来越像企业，大学也越来越需要企业家和管理者，尤其需要企业家的创业精神。“大学的院长和系主任变得更像管理者而不是学者。过去大学校长被培训成为道德领袖，但是在过去几十年的高等教育改革中他们逐渐被迫成为企业家。”① 实际上，这种治理模式的变化在世界范围内的大学中已经开始出现。原来就具备较大权力的英美大学校长权力进一步扩大，而原来基本上没有什么权力的法国大学校长、德国大学校长也逐步增加了行政权。

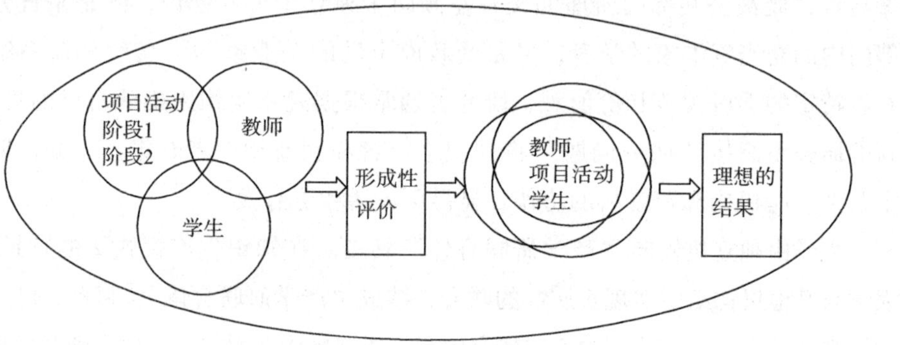

图3-1 整合博士项目的因素以获取想要的结果

资料来源：Donald Wulff. *Using the Alignment Model of Teaching Effectiveness.* //Donald Wulff, et al. (Ed.). *Aligning for Learning: Strategies for Teaching Effectiveness.* Bolton: Anker Publications, 2005: 3 – 15.

教师与学生之间互动的质量至少与正式的项目设计和要求一样重要。在《塑造学者：创新思考 21 世纪的博士生教育》（The Formation of Scholars: Rethinking Doctoral Education for the Twenty-First Century）的报告中，作者们建议，大学可以通过大量的学术活动来吸纳学生和教师进入智力社区，吸纳学生全面参与系的学术生活，包括对课程的合作，分享跨越机构的研究，开放其他课堂，允许学生存在缺陷和失败，留出反思时间，为智力社区创造实体空间和社会活动。② 如图 3 – 1 所示，博士生培养的三大核心要素包括学生、教师和项目活动。传统上，三者的关系并不密切，相互交叉的部分很小，影响了博士

---

① [英]杰勒德·德兰迪．知识社会中的大学[M]．黄建如译．北京：北京大学出版社，2010：131.

② George Walker, et al. *The Formation of Scholars: Rethinking Doctoral Education for the Twenty-First Century.* San Francisco: Jossey-Bass, 2008: 85, 127 – 133.

生教育的效率和效果，原因在于博士生教育模式1注重的是结果性评价，相对忽视了培养过程和教育主体的积极性发挥。而通过整合博士生教育的三大核心要素，以形成性评价为重点，教师、学生和项目活动的重叠区域明显增大，这对提高博士生教育的效率和效果具有积极的价值，容易达成理想的目标。

知识生产模式2要求变革大学的办学模式，实现从传统学科知识的生产者向解决复杂问题知识的创造者的转变。

五、知识生产模式转型对博士生教育的影响

大学作为知识生产、传播和推广的机构，伴随着知识模式的转型，也必然要实现自身的转型，博士生教育的理念和模式也必将随之发生转型。芬克(Dieter Fink)把吉本斯知识生产模式理论引入到分析专业博士与哲学博士的关系中，认为哲学博士培养模式是与知识生产模式1相适应的，而世界范围内专业博士生教育的兴起是与知识生产模式2密切相关的。专业博士研究生教育在创新和灵活性方面、提升工业和专业实践方面发挥了强大作用。专业性应用知识被合法化是由于其结果或能力能够提升社会经济系统的效率和效果。各种知识不再是分离的，知识生产有清晰的规则和特定的管理路线。芬克认为专业博士不是哲学博士的缩水学位，而是另一种选择，并认为随着知识经济的发展，哲学博士将不再占据优势地位。[①] 知识生产模式正由传统的基于学科和范畴的价值取向，转向基于应用和实践为主导的价值取向，德兰迪(Gerard Delanty)把它称为"顾客模式"(client-model)[②]。伴随着知识生产模式的转型，博士生教育的理念和模式也随之发生转型。

传统的博士生培养模式是与知识生产模式1相适应的，以单一的学科为基础。在很大程度上，博士生教育在世界范围内的变革都是在回应大学知识生产模式的转型。博士学位类型的多样化是与知识生产模式的转型密切相关的。专业型博士学位的培养模式就与知识生产模式2有内在的统一性。"专业型博士

① Dieter Fink. The Professional Doctorate: its Relativity to the PhD and Relevance for the Knowledge Economy. *International Journal of Doctoral Studies*, 2006(1): 35-44.

② [英]杰勒德·德兰迪. 知识社会中的大学[M]. 黄建如译. 北京:北京大学出版社,2010:126.

的崛起体现了新的知识主体（拥有研究技能的专业人士）、新的知识（与实践情境紧密结合的新的知识形式）和新的知识生产情境（工作场所与实践领域）三者的结合。”①

知识生产模式2的工作焦点从大学学科转移到工作场所，即知识生产是在应用的情境中。某种程度上，传统的高等教育模式受到威胁，即大学不再被视为知识生产的专有之地，尽管大学仍然保留其认证功能和绝大部分市场。司考特强调大学的这种生产地位在当前经济理性环境中的重要作用。芬兰学者布汝恩（Henric Bruun）等人强调在新的历史条件下，博士生教育必须培养能够适应知识生产模式2的博士毕业生。② 澳大利亚学者马克（Tennant Mark）认为，知识经济社会必然会带来传统哲学博士的培养模式的改变，它不仅促进了专业博士的发展，而且也重塑了传统哲学博士的培养模式。在此背景下，博士生教育的主体不得不从“自主的自我”转变为“具有创业精神的自我”(enterprising self)。③“毕业生们意识到拥有一个证书不再是获得一份终身工作的通行证。相应地，许多人愿意通过大学教育来发展他们可迁移的技能。”④伊万斯（Terry Evans）在1997年发表的一篇文章中，概述了专业博士学位研究生教育出现后所带来的一些新变化，他认为专业博士学位研究生教育使得大学更加具有灵活性。⑤

知识生产模式2更能适应全球市场经济的趋势。在知识生产模式1情境中，学生个人所开展的研究课题多是自行选择，一般在理工科领域，课题的主题由其导师来选定。从合理运用国民投资的角度出发，这些没有合适职位的博士毕业生已构成国家资源的一种浪费。知识生产模式2的特征就是一组学生和高级研究者共同进行项目研究，这些研究对政府和个体利益都应具有价值。研究团队经常是跨学科、跨机构性质的，很多情况下研究工作本身就包括来自不同国家、多种文化以及不同大学的团队。知识生产模式2的研究还包括大学、

① 陈洪捷．知识生产模式的转变与博士质量的危机[J]．高等教育研究,2010(1):57－73.

② Henric Bruun, et al. Moving to Mode 2: re-mode-ing Research Education in University Departments. *International Journal of Learning and Change*,2005(1):46－65.

③ Tennant Mark. Doctoring the Knowledge Worker. *Studies in Continuing Education*,2004(3):431－441.

④ [英]杰勒德·德兰迪．知识社会中的大学[M]．黄建如译．北京:北京大学出版社,2010:136.

⑤ Terry Evans. Flexible Doctoral Research: Emerging Issues in Professional Doctorate Programs. *Studies in Continuing Education*,1997(2):174－182.

公司及其他团体的合作。知识生产模式2的迅速出现，使传统的大学院系结构成为大学管理、研究机构、跨学科网络及其革新的障碍之一[①]。由此可见，大学组织的变革势在必行。知识生产模式1向模式2的更迭突出表现为专业博士的代际嬗变。

第三节　专业博士学位的代际嬗变

博士生教育的发展与研究型大学的出现、科学技术的进步以及大学将自己发展成产学研联合体的进程相伴随，同时，博士生教育的发展与变革也受到更广泛的政治、经济与社会变革的影响。在强调知识创新的背景下，美国博士生教育的发展也正经历着以学科知识驱动向以工业模式驱动的转变。

纵观10余年来全球范围内对博士生教育质量的讨论，笔者认为博士生教育质量之所以成为问题，深层次的原因在于当下知识生产模式的转型。为了回应知识生产模式的变化，当代博士生教育已经进行了一系列的调整和改革，如增加博士学位的类型、培养模式的多样化、跨学科培养博士、与工业界合作培养博士等等。[②] 历史上最早的神学、法律和医学博士都属于专业博士学位的类型，早在13世纪的巴黎大学就已存在，比始于19世纪柏林大学的现代哲学博士学位古老得多。但是现代意义上的专业博士学位却是20世纪之后的事，1920年哈佛大学设立第一个专业博士学位，而在世界范围内的快速发展更是20世纪末的事情，澳大利亚和英国在1990年前后才开始设置专业博士学位。

一、第一代专业博士学位：哲学博士+课程

1997年澳大利亚学者麦克斯韦尔（Tom Maxwell）等人指出大多数早期的专业博士学位只是与哲学博士学位结构性不同而已，仍然囿于狭隘的学科中心，其实质可以概括为“哲学博士+课程”模式，学术仍然是主导。[③] 美国的

---

① Maresi Nerad, Mimi Heggelund. *Toward a Global PhD? Forces and Forms in Doctoral Education World-wide*. Seattle: The University of Washington Press, 2008: 305 – 306.

② 陈洪捷．知识生产模式的转变与博士质量的危机[J]．高等教育研究，2010(1): 57 – 73.

③ Tom Maxwell. From First to Second Generation Professional Doctorate. *Studies in Higher Education*, 2003(3): 279 – 291.

教育博士就长期存在与哲学博士趋同的现象，“事实上，教育博士与教育学博士在培养方案方面的区别是微乎其微的，所需的经验（课程）和成果（论文）惊人地相似”①。2003 年麦克斯韦尔明确提出区分第一代与第二代专业博士学位，把“哲学博士 + 课程”模式的专业博士归为第一代。第一代专业博士学位强调专业理论与专业技能的应用，其基本理念是博士研究者针对实践情境开展研究，但置身于实践情境中，生产出能够解决实际问题的科学知识。在这一理念指导下，专业博士学位的培养目标突出了扎实的理论知识基础和解决实际问题的能力，而对培养“研究型专业人员”这一使命重视不够。专业博士学位的论文与哲学博士同等对待，标准主要是学术，而非应用。也就是说，第一代专业博士学位并没有表现出不同于哲学博士学位的特色。

从美英澳等国颁布的专业博士学位的政策文本来看，人们对专业博士学位的内涵与外延界定的分歧日益扩大。英国国家经济和社会研究委员会（National Economic and Social Research Council，ESRC）认为专业博士学位的出现是博士教育领域令人振奋的创新，通过帮助专业博士生开发和应用学术和专业知识，发展他们的专业实践。为了实现这一双重目标，研究通常在专业博士生自己的专业场所之中，专业博士生培养与专业相关的实际问题密切互动，达到同时促进个人和专业两方面发展的双重目的。与 ESRC 类似，澳大利亚研究生教育院长和主任委员会（Council of Deans and Directors of Graduate Studies in Australia，CDDGS）认为专业博士学位能够使专业博士生对专业知识和实践做出重大贡献。专业博士生应用他们的研究和学习于问题、议题或其他实质性的方面，提升个体在专业环境中解决实践问题的能力，以求在专业实践中产生重大效益。但随着专业博士的问题越来越多地呈现出来，人们越来越认为：“教育研究和专业实践尽管肯定能为彼此提供好处，然而二者明显属于不同的行为，各自都有很强的独立性和排他性。”② 这种承担“双重目标”的专业博士学位不再适合现代社会。

---

① Lee Shulman, et al. Reclaiming Education's Doctorates: A Critique and a Proposal. *Educational Researcher*, 2006(3): 25 – 32.

② James Guthrie. The Case for a Modern Doctor of Education Degree (Ed. D.): Multipurpose Education Doctorates No Longer Appropriate. *Peabody Journal of Education*, 2009(84): 3 – 8.

二、第二代专业博士学位：混合课程+专业实践

近十年间，在澳大利亚、英国、美国和新西兰，一种特色鲜明的专业博士学位模式已经在发展起来，被称为第二代专业博士学位，其表率在澳大利亚。2000年塞登（Terri Seddon）宣布澳大利亚专业博士学位的新阶段出现了，他把它定性为“为专业实践而不是为对学术知识做贡献的研究服务”[①]。无独有偶，莱斯特（Stan Lester）指出，英国和澳大利亚在20世纪末21世纪初，专业博士学位进入第二代，表现为与专门职业联系更加紧密，更适合专业实践者的需要，有弹性的修习时间、公文包式的研究成果，可称为“实践者博士学位”(Practitioner Doctorate)。[②] 其理念是：研究与实践存在循环式或螺旋式的共存关系，实践者在自己的实践情境中创造和使用知识来解决专业领域的问题。

（一）澳大利亚

专业博士生教育有着不同于传统博士生教育的专业性和实践性特点。学科知识和专业知识这两种来自不同场域的知识共同构成了教育的主要内容，使专业博士生教育的培养目标、模式和质量评价方法由大学、专门职业、工作场所来共同决定。而这些都与研究型博士生教育迥然不同。专业知识在一定程度上重构了大学在社会中的功能和地位，专业博士生教育所处的位置就在大学、专门职业和实践三个不同场所的交汇重叠处。新英格兰大学（University of New England）教育博士是澳大利亚最早设立的专业博士学位之一，强调教育情境和在专业工作场所的学习。其教育博士目标为:“通过与实践联系紧密、应用性强的课程学习和论文写作来提高学生的专业实践能力，满足教育实践者高级研究培训的需要，使学生将学到的研究技能应用到专业工作之中。”[③] 新英格兰大学2002年修订的教育博士计划模式代替了传统的模式，目的是满足繁忙的专业人士的需要以使工作场所成为专业研究的地方，整合了学生、雇主和机构的所谓合作学习。在

---

① Terri Seddon. What is Doctoral in Doctoral Education? The 3rd International Professional Doctorates Conference entitled,“Doctoral Education and Professional Practice: The Next Generation?”, Armidale, 10 – 12 September, 2000: 3.

② Stan Lester. Conceptualizing the Practitioner Doctorate. *Studies in Higher Education*, 2004(6): 750 – 777.

③ Aims of the EdD program. 见 http://www.une.edu.au/education/postgraduate/edd/aims.php. 2011 – 05 – 11.

最近的项目评估中，学生表示从教育博士学习中获得重大的专业收获。

支持这一项目的理论基础是李（Alison Lee）等人提出的“混合型课程”（hybrid curriculum）模式（见图3-2）。“混合型课程”是“三元模式，大学、学生的专业和研究的特殊工作地点，以个性化的方式，在一个特定的组织背景内相遇”。[①] 课程结构最大限度地把理论与实践联系起来。专业博士学位的获得是专业、工作场所和大学的交叉的区域。在这个区域恰好是知识生产模式1与模式2可以相互区别、模式2特征凸显的地方。目标是生产对三方都有益的有用的知识，其中工作也是研究的一部分。在混合课程中大学没有特权，这个模式也指向工作场所，这是人们的生活现实。

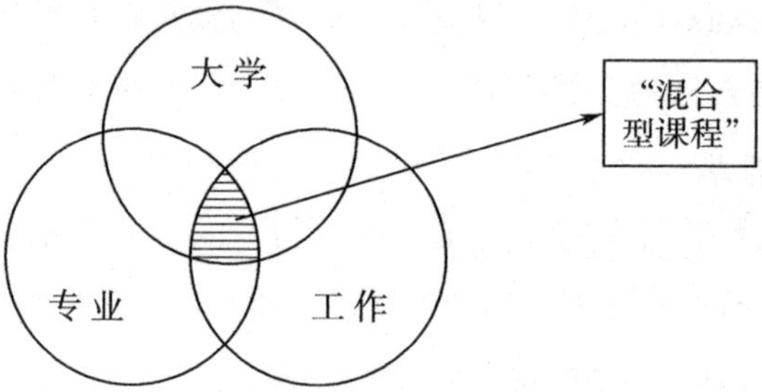

图3-2 专业博士学位的“混合型课程”

该项目实行兼读制。根据经验，攻读专业博士学位的繁忙的高级专业人士不希望被束缚在单一持续的学术研究之中，而档案袋的形式可以使他们参与到自己感兴趣的范围广泛的与其专业生活密切相关的项目之中。档案袋要求清楚地反映对教育实践中一个问题的知识技能的应用，允许若干短期性的一组研究作品，在类型上针对不同的目的和读者，特别是工作场所和专业界的读者，按照矩阵给出不同的结构和逻辑。导师选择在线或面对面讨论等途径让学生获得专业知识。在这个模式中，“混合型课程”被视为专业博士重点研究的地方，档案袋也成为新英格兰大学教育博士的一大特色。

还有很多研究成果表明澳大利亚专业博士学位正在发生清晰的代际嬗变。2000年塞登在西悉尼大学（University of Western Sydney）确认的第二代教育博

---

① Alison Lee, Bill Green, Marie Brennan. *Organisational Knowledge*, *Professional Practice and the at Work*. //John Garrick, Carl Rhodes (Eds.). *Research and Knowledge at Work*: *Perspectives*, *Case Studies and Innovative Strategies*. London: Routledge, 2000: 127.

士的特征包括：在研究和应用性研究方面的培训，论文采用文件包的形式，项目包括研讨会、小组会议和学术会议。塞登还总结了蒙纳士大学（Monash University）教育博士的特点：专业博士学位的演变轨迹，从主要依靠课程内容和个性化监督的教学型专业博士学位，到建立一个学习环境，提供各种支持以方便博士生和工作人员学习。① 尽管如此，调查发现第二代专业博士学位对于工业的影响仍然有限。2000 年麦克斯韦尔使用“混合型课程”的概念为基础，分析了澳大利亚和新西兰 109 个专业博士学位项目中的 72 个，结论是：有证据表明，第二代专业博士学位也已经立足于澳大利亚高等教育。37 个专业博士项目表明其某一方面（研究的关注点、特色或题目）的兴趣在“混合型课程”模式的中心，同时仍然有 20 个项目停留在第一代专业博士学位中，例如，24 个方案的焦点仍突出在大学方面。② 2003 年，麦克斯韦尔的研究结论是专业博士学位已经发展得更加包容专业知识，已经把知识生产模式 2 放在了专业博士学位人才培养的中心。麦克斯韦尔认为，在澳大利亚出现了第二代专业博士。大学和职业场所更强调彼此之间的合作伙伴关系，它们对新知识的生产有更为宽泛和综合的理解。与第一代专业博士不同，第二代专业博士更加重视实践性和专业性知识，其课程也围绕模式 2 的知识生产来组织。

档案袋（portfolio）已经成为创造性评价文科作品质量的主要方式，它为专业博士在专业生活内对感兴趣的问题进行探索提供了潜力。③ 档案袋是一个有组织、旨在促进学生的学术和专业发展，并提供一个评估学位进步的基础性依据，代表学生在课程、自主学习、研究、实习和其他高级学习活动中的目标、计划和完成的深度和范围。档案袋包括一系列具有不同特点的课程作业，这些作业可以不围绕一个共同的主题，最后不需要提交一篇正式的论文，但要提交一篇简短的

---

① Terri Seddon. What is Doctoral in Doctoral Education? The 3rd International Professional Doctorates Conference entitled,“Doctoral Education and Professional Practice: The Next Generation?”, Armidale, 10 – 12 September, 2000: 3.

② Tom Maxwell, Peter Shanhan. Current Issues in Professional Doctoral Education in Australia and New Zealand. The 3rd International Professional Doctorates Conference entitled,“Doctoral Education and Professional Practice: The Next Generation?”, Armidale, 10 – 12 September, 2000: 17 – 20.

③ Tom Maxwell. Defining the (research) Professional Doctorate: Can the Notion of the Creative Arts Portfolio Contribute? Refereed paper prepared for AARE Mini-conference entitled ‘Doctoral Studies in Education and the Creative and Performing Arts’, Newcastle, 2 – 4 October 2003.

课程论文，从而显示博士生的研究能力和知识的增加。档案袋包括一系列研究成果，更适合于兼读制的学生，允许不同形式的学术，形式灵活，更易行，短的论文形式可以满足专业博士生在就读期间更换工作。新英格兰大学和爱迪考文大学以学员的多篇研究论文（需要达到发表水平）构成的档案袋来代替学位论文，但对档案袋文字总量的要求一般要高于对单篇博士学位论文的要求。也有的学校既要求有充分显示学员研究能力的档案袋，又要求有一篇博士学位论文，但博士学位论文字数要求相对少一些。澳大利亚西悉尼大学要求的档案袋中包括6篇研究性论文，其中必须有4篇是公开发表的。与传统的博士论文相比，档案袋被认为更适合于专业博士学位教育，因为它一般是一系列较短的研究报告和与研究主题相关的论文的集合，更关注学生在其工作单位中的理论与实践的提高等。实践档案袋的研究连接了候选人的研究与实践，把研究如何促进实践作为论文的一部分，档案袋既提供自我反思的工具和一个博士生的教育经验，又全面记录学生通向学术和专业目标的学习经历和持续的进步。

澳大利亚教育博士专业学位的论文选题要求以学生实践为导向，围绕学生熟悉的职业领域，以求解决实际问题。教育博士生导师往往具有较为丰富的实践经验，如墨尔本大学的导师要求有教育实践经验，鼓励学生选择两个导师，一个是学术型的，另一个是有实践经验的；有的还聘请其他院系的教授担任；要求导师参加社会兼职，如到中学任职，提高实践经验。昆士兰大学的学生在申请教育博士专业学位资格时都有自己倾向的选题领域，学院会向学生推荐熟悉相应研究领域的教授作为导师；如果学院没有这样的教授，学院会安排两个导师，其中一个是熟悉该领域的校外专家。

（二）英国

英国一些新近发展或修正的专业博士学位代表了第二代专业博士学位，更加平均地植根于学术背景、专业和工作场地或实践，更加接受吉本斯知识生产模式2理论，知识由实践者在其实践环境中创造和使用。苏塞克斯大学（University of Sussex）教育博士的培养目标是为教育和其他公共服务部门有经验的专业人士提供机会，使他们能够以博士的水平去解决问题。① 米都塞克斯大学

① Tom Bourner, Rachel Bowden, Stuart Laing. Professional Doctorates in England. *Studies in Higher Education*, 2001(1): 65 - 83.

（Middlesex University，MU）教育博士是英国最大的专业博士项目之一，近年来开始实行变革，其理念是：以跨学科为形式，以学习者为中心，以经验为引导。课程内容、研究方法、背景、评价及大学与专业的伙伴关系，都取决于项目的学习者，发展出一种基于工作的协商式学习模式。英国学者司考特等人研究了米都塞克斯大学的12个专业博士学位，领域涉及工程、商业和教育，结论显示这些专业博士学位的焦点正在从大学移向工作场所。司考特等人展示了五种知识：学科知识、技术理性知识、素质的和跨学科知识、批判性知识和混合知识（hybridity）。最接近米都塞克斯大学专业博士的是素质的和跨学科知识模式，因为它"在本质上与个体及其实践相关"。米都塞克斯大学项目抵制"方法论的帝国主义"（methodological imperialism），认为每一个项目在领域和方法方面都有自己的特色。用司考特的话说，专业博士学位学习的收益是学生获得了更大的自信、智力发展和更大的事业心，而不是所谓重大的新的专业知识。[①] 此外，英国专业博士还出现了一种新的形式——"实践型博士"，它注重实践行动，被认为代表了高水平的专门专业能力。这种博士生教育注重专门职业的、组织的或者社会的复杂议题。在某种程度上，这种专业博士生教育更强调的是实践而不是知识生产或者理论创新。事实上，这种博士与专业博士有所不同，它不是基于学科的，也不是为特定的职业做准备的。

米都塞克斯大学的专业博士聚焦于学习者自身，形成专业博士学位第三代的可能性，其中内容控制、研究方法、情境、评价和大学与专业的伙伴取决于大学提供的程序和支持框架。更进一步的研究应该聚焦于学习者管理的教育学，发展个人和专业的能力，促进持续发展。

（三）美国

美国的教育博士项目虽然从总体上来说是一种职前教育项目，应该说基本上还是处于第一代专业博士教育阶段。但近年来美国也越来越重视在解决与研究实际问题过程中培养学生，并有很多学校都新设置了一些针对在职人员的教育博士项目，如宾夕法尼亚大学教育研究生院在其设置的7个教育博士项目中，就专门设置了3个在职教育博士项目，即职业生涯中期教育领导博士学位

---

① David Scott, et al. *Professional Doctorates: Integrating Professional and Academic Knowledge*. Milton Keynes: Open University Press, 2004: 48–55.

(Mid-Career Doctorate in Educational Leadership)、高等教育资深管理者博士学位（Exec. D. in Higher Education Management)、工作现场学习领导的资深管理者博士学位（Executive Program in Work-Based Learning Leadership)，促进在职人员的专业发展自然成为这类教育项目的一项重要主题。

美国一些高校开发了一些灵活的教育博士计划，这些计划通常招收具有较长教育教学工作经验的高层次教育行政管理人员，期望通过相对较短的在职培养过程，提高学生综合运用各种知识解决实际问题的能力，这在第四章有详细的论述。

三、第三代专业博士学位：学生自我管理

博士生教育从第一代到第二代的转变可以看作是专业博士学位发展的关键一步，它改变了占统治地位的“学术知识优于专业知识”的思维定势，形成了整合大学与工作场所的新的知识生产体系，建立了一种完全不同于哲学博士培养模式的专业博士培养模式。[①] 此外，英澳两国新近又出现了不同的专业博士的新概念——专业学习或专业实践博士（Doctor of Professional Studies or Professional Practice)，这一学位比第二代专业博士学位更清楚地置身于知识生产模式2的领域，寻求在工作实践领域获得更稳固的地位，聚焦于工作实践行动，代表高级专业学术，可称为“第三代专业博士学位”。更进一步的研究认为专业博士学位应该聚焦于以学习者自我管理为本的教育学议题，学生自我管理似乎被认定为第三代专业博士学位的显著特征。博士生要发挥自身的能动作用，要在项目中不断学习、接受挑战，他们自身的投入才是保证博士生教育项目成效的最根本因素。[②] 当然，任何阶段任何类型教育的核心都需要学生自觉的自主学习。

专业博士学位的发展代表博士生教育层次“学生发展”的方法挑战传统的“学科发展”的方法。新的专业博士学位把学生放在了博士生教育的中心，而传统的哲学博士把学科的发展放在中心。有学者强调:“近一个世纪以来社会面临

---

① Tom Maxwell. *From First to Second Generation Professional Doctorate*[J]. *Studies in Higher Education*, 2003(3):279－291.

② Carnegie Initiative on the Doctorate:project overview (2006). 见 http://www.carriegiefoundation.org/previous-work/professional-graduate-education.

的挑战表明，最高层次的大学教育已经不可能仅仅培养研究者甚至是特别专业学科的高级实践者。如果大学要有效地投身于社会变革，帮助实践者发展必需的质量，专业实践博士学位就需要成为高等教育更加必要和主导的部分。”①

从某种意义上说，包括博士生教育在内的任何教育的终极目标只能是“育人”，博士阶段的知识生产和学术研究成果只能是博士生教育的附带产物。研究是一个高投入的消耗人的活动，正如伽达默尔所言：“教育意味着一场极其深刻的精神变革。”② 弗莱克斯纳认为：“从实际需要的角度来看，社会要求其领导者具备的，与其说是现时经过专门训练的能力，不如说是掌握经验、关心问题、灵活解决问题以及善于动员力量的能力。”③ 真正受过高等教育的人应该知识丰富，具有批判精神。“大学教育的目标在于培养学生，而这个目标根植于一种信念，即如果大学教育能够着眼于培养学生用批判的眼光来思考自己及他人行为的后果，那么，学生个人和整个社会都会因此而受益匪浅。”④ 培养创造性人才是专业博士学位研究生教育的最高宗旨。

知识型社会要求更高技术的专业和更强的创新能力，更需要有智慧的研究者。因为社会和商业从大学中更需要的是智慧而不是技术。“顶尖大学的基本职能是发展新的思维和把新思维和创新人才输送到社会中去。育人，不是培养单纯的知识人，而是智慧人。培养创造性的、批判的、自主的人，能够推动学术前沿的人。博士生教育取决于专业研究和个人发展之间的相互影响，其最终成果高度个性化的个体。”⑤

美国高校的专业教育并不只是着眼于培养学生的专业素养，除了传授专业知识、训练专业能力外，专业教育还把人的发展放在重要位置。各专业的每一门课程教学、每一项专业活动都从人的发展出发，使学生在知识和技术的学习中发展个性品质。通过专业教育中的小组教学、答疑、辅导、个别指导等活

---

① Stan Lester. Conceptualizing the Practitioner Doctorate. *Studies in Higher Education*,2004(6):750－777.

② ［德］汉斯·伽达默尔．真理与方法［M］．王才勇译．沈阳：辽宁人民出版社，1987：14.

③ ［美］亚伯拉罕·弗莱克斯纳．现代大学论——美英德大学研究［M］．徐辉等译．杭州：浙江教育出版社，2001：24.

④ ［美］郝讷尔·寇海因．人文学科与精英型高等教育的作用．//菲利普·阿特巴赫等．为美国高等教育辩护．别敦荣，陈艺波译．青岛：中国海洋大学出版社，2007：151－152.

⑤ League of European Research University. *Doctoral Degree Beyond* 2010: *Training Talented Researchers for Society*. 26 February, 2010.

动，培养学生的理性思维能力，培养学生的合作精神与协作能力、宽容精神、交际语言沟通能力、表达能力以及发现和解决问题的创造能力。“评价 Ed. D. 项目的成效，关键看它是否鼓励学生变得更灵活，对现状更有批判性，更准备引起社会变化，而不仅仅是深化知识本身或仅仅培养学生进行社会现状的再生产。”① 约翰·范德格拉夫则指出：“随着当今科学技术的飞速发展进步，交叉学科成了新的学术生长点以及由此带来的新的经济增长点的出现，产学研结合的全球化的趋势得到加强，高级创新型人才国际化竞争日益激烈等等情况，博士生教育应更加注重‘复合型博士生’的培养，以适应上述变化和满足社会需要。”② 高等教育对学生而言，最重要的影响仍然是理智和道德方面，即不仅要提高学生的文化知识水平，而且要塑造学生的人格。

19 世纪 20 年代以来的教育家、心理学家和社会学家所进行的研究表明，高等教育必须培养全面发展、富有灵性的人，只有这种人才能应对纷繁不同的社会环境。“既然教师之所以成为教师大多是‘自造’（self-made）的结果，而不是‘被造’的（be-made）的结果，那么，教师专业发展就不能仅仅仰仗学科知识或教育理论的学习，而更大程度上应该依靠学生‘自助’。”③ “自助”意味着学习者要从自身的教育工作实践中寻求自我成长的源泉与动力，而且必须主动地参与和投入到他们自身的专业发展之中。博士生的专业成长不仅是知识的积累和技能的养成，更是实践智慧的提升。

能力培养是未来博士生教育的根本目标之一。“通过提升反思实践技能、拓展他们的理论基础、探索学术研究及工作活动的不同价值来培养参与者的高级专业领导力。压缩关键的学术属性：熟悉高级知识和分析技能；灵活使用学术研究和文献；在判断和决策时严格细心；成为反思型博学之士。”④ “除了提

---

① Benjamin Baez. *Degree Of Distinction: The Ed. D. Or The Ph. D. In Education.* A paper for the Annual Meeting of the Association for the Study of Higher Education, Sacramento, California, November 21 – 24, 2002.

② ［荷］约翰·范德格拉夫．学术权力——七国高等教育管理体制比较［M］．王承绪等译．杭州：浙江教育出版社，1989：5.

③ Kimberly Jonhson. “Every experience is a moving force”: identity and growth through mentoring. *Teaching and Teacher Education*, 2003(19): 787 – 800.

④ Clive Morley, Jan Priest. RMIT reflects on its Doctor of Business Administration Program. Tom Maxwell, Peter Shanhan (Eds.) *Professional doctorates: innovations in teaching and research-proceedings of the professional doctorate conference*, Coffs Harbour, 8 – 10 July 1998 (Armidale, Faculty of Education Health & Professional Studies), 1998: 25.

供专门管理和行政技巧，我们的项目必须给予学生宽广的领导能力，这将保证他们度过不确定和不稳定的时期。项目设计鼓励批判性思维、问题解决、容忍野心和矛盾，发展一种整合的意识和强烈的道德承担。在快速变革的时代生存，未来的高等教育领导者必须是反思型实践者。”①

高等教育在知识经济中知识具有经济价值而不仅仅是认知价值。政府、产业和一些社会团体认为大学是经济增长与创新的引擎，而专业博士学位比哲学博士更有优势，因为培养的毕业生能够直接地服务于知识经济的需要。这主要是因为专业博士学位的研究方式更适合知识生产模式 2。一方面，知识生产模式 1 是传统的学科研究，由大学进行生产，在大学中知识被发展和积累但不必使用。另一方面，知识生产模式 2 是跨学科研究，由解决问题的群体在大学之外的部门来进行。专业博士学位的一个关键性学习成果是提升学生的研究技能和专业知识，而其参与者已经具有了在模式 2 部门的工作经验，因此他们更便于为知识经济做贡献。

“当前的知识生产的参与者逐渐呈多元化趋势，以实践中的问题为中心，以应用为主导的课题研究正日益增加，这就要求参与者具备更多跨学科研究的能力。为了适应知识生产模式的转型，博士生教育必须注意处理好学科标准与跨学科标准、知识创新与研究训练、理论研究与实践能力之间的三重张力。”②知识生产呈现“社会弥散”的特征，问题中心、应用主导的课题研究日益增加，从而需要更多的跨学科工作和研究能力。为了适应知识生产方式的转型，博士生课程体系必须注重处理好三重张力：学科标准与跨学科标准之间的张力、知识创新与研究训练之间的张力、理论研究与实践能力之间的张力。

对于专业博士学位的代际分类像知识生产模式的二分法一样，被人批评为过于简单化。批评者认为专业博士学位应该更加多元化，而不是从第一代转向第二代，只是种类增加了。21 世纪的博士生有广泛的学术、个人和专业需要，

---

① Patricia Murrell, Todd Davis. 1991. Visions and Priorities: The Future of Higher Education Doctoral Programs. *New Directions for Higher Education*, 1991(76): 103 – 113.

② Terry Evans. Are current innovations in professional doctorates all for the best? In Tom Maxwell & Peter Shanahan (Eds). *Professional doctorates: innovations in teaching and research, proceedings of the professional doctorate conference*, Coffs Harbour, 8 – 10 July 1998 (Armidale, Faculty of Education, Health & Professional Studies). Evans (1998, p. 9).

他们不再构成一个同质性的群体。但不管怎样，专业博士学位出现代际嬗变的现象是普遍存在的，知识生产模式理论是颇有解释力的理论工具。

第四节　专业博士学位代际嬗变的发展动力

专业博士学位发生代际嬗变是其与社会转型、博士生教育转向和知识生产模式转型密切相关的，并与这些因素构成互动关系。下面着重分析专业博士学位代际嬗变的外部与内部动力，以阐释教育博士专业学位如何发生代际嬗变。

一、博士生教育所处教育背景的变化

美国高等教育在20世纪20年代实现了从精英到大众化阶段的转变，40年代实现从大众化到普及化阶段的转变。随之，大学的社会职能和办学理念也发生了深刻变化。研究生教育也在向大众化的方向发展。然而，博士生教育的快速发展引发了博士生教育的社会适应性以及博士生教育目的的重新定位和争论。

反思性实践模式非常适合专业博士学位研究生教育的特点，能够非常好地把理论与实践结合起来，通过提升反思实践技能、拓展学生们的理论基础、探索学术研究及工作活动的不同价值来培养参与者的高级专业领导力。培养关键的学术能力：熟悉高级知识和分析技能；灵活使用学术研究和文献；在判断和决策时严格细心；成为反思性博学之士。专业博士学位课程的主要目的是：发展候选人的学术或理论知识，探索候选人的专业实践，发展候选人的研究技能，熟悉当前的文献和理论争论，提供足够的广度和深度。专业实践主要在于培养反思性实践技能，思考新的专业实践方式，在一些项目中，用后现代主义取向来培养学生解构和重建其他意义的技能，这使得学生使用反思性模式来促进自我意识和发展变革的能力。①

---

① Clive Morley, Jan Priest. RMIT reflects on its Doctor of Business Administration Program. Tom Maxwell, Peter Shanhan (Eds). *Professional doctorates: innovations in teaching and research-proceedings of the professional doctorate conference*, Coffs Harbour, 8 – 10 July 1998: 25 – 31.

史密斯（Paul Smith）把专业博士学位与哲学博士学位划分为两种不同的文化。“两种文化，一是职业文化，由兼读学生和教育管理系的教师组成。这种文化的观点由强调有效教育管理的技能、训练、过程和步骤的价值、信念和目标发展而来。二是学术文化，强调学科传统，以学术研究为重点，由专业核心学科的导师组成。采纳专业博士学位引起大学寻求一种新的身份。”①

在全球范围内，高等教育的功能和结构发生了根本性的转型，从精英“象牙塔”式的机构转变成更加开放和灵活的教学系统和服务型机构。大学越来越失去其作为知识主要提供者、新知识研究、技能及资格证书的垄断地位。大学要更加融入市场，必须与其他公私立机构为消费者和生产而竞争。地方性知识将越来越占据更加重要的地位。压力越来越落在可迁移技能和一般能力上，因为知识的灵活应用是工作的必要条件。

大致说来，高等教育有四个主要目的：激发和帮助个体发展能力达到最高层次；扩大知识和理解；服务经济发展的需要；塑造民主和文明的社会。第一个目的说明大学致力于长期的人的发展而不是短期的就业需要。第二个目的在发展和传播知识的过程中联结了研究与教学两种活动。第三个目的表达了研究与教学的经济价值。第四个目的强调了对社会的文化价值。于是，对个体而言，大学整合了研究与教学，聚焦于长期需要，提供一个清晰的价值优势。“大学能够使社会保持对自己和世界一个独立的理解。”② 总的看，高等教育并没有像一些人批判的那么糟，“我们高兴地看到，到目前为止，大学仍然是一个教育的场所，是满足人们理想追求的首选机构。这一点在大学章程、价值体系和日常行为中都有所体现。”③

二、专业博士学位研究生教育自身的变化

吉本斯等人的知识生产模式 2 理论动摇了传统的大学作为知识生产垄断者的地位，在越来越大的外部压力下，大学的知识生产模式也正在由知识生产模

① Paul Smith. A Meeting of Cultures: Part-time Students in an Ed. D. Program. *International Journal of Leadership in Education*, 2000(4): 359 – 380.

② Diana Laurillard. Rethinking Teaching for the Knowledge Society. *Educause Review*, 2002(1): 16 – 25.

③ [英]安东尼·史密斯，弗兰克·韦伯斯特．后现代大学来临？[M]．侯定凯，赵叶珠译．北京：北京大学出版社，2010：184 – 185.

式 1 向模式 1 与模式 2 并存转变。与此相应，一方面大学在提供知识方面变得更加具有弹性，把知识置于带到学习者的实际环境过程中，发展以工作为基础的伙伴学位；另一方面一些公司逐渐开始提供自己的学位。美国已有多家公司建立公司大学（corporate university），并获得了开展博士生教育、颁发博士学位的资格。

“大学拥有一个与公民有关的目的，即用知识和理性武装学生，使其成为良好的公民并过上有意义的生活。”① 大学必须培育社会所需的各种能力和态度，大学提供的环境可以让人们找到发展的空间和机会。通常这些发展空间远离正式的学术课程。学生们从同学彼此身上学到的东西，往往比从教师身上学到的更多。人们现在常常提到的“隐性课程”(hidden-curriculum) 必须被作为大学生活的真正核心和大学存在的主要理由而得到重视。Ed. D. 所普遍使用的群组性培养模式就非常有利于成年学生之间的相互学习。

在 1990 年博耶发表的《学术反思：教授工作的重点领域》报告中，提出了新的学术观，即大学学术不只意味着进行“研究”，它应该包括四个不同但相互联系的方面：探究的学术、整合的学术、应用的学术和教学的学术。探究的学术反映了 Ph. D. 的本质，博耶认为，“对学术的探究乃是学术生命的心脏，当然处于研究工作的中心。”②“整合的学术”与强调跨学科的知识生产模式 2 有相通之处。而应用的学术使学者成为“反思型的实践者”，“让他们从理论到实践，然后从实践返回到理论，从而使理论更加可靠”。③ 博耶的多元学术观最直接而充分地反映了以 Ed. D. 为代表的专业博士学位的特点。

一些大学创新性地推出 Ed. D. 学位论文的替代样式——“课题研究设计”(project)。近年来，为了更加突出 Ed. D. 的实践性特色，澳大利亚一些大学开始对传统的 Ed. D. 学位论文做出改革，即使用应用性较强、篇幅相对较小的课题研究设计作为学生展现研究水平的载体。相对于传统的 Ed. D. 论文来说，其特色之处在于：①研究内容更具有实践性和应用性；②可以进行“化

① [美]詹姆斯·杜德斯达. 21 世纪的大学[M]. 刘彤等译. 北京：北京大学出版社，2005：61.

② [美]欧内斯特·博耶. 关于美国高等教育的演讲[M]. 北京：教育科学出版社，2002：74.

③ Boyer Ernest. *Scholarship Reconsidered: Priorities of the Professoriate*[M]. New Jersey: Princeton University Press, 1990: 18.

整为零”的研究；③学生可以自由安排撰写论文的空间和时间。此种做法代表了 Ed. D. 改革的一种方向，且在澳大利亚等国的 Ed. D. 教育改革中得到推广和应用。

Ph. D. 最重要的产品不是论文，而是学生自身的发展，这源于“人本思想”。任何教育的最终目的都是育人，Ed. D. 也要孕育有批判性、创造性的实践型人才。造就能独立思考、有原创性的人才，是哈佛大学的培养目标。哈佛大学课程指导书也开宗明义地指出，善于思索是受过良好教育的人的一个明显标志。

专业博士学位培养必须是跨学科的，目的是对将来从事的专业有实质性价值。专业博士学位项目必须寻求扩展甚至超越数个领域，在“专业发展”“知识创造”与“研究能力”之间形成一种张力。

第二代专业博士生培养模式恰好符合这类知识生产的条件，它正是知识经济所要求的知识生产途径，可以快速实现知识的生产和应用。模式 2 不仅是在描述一种实施跨学科研究的新方法，更重要的是，它有力地说明了全球化与民主化等社会力量共同作用的结果。

可以认为专业博士学位的发展代表了模式 1 转向模式 2 知识生产。在模式 1 科学中学术通过知识生产和培养学生参与科学和社会，成为知识的生产者和开拓者。这就划分了学术为科学的和社会的责任。随着知识社会的到来，大学不再是知识生产的主要地点，参与生产知识的范围大大扩展了。

专业博士学位与工作场所的联系更加密切，其内容与工作场地而非学术问题相关。情境中的知识塑造了专业领域，当大学而非工作场所是学习和科研的中心时，定理知识（propositional knowledge）虽然不必然但有可能成为中心。事实上定理知识在课程中很容易给博士项目赋予更多的学术成分。博士项目聚焦于产业（专业工作场所）对专业取向是一个表面上证据确凿的事。然而，主要定位于大学的项目可能需要专门的机制来维持它们的专业取向，比如呼吁专业实践关注项目的主要因素。事实上，学术性教育被理性地期待关注到情境的复杂性和即时的决策。更多的学术应该放在对实践者至关重要的研究问题上，教学方式也要适合大学之外的专业实践人员。

教育研究和专业实践尽管肯定能彼此提供好处，然而各自明显属于不同的行为，渐渐地每个都有更强的独立性和自卫排外的技术基础。Ed. D. 应该尊重和反映而非合并差异。Ed. D. 应该得到更突出的发展，以作为教育实践者的学位选择。现代教育研究更加被一种严格方法论的哲学范式所规范，实验和大型数据库分析，随机或固定的效果模型，大量使用测量技术、回归分析和非连续性回归分析，是现在所期望的研究模式。

两种知识模式可以共存，两种博士类型也可以共存，但同一类型的博士学位内不宜存在两种知识生产模式。[①] 研究者和实践者的角色完全不同，通过一种学位培养两种不同类型人才的合理性值得怀疑。教育学院博士学位仍然试图满足所有市场和同时满足专业和研究培养，把这些要求同时填塞到相同的课程之中，欺诈学生，而使教育领域的学位贬值。如果不能纠正一个学位的缺点，就会使得两个学位持续弱化。

博士生教育正面临压力，要求更加以社会需要为中心。专业博士比哲学博士更致力于满足知识经济的需要。专业博士为专业人员获得博士学位提供了机会，满足了专业人员继续学习获得更高学位和更高职业岗位的需要。专业博士被认为越来越重要，因为它变得对知识经济越来越重要，它们的相关性更大。相关性不再等于知识应用到工作场所，工作场所本身就是学习知识和生产知识的地方。专业博士更能胜任发展和维持大学与工业之间的紧密合作。知识被合法化是因其结果或能力能提升社会经济系统的效率和效果。专业博士在创新和灵活性方面、提升工业和专业实践方面发挥了强大作用。知识不再是分离的，它的产生有清晰的规则和管理路线。

知识生产模式 1 产生于大学，一般产生的是普适的、客观的、规范的、可反复验证的和可靠的科学发现，哲学博士就被置于知识生产模式 1 的框架之内。哲学博士聚焦于一个特定的学科，在学科内发现新知识，创新理论和观念，纯粹为了知识，而非知识经济。知识生产模式 2 强调置于知识生产与应用的情境之中，具有较多描述性的特点。因此，知识生产模式 2 更适恰于知识经济的知识概念。

---

① James Guthrie. The Case for a Modern Doctor of Education Degree (Ed. D.) : Multipurpose Education Doctorates No Longer Appropriate. *Peabody Journal of Education*, 2009(84):3 – 8.

表 3-6　　哲学博士与专业博士项目要素的对比

要素＼学位	哲学博士	专业博士
定　位	过程驱动 大学驱动 培养新的学术研究者 聚焦型研究模式	结果驱动 学生驱动 培养经验型的实践者 散焦型研究模式
内　容	知识生产模式 1 发现的情境 学科内	知识生产模式 2 应用的情境 工作地点
产　出	论文 寻求新知识 广泛传播 致力于研究，多维度对知识做出贡献	设计 寻求改善实践 狭窄传播 致力于影响专业实践的研究，同时为特定维度的知识做贡献
过　程	通过研究进入 与大学密切联系 通过学徒制进行研究训练 个体研究 学生/导师 导师是学科专家，与研究主题相关的大学组织的专家	通过经验进入 与工业或工作密切联系 通过教学项目，面授、远程学习、暑期学校、合作等行动研究 合作的研究 教学团队/学生群组 根据不同的因素，组织不同的导师，导师是专业领域内而不是特殊学科的专家

资料来源：Dieter Fink. The Professional Doctorate: Its Relativity to the PhD and Relevance for the Knowledge Economy. *International Journal of Doctoral Studies*, 2006(1): 35-44.

专业博士学位创造了一个专业实践人员进入研究的新途径。有人认为专业博士学位的勃兴源于人们对哲学博士的不满，现在越来越多的人认可有价值的知识生产存在于学术之外的专业和工作环境之中。从全球范围来看，学术活动正在与专业实践活动更加密切地纠缠在一起。专业博士学位的发展已经带动了整个博士生教育的发展和转向。专业博士学位不是哲学博士的缩水学位，而是另一种学位，既有共同元素，也有严格不同，以不同的形式发展专业和为知识生产做贡献。笔者认为任何类型博士生教育的核心使命都是生产新知识，但是，知识必须被有效地传播和应用，否则研究者的努力就会消退。“毕竟，教育从整体上说不过是使受教育者做好准备，去迎战生活中的各种直接经历，用有关的思想和恰当的行动去应付每时每刻出现的情况。教育如果不以激发首创精神开始，不以促进这种精神而结束，那必然是错误的教育。因为教育的全部目的就是使人具有活跃的智慧。”①

专业博士学位在获得巨大发展的同时也引发了很多争议。在专业博士学位的幌子下，博士项目课程的形式从校园课程到远程教育项目，越来越多样化。对以专业博士学位之名而出现的种种现象，人们越来越给予关注和忧虑。随着越来越多的毕业生流入社会，原先的忧虑变成了对于专业博士学位所引发的创新项目的兴趣和热情。从澳大利亚举办的有关专业博士学位的国际会议的名称就能够发现其在澳大利亚的发展轨迹，1996 年“专业博士学位走哪条路?”(Which way for Professional Doctorates?)，1998 年“专业博士学位：教学与研究的创新”(Professional Doctorates：Innovations in Teaching and Research)，2000 年“博士生教育与专业实践：下一代”(Doctoral Education and Professional Practice：The Next Generation)，聚焦于学术与产业的关系，培育项目的“专业维度”。2000 年的会议认为专业博士学位的本质是学术。2002 年的会议聚焦于学术实际在做什么来提供合适的研究性知识和训练，主题是研究性训练与知识经济(Research Training and the Knowledge Economy)，会议质疑了研究性训练的习惯性和使用。2004 年第 5 次会议的主题是“工作博士学位：专业博士学位对专业和工作的影响”(Working doctorates：The impact of professional doctorates in the professions and workplace)，标志着关注重心从实践和过程转向产出，更加关注专业博士学位的影响。学者要加强反思和自省，而且在政府加强对博士资助管理的背景下，专业博士学位面临重建的压力来调整和证实它们的存在价值。

Ed. D. 提供给教育实践者生产和转化知识的机会，目的是专业教育人员希望发展作为研究者所需的知识、技能和经验。研究也是 Ed. D. 的重要方面，强调通过研究对专业实践的知识做出重大贡献的能力。Ed. D. 项目包括大量教学的元素，目的是培养专业教育工作者，实施群组学习，发展知识、技术和经验，而不是成为专业型研究者。Ed. D. 灵活地联结理论与实践，这一联结点既是以研究为基础的又是被研究所驱动的，支撑了 Ed. D. 学生专业实践的提升，这保证了学习者专业实践的改善。以这些方式概念化的 Ed. D. 可能回答了非

① [英]怀特海．教育的目的[M]．徐汝舟译．北京:生活·读书·新知三联书店,2002:65－66.

茨杰拉德（Tanya Fitzgerald）和甘特（Helen Gunter）提出的问题“实践者和研究者如何能作为知识工人、知识生产者和变革的代理人?”[①] Ed. D. 是有特色的，因为它承认实践知识，有潜力提供给实践者学习机会以使他们获得专业和个人重建的机会。这是通过呈现给 Ed. D. 研究工具，如批判性分析和反思以可能产生达到对符号系统和语权力的新的洞察力。这可能使学生成为知识工人和知识生产者，进而改变工作。司考特等人说:“这种希望的整个目的是产生研究的技能型消费者、评价者、执行者和生产者。”[②] 第一代“通过研究有能力对专业实践的知识做出贡献”，这似乎成为学科内的知识生产者。第二代 Ed. D. 通过研究有能力对实践做出重大贡献，但这一概念似乎不公开鼓励新一代实践者从事研究活动，这是潜在的危险，因为专业人员可能被鼓励成为知识工人，对知识社会学形成障碍。

一个仔细选择的与工作部门密切相关的论文选题能够提升实践者的知识，提供改善实践的方式。对选题的研究将是研究者反思自己实践工作的机会，把平时模糊认识的问题带到研究过程之中。专业博士学位的一个原则性目的是发展反思性实践者。这种方式不必是关于改善实践，尤其是许多博士生已经处于职业中期，已经是具有丰富经验的实践者，而是获得对实践部门更加深入的理解。学生认为 Ed. D. 学位已经促进他们对学习过程的更大反思，密切了理论与实践的关系，发展了一种能力来批判反思自己的工作。反思过程导向理论并使理论处于不可分割的状态，允许学生发展程序性和技术性知识。

Ed. D. 也是一个研究型博士，但与 Ph. D. 不同。Ed. D. 的研究对象是地区性的、应用性的问题，基于博士生自己的工作场所和专业实际，而非学术研究问题。Ed. D. 研究产出的目的是提供有价值的视角，此外为实践领域贡献知识。研究的应用性本质是 Ed. D. 的关键因素，是与 Ph. D. 的不同之处。但 Ed. D. 又是与 Ph. D. 对等的学位。尽管大学创造了多种专业博士学位，但在学位的最终产品上倾向于模仿 Ph. D. 论文，审核方式和评价标准也相似。但对专业性注意不够是专业博士学位的一个顽症。归根结底，专业博士学位的核

---

① Alison Taysum. The Distinctiveness of the EdD within the University Tradition. *Journal of Educational Administration and History*, 2006(3): 323 – 334.

② David Scott, Andrew Brown, Ingrid Lunt. *Professional Doctorates Integrating Professional and Academic Knowledge*. Berkshire: Open University Press, 2004: 32.

心是引导高级专业人员发展实践领域的新知识，而非进行严格设计的理论研究。例如，在美国伊利诺斯大学（University of Illinois），教育学 Ph. D. 博士论文需要学科知识的原创性贡献，而 Ed. D. 论文“意在表明候选人有能力把学术知识与专业实践问题联系起来”。哥伦比亚大学教师学院的 Ph. D. 是专为那些希望专门追求学术生涯的学生，而 Ed. D. 为更广泛的目标，包括教育管理和政策工作设计。在圣路易斯大学，Ed. D. 需要成功处理一个教育实践问题的尖峰体验项目和与 Ph. D. 同等学术水平要求的论文。

司考特等学者发现专业博士学位培养的主要特征包括：①聚焦于专门职业；②聚焦于个人专门职业的发展；③课程学习；④学习成果的详细说明；⑤群体教学；⑥相比哲学博士而言，学位论文的篇幅要求短，但是仍需具备原创性；⑦专业博士教育与专门职业实践的发展紧密相关，可能由专门职业团体认证和颁布执业资格证书；⑧其学位称号上标明专门职业名称。司考特认为，专业博士学位是知识生产方式转型的一个标志。[①] 专业博士学位研究生教育始终存在生产新知识与培养新知识工作者的实践能力之间的张力。“专业博士学位可以看作是基于工作实践的学习，它们代表即将到来的高等教育课程中基于工作实践学习的时代。”[②]

以“价值理性”为导向的 Ed. D. 强调基础理论知识至高无上，认为若没有基础理论知识教育、人文教育等诸如此类通识教育，那么专业学院有沦为“职业学院”的风险，培养的学生很可能只掌握了低层次的专业技能。为此，规范的专业学位课程体系常常以基础知识、应用知识和实践课的顺序进行，理论性课程的学习在整个课程体系中占据绝对的主导地位，而实践环节往往成为理论课的反思。但舍恩认为，实践的内在核心是技能。技能是对智慧的应用，但它本身也是一种知识，具有自身的严谨性，在它自身的范畴内一样有大量东西可学。

基于“技术理性”，大学整体上强调的是通过科学研究创造和传播普适性知识，因此知识的“严谨性”是首要目标。专业人员所需的知识不过是这些普适性知识的衍生，只要将普适性知识应用于实践即可形成专业知识。但实际

① 陈洪捷．博士质量：概念、评价与趋势［M］．北京：北京大学出版社，2010：188.

② Tom Bourner，et al. Professional Doctorates in England. *Studies in Higher Education*，2001(1)：65－83.

情况是，专业人员的实际工作需要面对大量的不确定性、独特性和价值冲突，这些都对专业知识和专业才能提出了更高的要求。所以，专业学院应当不仅仅是“基础学科的实践场”，而且还要成为“专业知识的创造场”。当然，任何知识的创造都要确保科学的内核不被侵蚀。如果研究问题的选择完全根据现实和未来的适用性，那么将窒息研究的创造性和自由。此外，知识又不完全是可以明确表达并予以交换的，舍恩就坚信专业人员的实践过程中存在着大量“默会知识”（tacit knowledge）或“常规判断”（normative judgment）。

知识生产模式的变化促进了学科知识的分化与整合，促成了专业应用学科的发展。在研究型大学的学科建设中，除传统的基础理论学科外，人们还发现大量的专业应用学科。专业应用学科是建立在传统学科基础理论之上的，而专业应用学科在许多方面代表了学科知识与社会之间的关系，同时也借助于传统学科的理论基础，不断进行自身的发展与完善。

显见，当前科学正日益被强制征用为国家研发系统的驱动力，大学也逐渐成了为整个经济创造财富的科技发动机。大学现在认识到它已经失去作为有价值知识的主要生产者的地位和技能资格证书主要提供者的垄断地位。知识生产从模式 1 转向模式 2 意味着大学只是知识市场中众多参与者之一，大学现在基本不能像原来那样控制知识的生产和交换及其合法性，现在大学必须更加融入社会和市场，必须与其他机构为消费者和生存空间而竞争。而要与其他社会机构竞争，大学必须改革博士课程设计和结构，赋予实施者更多的自主权，同时接受更多的社会问责，鼓励他们加大科学研究与社会需要的相关性。正如利奥塔所言，当代知识的生产和分配实际上服从的是资本主义商品生产的规律。利奥塔认为:“不论现在还是将来，知识为了出售而被生产，为了在新的生产中增殖而被消费：它在这两种情形中都是为了交换。它不再以自身为目的，它失去了自己的‘使用价值’。”①

从理论和实践两个层面来看，现在各大学都强调专业博士学位候选人应将博士阶段的学习和研究与工作统一起来，研究的主要问题要与其所在组织的实际工作相一致。博士学位的获得来自于以工作为基础的学习，意味着博士生教

---

① ［法］利奥塔．后现代状态——关于知识的报告［M］．车槿山译．北京:生活·读书·新知三联书店,1997:3.

育已经接受了以工作为基础的学习这一现实，表明学术界承认了另一种学术生产模式的合法性。贝兹（Benjamin Baez）认为仅仅比较专业博士学位与哲学博士学位，掩盖了“学术体系创造的权力和对社会世界的合法分类进而主导它”①。可以认为专业博士学位的发展标志着学术的权力正在被其他知识生产者所分享，即知识生产模式2的权力被其他知识生产者所稀释，应用成为最高学位的一个重要部分。

总之，Ed. D. 是一个基于专业实践的博士学位，允许专业人员的研究反映他们自己的实践，联结专业实践、专业知识和研究，扩大和加深对当前教育问题的理解，特征是实质性强的教学成分和模块结构，目的是发展研究和调查技能，并以此进行研究以贡献于专业知识和实践。越来越多的专业人员认为这种类型的专业博士学位项目比传统的 Ph. D. 更适合于他们的专业发展。

---

① Benjamin Baez. *Degree of Distinction: The Ed. D. Or The Ph. D. In Education.* A paper for the Annual Meeting of the Association for the Study of Higher Education, Sacramento, California, November 21 – 24, 2002: 47.

第四章　美国教育博士专业学位变革模式的案例研究

Ed. D. 是否要继续维持当前的状态？它是否有必要经过修习课程、资格考试和论文三个阶段？它能否突破 Ph. D. 模式而形成一个真正有特色的学位？能否证明 Ed. D. 获得者在实践领域与众不同？要回答这些问题，必须重新设计一个新的与 Ph. D. 严格区分的 Ed. D. 。当然，这是一个难题。美国许多大学在寻求对 Ed. D. 学位积极的变革，产生了一些成功的变革模式。

美国高等教育以多样性著称，博士生教育以个性化著称。如何把握美国 Ed. D. 的一般特点和变革模式的一般特点，只有借助于案例研究。美国至少有 180 多所教育机构授予 Ed. D. 学位，本书选取了三个典型的变革案例：CPED 模式、Peabody 模式和 HGSE 模式。CPED 是一个大学联合行动，Peabody 与 HGSE 是 Ed. D. 培养的两所重镇，有多年的 Ed. D. 培养经验，但近年来也面临众多严峻的挑战，二者都进行了深度变革。

第一节　CPED 模式

一、CID：CPED 的前奏

卡内基博士学位创新计划（Carnegie Initiative on the Doctorate，CID）是卡内基教学促进基金会发起的、邀请一些承诺更加有目的地设置博士学位课程以提高博士生培养质量的机构参加的项目。它既是一个研究项目，又是一个行动计划。CID 发起于 2001 年，历时 5 年，目的是寻求对“博士生教育的目的是什么”这一基本问题的回答。CID 考察了 6 个生产最大规模博士学位的不同学科：化学、教育学、英语、历史学、数学和神经科学，以代表广泛的学术领域。CID邀请全国的学术部门来共同反思培养学科接班人的方式，挑战博士培养机构重新设计Ph. D. 的目的及重新设计Ph. D. 方案。在教育领域，CID考察了全国15所教育学院。CID对参与机构的评估导向更强大的博士项目，并强调改变参与师生的思维习惯。CID引导参与机构尝试深度质疑所办项目的目的，为它们提供变革的框架思路，鼓励它们进行实验和创新，并记录变革结果。CID每年召开会议，建设同行网络和信息反馈。所有这些都促进了批判性反思和导向变革行动。

CID有如下5个理念作为支撑：①项目应建立在学科基础之上。CID之所以有重点地选择6个学科领域，就是要对每个领域进行深入的了解，并在每个学科领域内产生广泛的影响。②项目的开展以系部为基础。CID相信，博士生教育的关键部门在系，系是学科与博士生培养机构的联结点。③理念是变革的强力催化剂。相对于财政支持或一套"优秀案例"作参考而言，理念更具有鼓动性，更能让人信服。④学科间相互取长补短。每个学科领域、每一个项目都有独特的博士生教育策略，其他学科和项目可以从中获取教益。⑤博士生要发挥自身的能动作用。博士生本人要在项目中不断学习、接受挑战，他们自身的投入度才是提高博士生教育项目成效的最根本因素。①

CID开放式的、自主确定的改革战略提供了一个变革教育领域博士生教育的契机，特别是在与其他五个文理学科的对比中能更好地发现自己的问题所在。CID要求在培养教育专业实践者与教育研究者之间找到适当的平衡点。CID聚焦于提升Ph. D.，也证明了需要为实践领域培养领导者。CID的调查发现，Ed. D. 还不能充分培养应对美国学校和社会需要挑战的"领导型实践者"。

CID研究认为，与Ph. D. 相比，Ed. D. 需要获得更多的专门技能以应对实践工作之需，如在财政、法律和政策等方面的能力要求非常高，但是Ed. D. 的核心课程并没有提供这些高等教育领导者所需的技能和训练。高等教育管理者经常面对复杂的财政和法律问题，需要对更广泛的政治和社会问题及学术和

---

① Carnegie Initiative on the Doctorate: Project Overview (2006). 见 http://www.carnegiefoundation.org/previous-work/professional-graduate-education.

组织问题作出反应，需要强大、自信、创新和影响力，需要更多创业精神。于是，领导者需要学习这些关键性技能以在更大的全球情境中实现系统思考和创造性。而现在的 Ed. D. 项目中明显缺乏这些。舒尔曼等指出 Ed. D. 项目改革需要从基础开始，从每一个项目内部开始。舒尔曼等提出改革教育领导 Ed. D. 项目的四点建议：参与该项目的毕业生和现任教育领导者根据现实机构中所需的技能对项目设计进行检视；对当前的项目结构进行评估以确定一个标准，关键是吸纳学院领导者、合作伙伴、人力资源机构、学生等共同来对学位进行全方位的检视，在 Ed. D. 与 Ph. D. 之间做出更加清晰的区分；基于实际的目标来发展学生的学习成果；新修订的 Ed. D. 课程创新必须围绕以上三点展开。

二、舒尔曼重建教育博士的设想

卡内基教学促进会前主席舒尔曼等人在 2006 年发表了《重建教育博士学位：批判与建议》（Reclaiming Education's Doctorates：A Critique and a Proposal），成为 Ed. D. 研究的经典文献，这里有必要对这一文献作一介绍和评析。

（一）梳理了 Ed. D. 与 Ph. D. 之间的关系

教育学 Ph. D. 学位被视为传统的学术型学位，培养教育研究者、大学教师、教育专家，经常从特定的学科的视角看问题。Ph. D. 要求研究问题、方法和论文要比 Ed. D. 更多的理论性，与其他学术性学科类似。但现实中，二者差别甚微，要求的经历（课程）和结果（论文）惊人地相似。Ed. D. 的目的不是培养研究者，但培养模式 Ph. D. 化。Ed. D. 实际上既培养学者，又培养实际工作者：从校长到课程专家、教师教育家和教育评价专家。实际上，人们在混淆、折中和模糊二者的区别。教育学院越来越无力贯彻最初的使命——推进知识、培养有质量的实践者。Ed. D. 没有完成最初的设计目的，被广泛认为是 Ph. D. 赝品。舒尔曼认为 Ed. D. 的问题是长期的和严重的。

（二）剖析了 Ed. D. 变革的必要性

当加拉格尔（Karen Gallagher）2000 年成为南加州大学（the University of Southern California，USC）罗斯教育学院（Rossier School of Education，RSE）的院长时，200 多名学生就读于 4 个 Ed. D. 项目中，100 多学生就读于两个 Ph. D. 项目中。两种学位项目之间区别不明显，学生之间的质量差异很大。最近对项目进行的学术检查的评价是消极的，进而学院遭遇财政危机。雪上加霜的是，USC 大学校长最近发出警告，所有的博士项目必须展示高品质的质量，否则面临关闭的危险。

这些威胁迫使教育学院教师们必须直面挑战现行学位的问题，包括暗含歧视性地把 Ed. D. 视为"低级博士"。经过深思熟虑之后，教育学院彻底检查了 Ed. D. 和 Ph. D. 方案，并制定了新方案。新方案的决策和实施过程非常艰难，但结果令人欣喜，两种学位都具有了清晰而不同的目的和要求。教育学院废弃了几个项目，包括排名较高的咨询心理学 Ph. D. 。现在的 Ed. D. 模式是 3 年制，兼读，侧重于实践。录取的学生需要有丰富的工作经验，并不录取虽然有些聪明但不适合于项目重点的候选人。Ph. D. 项目则限制入学人数，由每年 70 名新生到 2004 年 24 名，要求全日制住校，深入进行学术研究。Ph. D. 项目清晰地定位为主要培养研究型大学的教师。加拉格尔院长相信只有当两种学位同时进行结构重塑时，变革才有可能成功。教育学院重整 Ph. D. 以把技能、思维习惯和良好的研究能力注入并贯穿于整个博士项目的过程之中。教育学 Ph. D. 像其他领域的 Ph. D. 一样，要求全日制，在一个多产出的研究实验室做真正意义的研究型学徒，论文式的尖峰体验。变革的结果是 Ed. D. 与 Ph. D. 项目成为两种同等价值但不同类型的学位。

2001 年加拉格尔宣布取消学院的三个部门，组成一个系，学院和博士生项目同时进行重建。教育学院花费了很大的精力来改变课程。但值得庆幸的是，变革物有所值，申请两种学位的人数都有极大的增加。

教育学院博士项目的变革机制也值得推广。改革前，教师们召开了两天半的战略规划会议，经过充分的讨论，确定了以城市教育为学院的发展重心，决心从根本上改善 Ph. D. 与 Ed. D. 方案。教育学院的新的 Ed. D. 方案实行群组学习，强调对实践的高度重视，这显著区别于 Ph. D. 项目。学生参加"专题论文组"(thematic dissertation groups)，与教师和实践工作者合作研究并解决当前教育领导实践面对的问题。该"专题论文组"的最后成果是围绕同一主题的系列论文。每个学生独立撰写论文，但是依靠导师组的领导和研究小组提供的支持、文献及对研究设计的建议，并多次反馈研究方案和进度情况。

在课程设置方面。教育学院也做了重大修订。在第一年，所有 Ed. D. 学生都要修习四个专题的核心课程。除核心课程外，Ed. D. 学生都必须在各自的专攻领域选择5门选修课程。最初，这些课程是从现有课程中挑选的。而现在，专业课程正在被修改和重整，以配合核心课程。虽然很少有教师愿意投入很多时间在课程修订方面，但教师们认为如果不重整专业课程，核心课程也将受到损害。今天，教育学院的成员视博士项目为持续反思的课题，因为每一次改革都会产生新的问题，如，博士学位论文是 Ed. D. 适当的尖峰体验吗？

（三）提出了"专业实践博士"的设想

多年来，教育领域一直努力打破教育实践和教育研究之间的平衡，调整教育项目以满足不同学生群体的需求。作为这种理论与实践紧张关系的一个反应，教育领域设置了两个终端学位。有人建议取消一个，有人建议增强二者的区别。而舒尔曼等人认为，通过正确的重新理解和项目设计，教育领域的最高学位应该是博士学位，只不过需要重新设计一个新型博士学位而不是简单地修补 Ed. D. 。为了恢复 Ed. D. 专门致力于培养高水平的实践者，恢复对培养教育实践者和卓越领导者项目的尊敬，舒尔曼等人认为必须反思与重塑 Ed. D. 学位，倡导发展一个以学术为基础的强大而独特的专业实践博士学位（Professional Practice Doctorate，P. P. D. ）来作为 Ed. D. 的代替品。这是卡内基基金会对美国博士生教育进行了长达5年的再评估后得出的结论性建议。为什么要提出一个全新的专业实践博士学位，而不是重新使用 Ph. D. ？根据舒尔曼等人的判断，专业博士学位需要一个"从零开始"的方式来设计，抛弃任何描述现状的假设。舒尔曼等人认为，对理想的修修补补不如清晰的行动更能取得成功。由于新学位倾向于塑造纯粹的专业博士学位，这将有助于恢复 Ph. D. 学位为真正培养研究者的学位，而不再是一个综合性的面向所有教育工作者的学位。

提出这个新的学位回避了所有 Ed. D. 所负担的长期累积的期望与传统。舒尔曼等人认为，如果他们的批评和建议被重视并得以实施，最后产生的学位比起 P. P. D. 来更可能仍然称作 Ed. D. ，因为这就是 Ed. D. 最初设计的本来面目。P. P. D. 极为严格，通过高水平的学术训练培养学生成为教育领域的领导型实践者：校长、督导、政策制定者。P. P. D. 明确地专门设计为满足专业实践的需要，Ed. D. 最初是这样设计的，但基本上没有这样做。就像 M. D.，P. P. D. 将是非常严格的易于识别的博士学位并将享有盛誉，并且，像 M. D. 一样，P. P. D. 将具有可识别的特色化教学法。舒尔曼等人倡导，把学生生活中的“实践”部分作为博士生教育灵感的源泉，使他们的博士学习生活更加丰富和充实。这样就把兼读博士生的研究与其工作实践整合在一起。P. P. D. 无博士论文要求，但在最后有实质性的专业评估。最后的尖峰体验将是长达一年的住校实习，培养学生评估和整合所学到的理论知识。学生被要求放弃一年的工作进行全日制学习。

新开发的 P. P. D. 具有一个独特的改革路径，与其他改革大为不同。它首先设计的是最后的评价体系，然后着手对培养方案进行创造性设计。这种强调“实践智慧”取向的策略，成为开拓 Ed. D. 教育和人才培养、最能实现可识别的富有成效的有力典范。

舒尔曼等人认为，在专业实践学位与研究性学位之间做出绝对区分是危险的。两种学位都应包括大量交叉的经验和训练。所有博士学位都必须建基于实体和过程方面的学术之上。P. P. D. 要学会如何进行应用研究，批判性地阅读研究报告，拥有严格的学术基础。2008 年舒尔曼建议必须在两个方面前进：一方面，重新思考和重塑 Ph. D.，强化与实践的联系；另一方面，发展特色化的 P. P. D.。在 P. P. D. 的情境下，舒尔曼称之为“实践接班人”。他把专业实践接班人的属性分为六个维度：服务、理解、技术、判断、行动与参与专业社区。

作为一个警示，舒尔曼等人回顾了令人沮丧的文科博士（Doctor of Arts，D. A.）的发展历程。D. A. 首倡于 1932 年，但直到 1967 年才得以实施。该学位主要领域包括：英语、艺术、历史和数学，目的是为各学科提供大学教学而非研究。在一些强大游说团体的支持下，有 31 个机构设置了 D. A.。但是，D. A. 从来没有获得其支持者所预想的成功。由于 Ed. D. 作为大学教师的资格而挤占了 D. A. 的生存空间，而且许多州的 Ed. D. 培养多个学科的博士，到 1991 年只有 21 所大学仍然授予 D. A.，2006 年已下降到 12 所，而且通常只有一两个领域。

P. P. D. 很可能会分享 D. A. 的命运。舒尔曼等人承认创建一个新的学位必然要面对许多挑战，但是他们更愿意相信，Ed. D. 教育最大的危险在于无所作为，而一个新的学位可以帮助恢复对教育工作者和领导者出色工作的尊重。舒尔曼等人对 P. P. D. 的前景很乐观，他说，我们面前貌似不可解决的问题，实际上是激动人心的机会。如果我们把实践与学术的教育博士生更好地各安其位对应其专业和学科，我们将贡献更多。

三、CPED 的理论基础和主要任务

在舒尔曼建议的鼓动下，发起于 2007 年的“重塑教育博士卡内基行动”（the Carnegie Project on the Education Doctorate，CPED）是一场全国性的 Ed. D. 变革行动，目的是使教育博士（Ed. D.）成为真正意义上的特色鲜明的专业博士学位，以获得良好的声誉和发展前景。CPED 联合了 25 所大学（大部分是研究型大学学术院长理事会成员，其中 3 个是大学系统，参见附录 2。）的教育研究生院一起来重塑 Ed. D. 。

（一）理论基础

CPED 信奉“学者—实践者哲学”，认为理论性知识具有实用价值，相信通过新方法能够把理论、应用性学术与实践的智慧联结起来。CPED 认为，把事情做正确需要通过做正确的事情来平衡，对事情做出正确的判断至关重要，而这既需要理论也需要实践经验。基于这种理念并吸取长期以来学术界内外对 Ed. D. 的批评意见，CPED 认为 Ed. D. 的培养需要在培养目标、课程与教学、尖峰体验及评价方面做出调整甚至重构，既要确保学生获得清晰的理论、扎实的知识和创造的能力，又要使学生获得解决实际问题的能力。就导师构成而言，CPED 认为需要吸纳理论研究者和有经验的实践工作者，以整合理论性知识与实践性知识，形成各分支学科专业的知识基础。在致力于严格的智力培养的同时，为 Ed. D. 学生提供进入现场的机会以分析实践中的具体问题，帮助学生在实践情境中从事应用研究以填补大学所学与生活现实之间的巨大落差。在培养过程中努力使学生养成行动研究的习惯，通过质疑、实验、观察和批判性反思等，把行动置于思考、辨别和理论审视之中，探明各因素之间的关系，在研究过程中培养学生非凡的洞察力和敏锐的专业判断力与果断高效的决策力。

CPED认为，在一定程度上，评价决定了课程与教学，决定了项目的培养模式。评价应被视为整个教与学过程的不可分割的重要部分而不是最后的附属物。CPED致力于构建Ed.D.项目的“核心特征”(core characteristics)，认为没有对某一学位建立专门的内容，委员会就无法评价新项目在多大程度上完成了一个合理Ed.D.项目的核心期待。核心特征应该足够广泛，以允许机构负责任地在结构严格的项目中自我创造，以满足社会不断变化的需要。但是，由于大多数专业寻求统一的能力和卓越，所以，各机构应该与学术部门密切合作，设立专门的认证机构。

CPED认为，Ed.D.困境的根源主要在于培养过程和结果缺乏清晰的质量标准和评价指标体系。因此CPED把自己主要的任务确定为清晰地设计Ed.D.的质量评价指标体系，认为只有首先确定毕业生最终应该获得的知识、技能和职业性向等质量评价维度，然后才能围绕这一评价指标体系设计Ed.D.的课程体系、教学模式、尖峰体验等。此外，CPED还计划产出几个可供全国教育研究生院参照的榜样，以促进全国Ed.D.教育质量的提升。

（二）主要任务

CPED的主要任务是描述一种新的Ed.D.项目。CPED聚焦于培养教育领域的实践接班人——致力于最高标准的专业实践者，培养应对教学和领导学校的挑战、作为管理者和大学的一线教师及教育服务机构的领导者。目的是聚焦于在新的教育改革的背景中作为专业人员应该能做什么及在城市教育中的使命。CPED力图把独立的概念和临床知识的最佳运用与最好的实践联系起来，以培养教育的有效领导者。知识将整合所有学科，以集中为学生作为专业人员所需。还想建构一个普适的问题解决模式。重塑一个新的Ed.D.项目和过程设计，始于确定专业博士最终应该获得什么知识和技能，追问什么知识是最重要的。

几个机构已围绕自己的主题、学习理论或身份与使命，设计实验项目来提供一个项目变革的框架。杜肯大学（Duquesne University）强调它的适合的学校学术目标。南加州大学的项目建立在教育领导者作为变革代理人的主题上。使命和主题不仅提供变革的框架，而且激发教师讨论如何重塑Ed.D.项目。

四、CPED的主要议程和运行机制

（一）CPED的主要议程

CPED分为三个阶段：概念与设计阶段、实验阶段、审议与传播阶段。

1. 概念和设计阶段，重新审视Ed. D. 的概念，设计变革行动的主题，调查和建立变革议程，目标是：①确定一个共同的主题以便评价Ed. D. 毕业生的知识、技能和职业性向；②开发一套通用的评价指标标准。各CPED机构对其Ed. D. 培养的目标和原则进行反思并提交报告，利用CPED的合作平台，经过充分的讨论和研究，形成CPED广泛认可的改进策略和新的培养模式。

2. 实验阶段，推出新的实验方案，评估CPED面临的挑战和取得的成就。CPED在实验阶段进行协作性的改革实验，检验Ed. D. 的项目设计，聚焦于项目的产出成果和候选人的完成率。通过实验，CPED把专业实践的主题转化为能够用于构建一个共同的评估体系的框架，能为大家所共用，并准备一个框架与其他机构分享经验、资料和成果。

3. 审议和传播阶段。CPED的参与机构协同工作以便为利益相关者提供研究结果，为所有教育研究生院传播新的知识、信息及新的工作模式和Ed. D. 人才培养模式。CPED将宣传改革的实验项目，继续思考和记录实验的成功和挑战，直到变革后的项目既适应教育机构自身的特点，又满足美国教育变革对新型学校领导者的需要。

（二）CPED的运行机制

CPED由研究型大学学术院长理事会（the Council of Academic Deans of Research Education Institutions）来管理，专门建立一个指导委员会来策划工作，负责汇集各参与机构的工作报告，整理成共同决议，形成共同的主题，提供指标体系来评价Ed. D. 毕业生的质量。CPED贯彻教授治学的理念，采取“草根领导”（grassroots leadership）的策略，由来自25所机构的教师负责制定Ed. D. 培养的新方案。许多CPED机构组建了包括教育学教师、其他学科教师和州及学区层次专业人员在内的委员会。CPED采用联邦教师职业标准评定委员会（National Board for Professional Teaching Standards，BPTS）制定的专业教学标准的评价模式来规范改革及检验改革的效果。CPED集体行动来改善Ed. D. 项目，致力于建立“低风险高回报”的努力来建构几个共同的标准和相关的评价。

充分收集信息发挥了指导性的作用，在几个机构中促进了改革。通过一系列调查，罗格斯大学（Rutgers University）从事一个“利益相关者发现事实”的过程以获得一个对实践接班人需要占有的技能和知识是什么的更好理解。调查群体从教师到当前的学生和校友及目前与将来的雇主。委员会展示了不同观点，因为它包括教育学教师、其他学科教师和州及学区层次专业人员，这样的委员会已经在许多 CPED 机构中形成。弗吉尼亚州立邦联大学（Virginia Commonwealth University）已经发展这样的委员会来调查 Ed. D. 的所有方面（从招生和尖峰体验到反思性实践）。密苏里大学哥伦比亚分校（University of Missouri-Columbia）已经创建一个学生—教师委员会来评估现在的项目。俄克拉荷马大学（University of Oklahoma）已吸纳代表州不同文化的各类委员。

CPED 团队正以新的方式来培育本机构教师充分参与变革，因为其相信普通教师的支持对创造机构变革是必需的。如宾夕法尼亚州立大学（Pennsylvania State University）正在进行与教师领导力相关的自我研究来验证项目的进步。密苏里大学哥伦比亚分校和休斯敦大学（University of Houston）都组织教师研讨会来讨论项目变革的方向。Ed. D. 规划委员会包括 5 名终身教授和 4 名临床教授。联合主席由一名教育心理学终身教授、一名教育学的临床教授、一名学区督导共同组成，他们与其他 7 名教师一块代表教育学院不同的学术部门。变革程序开放民主，邀请所有的教师表达自己的关心和建议，这种民主程序贯穿审议的始终。这种方法极大地减少了 Ed. D. 利益相关者之间彼此的孤立与冲突。当所有教师选举新项目时，几乎所有教师都利用这个机会表达自己的关心，结果全部都赞同新项目。

这种自下而上的变革努力反映了 CPED 委员会重塑 Ed. D. 的变革理念：通过合作讨论来进行行动。Ed. D. 的师生已经创建了分享变革理念的共同体，彼此提供友好批评，试图定义他们的专业发展的未来。除了付诸努力外，过程还是令人高兴的。因为参与者发现他们自己处于一种情境中，他们可以从头再来并富有创造性，学生对可以发出自己声音的机会表示欢迎，并寻求同伴的友好批评。在第三年，CPED 将宣传改革的实验项目，继续思考和记录他们的成功和挑战，直到他们的开发项目既满足教育机构和大众的需要，又满足美国教育领导职业的需要。

CPED 展示重新赋予 Ed. D. 以新概念，但也承认这一过程绝非坦途。相反，他们明白成功源于每一个机构及机构之间的合作努力。此外，CPED 倡导教师与博士生一起合作来确认杰出领导者的能力和特点，试图发现稳妥的方法确保毕业生有能力领导 21 世纪的学生进行学习。

CPED 信奉对话和多元思维的理念，建立了由各参与院校代表组成的工作网，强调批判性合作分享的工作理念，开设了网上工作平台（http：//cpedinitiative. org/），制定了定期深度交互式会议及研讨会制度，形成了全国性的校际间对话机制，使与会者间建立一个有效的院校间的 Ed. D. 专家网络，以给 Ed. D. 研究生教育带来一个清晰的变革模式。通过半年一次的会议（convening）① 以及网络会议（webinar），来自 CPED 成员的教师和毕业生代表在会议上讨论各院校提交的材料，通过主题分析，形成文件。把这些文件张贴在 CPED 的网站上供大家讨论，各参与机构提供反馈意见，继而举行更大规模的报告会和讨论。

五、CPED 的变革主题

CPED 确定了四个变革主题：发展教与学的学术（scholarship of teaching）、构建实践实验室（laboratory of practice）、开发特色化教学模式（signature pedagogy）和创新尖峰体验（new capstones）。

（一）发展教与学的学术

教与学的学术的概念源于博耶（Ernest Boyer）提出的四种学术分类，要求 Ed. D. 师生批判性地反思自己的教与学，并尝试不同的教与学的形式来提升项目的质量。几个机构已围绕自己的学习理论、机构定位与发展使命，重新

---

① 卡内基基金会的代表性活动是会议（convening）。这个术语表达了一些与传统会议不同的特点：①坚持以理念为中心：参与者围绕关键问题，以“头脑风暴”的方式讨论和确定未来 Ed. D. 的发展方向。②拓展多种模式：举行各种规模和层次的会议，提出友好的批评、反馈意见和建议。③发出多种声音：CPED 由多个层面的利益相关者组成，教师、院长和研究生都有自己的代言人。④开展非结构性对话：吸纳所有相关的重要的社会组织成员，建立个体间理智的联系。⑤赋予很高的期望：CPED 要求每个参与机构在会议前提前完成多项任务。参见：What is a CPED Convening? http://cpedinitiative. org/activities-events。

设计实验项目来提供一个项目变革的框架。南加州大学的项目建立在教育领导者作为变革代理人的主题上，其使命和主题不仅提供变革的框架，而且激发教师讨论如何重塑 Ed. D. 项目。康乃迪克大学的教育领导者聚焦于描述在挑战性环境中学习的非传统学生的特性，以此来规划教与学的学术。佛罗里达大学运用博耶的观点勾画了课程与学生学习成果之间的联系。CPED 认为通过调查教学以引导学生学习和教师自我反思活动，可以采取行动来创造教与学的学术以培养实践接班人。

（二）构建实践实验室

实践实验室为 Ed. D. 学生提供一个具体的实践情境，与实践专业人员一道从事研究和学习。舒尔曼等人倡导："把实践作为学生生活的一部分，成为灵感的源泉，使博士生学习更加丰富有力。"① 当然人们必须努力思考什么类型的结构性实践经验能够满足学者—实践者的需要。康乃狄克大学提出的实践实验室是为了让学生在"混乱的真实世界的实践"中获得结构性体验，目的是使 Ed. D. 学生学会发现问题、分析问题及解决问题的能力。休斯敦大学的社区目标选择，肯塔基大学的与州级社区领导人面对面会议，宾夕法尼亚大学的驻地实习，俄克拉荷马大学的乡村—城市—郊区流动性实践，都是正在探索变革的策略。密苏里大学哥伦比亚分校确认大多数 Ed. D. 学生在专业部门全日制工作已使学生的工作场地变成他们的实验室，因此该校把学生能够在多大程度上把自己组织中的问题置于行动研究之中作为评价学生的标准。北伊利诺伊大学正开发一系列拓展的、内置的、整合的实习经历，贯穿项目始终。肯塔基大学行政博士项目使学生群组每月与学区和州级教育工作人员会面，现场收集实际问题作为研究素材，向实践工作者学习，反馈解决问题的方案。

（三）开发特色化教学模式

根据舒尔曼的定义，特色化教学模式是指"培养适应未来新职业的工作者的教学模式"，反映"什么是领域内最有价值的知识及如何获得这些知识"。②特色化教学模式反映了 Ed. D. 领域内"什么知识最有价值"及如何获

---

① Lee Shulman, et al. Reclaiming Education's Doctorates: A Critique and a Proposal. *Educational Researcher*, 2006(3): 25 – 32.

② Lee Shulman. Signature Pedagogies in the Professions. *Daedalus*, 2005(3): 52 – 59.

得这些"最有价值的知识"。由于 Ed. D. 目的是培养教育实践工作者有能力确认和解决教育中的复杂问题，成为有思想的反思型的实践者，因此要发展和开发应用性实践知识。由于教育工作的复杂性，教育实践工作者需要与同事合作来解决实践中的问题，因而，通过合作开发实践技能成为主要的特色化教学模式。CPED 视特色化教学模式为塑造真实专业习性的主要路径，于是在此方面的改革力度很大。一些 CPED 成员正努力塑造批判性阅读和倾向于实证调查的习惯。康乃狄克大学领导项目把前两个学期聚焦于对创造性研究的消化。内布拉斯加大学林肯分校的"教、学和教师教育项目"使用导论性的研讨课来"发起和建立项目连续体和共同体"，该校还创设了一套跨学科课程，在学者和实践工作者之间塑造合作文化以促进实践反思。亚利桑那州立大学使用行动研究作为特色化教学法来帮助学生成为实践接班人。"行动研究是一个循环的、系统的解决问题的办法，鼓励学生聚焦于当地的问题，使用理论和研究来理解这个问题。行动研究提供了一个真实的研究经历，鼓励学生挑战现状，领导变革。"[①]建立在施瓦布所谓实践的艺术、实践的争论及熟思与选择的理论基础之上，内布拉斯加林肯大学（University of Nebraska-Lincoln）团队创造了一套跨学科课程，将"塑造合作文化在学者和实践者之中以促进反思实践"。马里兰大学（University of Maryland）的挑战循环包含一个群组思考，做出关于实践问题的决策。俄克拉荷马大学教师正寻找分别适合于乡村、城市和郊区的学习方式培养理解每一种地区需要的实践者。这些是建构一个反思过程、培养学生领导力并给他们提供向经验学习机会的丰富开端。

（四）创新尖峰体验

CPED 强调解决实际生活问题在尖峰体验中扮演重要角色。CPED 新的尖峰计划，从传统上高度依赖理论文献，转向解决相关实际问题。Ed. D. 将继续关注学术内容，但它的起点将不是学术内容而是教育部门，不是理论问题而是实践难题，以帮助学生在项目培养过程中及项目之后在专业实践中表现出众。CPED 强调 Ed. D. 的博士论文是对一个实践问题的全面深入和反思性的研究，要求 Ed. D. 学生有能力进行系统的调查研究。CPED 建议采取群体项目，致力

---

① Debby Zambo. Action Research as Signature Pedagogy in an Education Doctorate Program: The Reality and Hope. 见 http://cpedinitiative.org/files/ARZambo.pdf.

于解决学校教育持续面对的某个重大问题。南加州大学引入主题论文（thematic dissertation）的方式，要求群组内所有学生围绕一系列相关问题展开研究，而每个学生选取其中的一个，进行独立的调查研究。

六、CPED 的主要研究成果

经过三年的讨论和实验之后，CPED 提出了新的 Ed. D. 概念、六条工作原则、毕业生的四个基本要求及六个方面的能力要求，这些研究成果具有积极的理论价值。

（一）新的 Ed. D. 概念

CPED 对 Ed. D. 的重新定义是一个描述性的概念，“新的 Ed. D. 项目培养能够解决教育部门实际问题的教育领导者。新的项目设计不是以学科的历史、理论和研究为开端，而是首先确认领导者在不同教育环境中面临的问题。Ed. D. 的目的是聚焦于学术在新的教育改革的背景中能为专业人员做什么，以及 Ed. D. 在城市教育中的使命。Ed. D. 想把独立的概念和临床知识的最好运用与最好的实践联系起来，以培养教育的有效领导者。Ed. D. 将整合所有学科的知识，以集中为学生作为专业人员之需”①。新概念比传统的概念更加具体明确，突出了专业学位的特性，强调了实践维度方面的方法与价值。CPED 赋予 Ed. D. 以新的概念，但也强调实践这一新概念的过程绝非坦途，需要每一个机构及机构之间的共同努力。

（二）工作原则

CPED 认为 Ed. D. 应该培养应用适当和具体的实践的教育工作者，产生新知识，以及该专业的接班人。基于这一新的理解，CPED 提出六条 Ed. D. 工作原则：①围绕公平、道德与社会公正问题，解决实践中的复杂问题；②培养领导人建构和应用知识的能力，给个人、家庭、组织和社区的生活带来积极变化；③为候选人提供机会发展和展示与众不同的社区协作和沟通技巧，建立伙伴关系；④提供现场实践的机会，分析实际问题，并使用多个框架制定有意义的解决方案；⑤植根于并发展专业知识基础，整合实践性和理论性知识，把理

① David Marsh, Myron Dembo. Rethinking School Leadership Programs: The USC Ed. D. Program in Perspective. *Peabody Journal of Education*, 2009(84): 69 – 85.

论与系统的调查联系起来；⑥强调生成、转换和使用专业知识与实践。[①]针对CPED提出的Ed. D.原则，各参与机构根据自己的情况制定了自己的行动策略。例如，南加州大学实践CPED工作原则①的行动策略是"多元化是项目的四个主题之一，是所有学生在第一年必修的四门课程之一。第二年所有学生将进行国际学术旅行，由教师指导，在课程中扩大对城市教育的视野。"在实施CPED原则③时，南加州大学的行动策略是"学生的博士工作是主题论文群组的一部分，通常八九个学生组成一个小组，利用他们在项目课程中已经经历的课程和理论来处理实践问题。"[②]

（三）毕业生的基本要求及能力维度

想区分Ed. D.与Ph. D.，第一步要清楚界定Ed. D.最终应该获得什么知识和技能。[③] CPED概括的Ed. D.毕业生的基本特点包括：①养成三大习惯：思维的习惯（具有丰富的知识，不断进行自我检查和反思），动手的习惯（具有实践的技能），心灵的习惯（有社会正义感，尊重多元）；②有调查的倾向性，用调查结果来决定行动方案；③是教育改革的推动者；④有道德义务，对学校教育进行严格审查和反思，并与广大师生分享教育目的。CPED还描述了Ed. D.毕业生应具备的六个维度的能力：探究的能力、维护公平的能力、社区参与及社会反应能力、领导能力、充分利用人力资本的能力、持续改进的能力。[④] 这些成果除进一步深化了原来一直强调的知识、能力和职业性向之外，其最大的特点是更加强调培养全面发展的高素质的教育领导者，尤其突出了其道德与公平的维度，把Ed. D.教育一定程度上与美国教育发展乃至国家发展联系在一起。

CPED认为教育学要成为独立的学科领域，就应该形成一套系统的核心理论知识体系，而这经常被认为是一个学科或研究领域成熟的标志。核心课程是

---

① CPED. Working Principles for the Professional Practice Doctorate in Education. 见 http://cpedinitiative. org/emerging-literature. 2011 - 06 - 20.

② David Imig, Jill Perry, Syraj Syed. Carnegie Project on the Education Doctorate: Creating Rubrics for the Assessment of EdD Candidates. 见 http://cpedinitiative. org/emerging-literature. 2011 - 06 - 29.

③ David Marsh, Myron Dembo. Rethinking School Leadership Programs: The USC Ed. D. Program in Perspective. *Peabody Journal of Education*, 2009(84): 69 - 85.

④ David Imig, Jill Perry, Syraj Syed. Carnegie Project on the Education Doctorate: Creating Rubrics for the Assessment of EdD Candidates. 见 http://cpedinitiative. org/emerging-literature. 2011 - 06 - 29.

传授和获取这一套核心理论知识体系的主要途径。CPED 认为有必要在 Ed. D. 已有课程的基础上，围绕新形成的 Ed. D. 概念、工作原则及毕业生的基本特点来构建更加合理有效的课程体系，尤其是构建强大的核心课程体系。爱美吉（David Imig）认为 Ed. D. 改革应该包括更多的协作工作来分析他人收集的数据，而不是像 Ph. D. 学生那样生成自己的数据和假设检验；一组 Ed. D. 学生从不同的角度分析一个资料，每人写资料的某一个方面的论文，当这些论文汇集在一起能够提供解决一个实际问题的全面方案。①

三年后，人们发现 Ed. D. 从招生和进入实践到项目提供和运行，从进行的经验类型评价成就的尺度到要求评价熟练程度的尖峰体验，一切都在变化。CPED 行动旨在使这两种学位得以区别，使质量得以恢复。行动受到许多大学的积极响应，目前各个大学正在对其教育博士培养目标和原则进行重新考量并提交报告，通过明确两种学位的培养目标和原则，改革培养模式从而真正确立专业博士教育的地位。

七、成效与评价

（一）追问 Ed. D. 的本质，确立 Ed. D. 特有的教育理念

从哈佛大学 1921 年授予第一个 Ed. D. 学位至今已有 90 余年，但由于 Ed. D. 学位长期以来定位模糊、培养模式没有特色而与 Ph. D. 趋同，教育质量受到普遍的质疑。人们被迫不断进行修修补补甚至重塑，其代价是十分昂贵的，教训也是非常深刻的。我国的 Ed. D. 的研究生教育处于起步阶段，极有必要从美国的经验和教训获得教益。我们应该明确 Ed. D. 学位的本质，给出一个概念性和操作性都比较强的概念，根据 Ed. D. 本质，制定严格质量控制的教育目标、过程、产出与评价等培养制度。

作为专业博士学位，Ed. D. 的理念就是培养具有创造性、批判性、自主性的新型学校领导者和教育实践工作者，通过行动研究掌握并灵活运用信息，正确面对和解决实践问题。基于 Ed. D. 的培养目标，Ed. D. 必须摒弃传统的模仿 Ph. D. 的培养模式，不是被教授去从事原创性的理论研究，而是成为已有

---

① Elizabeth Redden. (2007). *Envisioning a New Ed. D.. Inside Higher Ed.* 见 http://www.insidehighered.com/news/2007/04/10/education.

研究的积极的创造性的消费者，把行动研究看作问题解决必需的技能，更加强调从特殊情境和问题出发的知识创造。值得注意的是，解决问题不仅仅需要技术，更需要智慧。如果把 Ed. D. 局限为技术型人才，那么 Ed. D. 专业博士学位研究生教育就会降格为职业教育，"教育" 也会沦落为 "培训"。包括 Ed. D. 在内的所有博士生教育的基本职能都是培养具有新思维的创新人才，正如上文所说，Ed. D. 重在培养全面发展的高素质的教育领导者。而 CPED 给出的 Ed. D. 概念、工作原则、毕业生的基本特点及能力要求都充分体现了 Ed. D. 特有的教育理念，只要切实实践这些理念，Ed. D. 就会成为一个卓越的学位。

（二）确立 Ed. D. 培养的有效模式，实现多方利益相关者的共治

由于教育实践工作的高度复杂性和知识系统急剧的分化与重组，教育问题的解决需要多元思维，更鉴于 Ed. D. 学生都具有丰富实践经验，因此，群组学习成为 Ed. D. 培养模式的重要特征，强调通过教与学的学术和确认特色化教学模式来指导 Ed. D. 工作，通过实践实验室的创造要求未来的实践工作者对研究的问题进行充分的事实分析，尖峰体验强调实践的学术性，创建浸入式的智力社区，置学生于智力社区里面的重大教育实践问题之中，使未来的实践工作者们可以携手合作，培养出卓越的实践能力和跨部门解决教育问题的能力。

借鉴 CPED 的经验和成果，我们也应该根据我国的国情，对 Ed. D. 的本质、工作原则及毕业生的基本特点进行深入的研究和探讨，在这个基础上，实验和创造成功的 Ed. D. 培养模式。我国的 Ed. D. 教育也应该实事求是地根据学生的工作经验和兼读情况，创建远程课程传递，组建网上社区和网上学习论坛，采取周末课程、网络课程与混合课程等多种形式。针对 Ed. D. 特殊的培养目标，导师队伍应该有一部分是具有较高理论素养的高技术化的实践工作者，甚至是一线的临床教师或学校领导者，以保证他们能够分析、评价实践问题，最重要是能够把实践问题的解决路径示范和教授给学生。

CPED 很好地遵循了多方利益相关者的共治，坚持教授治学，把行动和决策的权力交给广大教师和学生，培养程序开放民主，成功塑造了教师间的合作文化与合作机制。这种理念和方法极大地减少了教师间、师生间的孤立与冲突。CPED 过程中，几乎所有教师都利用这个机会表达自己的关切，参与者发现自己处于一种可以从头再来并富有创造性的情境之中，学生也因为可以发出

自己的声音表达自己的利益诉求而对 CPED 表示欢迎。各教育学院形成全国性的校际间对话机制和合作机制，共同维护和提升教育学及教育学院的地位，以赢得更高的学术地位和足够的投资。

我国的 Ed. D. 教育还处于起步阶段，在制度设计和实施过程方面还有很多需要完善的地方。基于 CPED 的经验，我国应该大力加强和拓展专业学位教育指导委员会的工作职能，以它为平台，结成全国教育学院联盟来制定 Ed. D. 学位的质量标准和规范 Ed. D. 博士生的培养工作。可以尝试 CPED 的做法，充分吸纳各利益相关者来进行共同治理，平衡各方面的利益诉求，形成各 Ed. D. 实施机构之间信息分享、经验共享、合作竞争的良好局面。

第二节 Peabody 模式

皮博迪教育学院（Peabody College）始建于 1785 年，而范德堡大学（Vanderbilt University）建于 1873 年。Peabody 于 1979 年并入范德堡大学。Peabody 设有 5 个系、1 个全国顶尖的研究生院，是全国的教育研究中心，教育专业是范德堡大学最大的本科专业。

一、Peabody 的概况

根据《美国新闻与世界报道》的教育学院排名，Peabody College 连续 3 年蝉联第一。Peabody 获得了全部的 100 分，比第二名高出 9 个点；而且有多个专业的排名都名列前茅，如管理/督导和特殊教育名列第一，教育心理学第四，基础教育第四，教育政策第五，课程/教学第八，高等教育管理第九。

Peabody 的历史悠久，从一个小的学术机构发展成为全国教育研究生院的领袖，不能不说是一个奇迹。2007 年秋季注册学生情况：学士 1,202 人，硕士 377 人，Ed. D. 94 人，Ph. D. 213 人，专门专业（Special Professional）13 人，共计注册 1,899 人。[①] Ed. D. 相比 Ph. D. 来说是一个很小的学位类型，专业领域和规模都比 Ph. D. 小得多，但其高度成功，声誉卓著，其 3 年制 Ed. D. 项

---

① 见 http://peabody.vanderbilt.edu/Admissions_and_Programs/Masters_and_EdD_Programs/EdD_Programs.xml.

目已经成为全国其他教育学院学习的榜样。它的根本目标是满足职业中期专业人士，致力于组织运行，被视为同类项目的表率。

表 4－1　　Peabody 的学位项目及其专业设置

系 学位	人和组织的发展	领导、政策和组织	心理学和人的发展	特殊教育	教与学
教育硕士（M. Ed.）	社区发展行动；人的发展；咨询	高等教育管理；人力资源发展；国际教育政策与管理；组织领导；学校管理	儿童学习	特殊教育	课程与教学领导；早期儿童教育；基础教育；英语教育；英语语言学习者；数学教育；阅读教育；科学教育中等教育
专业实践硕士（M. P. P.）		教育政策			
教育博士（Ed. D.）		教育领导与政策；高等教育领导与政策			早期儿童领导
教育学博士（Ph. D.）	社区研究与行动	领导与政策研究	心理科学（由文理学院管理）	特殊教育	学习、教学与多样性

资料来源：Peabody College Graduate Admissions. pdf.
见 http://peabody. vanderbilt. edu/admissions_and_programs/program_brochures. xml.

二、Peabody Ed. D. 项目改革的理论基础

2004 年夏天，Peabody 正式提出其重新规划的 Ed. D. 项目，重新规划了招生过程、项目方向和其他学术及支持服务。Peabody 把 Ed. D. 的使命定位为：培养大中小学的研究型专业实践者。重新设计的 Ed. D. 项目目的是创造一种既能反映博士学位的学术严谨性，又能满足学校领导者所需的知识和能力。新的 Ed. D. 项目的研究生培养反映了 Ph. D. 的学术严格性和强度，但致力于未来学校领导者的专业智力需要。与旧的 Ed. D. 项目相比，新的 Ed. D. 项目培养学术研究技巧和更加广泛的理论视野来揭示当代教育，同时聚焦于实践问题上。通过整合理论与实践，在基于实践中的问题的基础上，培养学生扎实的研究能力和宽广的理论视野。

与 CPED 行动的理论基础一样，Ed. D. 项目信奉学者—实践者哲学：理论性知识最终也是实用性的，相信要把事情做正确需要通过做正确的事来平衡；

实践者应该知识渊博，能够理解和批判研究发现。教师队伍吸纳了有经验的实践者和研究者，项目遵循学者—实践者模式来确保学生获得清醒和持续的理论和研究知识及概念的教育混合体，还有应用性分析和交际技能，包括教育领导、学校选择和成绩差异、财政管理、绩效激励、财政援助和机构提升等方面的能力。这些是日常实践教育专业人员面对的问题。[①] 概言之，Peabody 强调教育理论与教育实践的交融。导师与不同兴趣和背景的学生合作，这种经历有时候有相当的挑战性，但对教师和学生的发展都非常有益。

Peabody 对学术研究的高度重视使得它具有很大的竞争优势，学院每年的科研经费达2400万美元。其研究建立在生活真实世界的问题之上，强调用科学和严格的方式检验研究结果，通过随机的现场实验和持续改进的循环。而博士生从一开始就是教师的研究伙伴。

Peabody 为资深教育工作者设计和实施一项全新的 Ed. D. 课程计划。设计者指出：若在课程方面不能完全澄清两类博士学位的区别，将会使 Ed. D. 学位面临挑战，而一项精心设计与实施的 Ed. D. 课程计划有可能成为全国 Ed. D. 教育模式未来的发展方向。

通过变革，Peabody 已经创造了一个真正有特色的 Ed. D. 项目，服务于清晰的培养目标：训练和培养新一代的教育领导者。相比较其他教育学院而言，Peabody 的优势在于它强调并尊重 Ed. D. 作为实践者的实践性学位的态度。Peabody 重塑了 Ed. D. 项目，提升了招生标准，减少了学生数量，强化实践取向，果断界定 Ph. D. 为提升作为培养学者的研究型学位而非管理者的专业学位。

三、Peabody 创新 Ed. D. 培养模式

招收精英并采取组群模式。Peabody 的 Ed. D. 项目每年只招收 20 – 25 人，招生对象广泛，包括关注人类状况和教育的各类人，除了那些来自不同机构背景的教育或学校领导者之外，也有从事教育事业相关行业的产业经理。招生时鼓励考生在校园进行参观访问，与教师进行面谈，现场观摩一堂课，以便对 Ed. D. 项目的智力严格性和专业性要求获得更直观的感受。招生要求硕士学

---

① Catherine Gavin. Building, Sustaining, and Expanding the Education Doctorate at Peabody College: An Administrative View. *Journal of Education*, 2009(84): 44 – 47.

位、强有力的学术背景、优良的GRE成绩和领导能力。在组群模式的基础上，学生步伐一致地进行严格设计的课程学习。学制3年，每年6学分，课程包括：领导、组织理论和行为、教育的社会和政治环境、研究方法论，导师是顶尖的学者和杰出的教育实践者。Peabody积极吸纳背景不同的攻读者，并积极创设开放创新、富有挑战性和支持性的教育环境。

重新设计的Ed. D. 项目带来管理方面的诸多挑战。Ed. D. 项目从连续九个月的住读全日制住校形式转变为以组群为基础的周末课程模式，管理人员必须重新调整其管理和运行模式以支撑这样的变革，从而适应绝大部分学生在职兼读的现状。

Peabody对帮助新生迅速进入Ed. D. 的学习状态十分重视。2009年Peabody启动了“新生入学指导项目”和“同行与校友辅导网络”服务，让他们熟悉同学和教师及校友，明确Ed. D. 学位的使命、关键目标以及对学生的要求。强化在读生与广大校友的联系，为学生分享学术经历、交流职业挑战、建立新的关系提供了一个平台。因为学校意识到攻读Ed. D. 的经历远远超出学习的范畴，与同学及校友保持互动是该项目最宝贵的资源之一。“同行与校友辅导网络”为新生提供友好支持的资源，以帮助他们解决有关课程作业、博士资格考试、毕业实践项目以及工作与学习之间如何平衡的问题与忧虑。为继续完善导师项目，学院还邀请毕业生作为校友导师参与教学，为在读学生的职业发展提供咨询。① 促进学生与同学和毕业校友持续的互动，学院开发新的指导项目来吸纳校友这个巨大资源，促进群组内及群组间的互动合作。邀请毕业生作为在读博士生的指导人员，提供就读经验。

新的Ed. D. 项目采用实践者—学者模式，吸纳了杰出教育实践工作者的专业知识和职业理念。例如，该项目的中小学教育法课程由当地有经验的律师担当任课老师，学院与大学财政课也由州高等教育委员会的执行理事担任教员，以第一线的经历讲解州一级的监管、预算和战略规划。兼职讲师通过展示理论与实践如何深度交织强化了项目的基本使命，同时也拓展了课目的

---

① Xiu Cravens, Ellen Goldring, Catherine Loss. 美国教育博士学位的背景与发展[J]. 复旦教育论坛，2009(3):78-82.

范围。①

Ed. D. 候选人组成一个约 20 名学生的群组，按规定的顺序上课，以完成一组项目而结束。而在过去，他们的课程随意，个人撰写论文。另外，群组项目为类似学校社区的客户服务，这更好地反映了教育领导者的工作性质。

全新的 Ed. D. 课程具有以下特点：采用实践中心模式（Practice Focused Model），具有面向实践工作者、问题导向等一系列特征；制定课程时注重以知识为核心；用实践性的尖峰计划代替传统论文作为证明学生能力的方法；采用新的学生评价机制，通过课程成绩、综合考试与尖峰计划对学生进行评价。②

被赋予全新概念的 Ed. D. 课程将使 Ed. D. 与 Ph. D. 具有本质上的区别：Ed. D. 旨在培养实践导向的专业人才而不是研究型大学中的研究者；Ed. D. 是为那些寻求最高学位以及那些为在其机构中获得职业发展的在职专业人员而设置，而非为大学培养学术型教师；Ed. D. 以解决实践中的问题为导向，而非注重先进研究方法与知识创造；Ed. D. 将毕业生的就业目标锁定在教育机构中的高级领导职务，而非同级研究型大学的教师。

项目第三年，博士生进行实践性的尖峰体验，嵌入一个小组计划进行独立的研究和分析活动，聚焦于一个实践问题，并从一个全国性的顾问团那里获得建议。尖峰问题展示给学生一系列实践问题，产生于外部的实践者、政策制定者，通过教师的建议和评价，选择最终的尖峰问题。小组计划设计为整合项目中学到的理论和研究工具，展示对概念和方法的掌握。尖峰体验项目要求获得分析能力、专业理解、情境知识和团队技能，并应用这些能力于真实世界进行的管理咨询小组项目。

更直接地连接实践为基础的 Ed. D. 的尖峰体验方式更符合 21 世纪学校领导所面临的期望和要求。这包括培养领导者的定位，在社会和政治复杂组织里理解和改善学生的成绩，提升问责和资料收集能力，构建有效果和有效率的治理结构。

---

① Xiu Cravens, Ellen Goldring, Catherine Loss. 美国教育博士学位的背景与发展[J]. 复旦教育论坛，2009(3):78 - 82.

② Timothy Caboni, Eve Proper. Re-envisioning the Professional Doctorate for Educational Leadership and Higher Education Leadership: Vanderbilt University's Peabody College Ed. D. Program. *Peabody Journal of Education*, 2009(1):61 - 68.

表 4－2　　　　　　　　Peabody 的两种学位尖峰体验模式的对比

学位 要素	传统的 Ph. D. 论文	变革后的 Ed. D. 尖峰计划
缘　起	源于或意在贡献于理论解释或聚焦于州、国家或机构的重大的政策问题	源于客户兴趣和意在解决创造性的问题
批　准	要求四人导师委员会的批准，其中一个来自学院之外	要求获得尖峰导师和客户的批准
要　求	对知识积累性的贡献，基于先前的研究和相关文献	当前的问题为中心的取向，基于相关文献的分析
管　理	研究生院授权和行使职能	教育学院授权和行使职能
形　式	五章或三篇可以发表的论文形式	管理咨询报告的形式
取　向	学术取向和学术形式	实践取向，客户中心
文字要求	严格分析	严格分析，便于阅读

资料来源：Claire Smrekar，Kristin McGraner. Peabody College Ed. D. Capstone. *Peabody Journal of Education*，2009（84）：48－60.

变革后的尖峰体验反映了教师们对 Ed. D. 的共识。尖峰体验培养教育领导者一套技能体系，包括深入的知识和对调查、组织理论、资源调度、领导学习和与教育政策及实践相关的广泛的社会背景的了解。教育学院把尖峰体验定位在综合的、内置的课程中，提供脚手架。概言之，是以问题中心、实践取向的教育领导 Ed. D. 学位。尖峰体验提供轴心点来提升学生从博士培训到成果管理、专业实践和领导。总之，尖峰体验的主要目标是培养教育领导者，用知识、批判性和创造性的方法来理解和解决现实中的教育问题。

领导、政策和组织系有两个尖峰体验的导师顾问，一个是高等教育问题的专家，另一个是中小学机构问题的专家。尖峰导师顾问经常与小组协商，有时与个人进行交流，提供指导和建议，与客户协商联合开发专门的尖峰计划，为三年制的学生群组制定时间表及协调学生组成群组，促进尖峰群组与实习机构之间的联系，决定尖峰计划，共同指导尖峰研讨课。

尖峰研讨课。学生在最后一年参加两次三学分的尖峰研讨课。研讨课提供正式的结构，定期交流强调尖峰的范围、主要的问题，具体说明研究的焦点和资料收集策略，开发尖峰计划时间表和任务安排。这些对指导博士生顺利进入尖峰体验，获得最大的效益具有重要指导作用。

学生进步报告。分多次收集个人的进步报告状况以确定群组每个成员的努力程度和贡献大小，包括进展报告、中期报告、草案报告、尖峰报告和展示、最后的尖峰报告。最后的尖峰报告大约 75 页，包括多个部分：问题的确定；问题背景的分析；发现；对关键分析的讨论；建议；实施策略；结论；附录；参考文献。这种详尽的操作性强的培养过程对学生的发展和培养质量的保障起到了重要作用，这也正是过程性评价和制度化培养的体现，是高强度质量保障体系的重要组成部分。

四、成效与评价

（一）实践特色明显，学术要求高

在专业设置方面，新的 Ed. D. 项目聚焦于学校领导与教育政策两个领域，突出学位的实践性属性。虽然专业领域不多，但便于竞争优势资源，发挥学院的竞争优势而在内涵发展方面下工夫。

强调理论与实践的结合。Peabody 把 Ed. D. 项目的使命定位于培养大中小学的研究型专业实践者。新的 Ed. D. 项目既要求博士学位的学术严格性和科研训练的强度，又致力于未来学校领导者的专业智力需要。新的 Ed. D. 项目培养学术多方面的研究技巧和更加广泛的理论视野来揭示当代教育的本质与趋势，同时聚焦于教育实践问题。项目通过整合教育理论与教育实践，在实践问题的基础之上，培养学生扎实的学术研究能力和宽广的理论视野，要求 Ed. D. 项目博士生从一开始与导师结成研究伙伴，这些充分反映了教育博士专业学位的学术性与实践性的两重属性。项目还组建实践者—学者导师组模式，吸纳杰出教育实践工作者参与课程教学和论文指导，这充分反映了第二代专业博士学位的突出特点“混合课程”的应用，把 Ed. D. 博士生的工作场所与专业和大学结合起来了。

创造特色的 Ed. D. 项目。培养目标十分清晰：训练和培养新一代的教育领导者。与其他教育学院相比，Peabody 更强调并尊重 Ed. D. 实践性学位的立场。重塑后的 Ed. D. 项目，提升了招生标准，减少了学生数量，强化了实践取向，果断把其与 Ph. D. 严格区分开来。这些重塑的变革行为与本书第二章对教育博士的争论密切相关，反映了学术争论对现实的积极效应。

全新概念的 Ed. D. 课程将使 Ed. D. 的特色突出：目的是培养实践导向的

专业人才而不是研究型大学中的研究者，培养对象是那些在其机构中获得职业发展的在职专业人员，导向是解决实践中的问题，就业目标是教育机构中的高级领导职务。用实践性的尖峰计划代替传统论文，采用新的学生评价机制，通过课程成绩、综合考试与尖峰计划对学生进行综合评价，从终止性评价转为过程性评价。

Ed. D. 的尖峰体验方式更直接地连接实践，更符合 21 世纪学校领导所面临的期望和要求。论文选题源于客户兴趣和意在解决创造性的问题，要求获得尖峰导师和客户的批准，管理咨询报告的形式，实践取向、客户中心，严格分析，便于阅读。尖峰体验项目要求获得分析能力、专业理解、情境知识和团队技能，并应用这些能力于真实世界，在社会和政治复杂组织里理解和改善学生的成绩，提升问责和资料收集能力，构建有效果和有效率的治理结构。这些都是知识生产模式 2 理论的具体应用，使得教育博士模式 2 的特征十分凸显。

（二）注意过程细节，充满人性关怀

强调培养重心。教师队伍吸纳了有经验的实践者和研究者，对 Ed. D. 博士生的理论与实践需求有准确的把握。项目确保学生获得清醒和持续的理论和研究知识及概念的教育混合体，强调培养学生应用性分析和交际技能，包括教育领导、学校选择和成绩差异、财政管理、绩效激励、财政援助和机构提升等方面的能力。这些是日常实践教育专业人员面对的普遍问题。

严把入口关。在招生时鼓励考生到校园进行参观访问，与教师进行面谈，现场观摩一堂课，以便对 Ed. D. 项目的智力严格性和专业性要求获得更直观的感受。这种人性化的招生制度值得学习，可以防止由于学生与项目之间的信息不对称造成消极作用。课程设置也体现了人文关怀，为适应绝大部分在职兼读学生的需求，Ed. D. 项目从全日制住校形式转变为以组群为基础的周末课程模式。

创新过程管理。Peabody 积极创设开放创新、富有挑战性和支持性的教育环境。启动“新生入学指导项目”和“同行与校友辅导网络”服务，让新生熟悉同学和教师及校友，明确 Ed. D. 学位的使命、关键目标以及项目对学生的要求。强化在读生与广大校友的联系，为学生分享学术经历、交流职业挑战、建立新的关系提供了一个富有成效的资源交流平台。“同行与校友辅导网

络”为新生提供友好支持的资源，以帮助他们解决有关课程作业、博士资格考试、毕业实践项目以及工作与学习之间如何平衡的问题与忧虑。为继续完善导师项目，学院还邀请毕业生作为校友导师参与教学，为在读学生的职业发展提供咨询。促进学生与同学和毕业校友持续的互动，学院开发新的指导项目来吸纳校友这个巨大资源，促进群组内及群组间的互动合作。邀请毕业生作为在读博士生的指导人员，提供就读经验。

聚焦尖峰体验。项目有两个尖峰体验的导师顾问，兼顾了学生的不同层次。尖峰导师顾问经常与小组及个人交流，提供指导和建议，与客户协商联合开发专门的尖峰计划，为3年制的学生群组制定时间表及协调学生组成群组，促进尖峰群组与实习机构之间的联系，决定尖峰计划。这种尖峰体验的特点是结构性强，学生非常明确研究的路径，便于调动自己的主动性。

开设尖峰研讨课，把尖峰体验置于课程中。尖峰体验的主要目标是培养教育领导者，用知识、批判性和创造性的方法来理解和解决现实中的教育问题。研讨课提供正式的结构，定期交流强调尖峰的范围、主要的问题，具体说明研究的焦点和资料收集策略，开发尖峰计划时间表和任务安排。这些对指导博士生顺利进入尖峰体验，获得最大的效益具有重要指导作用。

革新评价机制。新的项目强调过程性评价和全过程质量监督，制定学生进步报告，这其实就是第二代专业博士学位的代表性的“档案袋”。分多次收集个人的进步报告状况以确定群组内每个成员的努力程度和贡献大小，这样创造了群组内相互帮助又相互竞争的学习氛围，有利于调动学生自主管理的积极性。

第三节　HGSE模式

哈佛教育研究生院（Harvard Graduate School of Education，HGSE）建于1920年，并同时设立Ed. D. 。作为Ed. D. 学位的发源地[①]，HGSE在93年的发展过程中，其Ed. D. 的教育理念和培养模式也一直在发生着变化。

---

① HGSE 2013年决定终止Ed. D.，从2014年改为Ph. D。

一、Ed. D. 项目

HGSE 这样定位自己的宗旨:“教育与人类活动的每个方面都息息相关，我们相信学习和提高教育的事业心是社会健康发展和社会未来前途的关键。我们研究和解决教育所面临的最关键性的挑战，如学生评价、成绩差距、城市教育和教师短缺。”① 由此可见，HGSE 的 Ed. D. 教育理念注重理论紧密结合实践，针对现实中关键性的教育问题和实际需要，其应用情境、问题导向、追求实用的教育理念与知识生产模式 2 的特征是极为吻合的。Ed. D. 的培养目标是：培养能够理解研究、政策与实践以及它们之间相互关系的领导者，利用全校各院系的教育资源，使学生获得成为大学教授会成员、高级教育领导者、政策制定者和研究者的教育。②

Ed. D. 的培养理念是教育领导者首先是某一个领域的专家，同时又应对其他学科有所了解，具备多视角看问题的能力。因而 HGSE 的 Ed. D. 课程包括第一年所有学生都必须参加核心课程学习及研究方法的严格训练，然后才是所谓“个性化研究”，即学生根据个人不同的研究兴趣，从不同的学科出发来选修自己的个性化课程。Ed. D. 专业设置是多方面的，共有 9 个专业，与此相适应，教授也是来自不同的学科领域，他们互相合作来培养具有跨学科意识的高级研究型专业人才。

HGSE 的理念与哈佛大学的理念是相通的。哈佛大学人才培养的目标是使学生开放思想，使所学知识得到充分利用。为此，哈佛大学在人才培养中鼓励学生发现、表达想法，并自由地进行批判；以富有成效的合作精神追求卓越，充分发掘自身的能力与兴趣，发挥智力与潜能；能够为个人行为的结果承担责任，使学生形成赖以自力更生并维持终身学习的习惯。③ 这一点很重要，教育学院作为大学的一个组成部分，必然要受到大学母体的办学传统、发展理念、评价体制、校风学风的深刻影响，而且现在流行跨学科、跨学院的研究模式和人才培养机制，教育学院必须与大学有机地融为一体。HGSE 在这方面的经

---

① About HGSE. http://www. gse. harvard. edu/about/index. html. 2011 - 05 - 11.

② Academic Programs:Doctor of education. http://www. gse. harvard. edu/academics/index. html.

③ Harvard College. About Harvard College, http://www. college. harvard. edu/icb/icb. do? keyword = k61161&tabgroupid = icb. tabgroup84748,2009 - 12 - 29.

验，也值得国内借鉴。

HGSE 有严格的淘汰制度。每门课成绩都要达到“B”等或更好才能参加资格考试，只有通过资格考试，才能获得博士候选人的资格。每年因资格考试成绩不合格而遭淘汰的学生占同一届学生总数的近 30%。据统计获得 ABD（All But Dissertation）的人在整个博士申请者当中的比率是 50%，许多用人单位对于 ABD 也是接受的。不仅哈佛大学如此，美国整个博士生教育制度都实行严格的资格考试及淘汰制度，这是保证博士生教育质量的重要制度措施，而我国在这方面的制度建设还十分欠缺。

为了准备论文，Ed. D. 候选人须修习最低 16 门课程（64 学分），包括 7 门核心课程（28 学分）和 9 门选修科目（36 学分），一般需要 2 – 3 年，学生必须在 HGSE 完成至少其总课程的一半。学生在进入论文阶段之前，需要完成一个资格论文，并提交严格的博士论文计划。

表 4 – 3　　哈佛大学 2004 年授予学位数量

学　院	文理研究生院	商业管理学院	牙医学院	设计学院	神学院	教育学院	行政学院	法学院	医学院	公共健康学院
总　数	574	898	79	238	141	681	537	707	198	329
博　士	277	1	3	8	3	60	14	560	175	22
硕　士	文科 254 理科 43	894	33	182	138	617	435	147	23	307

资料来源：Harvard University Gazette，June 10，2005：21.
注：数据总和有的不相符，原文如此。

由上表可以看出，就是在哈佛这样一流的研究型大学，文理研究生院与其他专业学院相比，已经是一个中等规模的学院了。哈佛大学设置的专业学院比较齐全，对博士学位的要求也都很高。哈佛大学研究生中的大部分攻读专业学位，采取相对粗放的培养模式，学制短，且灵活多样，有工作经验的专业硕士一般一年就毕业，本科直接升上来者最多两年获得学位。而研究型人才则精而又精，且训练时间很长。据统计，哈佛大学 2007 – 2008 年度授予学位总数为 7，239 个，其中学术型学位占 37%，专业学位占 63%。在 2008 – 2009 年，HGSE 共注册学位项目学生 899 名，570 名硕士生和高级进修证书学生，329 名博士生。其中女性 683 名（占 76%），有色人种 253 名（占 28%），国际学生123名（占14%），反映了HGSE学生来源的丰富多样性。在2007－2008学年，HGSE授予40个Ed. D. 学位，567个Ed. M. 学位和高级研究证书。2010年授予Ed. D. 学位54个，授予学位数量的差异主要因为学位通过率的变化，很大比例学生的学业时间很长。自1920年HGSE成立以来，已授予了近27,000个学位。今天，教育学院的校友在国内和国际教育界及教育研究领域居于领导地位。

表4－4　　哈佛大学教育研究院的学位与专业设置

学位项目	教育博士	教育领导博士	教育硕士	其　他
专　业	文化、社区与教育；教育政策、领导与教学实践；高等教育；人类发展与教育；教育定量政策分析；市主管项目（2010年结束）	学与教；领导与管理；认识与改造教育部门	艺术教育；教育政策与管理；高等教育；人类发展与心理学；国际教育政策；语言与识字；教育硕士学位学与教；思想、头脑与教育；危机与防御；学校领导；专门化；教师教育；技术、革新与教育	实习项目；联合学位项目（法律博士/教育硕士和法律博士/教育博士）；教育特殊研究；伯克利交换项目；教育政策与管理

资料来源：http://www. gse. harvard. edu/academics. index. html.

2010年HGSE有100多名教师共指导约900名博士和硕士课程的学生。此外，每年有3,000多名来自世界各地的教育领导者来参加各种专业教育课程。HGSE教师都从事教育最关键问题的研究，从社会经济的变化影响如何重新定义什么是良好的基础教育，到幼儿学习和发展的根本问题等等，都是研究者的关注点。他们的研究成果对世界教育理论与实践的发展都在产生重大的影响，比如著名的“零点计划”(project zero) 就产生了巨大的国际影响。

HGSE普遍要求研究生是全日制，以确保教育质量。只有少数硕士学位是兼读制，而且申请人必须在网上申请的项目信息部分包括一个简短的声明，说明为什么要求兼读。教育博士、教育领导博士、教师教育项目、咨询高级研究证书都必须是全日制。HGSE博士招生的竞争非常激烈，具有高度选择性。2010年，大约只有9%的申请人被录取。招生委员会在审查入学申请时采取一种全面的考察方法，对学术记录、考试成绩、推荐信、工作经历和就学目的陈述都仔细评估，以确定申请人的资格与潜力。实践经验也是考察学生的一个重要方面，2008 年秋季录取的博士生在入学前有平均 6 年的专业实践经验，硕士生在入学前有平均 4.5 年的专业实践经验。Ed. D. 平均是 6 年获得学位，且入学前几乎都已获得硕士学位，这也是与 Ph. D. 招生方面的不同点之一。

哈佛大学对教育博士生培养的投入和经费支持也是其他学校难以企及的，这是帮助学生顺利获得博士学位和提高培养质量的重要保障。HGSE 保证所有 Ed. D. 的学生将收到 5 年学业的全部学费和医疗费资金。2009 – 2010 学年，第一年的 Ed. D. 的学生收到一份 10,325 美元的津贴。Ed. D. 博士生大约有 25% 将凭出色的学业成绩收到哈佛大学校长奖学金，获得者将获得全部学费和强制性医疗费支持。当然 HGSE 的学费是很高的，在 2009 – 2011 学年的 Ed. D. 博士生每学年的学费是 35,568 美元，而估计年总预算是 59,475 美元，每学期每门课程的收费是 4,446 美元。

根据哈佛大学 HGSE 发布的“2010 年 Ed. D. 毕业生情况”①，2010 年共授予 Ed. D. 学位 54 个，共 9 个专业。人类发展与教育 15 个；管理、规划和社会政策 13 个；学习与教学 12 个；教育政策、领导与教学实践 4 个；市主管项目 5 个；语言与文学 2 个；文化、社区与教育 1 个；高等教育 1 个；教育定量政策分析专业 1 个。管理、规划和社会政策 13 个中，又分为社区与学校 3 个；市主管项目 5 个；国际教育 3 个；高等教育 2 个。合计的市主管项目 10 个，2011 年开始的教育领导博士项目正好是这一个项目的继续，只不过是新的项目名称和培养模式。

11 人获得的是理学学士，都有硕士学位，其中有教育硕士学位的有 44 人，占 81.5%，其中在哈佛大学获得教育硕士学位的有 40 人，共有 28 人获得两个硕士学位。可见，学生的学术背景还是与教育博士密切相关，而且知识背景比较复杂。从获得学士学位算起到获得博士学位最长的达 36 年，最短 8 年，平均 17 年；从获得最后一个硕士学位算起，最长 25 年，最短 1 年，平均 9.6 年，学业时间还是比较长的，当然，学生之间的差别很大。每个学生都由 3 名导师组成的导师组指导，但没有出现相同三个导师共同指导一名学生的情况，

---

① Harvard Graduate School of Education 2011 Doctoral Candidates. 见 http://www.gse.harvard.edu/admissions/documents/2011_graduates.pdf. 2012 – 01 – 31. 参见附录 3。

且一个导师在导师组中的位置经常出现变化。可见，导师安排是根据学生特点做出了调整。论文的选题范围十分广泛也是一个突出的特点。

二、Ed.L.D.项目

美国是一个不断创新的国度，哈佛大学在教育创新方面更是走在前面。早在1920年，哈佛大学教育研究生院就第一个设立教育博士（Ed. D.）学位。2010年又首创“教育领导博士”（Doctor of Education Leadership，Ed. L. D.）学位。

（一）Ed. L. D. 项目的创设背景

当今世界各国都在积极推进教育改革，但无一例外都面临诸多棘手的问题。在美国，人们对教育改革的批判之声从未停止过，HGSE院长麦卡特尼（Kathleen McCartney）对此进行了概括:“有一个普遍共识，美国学校正在走向失败。我们的经济生产力和全球竞争力受到公共教育不足的威胁。大城市高中学校中只有一半的学生毕业，美国学生成绩在国际排名中落后，种族差距在幼儿园就已经很大，并且随着教育阶段的提高，差距还在扩大。”[①]面对挑战，教育界往往通过制度创新的方式予以应对。院长认为长久以来，学校培养的管理层缺乏全面锻炼，他们更倾向于维护现行制度而非进行迫切需要的教育改革。而从根本上加快改善教育行业的步伐，才是一项紧迫的国家任务。他表示，美国更需要训练有素、能够大刀阔斧推行教育改革的人员。此外，许多学校领导对什么是真正的“高质量教学”不甚了解，他们在分配教育经费，引导制定政策，以及管理学校这个大型、复杂和经常变化的组织方面缺乏经验和准备。

广泛而严厉的批评引发人们对教育改革不断的反思，反思的结果之一就是发现：决策和实施教育改革的领导者普遍缺乏高层次的专业教育，他们的教育理念、行为方式都存在提高和改进的必要。而传统的针对教育领导者的教育模式，培养出的领导人才墨守成规者多，而开拓创新者少，已经不能适应今天学校变革的需要。当前学校教育体系的主要批评者表示，科技、人口特征以及经

---

① Doctor of Education Leadership（Ed. L. D.）. 见 http://www. gse. harvard. edu/academics/doctorate/edld/index. html. 2010－09－10.

济变化为教育工作者提出了挑战与改革的迫切需要，美国教育界急需找到一个成熟、出色的教育模式。因此，向来以培养教育领导者为己任的哈佛大学教育研究生院率先设置了 Ed. L. D. 项目，以适应美国基础教育改革对开拓性领导者的迫切需要。该学位的设立得到了哈佛大学校方及兄弟学院强有力的支持。哈佛大学校长福斯特（Drew Faust）在一份声明中指出："哈佛大学各专业学院的核心使命之一就是培养领袖人物，使他们能在急剧变革的环境中成功地领导各自的组织。而现在，没有什么地方比公立教育部门更需要这样的变革型领导者了。"① 哈佛大学肯尼迪学院和哈佛大学商学院将加盟这项新学位的培养过程，与教育研究生院联手共同培养 Ed. L. D. 项目学生。肯尼迪学院院长埃尔伍德（David Ellwood）表示："美国作为全球领导者的角色很大程度上取决于我们教育下一代的能力，这一新的'Ed. L. D.'学位计划将为这些未来的领导者提供学术及实践的知识，以使他们能够应对将来复杂而多样的挑战，他们将对我们的学校和学校制度的变革产生积极影响。哈佛大学肯尼迪学院为与教育研究生院合作推动这项令人振奋的新计划感到自豪。"②

（二）Ed. L. D. 项目学位的培养方案

Ed. L. D. 学位的使命是为学校系统、教育行政机构、国家政策组织、基金会、非营利性组织和私营部门培养高级领导者，包括部门主管、首席执行官、执行董事、顾问、项目主任等。它的途径是使学生对教与学进行深刻的理解，获得必要的管理和领导技能，最终创造性地实现美国基础教育的改革。对于这一新学位的定位，麦卡特尼强调，这种新的学位将是一个"推动变革的催化剂"，其目标不是培养适应现存体制的领导者，而是培养能够实现教育体制成功变革的新一代新型领导者，希望他们改变教育改革被动低效的局面，培育公立与私立机构之间密切的伙伴关系，最终恢复人们对美国学校系统的信任。③

---

① Ed. L. D. Curriculum. 见 http://www.gse.harvard.edu/academics/doctorate/edld/curriculum/index.html. 2010-09-10.

② Ed. L. D. Partners. 见 http://www.gse.harvard.edu/academics/doctorate/edld/partners.html. 2010-09-10.

③ Doctor of Education Leadership（Ed. L. D.）. 见 http://www.gse.harvard.edu/academics/doctorate/edld/index.html. 2010-09-10.

表 4－5　　　　哈佛大学教育研究生院 Ed. L. D. 项目课程

核心课程（Core Curriculum）	四门课程： 系统领导者工作实验室；系统领导者的领导与管理；学习型组织的领导；改革教育部门
	三大领域： 学与教；领导与管理；认识和改造教育部门
选修课（Elective Courses）(从推荐课程中至少选择6门)	哈佛大学教育研究生院： 成人发展与学校领导；支持教师教学的改进；教师工会与学校改进
	哈佛大学商学院： 转型环境中的企业管理；教育改革中的创业；人力资本管理
	哈佛大学肯尼迪学院： 非盈利公共机构的市场营销；效能领导；在公共非营利机构产生成果；非营利和非政府组织的战略管理

资料来源：http://www.gse.harvard.edu/academics/doctorate/edld/curriculum/index.html.
http://gseweb.harvard.edu/academics/catalogue/courses/all_courses_by_num.shtml.

Ed. L. D. 项目学制 3 年。第 1 学年的 4 门核心课程，由高度集成的三大领域构成课程模块。核心课程采用多种多样的教学和学习方式，如案例讨论、情境模拟、实地工作、在线学习等，目的是希望学生能发展和实践作为系统领导人所需的开拓性思维方式和多视角分析问题的习惯。第 2 学年是研讨课和选修课，研讨课的目的是深化对第 1 学年课程的理解。此外，学生将与导师密切合作，为了满足个人的学习需要和职业抱负，制订一个量身定做的学习方案。选修课是从教育研究生院、商学院和肯尼迪学院各推荐 3 门课程，学生从中至少要选修 6 门。在第 3 学年，Ed. L. D. 项目学生将进入尖峰体验阶段，学生在合作伙伴组织中实地领导一个改革项目。尖峰体验要求学生全面系统地投入到组织领导工作之中去，尤其要在实习组织中亟待解决的问题方面做出切实的努力和成效。通过 1 年真正意义上的挂职实习，学生将充分利用他们从课程学习中获得的知识，测试他们表现出来的领导才能，检验其变革理论。当然在实习期间，导师和教育研究生院将随时给学生提供专业指导需要的关系网络服务。学生也与哈佛大学保持联系，并定期返回哈佛大学参加强化工作室。

三、成效与评价

（一）学位制度创新

Ed. L. D. 项目是一个全新的博士学位，它与 Ed. D. 项目有很多相同点，性质上都属于专业博士学位，专业博士学位的目的是发展专业实践能力。二者都强调尊重和发挥博士研究生的主体性，博士研究生有权选择导师和指导委员会成员，有很大的自由来设计符合个人兴趣的高度个性化的课程体系。专业博士学位研究生教育注意发挥学生实践经验丰富多样的优势，处处注意促进多主体间的有机合作，尤其强调学生之间分享彼此不同的经验和观念。而在我国，博士研究生的主体性还没有得到充分的尊重，博士研究生在选课与选导师等方面还缺乏足够的自主权，研讨课的数量和比重都很小，这既是制度设计的问题，更是教育观念的问题。

Ed. L. D. 项目与 Ed. D. 项目又有鲜明的区别，主要表现在培养目标、培养过程、课程重点、结果评价等方面。Ed. L. D. 项目主要培养教育机构的领导者以及领导美国基础教育未来改革的变革型人才，而 Ed. D. 项目主要培养未来的大学教师、研究者、政策制定者、学校和高等教育行政管理人员。两个学位的不同使命决定了二者课程和培养过程的不同。Ed. L. D. 项目要求，第 1 年学习核心课程，第 2 年学习研讨课和选修课，第 3 年在伙伴组织中实习。而 Ed. D. 项目要求完成 2－3 年的课程，通过严格的综合考试，提交论文申请报告，进行开题报告，然后进入论文写作阶段，要求对教育领域中一个重要问题展开调查，进行原创性的研究和论文写作，并最终通过严格的专家评审。哈佛大学的 Ed. D. 学位需要 4－7 年，平均为 6 年，而且一直有高于 30% 的淘汰率；而 Ed. L. D. 项目的修业期限短，仅仅 3 年，而且还没有建立淘汰机制。虽然二者都把培养的重心放在实践方面，希望学生通过知识和理论的学习来改造实践，但 Ed. L. D. 项目在实践方面的特性表现得更为突出，通过实地领导变革的方式结束学业。相比之下，似乎 Ed. D. 项目的难度大于 Ed. L. D. 项目，但由于二者具有不同的培养目标和学位使命，难以简单比较，而且要求 Ed. L. D. 项目实地领导一所学校来进行创新性的教育变革，其难度和教育意义也绝不可低估。况且，Ed. D. 项目尤其是哈佛大学的 Ed. D. 项目对学术性的过于偏重，已经引起人们对其专业学位属性的质疑。

哈佛大学 Ed. L. D. 项目与 Ed. D. 项目都强调学生的集体学习，注重经验和交流，都规定学生必须是全日制、住宿制，这为学生相互交流不同的教育领导经验提供了条件。其目的是培养学生相互开放和包容的心态，使学生从不同背景和学术旨趣的同学身上获得教益，这与学术型博士学位强调个体的学习与研究显著不同。全日制能够保证学生把主要时间和精力投入到学习中，而住宿制能使学生从同学、从大学有形的和无形的多样化资源中受益。大学文化所特有的育人环境是一笔宝贵的财富，而这些是业余培训，或美其名曰集中培训或强化班所不能享受到的宝贵资源。反观我国的博士生教育，包括学术型博士教育，虽然要求学生全日制住宿学习，但很多在职的博士研究生在课程结束后就回单位上班，严重影响了撰写论文的时间和精力，也缺乏从大学环境和同学中充分获得教益的机会。我国《教育博士专业学位设置方案》建议采用在职学习的修读方式，实践中有的学校利用寒暑假和周末进行集中学习，这固然有其合理之处，但笔者不能不对其教育质量深表忧虑。因为兼读制的学生享受不到学校的同学伙伴、图书馆、学术环境、大学文化等宝贵资源，学生与教师对教育投入的时间和精力也会打折扣，“导师不导，学生不学”的现象实在难以避免。笔者认为，虽然 Ed. D. 学生可兼读，但是高层次的专业培训和智力发展需要一个集中的经验，只有持续地参与学术活动和其他活动才能满足博士学位的学术要求。教育要保证质量就不能有太多的顾虑，不能对学生有过多的迁就。没有学生的高度投入，教育质量便无从谈起。无论何种教育，其最终目的都是育人。博士生从教育中不仅仅获得学位，而且也应获得自身多方面的成长，尤其是思维方式的变革，更重要的是获得德行的提升和个性的完善，成为具有高度创造性的人。

人们一直对包括专业博士学位在内的博士生教育进行反思。笔者认为，博士生教育不能满足于学生获得知识与技术，而要获得科学的训练，并在好的训练与好的研究之间保持平衡。专业博士培养注重研究方法，这很有必要，但还远远不够。方法毕竟仅仅是研究的工具，学习研究方法的最终目的是运用方法去解决具体实践中的问题。因此，应用性与实践性是专业博士学位的内在属性，专业博士学位的重心在实践，而不是过多追求对理论和学科知识的原创性贡献。但我们也坚持认为，无论什么形式的博士生教育，原创性研究必须作为评价博士学位的核心要素。但原创又有两重维度：一是发现新知识，二是对已有知识进行创造性的应用。研究型博士学位侧重于前者，而专业博士学位侧重于后者。

教育人才的培养绝不是教育学院自己的事务，书斋式、经院式的教育方式已经不适合当今社会，而开放式、跨学科式、合作式的教育方式逐渐成为主流。更由于教育深刻关乎国家的命运和人们的福祉，所以要用最先进的教育理念来指导实施博士生教育。Ed. L. D. 项目崭新的制度设计给我们耳目一新的感觉。我国新设 Ed. D. 的教育方式能否走出研究型博士学位的传统单一的教育方式，也是对其学位定位的一种考验。

（二）教育理念的创新

在知识经济时代，大学被视为社会发展与知识经济创新体系的发动机，处于社会生活的中心。现在世界许多国家都在重点培育一批世界一流的研究型大学，作为知识生产的中心。“顶尖级大学的主要职能是发展新的思维和培育把新思维带到社会中去的创新型人才。”[①] 世界一流大学对社会的思想引领作用是其之所以卓越的重要体现。哈佛大学一直重视与社会的联系，洞悉社会与经济发展的动态，针对市场需要适时设置一些新的学位和专业。Ed. L. D. 项目的创设，一定程度上就是哈佛大学主动满足社会需求的表现。我国大学的社会敏感性比较差，一定程度上与我国自上而下的制度设计相关，大学的自主性还缺乏制度的保障和内在动力。

由于教育改革的极端复杂性，教育改革是而且只能是一项系统工程，因此博士生教育需要培养未来的教育领导者多样化的分析视角，具备在教育系统之外的政治、经济、商业等系统中穿梭自如的能力。来自哈佛大学教育研究生院、哈佛商学院和哈佛大学肯尼迪学院的教师，在充分尊重学生的背景和兴趣的前提下，为学生量身定做个性化的培养方案，目的是把学生培养成有效驾驭教育系统乃至多个社会系统的领导人，而学生从中获得专业的、组织的和政治的知识与技巧，并实现知识和理论在不同系统之间的有效转换。“我们的目标不是为现存的体系培养领导力量，而更偏重于培养领导体系变革的人才。”哈佛教育学院院长麦卡特尼说：“我们相信这个新项目将成为驱动变革的力量。它将使我们实现培养新一代教育领军人物的目标，他们将敏锐地关注学生学习问题，并知道如何将其转化为大规模的体系的变革。他们通过改变教育政策辩

---

① League of European Research Universities. Doctoral degree beyond 2010：Training talented researchers for society. 见 www. leru. org/files/publications/LERU_Doctoral_degrees_beyond_2010. pdf. 2010 - 09 - 10.

论、创造强有力的公共—私营合作关系以及重塑公众对学校的信心中获得成功。”①

开放办学、合作办学的理念在 Ed. L. D. 项目中得到了充分体现，表现为三个方面。其一，哈佛大学教育研究生院与哈佛大学商学院和哈佛大学肯尼迪学院合作，充分利用和整合这三大学院的优秀师资，给学生提供接触到教育研究生院、商学院、肯尼迪学院及整个哈佛大学丰富多样的专业资源的机会，培养学生多学科的理论视角和分析问题的能力，而且其强大品牌效应和实际效益都极具诱惑力。其二，除了取得哈佛大学校方的支持外，Ed. L. D. 项目还获得了社会的广泛支持。第 1 年 Ed. L. D. 项目就与 38 个全国性的组织建立了合作关系，这些合作伙伴组织为 Ed. L. D. 项目的课程学习提供了大量的生动活泼的现实案例和需要解决的实际问题，也为第 3 学年 Ed. L. D. 项目学生的挂职实习提供了保障。这样就形成了强大的全社会的教育合力。其三，Ed. L. D. 项目获得了华莱士基金会（The Wallace Foundation）提供的 1，000 万美元的资助，因此所有 Ed. L. D. 项目学生除了获得全额学费资助外，还能享受到第 1 年和第 2 年的生活津贴以及第 3 年的带薪实习。这样就免除了首届 25 名学生的就读经济负担，对教育质量无疑是一个强有力的保障。教育改革从来不是孤立的教育自身的事务，而开放办学、与社会密切合作、形成全社会的教育合力是教育的必然选择，也是学校教育生存与发展的基本条件。

Ed. L. D. 项目一如既往地贯彻美国的开放原则，招生范围面向全世界，只要录取，外国学生也都能享受与美国学生同样的资助政策。招收多样化学生的目的，是营造一个多元的学术社区。我国大学在办学开放性、社会参与高校办学方面与美国大学相比还不在同一个层次上，笔者所在大学 2010 年招收的 Ed. D. 研究生 90% 来自本省，学生构成的单一性对学生思维的发展不能说不是一个障碍。HGSE 的 Ed. L. D. 项目第一年，1，000 多考生争夺 25 个名额，可谓优中选优。

专业博士学位研究生教育的产生与发展一定程度上是由于人们对研究型博士生教育的不满和批判，而专业博士学位研究生教育也正在招致越来越多

---

① Doctor of Education Leadership（Ed. L. D.）. 见 http://www.gse.harvard.edu/academics/doctorate/edld/index.html. 2010 - 09 - 10.

的质疑与批判。但批判往往是有益的，有助于两种不同性质的博士生教育制度能够更准确地进行定位，发展特色，不断进行调整与优化。专业博士学位不是研究型博士学位的补充，而是一种独立的学位体系。学位制度的发展规律告诉我们，学位制度的持续改革和不断创新是一个国家创新体系和高等教育持续发展的必要支点。我国高等教育发展重心的上移，迫切要求博士学位制度不断增强创新性与前瞻性。“发展新的有广阔前途的学位对大学来说是一种战略选择，被看好的博士生教育能够给机构带来声誉和利益，吸引最好的智力和更多的资助。”①据笔者调研发现，我国大学对 2010 年首届 Ed. D. 项目招生的积极性并不高，很多学校的招生人数远远低于国家给出的指标数。这一方面说明大学有明显的学术取向，更倾向于招收学术型博士研究生；另一方面说明人们对 Ed. D. 学位的认识还很不充分，在思想上和制度建设上都还很不成熟。

第四节　美国教育博士专业学位变革模式的共同经验

美国的高等教育富有多样性。本章通过 CPED、Peabody 和 HGSE 为三个案例剖析了美国教育博士的变革模式，三者当然在变革路径、价值取向、学位特色等方面具有很大的差异性，CPED 是一个全国性的群体改革项目，仍在进行中，Peabody 和 HGSE 作为老牌的 Ed. D. 学位的顶尖学院，也在市场大潮和教育变革中不断完善和优化 Ed. D. 学位。但三者也表现出了某些共同经验。

一、坚守大学自治与学术自主

为何美国博士生教育如此健全发达而且高效率？主要原因之一是美国高等教育系统是高度自治的、充满竞争并善于合作的有机体。地方分权制和学院分权制是美国高等教育具有自治、竞争及对社会需求迅速反应能力三大特征的制度基础，是美国高等教育不断变革优化和发展壮大的内生力量源泉。在大学里，院系的自主权压倒一切，大学没有关于博士论文形式与风格的任何专门规

---

① Barbara Kehm. *Doctoral education in Europe and North America: a comparative analysis.* 见 www. portlandpress. com/pp/books/online/fyos/083/. . . /0830067. pdf. 2010 - 09 - 10.

定，只是存在一种使论文越来越符合现实世界需要的趋势。换言之，论文或专著，以及其他被该专业大多数人认可的形式，都可以被接受。很多大学里，都有可供选择的博士论文形式：专著式、期刊文章式、论文、博士论文式、多卷本式的博士论文。从本章的三个案例中，尤其是 Peabody 和 HGSE 的变革完全是教育学院的自主行为，我们也能清晰地发现在教育博士的变革模式过程中，院系的学术力量始终在发挥着决定性作用。

在美国高等教育系统中，各高校存在既竞争又合作的运行机制。伯顿·克拉克指出，“尽管全面的回答过分复杂，但从历史上和组织上看，解释集中在相对多数的大学在一个独特的竞争领域发挥了创造性。在美国初等和中等教育中，从来没有发展竞争的过程，而在别处的高等教育中，也没有任何地方的竞争接近同样的水平，这种竞争在美国高等教育中紧张地运作，非常有利于大学最高层次的教育”①。这种竞争的环境使得高等教育某些高校基于共同的利益诉求，在高等教育体系中进行了分类和分层，形成了诸如“常青藤大学联盟”、大学联合会、赠地学院联合会等横向联合的高校共同体，制定一些政策来保护和约束共同体成员的办学模式。CPED 就是一个成功的多校联合、大学与社会组织合作进行学位项目改革的典型例子。这种竞争与合作并存的高等教育系统在世界上是不多见的，我国能够从中受到有益的启发。

美国高等教育突出的特点之一是大学独立自主办学。伯顿·克拉克把美国高等教育的竞争机制概括为:“分散控制导致高校之间的竞争。竞争的焦点是获得相对的声誉，而声誉依赖于国内和国际上承认的产出的学术人才；吸引和保留这样人才的能力依赖于提供他们所希望的工作条件；有利的条件和有能力的人才导致多产的研究并促使这类高校成为吸引有才华学生的高地。”② 美国共有 5,000 多所高校，只有百余所研究型大学从中分离出来成为美国基础研究和应用研究中心，同时成为博士生培养基地。

学位工作属于学术事务，完全应纳入到学术权力之下，避免不必要的行政干预。1966 年，美国大学教授协会（AAUP）在《大学治理声明》中将共同

① ［美］伯顿·克拉克．探究的场所——现代大学的科研和研究生教育［M］．王承绪译．杭州：浙江教育出版社，2001：135.

② Burton Clark. *Place of Inquiry: Research and Advanced Education in Modern Universities*. Berkeley and Los Angeles: University of California Press. 1995: 151.

治理（shared governance）定义为“教师和行政部门基于双方特长的权力和决策责任分工”，即大学董事会、行政管理部门、教师和学生等共同参与大学治理。[①] 教师和专业人员在学位设置和质量标准、培养方案的制定及相关事务上发挥主导作用。比如，哥伦比亚大学教师学院（TC）就组建了学生事务理事会，其中包括两位学生理事，一名硕士候选人和一个博士候选人，每年由学生选举产生。

自治与竞争的机制使得美国高等学校能够适应形势的变化，作出灵活的反应。美国是高度多样化的社会，高等学校通过各种途径去满足社会的不同需要。结果，美国在高校机构多样化方面远远超过其他国家。由于院校机构多样化，各个高校主动地根据自己所处的地理位置、社区环境、办学传统和资源状况、教学科研水平等情况，实事求是地确定自己的办学宗旨和任务，尽可能地合理使用资源，努力办出特色。例如哈佛大学的 HGSE 就仅仅举办 Ed. D. ，而不设置声誉更高的 Ph. D. ；Peabody 虽然同时设置两种学位，但 Ed. D. 的专业领域仅仅局限在领导和政策两个优势领域。这些充分显示了高校发展定位的个性化。

Ed. D. 学位所在的教育学院的专业自主性成就了今天美国教育学院和 Ed. D. 学位研究生教育。Ed. D. 的招生、培养、管理和学位授予等权力都收归教育学院，教育学院招收 Ed. D. 既有财政方面的考虑，又有教育学科发展、独立培养学科接班人的重要目的。这既是 Ed. D. 专业学位自主性的表现，又是教育学科独立和不断走向成熟的重要保障。

二、突出第二代 Ed. D. 培养模式

南加州大学（CSU）、CPED 的变革理念与实践、Peabody 及 HGSE 的变革都充分证明了第二代 Ed. D. 培养模式的逐渐成熟，这完全吻合了本书第三章所论述的知识生产模式转型与专业博士学位代际嬗变的互动理论，凸显了第二代 Ed. D. 培养模式比第一代模式的优越性。

招生工作与培养目标的一致性问题。Ed. D. 旨在培养“研究型的专业人

---

① AAUP. Statement on Government of Colleges and Universities. 见 http://www.aaup.org/statements/redbook/Goverance, htm, 2011 - 09 - 10.

员”，实践性是其基本价值取向，面向的是一个特定群体，即具有一定工作经验的教育管理人员和中小学优秀教师，他们有自己特定的专业需求、经验优势和理论局限性，因而在招生入学考试的程序、考试科目设置等方面都与 Ph. D. 大不相同。课程要求和学位目标必须与培养目标一致。Ed. D. 既然确立了自己的目标，就得建立自己的课程体系和学位标准，因而也就不得不另起炉灶。

各大学组成招生委员会，选择有学术背景、工作经验、领导能力的学生，仔细考察学生的工作经历，综合权衡学生的知识技能和发展倾向。例如，在招生面试时，学生需要回答的问题主要有：谈谈你近期与长期的专业目标？Ed. D. 学位如何帮助你实现这些目标？你将对 Ed. D. 项目做何贡献？你认为教育专业最迫切的需要和机遇是什么？作为领导者，你如何应对挑战以对专业发展做出贡献？通过这些问题的回答，招生委员会可以更深入地了解学生的思维水平和对未来的发展志向。

在 2000 年前，Ph. D. 已经广泛变化，主要是应对大学领导层要求提供高质量的 Ph. D. 项目的压力。于是现在就处于一个关键点上，要设计一个不同于但与 Ph. D. 同等质量的项目。两类不同的项目都强调获取合适的研究与调查技巧，但这些技巧应该得到不同的应用。Ph. D. 学生将会为关于教育问题的通用的理论和知识做出贡献，与现实问题相关，但不必即刻应用于当前的教育实践。而 Ed. D. 则致力于使用教育探索技巧来解决当代的教育问题，致力于直接改善教育实践与研究。与 Ph. D. 不同，新的 Ed. D. 项目使学生参与到加强领导技巧的活动中。变革后的 Ed. D. 项目继续关注学术内容，但它的着力点不是为学术内容而是教育部门服务。现在一些 Ed. D. 项目中，有 80% 的学生参与主题相关的研究而非传统的论文，群组内所有学生将致力于与公共主题相关的教育问题和挑战。这种尖峰体验强化并建基于调查和合作技能之上，而这些恰恰是教育领导者所最需要的技能。

Ed. D. 学位项目的评价主体多元化，共同参与治理。作为教育主体，教师和学生的广泛参与是学位项目获得高质量的基本保证。美国的 Ed. D. 学位变革模式都强调各利益相关者的充分参与与合作，形成多元化的改革主体和评价主体。CPED 就充分调动参与机构的广大师生参与 Ed. D. 培养模式变革的行动，给他们充分的表达个人意见的机会。我国在这方面还有很大的发展空间。

美国的教育学院在导师制度方面可谓精益求精。博士生培养实行导师制与指导委员会相结合的混合指导方式，指导委员会主要负责引导学生如何进行诸如课程选择、学习计划的制订、论文设计等，而导师主要负责学术论文。导师配置往往根据不同类型学位的要求，如 Ph. D. 的导师通常由有学术远见的教授担任，而 Ed. D. 的导师常常是综合性人才，集研究、实践与应用于一体，有时具有丰富实践经验的社会实践工作者是 Ed. D. 的第二导师。有人从对哈佛大学、华盛顿大学等一些学校 Ed. D. 培养师资队伍情况的考察发现，对于偏重理论研究的课程多由具有 Ph. D. 学位的教师担任，而对于偏重实践应用的课程则多由具有 Ed. D. 学位的教师担任。尤其是具有 Ed. D. 学位的教师，他们都有着长期从事中小学教学以及相关领域的工作经验，同时还始终保持着与自己研究领域相关的实践工作领域的联系并积极参与其中。这种双师型组合的导师制度是符合 Ed. D. 学位特点的。

与本章三个案例相似的例子还有很多，从总的趋势来看，都致力于 Ed. D. 项目联结理论、研究和实践，直接与所在地区的中小学和社区学院的需要联系在一起。如，南加州大学的 Ed. D. 项目代表一个创新的 Ed. D. 培养模式。其特点可谓 Ed. D. 学位模式的典范：①项目目标改革：与传统的博士项目不同，南加州大学的新 Ed. D. 项目的目标是培养教育领导者在公立学校实现学校改革和教育质量提升。②吸纳合作伙伴：当地的中小学和社区需要的教育者被吸纳到项目的政策制定和实施过程，形成了牢固的伙伴关系，项目研究问题的优先性聚焦于地区性需要。③群组学习模式：每一个 Ed. D. 项目都是群组模式，以构建学习者共同体，创造条件使学生从同学的不同经历和观点交流中相互受益，学生与同伴和导师合作，有针对性地对教育改革实践做贡献。保证学生的学习投入，以达到高的完成率。④课程方案：课程设在晚上和周末，以方便在职专业人员的需要。⑤聚焦于应用性研究：项目要求很严格，包括以研究为基础的论文，但强调的是应用性研究。

再如，南康涅狄格州立大学（Southern Connecticut State University）的 Ed. D. 项目要求学生有一个试读期，先学习 12 学分的课程，然后任课教师根据学生的课程得分和课题表现对学生做出是否继续学习的判断，成绩要求平均分不能低于 3. 2，课题表现包括学识、态度、正直、领导力和服务意识等。在进行42学分课程后的第二学年末进行综合考试，对学生在课程学习期间取得的知识的掌握程度和综合运用程度做出严格评价，评价学生是否具备进行独立论文研究的能力。考试内容由一个特定案例的问题组成，在考前2周提供给考生相关案例材料和数据，考试时间为4.5小时，成绩取两名匿名阅卷人打分的平均分，学生得到的结果分为：通过、失败或优等。失败者还有一次补考机会。采取三人论文指导委员会的方式，首先由学生选择主导师，然后与主导师一起选定其他两位教师。学生要与论文指导委员会紧密合作，按照论文指导委员会认可的研究计划，学生收集资料和数据，准备开题报告。开题报告安排在第三学年下学期。论文要严格符合学术规范，主要对提出的问题和研究方法进行陈述。可以是应用性研究，可以是实验、准实验或非实验，研究方法可以是质性的也可以是量化的或二者兼有。要求论文对某一研究领域做出原创性贡献。开题报告结构包括三个章节：导言，陈述问题，选题意义；文献综述；研究方法。开题报告通过后，学生成为博士资格候选人，撰写博士论文，第四学年下学期，可以进行答辩。答辩结果有四种：无条件通过、通过但需要小的修改、通过但需要大的修改、不通过。中间的两种情况，答辩导师不签字，给出修改的最后期限，对修改后论文满意后才签字。①

这些例子都清楚地显示美国的Ed. D. 项目正在向专业博士学位第二代模式转向，和知识生产模式转型与专业博士学位的代际嬗变紧密呼应，成为Ed. D. 变革模式的共同特点。

三、追求制度完善与个性突出

由于高校学术性岗位趋向饱和，博士学位获得者越来越多地在学术之外从事工作，而教师的社会地位仍然不高，这些降低了学生进入教育领域博士项目的积极性。基于这个因素，理想的Ed. D. 项目必须高度个性化，有清晰的目标指向。为此，一些大学根据特定客户的特殊情况和自己的优势为Ed. D. 群体定制了特色化的培养方案，本章的三个案例就是其中的代表。

各院校之间发展Ed. D. 的项目设置也有很大差异，根据学科专业而不同，

---

① 见 http://www.southernct.edPolicy Guidelines for Doctoral Educationu/grad/uploads/textWidget/wysiwyg/documents/EdD_policy_guidelines_and_forms_Sept_20061_2_.pdf

而在一所授予两种学位的机构内往往是一种学位占主导。如1956－1958年教师学院500多名博士毕业生中，超过80%是Ed. D.。而在纽约大学，Ph. D.与Ed. D.的比例却是2∶1。大量的学校只设一种学位，如哈佛大学只有Ed. D.，哥伦比亚大学密苏里分校（Missouri-Columbia）仅开设一个教育领导Ed. D.项目，然而在宾州Ed. D.开设高等教育、教育管理、成人教育等五个专业。在哥伦比亚大学教师学院9个系中，有48个专业授予Ed. D.学位，而仅授予Ph. D.学位的专业只有24个。在学位要求方面也有很大的院校差异，包括要获得学分数量、发展研究的能力、课程的设置。培养形式上也有差异，有的大学实行小组周末班，有的遵循传统的平日个人课程。

美国高校间的激烈竞争迫使各校均根据自身实际条件和办学宗旨，制定各自Ed. D.的培养目标，造成教育理念与实践在院校间的巨大差异，但其共同点是都具有明确的职业导向，即为教育各部门培养高层次职业人才。一般而言，教育学院的定位往往与所在大学的定位相一致。研究型大学的教育学院实际所承担的主要职能是培养高层次的教师和教育部门的管理者、从事学术理论研究、为政府和社会提供政策性咨询等。比如，哈佛大学Ed. D.的培养目标是：培养能够理解研究、政策与实践以及它们之间相互关系的领导者，利用全校各院系的教育资源，使学生获得成为大学教授会成员、高级教育领导者、政策制定者和研究者的教育与训练。① 哥伦比亚大学教师学院声称该学院的责任是："参与有关教育核心议题的研究；培养下一代教育的领导者；为当代教育领导者提供有关实践与政策教育以应对他们所面临的挑战；引起有关教育的公众辩论和形成教育的公共政策；改善教育机构的实践。"② 这种职业导向明确的培养目标，保证了美国Ed. D.项目关注实践，强调应用，彰显了专业学位的精髓。

培养教育领导型人才的Ed. D.项目应该培养学生以宽阔的视野来看待教育事业，并将其与社会的主导性价值观和国家理想联系在一起，将民主和自由的概念纳入到学院的生活中。在美国，教育不仅仅被理解为传授知识和技能，而是一种影响巨大的社会工具，对于维护自由和民主意识具有无穷的力量。将

---

① Doctor of Education. 见 http://www.gse.harvard.edu/academics/doctorate/edd/index.html.

② 见 http://www.tc.columbia.edu/abouttc/index.htm? id = An + Introduction + to + TC.

民主纳入到学院的生活之中是教育学院和 Ed. D. 培养的核心主题之一，因此，各种肤色、信仰、国籍的学生源源不断地涌入教育学院。例如，2011 年哥伦比亚大学教师学院的国际留学生占学生总数的 11.7%，国际化的水平很高。只有在这样的氛围中，才能培养国际教育界的领袖。

各个教育学院的学位、专业和项目灵活设置，不断更新，以反映社会的需要。教育学院独立设置 Ed. D. 学位，多机构整合共同实施学位。作为独立的办学机构，教育学院拥有独立的董事会、财政、师资、管理和捐赠体系。这就为教育学院个性化和灵活地设置学位项目类型和发展规模提供了条件。

由于教育实践工作的高度复杂性和知识系统急剧的分化与重组，教育问题的解决需要多元思维，更鉴于 Ed. D. 博士生都具有丰富实践经验，因此，群组学习成为教育博士培养模式的重要特征，强调通过教与学的学术与确认特色化教学模式来指导 Ed. D. 培养工作，通过实践实验室的创造要求未来的实践工作者对研究的问题进行充分的事实分析。尖峰体验强调实践的学术性，创建浸入式的智力社区，置学生于智力社区中重大教育实践问题的研究中，使这些实践工作者们可以携手合作，培养出卓越的实践能力和跨部门解决教育问题的能力。

群组模式有两个关键性的优点：获得社会群体的支持，适合研究实践问题。群组结构创造了一个学习共同体，从中学生学会擅长解决实践中的问题，从群组的同伴中获得经验交流和成果反馈。几个学生研究同一个问题，每一个学生寻求不同的研究道路，最后整合成一个论文项目。群体研究取代个体研究，成为吸引教育领导者和实践者的一个重要优势。

Ed. D. 论文的目的是从事一个与学生的专业目标及专长相关的实践问题，聚焦于更加区域性的问题，强调发展专业实践技能和在教育工作环境中的运用，吸纳参与者更直接进入与学校和学校系统的教育领导者相关的领导实践的真实问题，而传统 Ed. D. 项目的论文经常与学校领导者面对的真实问题不相干。

本书的三个案例说明，大学正在寻求更清晰地区分教育领域的两种博士学位。共同策略包括强调理论对实践的应用，采取更加连贯的群组形式，并贯穿始终，当然最大的变化是对论文的要求。课程经验经常地把学生放在当地社区情境中与其他教育领导者研究共同的问题，所有参与者设计和参加与他们自己相关的现场实习，把学生浸入到教育领导实践的相关问题之中，目标是满足个人的职业渴望和专业发展需要。在尖峰体验的过程中，参与者评估组织需要，收集和分析资料，开发和实施行动计划来解决实际问题。Ed. D. 学生作为学者型实践者，在向经验学习和解决现实问题的同时，获得严格的学术训练和实践技能的提升。

一些大学的教师已经表达了对变革 Ed. D. 模式的关切，但同时担心市场压力导致变革会走向相反的方向，可能会为了候选人的便利而牺牲 Ed. D. 应有的质量标准和学术含量，认为群组项目没有包含构成博士水平工作的学科性调查。而反对者说只有使 Ed. D. 项目与学生未来的工作实践更相关，才有可能保证专业学位项目质量的高标准。

在美国，人们向来崇尚制度的力量，而对个人的行为颇为警惕。对 Ed. D. 项目长期存在的广泛争议，使得人们更迫切地从完善学位制度方面做出努力，从招生、培养、评价、考核等一系列相关制度上对它予以完善。同时，为了发挥各个高校的办学积极性，个性化和特色发展也始终是美国高校办学的一个宗旨。这些宝贵的经验对我国开展 Ed. D. 教育具有启发意义和现实价值。

第五章　我国教育博士专业学位制度的反思与建构

美国教育博士作为现代专业博士学位的开拓者，已存在90余年，逐渐形成了一套完整的理论体系和招生、培养、管理、评价等制度体系。在对教育博士持续争论、知识生产模式转型、专业博士学位代际嬗变等各种发展动力的共同推动下，各校对教育博士及其教育的性质、理念与人才培养模式不断变革，塑造了一系列成功的培养模式，成为世界各国开展教育博士专业学位研究生教育学习和借鉴的典范。英国、澳大利亚、新西兰等国就是在借鉴学习美国经验的基础上，结合本国国情设置了本国的教育博士，并呈现蓬勃发展之势①。

第一节　美国教育博士专业学位发展与变革的基本结论

美国教育博士的经验是宝贵的，同时，教训也值得汲取。下面主要从宏观的角度对美国教育博士的经验进行总结，以求获得理性的启发和借鉴。

一、高等教育的变革促进了教育博士专业学位的产生与发展

一个国家的教育制度由该国的国情决定，与该国的政治、经济、科技、文化背景密切相关。博士生教育作为教育的最高阶段也是如此，而作为博士生教育的一个组成部分的教育博士专业学位研究生教育也不例外。美国的教育博士

---

① 英国34所大学提供Ed. D.，是英国最多的专业博士领域；6所计划近期提供Ed. D.；在读Ed. D.学生大约1,864人。澳大利亚38所大学中的一大半开设了Ed. D.。

专业学位制度是内生型的制度，是在美国特有的历史文化特点基础上诞生的，与美国的社会发展、社会需求、社会转型紧密相连。“发达国家之所以人才辈出，从根本上说，是因为其高等学校能够根据社会需要和人才成长的内在规律，确立自己的博士生教育理念，不断改进和完善博士生教育的培养目标、过程、保障机制及教育方式、方法，几乎每所创办得比较成功的高校都有一套独具特色且行之有效的创新人才培养模式。”① 从外在驱动因素来说，美国博士生教育正在承担更多的社会责任来培养学生适应不断变化的社会，社会也对高等教育的问题更加关注，积极介入高等教育机构之中，政府更是积极协调高校与产业机构之间的关系。已显现的成果表明，教育博士专业学位研究生教育的各利益相关者获得了多赢。从内在驱动因素来说，高等教育为了应对来自社会越来越大的挑战，主要通过自身的变革来满足社会不同组织的各种需要，知识生产的模式必须要改变以适应高等教育变革的整体要求。总之，博士生教育的发展必须顺应时代的发展需要，而从本书的研究可以看出，美国比较成功地做到了。

本书研究发现，专业学位只有在专业性强而且与社会职业密切相关的学科设置，而且在很大程度上还受到专业的内在制度环境尤其是专业文化的影响，其核心要素包括专业知识、专业技能、专业价值、专业精神和专业伦理等，专业学位的设置与发展必然要受这些核心要素的内在规约。教育博士作为一个专业博士学位，其专业文化具有与其他专业领域不同的特色。从最根本的意义上来说，教育是培养人的活动。大学首先是一所育人机构，教育博士研究生教育是培养高层次学校教育领导者和教育者的教育，复杂性高，社会价值大，担负的社会责任也非常重，没有理由成为所谓“Ph. D. 赝品”，但这在美国的实践中的的确确发生了，这必须引起我们的警觉。

美国高等教育的多样化的办学体制促进了教育博士的产生与发展。美国高等教育的多样性最充分地表现在院系的办学层面上，院系有较强的办学自主性。美国大学强调所设的专业学位项目要能扬长避短，办出特色和优势。最突出的例子是，阿波罗集团创办的盈利性网络大学——凤凰城大学，其成功秘诀就在于它成功地塑造了高等教育的一种新模式，它没有学习常青藤大学那样培

① 刘献君. 发达国家博士生教育中的创新人才培养[M]. 武汉:华中科技大学出版社,2010.

养科学研究的精英，而是集中力量培养社会职业领域最实用的专业人才。事实证明，多样化的博士生教育机制和多元化的培养主体有利于创造新的办学模式和学位项目形式，形成专业学位新的增长点。与此同时，继承和发展自己的传统文化价值观和学术标准，仍然是美国大学的主流。

市场机制主导是美国高等教育历史以来就具有的一个突出特征，这也是美国高等教育能够不断焕发出活力的力量源泉。在知识生产模式2中，大学越来越失去传统上所具有的知识生产中心的地位，而必须与产业机构所举办的研究机构展开竞争，才能分享市场份额。密歇根大学前校长杜德斯达对此有清醒的认识，他说："如果大学想继续赢得公众的支持，大学必须要满足社会各个方面不同的需求，必须要重建与社会的新关系，否则就会被其他的社会机构赶到边缘并被取代。"①从积极的意义上来说，参与市场竞争有助于提高大学的市场意识和适应能力，有助于实现大学的自我发展。博克认为："美国大学的自治和竞争促进了高等教育多样化，推动了高等学校通过为社会服务而得到发展……美国是一个多样化的社会，高等院校通过多种途径去满足许多不同的社会需要。"② 当然，过分强调办学自由和市场服务的思想有时会导致学校鱼龙混杂，影响办学质量。我国在发展教育博士及专业博士学位的过程中，必须对此引以为戒。这就告诫我们，无论什么层次或形式的教育必须牢牢围绕保证教育质量这一中心任务不动摇，没有高质量做保证，博士学位只能是欺世盗名的幌子而已。

美国大学与市场积极互动，积极顺应社会经济和科学技术发展的潮流，从内涵到形式都在不断发生相应的变化，甚至是根本性的变革。到目前为止，专业学位在美国获得了巨大发展。在芝加哥大学，学术型学位与专业型学位的比例达到1∶1。哈佛大学2004年授予哲学博士学位277个，而各种专业博士学位900多个，其中法学博士548个，医学博士175个，教育博士60个。专业博士学位研究生教育的发展已经成为博士生教育发展的重心所在。

美英澳等国的教育博士专业学位多是创设于研究型大学和综合性大学里

---

① ［美］詹姆斯·杜德斯达. 21世纪的大学[M]. 刘彤等译. 北京:北京大学出版社,2005:26.

② ［美］德里克·博克. 美国高等教育[M]. 乔佳义编译. 北京:北京师范大学出版社,1991:13.

面，这在一定程度上保障了教育博士的培养质量和博士学位的荣誉。但教育博士毕竟是专业型学位，强调实践取向而非学术取向，而一流的研究型大学必须坚持卓越的学术研究，很显然，二者存在内在的冲突。1972－1973 年哈佛大学校长德里克·博克（Derek Bok）向哈佛大学董事会做年度报告时指出，该校的正规任务仍然是培养“发展中的学者”，“任何整批地把哲学博士带往社会立即需要的途径上走，则易于误导我们教授的天分。任何严肃地来处理最重要的社会问题，此种企图都得重重地寄望在基本知识的储存上。教授们辛勤地作学术工作，也训练新一代的学者，不只在丰富我们的文化上作了重要的服务，且他们也帮助了基本知识的扩充，那是我们制定开明的社会政策之所依”①。可见，研究型大学应该以学术为业，与市场保持适度的距离，尤其在当下市场化对高等教育形成强大冲击的背景下，显得尤为必要，必须防止把学术组织属性的大学与盈利性属性的企业混为一谈。而且由于一些大学忙于为社会和公众服务以赢取经济利益，使其无力顾及大学所负有的教育教学和科学研究的中心任务。此外，由于高等教育自治的特点，美国没有全国统一的教育规划，难免造成学科和学位的重复建设及资源的巨大浪费。在这种情况下，大学的自我调节机制及对教育理念的反思与扬弃便发挥了重要作用。教育博士在经历了不断变革之后，显示了更加强大的发展活力。

从制度层面上，教授会作为学术权力的代表发挥了主导性作用，扮演着维护学术权力的主要角色。在学术的问题上，教授学者最有发言权，这是有制度保障的，在很大程度上防止了大学过分的功利化甚至商业化取向，保持了教育理念的一贯性和学位结构类型之间的平衡。人文学科博士学位授予的比例一直处于相对较高的事实就说明，在大学里面，学术权力和人文理念仍然强大，并没有完全被市场的欲望所吞噬。美国高等教育系统的这种自我更新机制使得美国高等学校具有强劲的生命力，当然，不符合市场需要的大学和专业退出市场也是常见的事。优胜劣汰是市场法则，在我们看来，多少有些资源浪费的嫌疑，但正是这种淘汰机制，使得美国各高校居安思危，不断进步，形成了更为强大的高等教育系统和运行体制。

---

① 转引自：林玉体．美国高等教育之发展［M］．台北：高等教育出版社，2002：361.

二、现代大学制度建设是教育博士专业学位发展的根本保障

(一) 美国的现代大学制度

美国的现代大学制度对教育博士的产生与发展起到了根本性的保障作用。“学术自治与学术自由成全了哈佛大学教育学院发展教育专业化的梦想，推动了美国教育事业的发展。此事要是发生在当时的英、法、德等国，教育博士专业学位极可能胎死腹中。因为这些国家的大学所属学院不能自行设立新学位而学位控制审批机构倾向于维护博士学位的学术性。”[①] 美国大学在招生、资金筹措、专业设置、课程安排、教师聘任等方面拥有较大的自主权，形成了依法自主办学、自主管理、自我负责的制度运行机制。

在教育博士产生的20世纪初，美国现代大学制度的轮廓已经初步形成：在宏观管理结构方面，由于分权制，形成了以州政府为主的高等教育管理体制；在微观管理结构方面，所有大学都实行以校外人士组成的董事会管理下的大学自治，董事会发挥着沟通大学与社会的纽带作用，能够敏锐地把握社会和市场的最新变化，而同时发挥着抵抗政府和社会干预以保护大学自治的双重功能。在大学职能方面，尽管职能在不断增加，但最重要的三种职能教学、科研和社会服务形成一个三元统一体，相互促进，相互钳制，其职能的优先顺序与其诞生顺序大体上是一致的[②]。在大学精神方面，学术自由精神通过终身教授制度得以确立和保障，而普遍实行的选课制和学分制为学生的学习自由创造了广阔空间。在教学内容方面，既重视通识教育，又重视专业教育。从多种意义上来说，美国现代大学制度的建立和完善是教育博士及其他专业博士学位产生与良性发展的根本前提。

(二) 现代大学制度是对教育博士专业学位的保障

美国高等教育发展的历史表明，大学自治是具有美国特色高等教育体系形成与发展的一个基本因素，也构成了美国现代大学制度的理念基础。在大学自

---

① 赵炬明．学科、课程、学位：美国关于高等教育专业研究生培养的争论及其启示[J]．高等教育研究,2002(4):13－22.

② 潘懋元先生早在1986年就专门论述过高等学校的三种社会职能之间的关系和优先次序,笔者深为赞同,潘老的观点对于明确大学这个教育、学术和社会机构三种属性的定位极有现实意义。参见潘懋元．高等学校的社会职能[J]．高等工程教育研究,1986(3):11－17.

治、学术自由的氛围下，学位是学校学位而非国家学位，大学甚至是学院具有设置和授予学位的主要权力，在专业学位的设置、培养、评价等方面拥有充分的自主权。这些无疑推动了专业学位的快速发展和对社会需求变化的灵活应对，并使得专业学位的培养模式呈现多样化，每个院校都设有五花八门的学位项目。在设置某一新的专业学位时，专业学院往往首先充分考虑自身的条件，新专业的培养目标，新设学位与已有学位的关系，考虑有无自身的优势与特色，学校现有的师资力量和科研经费是否充足，连续几年可能招收到的学生数以及毕业生的就业前景如何等等。在对这些方面进行充分考察和调研的基础上，专业学院决定新增专业的种类和发展规模。目前美国教育博士专业学位研究生教育的基本现状是：不但设有教育博士培养项目的学校多，而且教育博士培养项目的种类也很多，没有统一的模式。教育博士的专业设置也越来越多样化，教育与教学领域博士学位的专业达到 40 种之多（参见附录 1），既有为了满足一般需求的教学与管理方面的专业，也有针对特殊需求的教育咨询、教育技术、特殊教育等。在教育博士的培养目标上，既有少数像哈佛大学这样服务于全国甚至全球，更多的是从当地的需求和自身的优势出发，为当地的教育和社会发展服务。

建立和完善内部质量保障机制是高校生存与发展的根本前提，其中博士生淘汰机制或分流机制是博士生教育质量保障机制的重要组成部分。另外，很多高校建立了毕业生调查跟踪系统，对于评价教育质量的长期效应具有较强的说服力和未来导向作用，对在读学生的学习和就业都有很强的针对性意义。随着美国教育博士专业学位研究生教育的不断发展壮大，更需要跟踪和研究项目的短期和长期效益，以便分析教育博士专业学位研究生教育的投入与产出的比例，这对于社会、大学和学生个人都有重要的现实意义。

灵活的社会适应性是美国大学模式最具吸引力的特征之一，也是多样化学位结构充满活力的最主要的动力源泉。美国大学模式的灵魂是实用主义教育哲学，其主旨在于建立一个对变动的环境能够主动应变的教育机制，这对美国来说是一种传统，也是一种发展中的创新。美国在学位管理体制上奉行的高度学术自治与学术自由，使得高校拥有较大的自主权，这无疑成全了美国各类专业学位的诞生，推动了专业学位高等教育的快速发展。从专业学位的产生、发展来看，专业学位的发展与社会需求是紧密联系的，与学术性学位具有同等重要的地位。

在1988年美国教育管理理事会建议把教育博士学位作为成为全职学校或教育系统管理者的全国性的任职资格，强调要求一年的学术住校，一年的现场住校实习，课程必须传授共同的核心知识和技能，论文基于实践问题。“美国的博士生培养制度在招生、课程、论文、资助等方面都有严格的要求，保证博士生培养能够在一个可控的范围之内，博士生、博士生导师、学校、政府以及用人单位都被纳入了博士生培养制度之中，各个行动者在规则制度的规范下，按照各自的要求采取策略，达到各方的利益最大化，而不损害各个行动者的利益。”① 对比美国的政策，我国的培养政策和要求过于弹性化，缺乏必要的严格性。

三、通过发展与变革解决教育博士专业学位存在的问题

教育博士的产生是教育学科自身属性、教育学院的属性与社会转型、知识生产模式转型、专业博士学位代际嬗变的共同结果，而这些内外部的动力，促进了教育博士的发展与模式变革。

正如本书第二章所论述的，现在美国教育博士的制度建设仍然还不成熟，还处于不断变革和探索之中，普遍存在课程设计缺少逻辑、质量标准随意性大的问题。教育博士还没有形成像医学博士、法学博士和工商管理博士那样卓有成效的培养模式。但是，教育博士仍然有其存在的巨大价值，而且在整个专业博士学位体系中，分享了最大比例的份额。从这个意义上来说，教育博士存在的问题只能通过不断地发展与变革来解决。

（一）对教育博士的争论引发人们对其重新定位

正如本书第二章所论，教育博士在争论中发展。一方面，教育博士的发展面临着重大机遇，因为美国存在大量的大中小学校长、督导因年龄将要退出现职的状况，学校专业领导者将出现断层。据预测，在未来10年，现任校长的40%和更高比例的院长将会离开现在的岗位，因此，必须培养新一代的学校领

---

① 周光礼. 中国博士质量调查——基于U/H大学的案例分析[M]. 北京:社会科学文献出版社,2010:169.

导者来补充，而且新的社会背景需要新的领导技能和知识。研究认为，学校的改善强烈地需要杰出的领导者，学校领导者是学校改进最关键的催化剂。莱文通过对教育学院的长达四年的研究，发表了一系列报告。《Educating School Leaders，2005》强调学校的领导从未像现在这样重要。在这个社会深刻变革的时代，校长和院长的工作不仅仅是管理学校，而且要求学校领导者按照时代的要求对学校的职能和实践做出反思，可惜的是学校管理者很少认识到这些。另一方面，社会批评现在教育博士项目存在严重的质量问题，如 1987 年全国委员会的变革《Leaders For America's Schools》呼吁关闭 40% 的项目；2003 年福坦莫学院（Fordham Institute）和布罗德基金会（The Broad Foundation）联合发表题为《为美国学校培养更好领导者》（Better Leaders for America's Schools：A Manifesto）的宣言，批评项目质量低下，要求探索新的强大项目以吸引有才能的领导者。莱文甚至强调取消教育管理的教育博士项目。一方面强调其重要性，另一方面批评其质量低劣，解决之道，不是取消教育博士，而只能是变革和完善。

在面对越来越多的发展困境时，教育博士学位制度和人才培养就更需要从教育博士的本源上进行思考。教育博士以培养专业人员实践岗位的需要为基础，目的是培养专业实践能力和解决现实问题的能力。课程设计的基础是实际工作所需的知识与技能，教学方法要适合成人在职学校领导者或管理者的现实境况。其尖峰体验必须是实践取向，其培养出来的人才是与哲学博士不同的实践型学者。

美国教育博士的招生录取，非常注重对候选人综合素质和能力的全面考察，并通过严格的选拔来保证生源质量，进而施以优质的培养过程。如此往复，便形成了一种良性循环。哈佛大学即是一例，高度的选拔性招生，把招生对象中的精英招揽进来，施以高度结构化和制度化的培养，坚持全日制住校学习和高标准的学术要求，使教育博士学位获得者的博士论文的学术质量丝毫不逊于教育学博士论文的学术质量——当然其论文选题强调实践取向，这就保证了哈佛大学教育博士的卓越声誉。而且大多数美国教育博士生的就读目的非常明确，从入学开始，就有明确的个人学习计划和研究目标，并不只是单纯地寻求学历水平的提高，而是更多地注重自身知识与能力发展的需要，这多少反映了早期清教徒移民的创业精神和敬业精神，也反映了美国实用主义的务实精神。

在美国很多教育学院内，教育博士与教育学博士共存，互为补充，相互促进，既赋予教育博士与教育学博士同等地位，又力求保持两者的差异性和独立性。这看似矛盾，但这恰恰是美国大学强调对不同学位的性质和使命进行准确定位的真实表现，也是尊重学术尊严和博士学位价值的具体体现。教育博士属于研究型专业博士学位，因此它既具有专业博士学位所应有的专业性和实践性特质，又必须在学术研究和知识生产的标准方面达到博士层级的要求。应该说，要同时达到这两方面的要求，是有相当难度的，这也正是教育博士及其教育的价值所在。有了这个价值，教育博士就能够在博士学位整体结构中具有自己应有的地位，发挥应有的独特作用。

如果说教育博士与教育学博士之间最大的区别，那就是教育学博士从事的研究工作越来越复杂和精细，而教育博士从事的研究工作更强调应用性，聚焦于教育实践中的具体问题。教育学博士学位获得者多数成为大学教师和研究者，而教育博士专业学位获得者往往追求高级部门的教育管理岗位。当然这种理论上的区分，要真正落实到实践中，有相当的难度，但始终是努力的目标。美国的教育博士培养注重实践课程，设有理论研究和实践工作两个方面的课程体系。美国宾夕法尼亚州立大学教育博士有 9 学分的实习课程。哈佛大学的"教育领导博士"项目甚至把三年学制中的整个第三年用在挂职实习上，在实习过程中接受导师指导进行现场研究。现在一些大学的策略是提供两种学位，允许学生自主选择未来的职业目标，根据职业目标的不同，确定博士论文的研究类型，从而归属于不同类型的博士学位。

由于教育博士的学术严格性①，低完成率也就随之而来，这是包括教育博士在内的大多数专业博士学位面临的一个困境。由于在职学习，学生对学习和科研的投入相对要少，要达到博士论文所要求的水平确有难度。与传统哲学博士相比，越来越多的人对专业博士学位感兴趣，但只有很少一部分人能坚持完

---

① 这是从一般意义上来说的。当然不是所有的美国高校都能保证教育博士专业学位的学术质量，否则就不会存在本书第二章所论述的人们对教育博士的大量争论了。而目前我国实施教育博士专业学位研究生教育的 15 所机构都是教育研究的主要机构，没有理由不保障教育博士的学术质量，这当然有待事实的检验。

成专业博士学位的学业而最终获得学位。这一方面反映了培养机构坚持了较高的学术标准，另一方面也说明了学位设置和培养过程还不尽如人意，教育效率与效益还不够高。另外一个重要因素，就是本书第二章所论述的，教育博士的性质和地位仍然不够明确，大多仍然套用哲学博士的培养模式，固守第一代专业博士的培养模式，用哲学博士的学术标准来衡量教育博士，造成了教育博士的信任危机。但本书第三、第四章所举的一些第二代教育博士的培养模式和变革模式，就明显地避免了这种尴尬局面，使教育博士成为了一个特色鲜明、效益显著的学位类型。因此，教育博士必须建立符合自身特色的发展定位与质量评估体系，也是教育博士得以发展的重要前提，也是CPED行动强调的重点。

鉴于此，很多教育博士项目，以其他的名称，类似教育领导博士(Ed. L. D)、高级行政教育博士（Exec. Ed. D.）等招收高校校长层级的学生，进行高度强化的学习和训练，在两三年内就授予博士学位，没有淘汰现象，无疑受到入学者的欢迎。当然为了保证其教育质量，培养机构和学生付出的努力也是非常巨大的，其严格性和挑战性不可小觑。还必须指出的是，这种学位的招生极为严格，竞争极为激烈，能入学者本身已经是精英了。这就形成一种独特的现象：对精英实施的精英教育，产生了精英中的精英。这种理念值得我们学习，而且完全能够做到，因为我们的教育博士生源实在是太庞大了。但实施起来，我国各种社会文化等制约性因素潜在地发挥着钳制作用，更由于教育博士专业学位制度建设的滞后，各种“搭便车”现象屡禁不止。当然，从另一个角度来看，美国的这种精英式的教育博士招生制度是否有悖于机会公平和社会公平，值得思考。因为，候选人的社会资本已经成为入学的必备条件，这无疑把一般的民众排除在外。我国同样存在类似的问题。我国在制度设计时，应该加强教育博士专业学位的社会公正性，防止它变成社会特权阶层社会资本再生产的渠道。

（二）保障教育质量的关键在于完善教育博士学位制度和质量保障体系

制度制定的初衷就是防止人们逾越制度所设定的规范和要求，从而保证制度按照设计者的意图来运行。因此，要保证教育博士专业学位研究生教育的质量，必须首先制定和完善教育博士学位制度及相关制度，尤其是质量保障制度。

美国有一套高校自发的学位授予资格评估制度，评估合格后，才能享有学位授予权。政府拨款也都是依据高校是否获得学校和专业两个层面的认证资格和办学质量认可。1972 年根据修正的高等教育法和“佩尔助学金”计划，确立了直接资助学生而非高校的政策。这些政策的施行，使高等教育系统内部面临更加严酷的生源竞争，迫使高校不得不注重提高教育教学质量以博取更多学生的青睐。由此，学位认证和评估结果成了一个重要标准，也是各培养机构必须认真应对的目标。正是由于这种市场取向的政策调控，使得美国高校有了空前的发展动力和内生活力，也迫使各高校始终要为卓越的教育质量而不懈努力。

美国专业学位发展的历史较长，积累了丰富的经验，形成了特色鲜明的专业学位体系。专业性学位和学术性学位并驾齐驱，发挥着不同的社会职能。教育博士要形成自己的鲜明特色，必然需要一个漫长的探索过程，要博取社会的信任也必然需要一个逐渐认同的过程。对于教育博士发展中存在的问题，社会各界应持宽容的态度，创造宽松的制度环境，让其在发展中逐渐更新教育理念，优化培养模式，完善评价制度，而不能因其一时的问题就将之扼杀于摇篮中。

四、教育博士专业学位的变革必须依靠多方利益主体的合作

美国教育博士专业学位研究生教育的多元利益相关者密切合作的做法无疑是变革模式成功的因素之一。教育博士专业学位研究生教育的几个利益相关者对学位的需求是不同的：国家要求教育博士专业学位研究生教育更好地满足美国教育的公共需求，学生想从获得更高学位中获得专业发展和职位升迁，教育学院想从学生、校友和政府中获得资金和社会声誉。总之，必须要协调各方利益相关者之间的关系，最大限度地满足最大多数学习者的最大利益是培养单位考虑培养模式和学习方式的重要标准。因此，教育博士的变革必须平衡不同利益相关者的利益诉求，最好的方式是联合各方代表共同对改革贡献力量，CPED 就是这样一个典型例子。

教育博士生作为博士生教育的一个重要利益主体，其主体性地位和利益往往因学生身份而受到侵害。而美国一些高校招生方式独具特色的是，招生工作

吸收在校学生参加。学生不仅参加招生委员会对招生政策、方针的审议，而且参加考生面试、调查、走访和考生申诉代理等工作。学生能够真正参加到学校招生工作中，对增强招生工作的透明度、维护博士生教育招生公平具有实质性意义，也有助于教育博士生获得更加强烈的身份认同。

已经毕业的校友也成为教育博士项目改革的一个重要参与者，很多对教育博士项目的调查都把校友作为一个重要对象。教育学院的教师与广布于社会各领域的校友合作来设计教育博士项目及项目所提供的必要知识和技能、培养方案，尤其是最后的尖峰体验的设计。这种充分调动各方利益相关者的教育博士培养模式 2 会有更强的社会适应性。

这种开放式的办学模式与美国教育民主的思想有密切关系。自“五月花”号抵达新大陆，在一定程度上而言，教育就是在美国的一种宗教。“美国人引以为豪的是，不管对哪一位美国公民，知识的窗户从不关闭。美国的教育是按美国人对自由、民主社会的信念塑造的，而教育也有助于塑造美国社会。一个民主国家的生存依赖于全体公民的智力参与。教育是打开通往负有责任的公民和富有成果的生活的大门的钥匙。”① 现在传统的博士生课程已经无法满足日益多样化学生群体的多种需求。有些大学的博士生年龄在 40 岁以上者高达 85%，其中很多人在 50 - 60 岁之间，而教育博士生的平均年龄更大。大学管理者不得不考虑如何满足这些“非传统”学生群体的需求来制定“非传统”的博士生教育培养方案。

对于美国教育博士发展中存在的问题，笔者认为应该持开放的心态。从美国整个教育发展史来看，各级教育都往往是社会激烈批评的对象。在一般人眼中，教育问题严重而且层出不穷。正如本书第一章所述，尽管美国哲学博士盛名卓著，但也问题多多，饱受指责，但这不影响美国博士生教育在世界上的卓越地位，成为各国优秀学子向往的“圣地”。事实上，美国教育博士及其教育存在的问题仅仅是美国博士生教育问题的一部分，其性质是发展中的问题，只能在发展中得到解决，或者说永远无法彻底解决，因为对问题本身的看法本身就存有争议，不同利益相关者的利益诉求也差异很大，对教育博士的发展期望

① ［美］埃塞尔·泰尔斯基，马丁·泰尔斯基．美国的文化与传统概览［M］．陈维雅译．北京：旅游教育出版社，1989：109 - 110.

也很不相同。概言之，美国整个博士生教育的问题都很多，始终处在不断的修正过程之中，但美国的博士生教育仍然是世界学习的榜样，仍然是国际公认的博士生教育的成功范例。

第二节　我国教育博士专业学位的初步实践与存在问题

当今世界，全球化的力量无孔不入。博士生教育不仅不会免于全球化力量的影响，而且会受到全球化所引发议题的影响。一些大学和国家正在通过制定“扁平”(flatten）的规则，使全球博士生教育趋于一体化。[①] 教育博士在美英澳等国广泛兴起和发展，并被广泛接受，反映了现代社会对教育领域实践型高级专业人才的普遍需求，也反映了教育学科的应用性和实践性特点。我们必须科学地判断我们是否需要教育博士专业学位，需要的程度有多大，在教育博士与教育学博士同一学科不同性质的两种博士学位之间如何做取舍等问题。这些事关根本的问题必须得到理论上的解决，才会避免实践中的困难与变异，而这些都必须基于对教育博士专业学位本质的准确认识和全面的市场调研考察。美国大学市场化运作的特点造就了美国教育博士的独特特征，完善的现代大学制度是教育博士产生与发展的制度性保障。与美国不同的是，我国现代大学制度还没有建立起来，大学的运行仍然留有大量计划经济的因素，高等教育市场的发育还很不成熟。因此，我国的教育博士该如何定位、制定怎样的发展思路是需要深入研究和思考的。

一、我国教育博士专业学位产生的背景及初步实践

随着我国社会整体现代化水平的提高，产业结构不断升级换代，研究生教育尤其是博士生教育已经成为国家创新战略体系的重要组成部分，成为参与国际竞争的核心动力。而当下我国博士生教育的整体状况还难以令人满意，主要表现为创新能力不足，缺乏国际竞争力，与此同时，大量优秀的人力资源流失。2004 年《中国统计年鉴》称，中国出生而移居美国的博士约 62,500 人。

---

① Maresi Nerad, Mimi Heggelund (Ed.). *Toward a Global PhD? Forces and Forms in Doctoral Education Worldwide*. Seattle: The University of Washington Press, 2008: 209.

而截至2006年，中国公立研究机构博士总数才不过18,493人。国内北大清华等名校长期以来成为美国大学博士生教育的“预备学校”，大批优秀拔尖人才被美国大学吸引去。人所共知，国际竞争，归根结底是高层次人才的竞争。在如此背景下，我国的博士生教育必须奋起直追，把重心放在提高博士生教育质量上。而优化博士学位类型结构是提高博士生教育质量的一种重要途径，这在本书已有充分的论述。学位结构的优化有利于高等教育质量的提升。说得更具体些，教育博士的设置，有助于保障教育学博士的质量，而不是相反。

尽管不同国家专业学位研究生教育处于不同的发展阶段，“在各国学位体系中所处的位置不完全相同，但它们都有一个共同的特点，即都是在知识经济到来的大背景下获得快速发展的，而且发展势头非常强劲，是高等教育迎接科技革命挑战的最大举措”①。随着我国经济的发展和市场机制的不断完善，国家也越来越强调创建创新型国家。社会发展不仅需要大量的高层次专业人才，而且对高层次专业人才的规格和素质提出了更高要求。原来的学术性学位为主的学位结构体系越来越难以适应市场的需求，二者之间的结构性矛盾日益凸显。而教育变革，观念先行。我国博士生教育的培养目标与质量标准的观念需要进行根本性转变。我国除了需要一定数量的学术型高层次人才，更需要大量能解决实际问题的应用型、复合型高层次专门人才，二者之间的比例和结构需要通过研究获得科学判断。

像19世纪末20世纪初的美国一样，我国也正在发生着深刻的社会转型。随着市场经济的不断成熟及科学技术的快速进步，我国的产业结构在不断调整，职业结构也发生了重大变化，对劳动者受教育程度的要求也越来越高。区域流动和职业流动以及社会开放性的逐渐增强，使获得高学历者的发展空间不断扩大、职业机会越来越多。国家和个人都认识到，高等教育尤其是博士生教育对一个人社会经济地位的提升和各种迁移机会获得的作用日益明显，其社会需求也随之急剧增加。

伴随我国社会转型带来的多元化发展趋势，对博士层次实践型人才的需求越来越强烈，因此，我国应适时设置新的专业博士学位类型。而且自从1996

① 研究生专业学位总体设计研究课题组．开创我国专业学位研究生教育发展的新时代——研究生专业学位总体设计研究报告[M]．北京：中国人民大学出版社，2010：8.

年我国设立教育硕士学位项目以来，已经积累了很大的毕业生规模，教育博士的设置与发展也顺理成章。美国的经验证明，设置和发展专业博士学位是适应和满足社会经济发展需要的一种有效途径。教育博士在我国有巨大的市场潜力和发展空间。由于教育在社会各项事业中的优先地位，教育博士在专业博士学位体系中也具有优先发展的必要性。

实际上，世界各国高等教育系统的变革的共同点就是通过政策调整来得以实现。高等教育政策调整的目的是“完善高等教育应答社会需求的愿望”，即“政府对高等教育的政策的变化有一个鲜明的意图，就是建立对社会需求和经济上优先考虑的事项有较大的灵活性、适应性和应答性的高等教育系统①。”我国2010年以来出台的很多文件也是一再倡导专业学位及专业学位研究生教育的发展。2010年发布的《国家中长期人才发展规划纲要（2010－2020年）》指出，我国社会转型和高等教育自身发展都迫切要求学位制度增强适应性、前瞻性和创新性。到2020年，我国将进入工业化国家的行列，未来几年是我国产业结构和就业结构变化的时期。国家强调建立人力资源强国和创新型国家，而专业博士学位的获得者就是其中的重要组成部分。经济社会转型和产业结构调整对高层次专业技术人才的培养提出了更加迫切的要求，为专业博士学位的发展提供了机遇。

二、当前我国教育博士专业学位研究生教育存在的问题

（一）我国教育博士专业学位研究生教育存在的主要问题

我国教育博士研究生教育还处于初创阶段，难免存在一些问题。但我国可以借鉴美国的经验，避免或减少美国出现过的问题，从学位实施的初始阶段就把该学位办得科学规范。笔者通过对我国教育博士授予机构发布的招生简章和培养方案进行比较研究发现，基本上都参照全国教育专业学位教育指导委员会于2011年5月分布的《关于教育博士专业学位研究生培养工作的指导意见》：在入学条件上一致要求具有硕士学位并有5年以上教育及相关领域的工作经历，体现为实践经验方面的要求，以区别于教育学博士；招生考试更加注重综

---

① ［荷］弗兰斯·范富格特．国际高等教育政策比较研究［M］．王承绪等译．杭州：浙江教育出版社，2001：398－399.

合考察考生的科研情况和工作业绩等；培养方式上实行导师或导师组负责制，采用兼读制的方式学习，学制一般为四年，主要利用寒暑假及节假日集中课程学习，前两年为课程学习及论文选题设计阶段，后两年为论文写作阶段。应该说这些政策比较全面地借鉴了美国的经验，但问题是在实践中如何去落实。还有几个关键性的问题没有引起足够的注意：培养目标与培养方案的配套问题，导师组的运作问题，培养方案能否达到预期的培养目标等缺乏充分的说服力，考察方式只采用论文这一种传统模式，且只是对选题方向做出要求，对学术标准的要求并没有提及。

参照《关于教育博士专业学位研究生培养工作的指导意见》，结合笔者对几所教育博士培养机构的调研，发现我国当前教育博士研究生教育存在以下几个问题：指导教师对教育博士的教育观念有待从学术型博士学位研究生教育的观念中跳出来；兼职指导教师队伍没有普遍建立，也普遍没有实践领域的专家参与课程讲授；指导教师和任课教师没有形成积极探索教育博士培养工作的特点和规律的内在动力和激励措施；指导意见强调“教育实践研究模块”在课程设置中的重要性，但在实践中还没有得到充分落实，实践研究贫乏；指导意见建议学制 4－6 年，而各培养机构一般规定的是 4 年，取的是最低限，甚至有的规定 3－4 年。

此外，我国教育博士专业学位研究生教育当前面临的问题还包括：培养模式缺乏创新，沿袭或照搬教育学博士的培养模式；教育博士的课程教学体系是其培养工作的重点和中心，但现实中，教育博士的课程实用性、针对性不强，教学效果不理想；理论讲授类课程多，实践指导类课程少，过多强调了教育博士的共性，而淡化了不同研究方向的特色，没有体现教育博士的实践性和个性。所谓“适应在读博士生的需要”搞所谓集中学习（寒暑假）的模式，这在美国并不多见。必须要清楚，教育博士项目是博士生教育的一部分，是“教育”而非“培训”。笔者坚持认为博士生教育在理念方面应该继承英国牛桥模式的“熏陶”和德国大学模式的“由科研而达至修养”，而“培训”与此理念相去甚远。我国各校明显存在教育博士办学条件不足，师资和资源匮乏的问题，办学宗旨存在着功利性倾向，有较为强烈的拓展财政上的创收渠道的意图。美国很多的教育博士项目都有自己的实验学校，而我们没有，仍然是关门办学，社会资源难以进来，博士生教育模式 2 还没有进入办学机构的视野之中。管理体制和质量保障机制还很不健全，政策法规和相关制度建设滞后于实践需要，制度“搭便车”现象较多发生，还没有建立起质量问责制度，难以保证教育博士的教育质量。事实上，我们的质量标准模糊不清。

教育发展的关键在教师，但在教育博士项目的师资方面，我们并没有做好充分准备。教育博士生的主要就业方向是学校领导与管理，而我们的指导教师多是对学校领导与管理实践并不了解的理论型学者。教育博士生入学前已经有丰富的管理经验，师生之间存在严重的“供需失衡”，二者如何对话以达成有效学习呢？解决之道，美国的教育博士项目建立学术型与实践型两类教师组合的导师组，以取得优势互补的目的。此外还存在教育博士培养机构的类型与教育对象所在机构的类型错位问题。最需要高等教育专业博士这种高级教育管理人才的是教学型高校或高职院校，而教育博士的培养机构集中为研究型大学和研究型师范大学，其教师并不了解教育博士生所在机构的管理问题。我国应该学习美国的经验，解决教育博士生导师构成单一的问题，组建理论型与实践型两种导师组合的导师组，共同指导教育博士生。应该由“实践型教授”来负责指导和评价教育博士生的实习，合理安排实习计划，建立实习评估指标。

本书第四章所述 CPED 行动制定的新的教育博士的概念、六条工作原则、毕业生的四个基本特点及六个方面的能力要求等，这些是我国可资借鉴的宝贵经验。概言之，我国还没有形成一个科学合理的教育博士的人才培养模式。

（二）我国教育博士专业学位研究生教育存在问题的分析

1. 学位结构失衡，类型比例失调

在我国的学位结构中，学术型学位始终占据绝对优势，专业型学位一直处于学位结构体系的边缘。目前我国已基本形成了博士、硕士、学士三个层次的专业学位体系，但结构严重不合理，硕士层次专业学位已有 39 种，博士层次专业学位有 5 种，学士层次专业学位仅有建筑学 1 种。截至 2011 年，我国 5 个专业博士学位设立时间和授予点数分别是：临床医学博士（1997 年，48 个）、兽医博士（1999 年，71 个）、口腔医学博士（2006 年，13 个）、教育博士（2010 年，15 个）、工程博士（2011 年批准，25 个）。2010 年我国专业硕士学位授予点 2，679 个，而专业博士学位授予点仅 83 个，二者不成比例。

“长期以来，中国高等教育专业结构存在专业设置门类结构比例失调、过于单一，专业划分过细，专业口径过窄等问题。专业设置应该适应国家建设的需要，适应科学技术发展的需要。”① 现行的博士学位结构越来越难以满足社会对人才日益多样化的需要。我国当下的社会转型对高校积极发展专业学位研究生教育、把专业学位研究生教育提升到博士层次的要求十分强烈。当然我们的国情不同，我们应在充分市场调研的基础上，有规划地增加专业博士学位的设置。

单就教育领域而言，博士类型与教育人才需求结构也极不匹配。教育领域需求逐渐减少的学术型人才比例偏大，而教育领域急需的应用型人才培养能力不足，应用型人才培养比例过小。随着教育领域学术性岗位需求的日益饱和，教育领域对高层次专业人才的需求结构发生了显著的变化。除传统的学术性岗位如高校教师、科研机构研究人员需求外，非传统学术岗位对高层次应用型和创新型人才也表现出巨大的需求，尤其是学校教育与改革的领导型人才需求旺盛，为教育博士研究生教育的发展提供了一个巨大的需求市场。因此，进一步完善教育领域博士培养人才结构，使学术型人才与专业型人才达到一个合理的结构，成为当务之急。

一所大学只有不断地完善自己的学科专业和学位设置，才能在激烈的国际国内竞争中占得先机，并为社会提供各种优质的服务，从而实现大学的社会功能，同时获得大学自身的理性发展。据统计分析，我国专业硕士的规模须逐步达到整个研究生规模的70%，才能满足社会经济发展的需求。因此，我国的研究生教育结构必须转型，实现从学术型为主向专业型为主的战略转变。从理论上讲，学位的等级结构应该保持必要的张力，学位整体质量的提高要靠各级学位的协调发展。专业学位不仅在学科上需要拓宽，在等级上也需要延伸，要大力发展专业博士学位。

2. 现代大学制度缺失，制度保障缺位

世界学位制度的发展规律表明，学位制度顺应社会发展而进行适时改革是高等教育获得持续发展动力的必要条件。除了引导社会转变“重学轻术”的思想羁绊之外，我们应该积极实施《国家中长期教育改革和发展规划纲要

① 骆四铭．中国学位制度：问题与对策[M]．武汉：华中科技大学出版社，2007：88.

(2010－2020年)》，深化办学体制改革，优化现代大学的制度环境，实现大学面向社会自主办学，增强大学和学位的社会服务能力。事实上，在我国大学“科层模式”色彩浓重的运作框架中，行政权力侵占或剥夺了很多学术权力，进而影响了学位设置与管理等学术事务的自然生态。南方科技大学尝试探索建立现代大学制度，结果困难重重，可谓举步维艰。不必说西方大学所普遍认可的“大学自治”“学术自由”和“教授治校”，就是“自主招生，自授文凭”这些在美国大学属于基本权力的东西却与我国现有的大学制度产生了激烈冲突，传统高等教育体制的壁垒仍然坚固。但没有现代大学制度的建立，一个国家的高等教育就难有国际竞争力。

社会转型期的我国社会蔓延着浮躁和急功近利的心态。大学作为博士生教育的一个利益主体也持有某种功利的心态，对考生的考察并非完全能够做到从学术和能力的角度。因此，各种“潜规则”流行，培养过程管理松散，没有建立起严格的资格考试与淘汰机制，这些都在一定程度上助长了教育博士研究生教育的畸形发展。而教育博士所具有的专业学位特性更是“方便”了上述浮躁与“潜规则”的存在，所以非常有必要在教育博士学位制度建设方面做出更大的努力，防止制度“搭便车”的现象。当前最需要解决的问题是，从根本上把大学还原为教育机构和学术机构，明确教育博士项目的培养只能追求教育价值和学术价值。

由于培养对象的特殊性，培养机构应该组建专门的教育博士教师队伍和相应的导师组。对擅长基本理论的导师，应该发挥其特长，专心致力于教育学博士的培养。有必要指出，我国博士生教育中师生比远远低于美国，而且导师指导学生的时间和力度远远不能满足学生的需要，换言之，我国当下并不存在富余的博士生导师，现在又给他们增加新的任务，那么教育质量必然难以保障。但更可怕的现实是，我国的博士生教育存在某种畸形发展，博士生对导师来说暗含着利益诱惑，拥有更大社会资本的教育博士生更是一些导师倾心的对象。所以很多学校实行的是轮流招生制，只要导师愿意，就会拥有教育博士生，至于学科特点是否适合、培养能力是否恰当、教育资源是否充分都是次要的事情。这种现象的存在，一定程度上提醒我们的教育主管部门，实施教育博士研究生教育之前，必须建立专业认证制度，先充分评估一下培养机构是否具备充分的条件和资源，尤其是培养机构和导师的观念是否对教育博士专业学位有科学而清晰的把握。否则，在制度不健全与配套资源不充分的情况下就匆匆上马，就必然要花费大量的时间和精力去修修补补，其代价和成本更大。

我国教育博士专业学位研究生教育的发展存在不少深层次矛盾和问题，一些是制度性的钳制。我国的学位制度还处于刚刚起步的阶段，学位的作用还主要局限于对学位获得者学术水平的认可，学位与任职资格之间还没有形成内在的联系，一定程度上说明教育领导与管理职业的专业性不强，这就大大制约了教育博士的发展。多数教育博士生所属的学校领导与管理岗位还没有教育博士方面的任职要求，这不能不说是我国发展教育博士研究生教育的一个内在羁绊。但同时也应该看到，高校教师和管理者的学位与任职资格之间的关系正在不断得到强化。

美国教育博士的发展经验表明，赋予各大学在教育博士设置和培养方面的自主权，对于调动大学的主动性和积极性、提高教育博士专业学位研究生教育的办学效率、促进教育博士研究生教育培养个性化、多样化方向发展具有重要意义。但我国的高等教育还未走出按计划经济管理高校的旧套路。行政权力主导下的学位审核制度，不利于培养单位致力于走学科建设和提高科研能力的内涵发展道路，而且实质上的“终身制”的制度设计致使各校“重申报，轻建设”，并导致学位授权审核过程中“权钱交易”“寻租求租”现象的滋生。

在我国，博士学位的各种权力集中在大学的研究生院，教育学院拥有专业学位设置与授予权的法律依据还没有建立，这从根本上影响了教育学院对教育学博士和教育博士的培养投入和质量控制。我国有必要从美国举办教育博士的经验中获得启示，即只有教育学院成为完全的自由办学主体，其积极性和创造性才会得到充分的发挥，其学位结构才会得到不断优化和良性运转，其实这也是教育学院所热切期盼的。当前我国大学普遍存在一个突出的问题，就是办学效率目标对学术目标的侵害，其根源在于行政权力过多地干预了学术权力，甚至剥夺了有限的学术权力。哥伦比亚大学教师学院的内部治理结构和运作机制在某种程度上维护了学术权力和学术组织的本质属性，确保了各类学位在继承传统的基础上不断与时俱进，这对我国具有借鉴意义。

教育博士培养的经费来源是一个敏感但必须要予以正视的问题：一方面，

完全依靠学费。我国教育博士专业学位研究生教育的经费完全依靠学生学费，政府没有投入，这在很大程度上制约了办学条件的改善，影响了培养机构改善教育博士培养条件的积极性。作为教育博士专业学位研究生教育的受益方之一，国家应该承担部分费用；另一方面，教育博士生的高学费用作何处，是一笔糊涂账。大学为了节约教育投入成本，往往会选择运用相同的教学资源和便利的教育方式来同时进行教育博士和教育学博士的培养，这正是制度“搭便车”现象的表现。很多院校的教育博士培养没有专门的师资队伍，而且考虑到成本因素，培养机构也不准备建设，这正是所谓“重申报、轻建设”的现实反映。

根据美国的经验，由于教育博士与教育学博士在性质上存在根本性的差异，其培养模式应该提倡两种博士学位分轨培养，应该逐步建设专业型指导教师和学术型指导教师相结合的导师队伍，以便承担不同指导任务，并把理论与实践紧密联系起来。在观念方面，导师和培养机构对教育博士的认识还有待转变。从笔者接触的一些导师身上可以发现，很多学术型导师一定程度上对教育博士或说对专业学位存在偏见甚至轻视，对培养理念也很模糊，从心理上，并没有想用不同的教育理念和培养模式来培养这群不同的博士生，这是教育博士研究生教育的大忌，但还没有引起教育界和培养机构的足够重视。

大学自主办学是我国现代大学制度建设的一个重要目标。大学办学在主动适应国家、社会和市场发展的需要，但又必须充分考虑自己的办学基础、师资力量和科研能力，建立起既能适应社会外在需求，又能保持自身持续发展的内在调节机制。美国的经验告诉我们，并非所有的大学都适合办教育博士项目。“一所著名大学可以没有法学院、医学院或商学院而依然是大学。普林斯顿大学就没有这些学院，但却无人怀疑它的水平。”① 普林斯顿大学一直坚持集中精力和资源做两件事，一是非常严格的本科生教育，二是高度学术化的研究生教育，并把这两件事做到极致。耶鲁大学没有教育学院，更没有教育博士，英国的牛津大学也没有。所以，大学不必是一个模式，不必都去培养教育博士。这些充分表明大学必须根据自己的使命做出个性化选择，专业学院和专业学位

---

① [美]亨利·罗索夫斯基．美国校园文化——学生·教授·管理[M]．谢宗仙，周灵芝，马宝兰译．济南：山东人民出版社，1996：118.

的设置必须与大学的定位和现实状况相一致。教育博士的定位必须与培养机构的定位与使命相一致，与所在大学和教育学院的使命和发展方向相一致。但相对来说，地方性综合性大学发展教育博士的积极性更高。就我国而言，教学科研型的师范院校在培养教育博士方面具有明显的优势。一定程度上，大学的定位决定了学科专业、学位类型的设置。哈佛大学作为研究型大学的典型，其教育博士并非教育博士的成功典型，其教育博士与教育学博士高度趋同，亦迫使其不断变革，新设的教育领导博士就是对传统教育博士的一种修正。

我国的教育博士专业学位研究生教育还处于起步阶段，在制度设计和实施过程方面还有很多需要完善的地方。基于 CPED 的经验，我国应该大力加强和拓展专业学位教育指导委员会的工作职能，以它为平台，结成全国教育学院联盟来制定教育博士专业学位的质量标准和规范教育博士生的培养工作。可以尝试 CPED 的做法，充分吸纳各利益相关者来进行共同治理，平衡各方的利益诉求，形成各教育博士实施机构之间信息分享、经验共享、合作竞争的良好局面。

3. 理念滞后，培养失范

教育改革，理念先行。我国发展教育博士专业学位研究生教育的前提是必须对教育博士专业学位的性质有准确的认识和把握，对它的内涵、外延、目标和功能等进行严格的理论界定与制度规范，使它成为一个可操作的、有制度约束的学位类型，在整个博士学位体系结构中发挥其应有的功能。

美国教育博士长期以来定位模糊，培养模式没有特色，与教育学博士趋同，教育质量受到普遍质疑，人们被迫不断进行修修补补甚至重塑，其代价是十分昂贵的，教训也是非常深刻的。我国的教育博士研究生教育处于起步阶段，极有必要从美国的经验和教训获得教益。我们应该明确教育博士的性质，给出一个理论性和操作性都比较强的概念，根据教育博士的性质，制定严格质量控制的教育目标、过程、产出与评价等相关制度。

美国专业学位高等教育的发展经验告诉我们，只有具有强烈职业指向性的专业，才可依托相应学科的知识体系，开展专业学位高等教育，培养具有良好专业理论素养和专业技术的高层次人才，从而实现专业学位的社会功能。在笔者看来，美国教育博士之所以相对医学博士和法学博士而言，问题较多，很大程度是与教育学科的地位低和学位的职业指向性不强直接相关。我国的教育学科和教育学院被边缘化的社会地位与美国类似。提高教育学科的地位不能靠一厢情愿，而必须靠有说服力的研究成果和社会效益，即教育学科的发展必须能够带动社会的发展，教育研究必须与社会发展互动，最好能够引领社会的发展。

我国专业学位高等教育的办学体制还有待改变。“尽管我国社会产业和行业对专业人才的需求不断增加，但社会产业和行业对高校专业学位教育的影响却非常微弱。之所以出现这种状况，除了社会产业和行业的积极性尚未调动起来外，高等教育制度改革滞后是一个重要原因。在我国高校教育中，重学科教育，轻实践教育，封闭办学，自成体系，已经成为一个传统。”①按照吉本斯知识生产模式理论来看，我国大学的知识生产模式还基本上处于模式 1 的范畴之内，知识生产模式 2 只是初现端倪。正如本书第三章所述，模式 1 与模式 2 并无优劣之分，只有是否更加适合社会需要之别。我国当下的社会转型需要大量的知识生产模式 2 的组织机构存在，需要更多模式 2 的人才培养模式，需要模式 2 的博士生教育来满足社会业已变化的知识生产需要。但我们能够清晰地发现，我国知识生产的模式已经滞后于社会的发展需要，我国一再倡导创建创新型国家的理想并没有实现的迹象，博士生教育模式的滞后是一个重要原因。我国大学的学术组织模式仍然以学科划界，呈现出明显的学科壁垒。受学科知识局限，大学中知识整合能力很弱，跨学科研究和跨学科人才培养、特别是博士生培养模式 2 的机制仍然没有建立起来。在知识生产组织的框架内，大学组织的单一性和封闭性使学术研究缺乏内生活力和创新的动力机制。因此我国在学科建设过程中，应该对大学组织和知识生产模式重新定位，应该加强基础学科和专业应用学科的联系，使理论研究与实际应用结合起来。在这方面，包括笔者在内的理论工作者应该做出深刻反思，我国的学术知识生产能力固然落后，但西方最先进学术的引进滞后，我们负有难以推卸的责任。

本书倡导用知识生产模式理论改造我国的博士生教育和现行的知识生产模式，指导我国构建教育博士学位制度。在教育科研方面要打破现有的学科界

① 研究生专业学位总体设计研究课题组．开创我国专业学位研究生教育发展的新时代——研究生专业学位总体设计研究报告[M]．北京：中国人民大学出版社，2010：77.

限，开展跨学科跨机构的科研活动，开展以问题为导向的研究，根据研究问题的需要形成由各学科专家和利益相关者组成的研究团队。为教育博士生开设一些选修课，满足学生个性发展和兴趣需要。大力开发跨学科课程，为师生提供更多的跨学科研究机会，使跨学科的研究和人才培养机制成为常规。大力开展研讨课，为师生提供探究不同思考和不同方法的智力环境，以此来推进跨学科研究。大学要确立“以生为本”的观念，学位管理制度要真正体现学生的主体地位和作用，针对学生的特点和需要来实施教学。尝试实施全日制的教育博士培养制度，美国哈佛大学、哥伦比亚大学等都要求教育博士生三年的全日制学习，我国为什么不能？我们大家都清楚地看到，我国的哲学博士虽然制度上要求全日制，但实际上大量的是兼读制，而即便如此，大多数能够在 3 – 4 年内顺利获得博士学位。反观美国，全日制哲学博士平均 7.2 年，HGSE 的教育博士平均 6 年获得学位，而且是入学前都已获得硕士学位。就此而言，我国与美国在博士生教育方面的根本差别在于质量标准及其严格性上。没有严格的质量标准如何保证博士生教育卓越的学术质量，而作为国家创新系统的重要组成部分和学术接班人培养的核心，博士生教育如何能够承担建设创新型国家的重任呢？因此，我国的博士生教育必须在内涵发展方面做出切实的努力。

第三节　我国教育博士专业学位制度的建构

“比较意味着变革”，研究美国的教育博士研究生教育是为了指导我国当下的教育博士研究生教育。

一、构建现代大学制度以保障教育博士专业学位的良性发展

我国《高等教育法》和《学位条例》都没有将学位明确分为学术型学位和专业型学位，也没有对专业学位加以明确界定和准确表述。在法律地位尚未完全明确的情况下开展专业学位研究生教育，一定程度上导致了目前专业学位培养的学术化倾向，而且也使专业学位缺乏明确的法律依据和制度保障，这严重阻碍了专业学位研究生教育的可持续发展。借鉴美国的成功经验，我国必须建立和完善相应的法律法规体系。进一步加强专业学位制度建设，完善质量保

障体系和专业学位评价体系，进一步明确专业学位在高等教育体系中的地位和作用，正确处理好专业型学位研究生教育发展与学术型学位研究生教育的关系，使专业型学位研究生教育尽快摆脱依附或仿照学术型学位研究生教育的培养模式的状况，将教育博士专业学位研究生教育进一步纳入法制化和规范化的轨道。

改革学位评价标准，建立相对独立的教育博士评价体系。必须突出职业性、实践性和复合性等方面的要求。健全培养机构的自我调节机制，继续扩大培养单位的办学自主权，同时提高培养单位的自我约束能力。

成立全国性的各类专业学位研究生教育指导委员会是我国专业学位研究生教育的普遍做法。实践证明，这种做法是有效的。这既是政府转变职能，积极有效地发挥宏观调控和方向指导功能，调动各方面积极性的重要举措，也是适应专业学位特点，促进专业学位研究生教育顺利发展的重要手段。“建立专业调查制度。按照职业专业化和社会发展程度，对职业特征、从业人员数量、执业范围、职业能力标准等进行常态的跟踪调查，回馈市场和社会对专业人员能力素质需求。”① 指导委员会的作用发挥得如何，对于专业学位研究生教育的发展至关重要，也是我国创建现代大学制度，实现大学面向市场自主办学的一次良好契机。

二、厘清教育博士专业学位的教育理念

设置教育博士专业学位，首先必须对该学位的性质有科学的认识，必须树立教育博士专业学位教育独有的质量观，实现教育博士专业学位培养规格和质量标准的准确定位。为此，我国必须牢固树立教育博士专业学位的教育理念，坚守其专业博士学位的属性。对于教育博士专业学位而言，其产生的最大动力即是来自专业实践的迫切需要。专业性、应用性、实践性是教育博士的基本属性，也是教育博士拥有相对于教育学博士的比较优势的基本依据。教育博士强调实践性是它的比较优势，但前提是把实践置于批判性探究的过程之中，防止教育博士陷入工具主义的狭隘思维。教育博士专业学位研究生教育绝不是培养

---

① 研究生专业学位总体设计研究课题组．开创我国专业学位研究生教育发展的新时代——研究生专业学位总体设计研究报告[M]．北京：中国人民大学出版社，2010：50.

只会应用而不会创造的知识工人或技术专家，而是培养“研究型的专业人员”，教育博士同样也要强调培养通过研究对专业实践的知识做出重大贡献的能力。为了凸显教育博士的应用性、实践性特色，必须正确认识学术性与实践性之间的关系，坚持应用型人才培养的专业学位目标定位；加强教育博士学位项目的实践环节，完善应用型人才培养的课程与教学体系；加强教育博士实践型师资队伍建设，构建应用型人才培养的“双师型”导师队伍。

明确教育目的。随着科技与社会经济的迅速发展，我国博士生教育得到迅速发展，社会对博士生教育提出了更加多样化的要求，博士培养目标也随之趋于多元化。但无论目标如何多元，作为培养高层次创新人才的博士生教育，都应突出创新能力的培养。处于博士生教育的层级，教育博士专业学位研究生教育必然是一种精英教育，要求获得者不仅有较强的实践应用能力，还要有较高的学术创新能力。因此，教育博士专业学位研究生教育在培养目标上要坚持培养既有丰富的理论底蕴、又有广阔的实践视野，既有独立的研究能力、又有扎实的专业技能，为高级专业岗位做好准备的教育实践工作者。

变革办学模式。我国专业学位与职业任职资格之间的联系不够紧密，成为制约我国教育博士发展的制度性障碍。但我们可以尝试运用知识生产模式 2 理论来实践博士生培养模式 2，整合大学、工作和专业三方的课程资源，把博士生教育与工作实践结合起来，把教育博士的培养机构与雇佣机构结合起来，共同承担教育博士的培养任务。在博士生教育资源严重短缺的现实情况下，要避免高校之间的重复建设，倡导两所不同类型的大学整合师资和资源来共同培养教育博士生，事实上处于同一城市内的两所培养机构完全有条件做到。当然，这会与我国长期以来关门办学的学校传统和“离散思维”的文化传统相悖，但确实是一条高效节约型的办学路径，这也正是博士生教育模式 2 所大力倡导的。

确保教育质量。美国在实施教育博士专业学位研究生教育的过程中，人们对于这种学位是否会导致博士学位的泛滥和贬值不无担忧。而且，在一些大学，由于在教育博士专业学位研究生教育体系尚未健全和完善之前就急于扩大教育博士培养的规模，导致出现了诸多质量问题。如同美国的情况一样，如何使教育博士享有和教育学博士一样的声誉和地位，又与教育学博士存在显著的差异性，是我国教育博士专业学位工作的重点和难点。因此，在发展规模与速度上，我国教育博士研究生教育应以社会需求为导向，力求保证教育质量，不宜过快发展其规模，要在确实有充足市场需要的学科专业方向提供高质量的教育博士。从一开始就应该注重内涵式的发展取向。在教育博士培养的起始阶段，就应坚持以教育质量为根本。教育博士及其他专业博士学位的设置不能盲目跟风，必须严格地进行办学资格评估，而作为办学主体的"机构在设立专业博士学位之前应该认真评估自身的培养能力，机构有责任确保新项目适合机构的使命，深入思考新项目对整个机构的影响"①。

"以生为本"的博士生教育理念（即本书第三章所论述的第三代专业博士学位）应该成为现在及今后教育博士专业学位研究生教育的基本价值取向。"以生为本"既是一个教育理念，也是学生应该树立的主体意识。任何教育的成功都离不开学生个体的高度投入。一份针对学生的调查报告说，学生们在决定进入一个博士项目之前并没有对学业时间、资金耗费、学习目的和坚持不懈的精神有很好的准备。调查表明许多学生盲目地进入博士教育项目。"我们的研究结果的意义是显而易见的：在很多情况下，博士项目和博士生是在交叉冲突的目的中运作。学生被意图培养的职业生涯并不是他们愿意承担的。许多学生进入博士项目时并没有良好的知识和能力基础或很好地了解博士学位项目的本质。他们也不清楚这是否是他们最好的选择。"② 因此，培养机构和导师有必要对教育博士项目进行批判性检查，学生也必须作出明确的教育预期。有鉴于此，我国的教育博士作为一个新生的学位，更有必要使所有的教育博士项目的利益相关者都清楚其本质和目的。

"学生即客户"的观念在美国大学已经牢牢地扎下了根，"我们应对的策略是找到一种方法，既能应对社会的需要，又不失去我们对学者的基本承诺并保持大学的相对独立。首先，我们应该提供学生需要的教育，而不是我们需要的教育。更基本的挑战应该是：开发更具有弹性、灵巧、敏感和切合实际的学

---

① Task Force on the Professional Doctorate. A Report to the Board of Trustees from the Task Force on the Professional Doctorate. Board of Trustees of The Higher Learning Commission North Central Association of Colleges and Schools June 6,2006.

② Chris Golde,Timothy Dore. At Cross Purposes-What the experiences of today's doctoral students reveal about doctoral education. 见 www. phd-survey. org/report%20final. pdf. 44.

位课程；设计出能满足学生需要的学习策略和学习项目，而不管这些学生是谁、身在何方、如何学习；重估我们的培养体系，以便能通过高等教育，让我们的教师、职员和学生能与更大的社区，如商业、政府和民众结成伙伴，从而为社会提供我们的价值。或许，最重要的是以全球的责任意识去理解世界、获得双赢"①。而我们仍然对此保持缄默微言，有所顾忌。但无论如何，"以生为本"，为学生服务的理念应该是我们都接受的。对比美国的观念和做法，我们的差距或说差异在于教育理念和办学细节等诸方面，对此我们是否应该做检讨呢？美国高等教育学家布鲁贝克非常辩证地总结了美国高等教育的经验："如果大学不可避免地要卷入到复杂的社会中去的话，那么我们就既需要专业方面的高深学问，也需要研究方面的高深学问。经验即历史表明，当这两方面相互结合起来的时候，它们各自都得到繁荣并发展。专业学院通过利用大学其他部分的研究指导自己的实践，而研究则可通过在实践中的验证更加充实自己的成果。"② 兼容并包，始终是美国实用主义的一个主导灵魂，兼容性的高等教育理念，兼容性的学位制度都源于此。

我国需要颠覆长期占统治地位的"学术知识优于专业知识"的观念，形成整合大学与工作场所的新的知识生产体系，并建立大学、学生及其工作场所的新的连接，从而打造出一种完全不同于哲学博士的培养体系。教育是一种实践性非常强的专业，教育博士课程能将有经验的教育实践者召集在一起，共同研究实践中有重要意义的问题，找出良好的对策，这也是一种知识创造的过程，这种知识与源自学术研究机构的知识有着本质区别，并对实践活动具有重要意义。多数专业博士学位的攻读者采取兼读制，并力求把自己的专业工作与博士学业整合在一起，实现学习与工作的一体化。

三、在比较视野中构建我国的教育博士专业学位制度

（一）建构本土化的教育博士专业学位制度

在我国，尽管培养机构在教育博士的培养方案中都有关于培养目标的详细说明，但更多地只停留在方案文本上。而在实践中，有关培养单位对专业学位

① [美]拉瑞·尼尔森．当前美国高等教育面临的挑战[J]．高等教育研究，2008(2)：11－15.

② [美]约翰·布鲁贝克．高等教育哲学[M]．王承绪等译．杭州：浙江教育出版社，1998：27.

的认识主要还停留在学术的层面上，使得专业学位基本上还没有形成独立的地位和培养体系。这就直接导致部分高校简单化地将教育学博士的培养方案移植过来直接用在教育博士的培养上，导致教育博士的培养目标与社会需求相脱节。因此，有必要对教育博士专业学位的地位、内涵加以明确界定和准确表述，使教育博士专业学位取得社会对其独特价值的认同，使其在博士学位结构中具有自己的独特地位。在此基础上，高校要积极探索高层次应用型专门人才的培养途径和方式方法，努力形成特色鲜明的教育博士的培养模式。

“教育改革不能仅仅停留在技术和制度层面上，而应在对教育和教学的方式、方法、内容和教育制度的结构进行革新的同时，更新教育基本的价值观。一种新的制度模式，只有当它被赋予相应的新的思想内涵时，才会有生命力，才会真正发挥其不同于旧模式的独特作用。相反，在继续保持或不从根本上改变原有的、已被证明是不适应现代社会需要的价值观的同时，一味注重或片面追求技术层面、制度层面上的革新，只能起到维护、巩固原有的制度模式的作用。而这恰恰是与改革的初衷相违背的。”① 我国开展教育博士研究生教育的时候，应该积极进行学位制度创新和培养模式创新，建立更加完善的有利于培养创新能力的体现高层次人才培养和规律的教育博士专业学位研究生培养制度与培养模式。

任何层次教育的人才培养都是一个系统，教育博士的质量要从招生、培养、考核等一系列环节上加强管理。首先要吸引高质量的生源，坚持把教育博士培养的质量放在中心地位。我国发展教育博士研究生教育的背景与美国最大的不同，是美国大多数的教育博士项目处于买方市场地位，渴求学生，而且教育博士的质量被纳入到对教育学院和专业评估的体系之中，因此，各培养机构对教育博士的招生、培养和考核都执行严格的质量标准；而我国的教育博士项目处于绝对的卖方市场地位，由于生源市场极为庞大，其录取率极低，完全可以在教育博士的招生中优中选优。在此背景下，如果培养机构能够对教育博士的定位有一个科学的把握，完全可以把一些国家急需的教育专业人才招收进来，并培养成教育事业发展的领军人物。这当然需要一套完整的教育博士学位制度来作为保障。如果教育博士生是因为无法考取教育学博士才选择教育博士

① 张斌贤．社会转型与教育变革［D］．北京师范大学博士论文，1995：117.

的话，那么教育博士就仍然难以摆脱二等学位的尴尬地位。而要改变，教育博士的招生必须优中选优，在理想对象中提高录取标准。

每一所大学的历史传统与社会使命都是与众不同的，不可能在所有博士学位类型和专业方面全面拓展，必须要有自己主导的强势的学位类型和具体项目。如哈佛大学教育研究生院就以教育领导项目为主导，每所大学都有一个因其某种学位的专业化、师资队伍的质量及主要研究领域而创造出自己的主导性的学位类型和专业项目。我国的教育博士培养机构同样非常有必须在这方面做出清醒的判断，明确自己的优势专业领域，切忌贪大求全。

教育博士专业学位研究生教育应当紧密结合社会需求和职业背景，有效吸纳和使用社会资源，密切学校与有关企业和社会部门的合作，建立联合培养基地。CPED很好地遵循了多方利益相关者的共治，坚持教授治学，把行动和决策的权力交给广大教师和学生，培养程序开放民主，成功塑造了教师间的合作文化与合作机制。这种理念和方法极大地减少了教师间、师生间的孤立与冲突。CPED过程中，几乎所有教师都利用这个机会表达自己的关切，参与者发现自己处于一种可以从头再来并富有创造性的情境之中，学生也因为可以发出自己的声音表达自己的利益诉求而对CPED表示欢迎。我国的教育博士培养机构可以构建全国性的校际间对话机制和合作机制，共同维护和提升教育学及教育学院的地位，以赢得更高的学术地位和更多投资。

美国教育博士专业学位研究生教育越来越多地提倡并实行多种尖峰体验方式，而我国在教育博士的初创阶段，要求论文还显得十分必要，否则其合法性危机就会凸显，但其论文必须符合专业博士学位自身的特点。论文选题和写作应坚持理论与实践相结合，学术性与应用性相统一。论文选题要来源于教育实践中具有重大现实意义和应用价值的关键性问题；论文强调综合运用相关理论和科学方法来分析和解决教育实践中的真实问题；注重研究成果的实践意义，注重通过实践来探索和生产新知识。教育博士论文评阅人和答辩委员会应吸纳相关实践领域具有博士学位及高级专业技术职称的专家，以便对论文的实践价值做出判断，这才是对教育博士本质的尊重，对其学位质量标准的坚守。

莱文对全美教育学院提供的教师教育项目进行了总体评价，认为教育学院的目标不明确，主要关注的是“教师的教”而不是“学生的学”，项目成功的标志是毕业生是否被传授了从事教学的知识和技能，而不是他们能否有效地促进学生学习；教育学院的理论与实践之间存在鸿沟，学术性是首要的，而实践是次要的；教育学院的师资普遍是缺乏中小学经验的学术研究者。反观我国的教育博士乃至教育学博士的教育项目，存在的问题犹有过之。对此，笔者建议采取类似 CPED 行动的改革策略，举办教育领域博士学位的教育学院组建一个全国性联盟，共同检讨和反思当下的教育领域的博士生教育，重新定位学位授予的标准，科学规划培养方案和实施细则，构建内外部结合的质量保障体制，只有这样我国教育领域的博士生教育才能得到根本改观。我国当前政府主导的学位管理模式必须得到改变，赋予培养机构充分的自主权，这样才能充分调动博士生教育实施机构的积极性和创造性。市场机制强调公平竞争，竞争靠的是质量。只有各个培养机构把博士生教育的质量放在各项工作的中心，我国的博士生教育才能有根本的改观。

教育博士作为一个舶来品，我国在构建教育博士学位制度时必须既要有国际视野也要有本土情怀。比较借鉴与本土生成不是两个前后承接的阶段，而是密不可分的统一体，必须同时进行。“外来影响的种子可能落地，可能并不会发芽生长，也可能会发芽生长，但却会在改变了的环境下结出截然不同的果实，或者合成一种全新的、前所未有的杂交形式。”① 教育制度具有民族性，美国的教育博士是美国特定社会经济文化的产物，其产生、发展、变革乃至受到的质疑与批判都具有鲜明的美国民族文化特性。美国教育博士的发展史是美国高等教育发展史的一个组成部分，它始终受到整个美国高等教育的制约。美国特有的高等教育传统与社会文化背景决定了美国教育博士是为美国人民的需要服务的。基于这点认识，我们对于美国教育博士专业学位制度与教育实践的借鉴必须是理性的，但这并不妨碍我们从研究中获得启示和教益。另外，专业学位高等教育是一项复杂的系统工程，在我国举办的时间还不长，人们对其规律的认识还比较有限。要真正客观而科学地把握其发展趋势，仅仅依靠自己摸索经验是不够的，应当把它纳入到世界专业学位教育范畴之中去分析，以便更准确地掌握其普遍规律与特殊属性。

---

① ［美］劳伦斯·克雷明．美国教育史——殖民地时期的历程(1607－1783)［M］．周玉军等译．北京:北京师范大学出版,2003:217.

教育博士学位制度是指教育博士专业学位各项工作中的规章制度，以使学位的实施规范化和程序化。在很大程度上，教育博士学位研究生教育的顺利开展和良性发展依赖于相关制度的健全与有效运行，所以加强制度建设将是教育博士专业学位进一步发展的必然要求。

我国教育博士学位制度建设的目标应以科学性、民主性、规范性和系统性为基本价值追求，重点解决以下几个问题：①制定制度依据的科学性。在市场经济体制和高等教育快速发展的背景下，教育专业博士学位的设置当然要充分反映社会的外在需求，但更要高度重视教育博士自身和教育学科的自身发展规律。②参与机制的民主化。教育博士学位制度的制定是多方利益相关者博弈的结果。在制度建设方面我国要尽快改变政府主导的管理格局，吸纳多方利益主体参与，使高校、政府、雇佣机构和行业组织等参与到教育博士学位制度建设和培养过程中来。③实施机制的规范化。教育博士要在招生制度、培养制度、管理制度、评价制度等方面进一步规范化，提倡不同类型博士学位分轨培养和分类指导，实现教育博士培养规格和质量标准的准确定位。④评价机制的系统化。我们应充分重视教育博士评价的意义，逐步建立教育系统内部评价、中介组织评价和社会评价相结合的系统规范的评价体系。

著名经济学家道格拉斯诺斯认为，在一个社会中，制度由正式规范（宪法、法令、产权）和非正式规范（道德约束力、禁忌、习惯、传统和行为准则）构成。我国的博士生教育制度是一种引进的外在性制度，不是内生于中国传统文化制度之中。这种移植的外来的制度难以与中国的历史文化传统相匹配，难以与中国的国情相适应，即使正式规范有强大的约束力，而非正式规范的消极影响也值得警惕。所以，外来制度的本土化改造就显得非常紧迫和必要。此外，教育博士的设计要尽可能具有排他性，防止制度“搭便车”现象的发生。

笔者建议，把教育博士的建设作为探索大学面向市场、自主办学的一次良好契机，加强和充分发挥国家专业学位教育指导委员会这一行业联合自治组织的作用，推进我国现代大学制度的建设，积极探索政府宏观调控、行业参与管理、大学乃至专业学院自主办学的新型管理体制。

（二）推进教育博士课程与教学改革

与学位制度改革相配套，必须同时推进课程体系和教学方法的改革。教育博士相对于教育学博士来说，属于后发者，始终处于教育学博士的“影子”(shadow) 之中。而要完全走出这个“影子”，非常困难。基于这种认识，我国的教育博士专业学位从一开始就应该目标明确，特色鲜明，防止重复美国教育博士长期沦为“二等学位”的命运。

严格区分教育博士与教育学博士两种学位性质的差异，提倡对两种学位分轨培养和分类指导，实现教育博士培养规格和质量标准的准确定位，根据各自不同的培养目标、课程体系而分别制定它们的课程标准。在培养过程中要充分利用学生已有的实践经验，发挥其实践能力强的优势，培养能够科学解决教育实际问题的人才。因此，教育博士要以培养实践应用能力为目标，同时兼顾理论水平的提高，使培养出来的教育博士能够以丰富而深厚的教育理论知识为指导来解决实际工作和生活中遇到的教育问题，从而真正培养出与教育学博士优势互补、各有所长的高层次实践型人才。

借鉴 CPED 的经验和成果，我们也应该根据我国国情，对教育博士的本质、工作原则及毕业生的基本特点进行深入的研究和探讨，在这个基础上，实验和创造成功的教育博士培养模式。我国的教育博士培养也应该实事求是地根据学生的工作经验和兼读情况，尝试创建远程课程传递，组建网上社区和网上学习论坛，采取周末课程、网络课程与混合课程等多种形式。针对特殊的培养目标，教育博士项目的导师队伍应该有一部分是具有较高理论素养的高技术化的实践工作者，甚至是一线的临床教师或学校领导者，以保证他们能够分析、评价实践问题，最重要是能够把实践问题的解决路径示范和教授给学生。

根据美国的经验，教育博十项目重视群组学习的模式，以促进学生之间进行经验共享与共同反思。教学方法也不断创新，各种探究式教学方式如专题研讨、现场研究、案例分析及社会调查等，并加强课前自学、课后作业和网上辅导等环节，提高课程教学的质量。而且，教育博士生深入教育实践是教育博士项目的重要环节，哈佛大学的 Ed. L. D. 项目就是最突出的例子，一年的住校挂职实习，把“理论与实践相结合”做到了实处。课程采用集中学习与自学相结合的教学方式。虽然教育博士的培养过程也包括课程学习、综合考试、论文写作与答辩等环节，与教育学博士相同，但贯穿始终的是它一直坚持很强的实践导向，就是在理论学习的方面，也是基于实践、基于问题的理论研究，这就是两类博士学位的根本区别。课程学习阶段实行导师小组集体指导，论文阶段实行导师负责制，导师指导相比教育学博士而言更加具体到位。

美国教育博士项目的课程非常注重应用性、实践性，着重培养学生运用理论知识解决实际问题的能力，而且往往为学生提供大量的选修课，学生可以根据各自的专业方向和研究兴趣灵活地选择，既可以选择本院系的课程，也可以跨院系选课，这就在很大程度上开阔了教育博士的知识视野。而我国教育博士课程设置中的突出问题是选修课的比重太小，甚至于无。这不利于学生根据各管理岗位的实际需要和自身条件强化岗位核心能力的培养、促进个性发展和提高整体素质。教学中重理论知识传授、轻实践能力培养，造成教学形式与内容都不能反映教育博士所应具备的专业学位的特性，与学术性博士研究生的教学没有实质区别。当然，由于各校的教育博士生人数少，个体差异大，要改变选修课比重小的问题，难度很大。根据美国的经验，跨校合作是一个可行的策略。

必修课的教学方式也要进行改革，加强课程教学与教育实践的联系。可以借鉴美国教育博士的培养方式，强化案例教学和问题教学法。此外，还可以围绕学生关注的实际问题，加强研讨、调研、自学等环节。在教育博士的必修课程模块中增加专业实践课程，并使之得到一定的比重，同时根据学生特点和需求广泛采用研讨课、案例教学法、工作坊等多样化的教学方法。

（三）创新教育博士专业学位研究生教育的办学体制和培养模式

与我国的教育行政体制最为接近的是美国加州大学系统（CSU），为此，它的教育博士项目的经验对我国实施教育博士研究生教育的借鉴价值最大。加州州立大学的教育博士项目设计是为了满足地区和州的需要，都与当地的中小学和社区学院结成紧密的伙伴关系，一起致力于教育博士项目的设计、招生、教学和项目评估。教育博士项目要求严格，三年制，适于全职工作的专业人员，所有的项目都必须接受彻底的评估，获得专业认证。加州大学系统设置的7个教育博士项目各不相同，各有自己的重点，但都致力于满足地区性的需要。同时，每一个项目都使用全国认可的领导者的专业标准和能力。这样，就做到了质量标准的统一性与地方服务的差异性的统一，有利于培养机构办出特色和水平。此外，在区分两种博士学位方面，本书第四章评述的舒尔曼《重建教育博士学位：批判与建议》报告里面的南加州大学对教育博士的变革经验就很值得我们学习和借鉴。

创新培养模式和办学体制。我国教育博士的试点学校集中在办学层次较高的师范院校和几所研究型大学，它们在教育学术型人才的培养方面具有较强的比较优势，但普遍缺乏培养实践型应用型教育博士的经验，容易造成教育博士的比较优势被视为比较劣势而被消解的情况。在培养过程中，教育博士不可避免地受教育学博士培养模式的影响，在制订培养方案、论文选题、质量评价等各方面都容易以教育学博士制度为蓝本。事实上，当前我国在教育领域博士生培养方面存在着两种学位、一套人马的现象，教育博士的培养缺乏具有丰富实践经验的教师。如果擅长理论的教师延续着培养教育学博士思维模式，那么，培养出来的人才除了证书不同之外，知识结构与能力素质并无特色，教育博士的比较优势就将荡然无存。当下之道，设置两种培养体制，分轨培养。

我国的博士生教育模式尚未从模式 1 转向模式 2，我国传统的办学体制仍然制约着教育博士的发展。主要表现为培养主体单一，仍然以培养机构单独培养为主，培养学校与社会组织尤其是教育博士所在工作学校之间缺乏真正有效的合作与交流。正因如此，教育博士生的“工学矛盾”非常突出。一方面工作和学习都受到消极影响而没有相互促进，另一方面教育博士生实践机会少，教育博士本应作为核心比较优势的实践能力不能得到充分培育，致使教育博士变成教育学博士的一种压缩型的理论补课或一种文化镀金的过程。其根源是没有建立培养学校和工作机构之间的合作互动机制，教育博士的实践活动未纳入教育博士的培养计划之中。若能把学生的工作整合到博士学业之中而实现学习与工作的一体化，通过“工作”进行“研究实践”，不仅对教育博士生是一种锻炼，对工作学校的变革也是一种推动。

强调“专业学位专业学院办”的原则。专业学院作为主办机构的优势在于可以保证专业学位的性质，避免大学研究生院因对哲学博士情有独钟和学术性培养的思维定势的干扰。美国的教育博士是由教育研究生院自主负责招生、培养和管理，而我国的教育博士是由研究生院负责管理、由教育学院负责培养的双重机制，这就难免以培养哲学博士为主业的研究生院对专业学位的歧视和专业学位培养学术化的倾向。哲学博士或教育学博士的教育理念、培养模式和评价制度必然会深刻影响教育博士的定位和发展取向。此弊不除，教育博士就难免沦落为一个“二流学位”。“美国专业学位发展史揭示了这一规律，美国大多数大学坚持研究生院发学术性学位而专业学院发专业学位的做法是对这一规律的清醒认识。我国应该在规范学术性学位的同时，建立专业教育学位体系。”① 由于教育博士与教育学博士具有不同的性质和培养目标，为了防止二者发生趋同而影响质量，应该实行分轨培养和分类指导。

衔接专业培养与任职资格。早在 1989 年美国全国教育管理政策委员会就建议把教育博士学位作为中层教育管理岗位的从业证书条件，形成了教育博士与职业资格相互衔接的配套机制，对于教育博士获得独立的发展空间创造了良好的社会环境，大大巩固了教育博士的比较优势。而我国教育博士和学校领导与管理资格认证制度之间缺乏有效衔接，这不仅在一定程度上说明我国的学校领导与管理的专业性还不够强，更严重的是这背离了教育博士设立的初衷，也在很大程度上影响了教育博士在社会上的地位和发展空间，还导致教育博士的培养缺乏有力的约束机制和发展动力，其相比于教育学博士的所谓比较优势说也会陷入不攻自破的尴尬境地。

对构建教育博士质量保障体系的一些意见和建议：首先，学习美国 CPED 的做法，充分吸收各界利益相关者参与教育博士质量保障的相关活动。教育博士的培养机构应该形成一定的质量“评估文化”的氛围；外部评估机构应该吸收来自社会其他各界利益相关者参与评估等活动，通过征求他们的意见，邀请他们监督评估过程。更为重要的是，把培养机构视为质量保障的主体，在尊重培养机构的办学自主权以及不妨碍高校教学和研究的前提下，将来自外部的评估与培养机构自身开展的质量保障活动有机地结合起来。其次，发挥政府的主导作用固然重要，但是，增加高校办学自主权，面向社会办学，接受社会的

---

① 赵炬明．学科、课程、学位：美国关于高等教育专业研究生培养的争论及其启示[J]．高等教育研究，2002(4)：13－22.

监督和问责，对于提高教育质量、建立良好的社会声誉具有更加重要的意义。再次，充分认识培养机构建立自身的质量保障体系是保证教育博士培养质量的前提。来自外部的评估应该着眼于培养机构自己是否建立了符合自身特点的质量保障制度和运行机制，这些制度和机制在人才培养过程中是否有效地发挥了作用等。第四，借鉴美国高等教育分权制和办学模式多样化的教育制度，鼓励各培养机构基于自身特点和市场要求，开发符合自身发展的教育博士质量目标，让市场来检验办学的质量。第五，有必要在兼顾国情和发挥我国高等教育已有优势的基础上，积极开展国际合作，适当引入国际认可的评价指标，逐步将我国教育博士项目的质量保障活动上升到新的层面，这也是博士生教育趋向全球化的必然趋势。

博士生教育模式多样化是高等教育发展的历史产物，是博士生教育改革与发展的必然趋势。由于政治、经济、文化等方面的差异性，世界各国博士生培养模式都有各自的特点，探寻适合本国实际需要的博士生培养模式是各国学术界所关注的重要课题。英国、德国、美国高等教育都有各自不同的价值取向和历史传统。“如果说英国传统大学以文化为中心，视学术为学生自我发展的手段，培养贵族，德国大学的生命在于学术，把发展学术自身看作目的，培养学者，那么，现代美国大学则把重点转向服务，把学术看作从事服务的工具，培养为国家服务的美国公民。”① 这种传统反映在当今高级专业人员的培养制度上，也表现出不同的模式和特点。中国教育博士培养的本土模式应该怎样？我们有责任从学理的视角给予回答。

就国际范围来看，英澳两国的经验也值得我们学习。虽然教育博士在英国的历史尚短，但其获得的社会地位与声誉却丝毫不亚于教育学博士。这与英国各高校具有极强的质量意识不无关系。对于在职人员来说，由于时间和空间的关系，要在规定的期限内顺利获得教育博士专业学位，教育过程的指导与监控显得尤为重要。因此，英国的许多高校都非常重视过程指导与监控，并将过程指导与过程监控有机结合，相得益彰。澳大利亚的教育博士虽然起步较晚，但是经过了三代专业博士学位的代价嬗变，第二代专业博士学位已经形成了特色化的教育博士的教育理念和培养模式。我国作为“后发外生型”国家，应该

---

① 王英杰．美国高等教育的发展与改革[M]．北京：人民教育出版社，1993：14.

从各国教育经验中汲取能够为我所用的启示。

要发展教育博士研究生教育，就必须认真研究其本质规律，把教育博士研究生教育作为博士生教育的重要组成部分。我国教育博士研究生教育必须深深地立足于我国国情和社会需求的新变化，同时有效地借鉴发达国家的先进经验，科学规划教育博士的专业结构体系，积极探索教育博士培养模式，不断激发教育博士实施机构的创新活力，努力建构一个科学、合理的教育博士专业学位的教育体系。

参考文献

一、英文参考文献

（一）著作

[1] AACC,2005 American Association of Community Colleges. *Competencies for community college leaders*. Washington, DC: American Association of Community Colleges, 2005.

[2] Alison Lee, Bill Green, Marie Brennan. *Organisational knowledge, professional practice and the at work.* //John Garrick, Carl Rhodes (Eds.). *Research and Knowledge at Work: Perspectives, case studies and innovative strategies*. London: Routledge, 2000.

[3] Anna Neumann, et al. *Preparing Education Practitioners to Practice Education Research.* // Ellen Lagemann, Lee Shulman. *Education Research: Problems and Possibilities.* San Francisco: Jossey-Bass Publishers, 1999.

[4] Argyris Chris. *Theory in practice: Increasing professional effectives*. San Francisco: Jossey-Bass Publishers, 1974.

[5] Bernard Berlson. *Graduate Education in the United States*. New York: McGraw-Hill, 1960.

[6] Boyer Ernest. *Scholarship reconsidered: priorities of the professoriate*. New Jersey: Princeton University Press, 1990.

[7] Burton Clark. *The Academic Life: Small Worlds, Different Worlds*. Princeton: Carnegie Foundation, 1987.

[8] Chris Golde, George Walker. *Envisioning the future of doctoral education:*

preparing stewards of the discipline. San Francisco: Jossey-Bass,2006.

[9] David Scott, Andrew Brown, Ingrid Lunt. *Professional Doctorates Integrating Professional and Academic Knowledge*. Berkshire: Open University Press,2004.

[10] Donald Schon. *Educating the Reflective Practitioner*. San Francisco : Jossey-Bass Publishers,1987.

[11] Ernest Hollis. *Toward Improving Ph. D. Programs*. Washington D. C. : American Council on Education,1945.

[12] Francesco Cordasco. *The shaping of American graduate education: Daniel Coit Gilman and the protean Ph. D.* Totowa: Rowman and Littlefield,1973.

[13] Frederick Rudolph. *The American College and University: A History*. New York : A Division of Random House,1962.

[14] George Walker, et al. *The Formation of Scholars: Rethinking Doctoral Education for the Twenty-First Century*. San Francisco: Jossey-Bass,2008.

[15] Geraldine Clifford, James Guthrie. *Ed school: A brief for a professional education*. Chicago, IL: University of Chicago Press,1990.

[16] Gerard Delanty. *Challenging Knowledge: The University in the Knowledge Society*. Buckingham: Society for Research into Higher Education and Open University Press,2001.

[17] Jennifer Haworth. Doctoral programs in American higher education. John Smart (Ed.), Higher education: Handbook of theory and research, New York: Agathon Press,1996.

[18] John Ashton. *Other Doctorates*. //Everett Walters (Ed.). *Graduate Education Today*. Washington, DC: American Council on Education,1965.

[19] John Brubacher, Willis Rudy. *Higher Education in Transition: A History of American College and Universities* (*4th*). Transaction Publishers,1997.

[20] Laurence Veysey. *The Emergence of the American University*. Chicago: The University of Chicago Press,1965.

[21] Maresi Nerad, Mimi Heggelund. *Toward a Global PhD? Forces and Forms*

in Doctoral Education Worldwide. Seattle: The University of Washington Press, 2008.

[22] Mary Archbold. *The highly successful: Education, career and personality dimensions of UCLA education doctoral recipients*, 1970 – 1980. Los Angeles: UCLA, 1991.

[23] Michael Gibbons, et al. *The new production of knowledge: the dynamics of science and research in contemporary societies.* London: Sage, 1994.

[24] Michael Gibbons. *Universities and the New Production of Knowledge: Some Policy Implications for Government.* //Andre Kraak. *Changing modes: New Knowledge Production and Its Implications for Higher Education in South Africa*, 2000.

[25] Peter Jarvis. *Professional Education* . London: Croom Helm Ltd, 1984.

[26] Peter Scott. *Tale of Three Revolutions ? Science, Society and the University.* //Peter Scott (Ed.). *Higher Education Re-formed.* London: Falmer Press, 2000.

[27] Peter Scott. *The meanings of mass higher education.* Buckingham: Open University Press, 1995.

[28] Peter Scott. *Changing Players in a knowledge society.* //Gilles Breton, Michel Lambert (Ed.). *Universites and Globalization: Private Linkages, Public Trust.* París: UNESCO Publishing, 2003.

[29] Richard Hpfstadter. *The Age of Reform, From Bryan to F. D. R.* New York: Alfred A. Knopf, 1965.

[30] Richard Shavelson, Lisa Towne. *Scientific Research in Education.* Washington, D. C.: National Academies Press, 2002.

[31] Richard Storr. *The beginning of the future: A historical approach to graduate education in the arts and sciences.* New York: McGraw-Hill Book Company, 1973.

[32] Robert Birnbaum. *How Colleges Work.* San Francisco: Jossey-Bass Publishers, 1998.

[33] Sheila Slaughter, Larry Leslie. *Academic Capitalism: Politics and the Entrepreneurial University*. Baltimore: John Hopkins University Press, 1997.

[34] Talcott Parsons, Gerald Platt, Neil Smelser. *The American University*. Cambridge: Harvard University Press, 1973.

[35] Victor Baldridge, et al. *Policy Making and Effective Leadership*. San Francisco: Jossey-Bass, 1978.

[36] William Frankena. *The Philosophy and Future of Graduate Education*. Ann Arbor: University of Michigan Press, 1980.

(二)期刊论文

[1] Alison Taysum. The Distinctiveness of the EdD in Producing and Transforming Knowledge. *Journal of Educational Administration and History*, 2007 (3):285 - 296.

[2] Alison Taysum. The Distinctiveness of the EdD within the University Tradition. *Journal of Educational Administration and History*, 2006(3):323 - 334.

[3] Anne Huff. 1999 Presidential address: Changing in organizational knowledge production. *Academy of Management review*, 2000(1):288 - 293.

[4] Barbara Townsend, Michael Wiese. The higher education doctorate as a passport to higher education administration. *New Directions for Higher Education*. 1991(76): 5 - 13.

[5] Barbara Townsend. Rethinking the Ed. D., or What's in a Name? A paper prepared for the Annual Meeting of the Association for the Study of Higher Education, Sacramento, California, November 21 - 24, 2002.

[6] Benjamin Baez. Degree Of Distinction: The Ed. D. Or The Ph. D. In Education. A paper for the Annual Meeting of the Association for the Study of Higher Education, Sacramento, California, November 21 - 24, 2002.

[7] Bradley Courtenay. Eliminating the confusion over the Ed. D. and Ph. D. in colleges and schools of education. *Innovative Higher Education*, 1988 (1): 11 - 16.

[8] Catherine Gavin. Building, Sustaining, and Expanding theEducation Doctor-

ate at Peabody College: An Administrative View. *Journal of Education*, 2009(84): 44 -47.

[9] Clive Morley, Jan Priest. RMIT reflects on its Doctor of Business Administration Program. Tom Maxwell, Peter Shanhan (Eds.) Professional doctorates: innovations in teaching and research—proceedings of the professional doctorate conference, Coffs Harbour, 8 - 10 July 1998 (Armidale, Faculty of Education Health & Professional Studies).

[10] Dale Andersen. Differentiation of the Ed. D. and Ph. D. in Education. *Journal of Teacher Education*, 1983(34): 55 -58.

[11] David Carter. A curriculum model for administrator preparation and continuing professional development, *Journal of Educational Administration*, 1994(2):21 - 34.

[12] David Marsh, Myron Dembo. Rethinking School Leadership Programs : The USC Ed. D. Program in Perspective. Peabody Journal of Education, 2009(84): 69 - 85.

[13] Dieter Fink. The professional doctorate: its relativity to the PhD and relevance for the knowledge economy. *International Journal of Doctoral Studies*, 2006(1):35 -44.

[14] Douglas Toma. Legitimacy, Differentiation, and the Promise of the Ed. D. in Higher Education. Annual Meeting of the Association for the Study of Higher Education, Sacramento, California, November 21 - 24, 2002.

[15] Eileen Kolman, et al. The Outcomes of Doctoral Education: An Institutional Study. *Research in Higher education.* 1987(2):107 - 118.

[16] Ellen Goldring, Patrick Schuermann. The changing context of K - 12 education administration: Consequences for Ed. D. program design and delivery. *Peabody Journal of Education*, 2009(84): 9 -43.

[17] Ernest Boyer. The Scholarship of Engagement. *Journal of Public Service and Outreach*, 1996(1):11 -20.

[18] Ernest Hollis. Ed. D. vs. Ph. D. in Education. *The Phi Delta Kappan*, 1946

(9): 258 - 259.

[19] Ernest Hollis. A Comparison of the Ed. D. and the Ph. D. in Education. *School Review*,1946(54):77 - 82.

[20] Halse Christing. Is the doctorate in crisis ? *Nagoya Journal of Higher Education*,2007(34) :321 - 337.

[21] Helga Nowotny,Peter Scott,Michael Gibbons. Mode II Revisited :The New Production of Knowledge. *Minerva*,2003(41):179 - 194.

[22] Henric Bruun,et al. Moving to Mode 2: re-mode-ing research education in university departments.

[23] *International Journal of Learning and Change*,2005(1):46 - 65.

[24] Jack Nelson,Calleen Coorough. Content Analysis of the Ph. D. versus EdD Dissertations. *Journal of Experimental Education*,1994(2):158 - 168.

[25] James Guthrie. Strategies for Elevating the Public and Professional Regard of the Ed. D. *Peabody Journal of Education*,2009(84):100 - 106.

[26] James Guthrie. The Case for a Modern Doctor of Education Degree (Ed. D.): Multipurpose Education Doctorates No Longer Appropriate. *Peabody Journal of Education*,2009(84):3 - 8.

[27] Jay Labinger. The Science Wars and the Future of the American Academic Profession. *Daedalus*,1997(4):201 - 220.

[28] Jerry Wellington,Pat Sikes. 'A doctorate in a tight compartment': why do students choose a professional doctorate and what impact does it have on their personal and professional lives ? *Studies in Higher Education*,2006(6):723 - 734.

[29] John Armstrong. Rethinking the Ph. D.*Issues in Science and Technology* , 1994(4):19 - 22.

[30] John Goodlad. Whither Schools of Education ? *Journal of Teacher Education*,1995(5):377 - 380.

[31] John Hoyle. Educational leadership preparation program lacking in quality? Bunk! *American Educational Research Association School Leadership*

News, Spring, 2007:3 – 4.

[32] John Radford. Doctor of What ? *Teaching in Higher Education*, 2001(4): 527 – 529.

[33] John Russel. The Doctorate in Education. *Journal of Teacher Education*, 1961(12): 23 – 28.

[34] Jonathan File. Course offering in higher education: Doctoral programs. *New Directions for Higher Education*, 1991(76):77 – 86.

[35] Joseph Flessa. The Trouble with the Ed. D.. *Leadership and Policy in Schools*, 2007(6):197 – 208.

Kimberly Jonhson. "Every experience is a moving force": identity and growth through mentoring. *Teaching and Teacher Education*, 2003(19): 787 – 800.

[36] Laura Servage. Alternative and professional doctoral programs: what is driving the demand? *Studies in Higher Education*, 2009(7): 765 – 779.

[37] Laurence Brown. A Perspective on the PhD-EdD Discussion inSchool of Education. Paper presented at the Annual Meeting of the American Educational Research Association. Boston, MA, April 17 – 20, 1990.

[38] Lee Shulman, et al. Reclaiming Education's Doctorates: A Critique and a Proposal. *Educational Researcher*, 2006(3):25 – 32.

[39] Lee Shulman. Signature Pedagogies in the professions. *Daedalus*, 2005(3): 52 – 59.

[40] Lee Sulman. Knowledge & Teaching: Foundations of the New Reform. *Harvard Educational Review*, 1987(57):135 – 143.

[41] Maresi Nerad, Joseph Cerny. From rumors to facts: Career outcomes of English PhDs. *Communicator*, 1999(7):8.

[42] Michael Gregory. Professional Scholars and Scholarly Professionals. *The New Academic*, 1997(22): 19 – 21.

[43] Michael Gibbons. Higher Education Relevance in the 21st Century. Paper prepared for the UNESCO World Conference on Higher Education, Paris,

France,5 –9 October 1998:33.

[44] Michael Gibbons. Innovation and the developing system of knowledge production. Paper Presented at Centre for Policy Research on Science and Technologyat Simon Fraser University Summer Institute on Innovation, Competitiveness and Sustainability in the North American Region,2001. http://edie. cprost. sfu. ca/summer/papers/Michael.

[45] Michael Gregory. Professional Scholars and Scholarly Professionals. The New Academic,1997(22): 19 –21.

Patricia Murrell,Todd Davis. Visions and priorities : The future of higher education doctoral programs. New Directions for Higher Education,Winter 1991:103 –113.

[46] Paul Smith. A meeting of cultures: part-time students in an Ed. D. Program. *International Journal of Leadership in Education*,2000(4): 359 –380.

[47] Philip Altbach. Doctoral Education: present realities and future trends. *Springer International Handbook of Education*,2006(I): 65 –81.

[48] Ron Iannone. A Critical Perspective Reform paradigm for EdD Program. *Education*,1992(4):612 –617.

Russell Osguthorpe,Wong Meijiuan. The Ph. D. versus the Ed. D. : Time for a Decision. *Innovative Higher Education*, 1993(1):47 –63.

[49] Ruth Neumann. Doctoral differences: professional doctorate and PhDs compared. *Journal of Higher Education Policy and Management*, 2005 (2):173 –188.

[50] Scot Smallwood. The Path to a Ph. D. -and Beyond : How a group of historians has fared,10 years after graduation. *The Faculty*,2003(39):10.

[51] Stan Lester. Conceptualizing the practitioner Doctorate. *Studies in Higher Education*,2004(6):757 –770.

[52] Stanley Carpenter. On-Going dialogue: degrees of difference: the Ph. D. and the Ed. D. . *Review of Higher Education*, 1987(3):281 –286.

[53] Susan Gardner. Conceptualizing Success in Doctoral Education: Perspec-

tives Faculty in Seven Disciplines. *The Review of Higher Education*, 2009 (3):383 - 406.

[54] Tennant Mark. Doctoring the knowledge worker. *Studies in Continuing Education*, 2004(3):431 - 441.

[55] Terri Seddon. What is doctoral in doctoral education? The 3rd International Professional Doctorates Conference entitled, "Doctoral Education and Professional Practice: The Next Generation?", Armidale, 10 - 12 September, 2000.

[56] Terry Evans. Are current innovations in professional doctorates all for the best? In: Tom Maxwell, Peter Shanahan (Eds) Professional doctorates: innovations in teaching and research, proceedings of the professional doctorate conference, Coffs Harbour, 8 - 10 July 1998 (Armidale, Faculty of Education, Health & Professional Studies).

[57] Terry Evans. Flexible Doctoral Research: emerging issues in professional doctorate programs. *Studies in Continuing Education*, 1997(2):174 - 182.

[58] Terry Evans. *Why do a 'prof doc' when you can do a PhD?* Paper presented to the 'Working doctorates: the impact of Professional Doctorates in the workplace and professions', 5th International Conference on Professional Doctorates, Geelong. 2004.

[59] Thomas Deering. Eliminating the Doctor of Education Degree: It's the Right Thing to Do. *The Educational Forum*, 1998(62):243 - 248.

[60] Timothy Caboni, Eve Proper. Re-envisioning the Professional Doctorate for Educational Leadership and Higher Education Leadership: Vanderbilt University's Peabody College Ed. D. Program. *Peabody Journal of Education*, 2009(1):61 - 68.

[61] Tom Bourner, et al. Professional Doctorates in England. *Studies in Higher Education*, 2001(1): 76 - 77.

[62] Tom Maxwell, Peter Shanhan. Current issues in Professional Doctoral education in Australia and New Zealand. The 3rd International Professional Doctorates Conference entitled, "Doctoral Education and Professional Practice:

The Next Generation?", Armidale, 10 – 12 September, 2000: 17 – 20.

[63] Tom Maxwell. From first to second generation professional doctorate. *Studies in Higher Education*, 2003(3): 279 – 291.

[64] Tom Maxwell. Defining the (research) Professional Doctorate: Can the notion of the creative arts portfolio contribute? Refereed paper prepared for AARE Mini-conference entitled 'Doctoral Studies in Education and the Creative and Performing Arts', Newcastle, 2 – 4 October 2003.

(三)研究报告

[1] Arthur Levine. Educating school leaders. New York: The Education Schools Project. 2005. http://www. edschools. org/EducationgResearchers/educating_researchers. pdf.

[2] Arthur Levine. Educating School Teachers. Washington, DC: Education Schools Project. Chart 1, 2006: 28. http://www. eduationschools. org.

[3] Arthur Levine. Education Researchers. http://www. edschools. org/EducatingResearchers/educating__researchers. pdf.

[4] Association of Specialized and Professional Accreditors Statement on Professional Doctorates. ww. aspa-usa. org/sites/default/.../ASPA-Statement-Professional-Docs. pdf.

[5] California Postsecondary Education Commission. The Production and Utilization of Education Doctorates for Administrators in California's Public Schools. 2000.

[6] Carnegie Initiative on the Doctorate: project overview(2006). http://www. carnegiefoundation. org/previous-work/professional-graduate-education.

[7] Council of Graduate Schools. Task Force Report On the Professional Doctorate. CGS: Washington, D. C. , 2007.

[8] Council of Graduate Schools. The Doctor of Philosophy Degree: A Policy Statement. CGS: Washington. D. C. 2005.

[9] Center for Innovation and Research in Graduate Education (CIRGE). Assessing the Quality of Doctoral Education. http://www. google. com. hk/

url? sa = t&rct = j&q = Why + are + we + assessing + the + quality + of + doctoral + education. pdf.

[10] Chris Golde, Timothy Dore. At Cross Purposes-What the experiences of today's doctoral students reveal about doctoral education. www. phd-survey. org/report%20final. pdf.

[11] Committee on Science, Engineering, and Public Policy. Reshaping the graduate education of scientists and engineers. Washington, D. C: National Academy Press, 1995.

[12] Council of Graduate Schools in theU. S. The Role and Nature of the Doctoral Dissertation: Policy Statement. 1997.

[13] Council of Graduate Schools. *Task Force Report on the Professional Doctorate*. CGS: Washington, D. C. ,2007.

[14] CPED. Working Principles for the Professional Practice Doctorate in Education. http://cpedinitiative. org/emerging-literature. 2011 - 06 - 20.

[15] Frank Freeman. Practices of American universities in granting higher degrees in education: A series of official statements. 1931, (19). Chicago, IL: University of Chicago Press.

[16] Helga Nowotny, Peter Scott, Michael Gibbons. Re-Thinking Science: Mode2 in Societal Context. www. helga-nowotny. at/documents/Nowotny_Gibbons_Scott_Mode2. pdf.

[17] Higher Learning Commission of the North Central Association of Colleges and Schools. A Report to the Board of Trustees from the Task Force on the Professional Doctorate. HLC. 2006.

[18] Jill Perry. What Does History Reveal About the Education Doctorate? In Placing Practitioner Knowledge at theCenter of Teacher Education—Rethinking the Policy and Practice of the Education Doctorate. http://cpedinitiative. org/files/What% 20Does% 20History% 20Reveal% 20About% 20the% 20Education% 20Doctorate_Perry% 20(in% 20press). pdf.

[19] Luc Weber. Survey of the Main Challenges Facing Higher Education at the

Millennium. Werner Hirsch, Luc Weber. Challenges Facing Higher Education atthe Millennium. The IAU Press, 1999.

[20] Lori Thurgood, Mary Golladay, Susan Hill. U. S. Doctorates in the 20th Century. Washington D. C. : National Science Foundation. 2006.

[21] Task Force on the Professional Doctorate. A Report to the Board of Trusteesfrom the Task Force on the Professional Doctorate. Board of Trustees of The Higher Learning Commission North Central Association of Colleges and Schools June 6, 2006.

[22] The Holmes Group. *Tomorrow's Schools: Principles for the Design of Professional Development Schools*. East Lansing, MI: The Holmes Group, Inc, 1990.

[23] Thomas Hoffer, et al. Doctorate recipients fromUnited States universities: summary report 2005. Chicago: National Opinion Research Center, 2006.

[24] UK Council for Graduate Education (UKCGE). Professional Doctorates. Dudley: UKCGE, 2002.

(四)博士论文

[1] Ethel Porter. A Follow-up Study of Ed. D. Graduates in Educational Administration at Virginia Polytechnic Institute and State University. Virginia PolytechnicInstitute and State University doctoral dissertation, 1997.

[2] Veronica Chukwuemeka. Impact of Program review on Higher Education Administration Doctoral degree Programs. George Washington University doctoral dissertation, 2003.

(五)网络资源

[1] About HGSE. http://www.gse.harvard.edu/about/index.html. 2011－05－11.

[2] Barbara Kehm. Doctoral education in Europe andNorth America: a comparativeanalysis. www. portlandpress. com/pp/books/online/fyos/083/.../0830067.pdf. 2010－09－10.

[3] David Imig, Jill Perry, Syraj Syed. Carnegie Project on the Education Doctorate: Creating Rubrics for the Assessment of EdD Candidates. http://cpe-

dinitiative. org/emerging-literature.

[4] Debby Zambo. Action Research as Signature Pedagogy in an Education Doctorate Program: The Reality and Hope. http://cpedinitiative. org/files/ARZambo. pdf.

[5] Doctor of Education. http://www. gse. harvard. edu/academics/doctorate/edd/index. html.

[6] Doctor of Education Leadership (Ed. L. D.). http://www. gse. harvard. edu/academics/doctorate/edld/index. html. 2010 - 09 - 10.

[7] Elizabeth Redden. Envisioning a New Ed. D. Inside Higher Ed. http://www. insidehighered. com/news/2007/04/10/education.

[8] Florida State University Doctoral Student Handbook-Revised August 2010.

[9] Graduate Programs: Curriculum and Instruction Doctoral Programs: PhD or EdD. http://teal. usu. edu/htm/graduate-programs/curriculum-and-instruction-doctoral-programs/distinctions/Distinctions Between PhD and EdD.

[10] Hank Rubin. The Proposed Abolition of the Ed. D.. Chronicle of Higher Education, 2005 - 11 - 04.

[11] Michael Copland. Tackling problems of practice in the Ed. D. http://www. aasa. org/publications/content. cfm? ItemNumber = 9276/.

[12] http://cpedinitiative. org/activities-events.

[13] http://nces. ed. gov/IPEDS/news_room/ana_Change_to_1_29_2008. asp.

[14] http://peabody. vanderbilt. edu/Admissions_and_Programs/Masters_and_EdD_Programs/EdD_Programs. xml.

[15] http://www. aau. edu/sheets/GradEdFS. html.

[16] http://www. apu. edu/bas/highered/highered/.

[17] http://www. coe. fsu. edu/Academic-Programs/Departments/Educational-Leadership-and-Policy-Studies-ELPS/Academic-Programs/Degree-Programs/Higher-Education/Resources/Documents-and-Forms/Doctoral-Handbook 2 : 13.

[18] http://www. lsac. org/LSAT/about-the-lsat. asp.

[19] http://www.nctq.org/nctq/research/1175272729465.pdf/.

[20] http://www.nie.edu.sg/studynie/higher-degree-programmes/doctor-education.

[21] http://www.tc.columbia.edu/abouttc/index.htm? id = An + Introduction + to + TC.

[22] Jeff Archer. National network aims to redraft Ed. D. for practitioners.

[23] Jennifer Jacobson. The Ed. D. ——Who Needs It? The Chronicle of Higher Education. 2005 – 09 – 23.

[24] Leo Mallette. A Century of Doctoral Degrees: How Many Have There Been? LV10069. www.aabri.com/LV2010Manuscripts/LV10069.pdf.

[25] National Center of Education Statistics. Classification of Instructional Programs:2000 Edition (CIP – 2000). http://nces.Ed.gov/pubs2002/cip2000/.

[26] Ray Waddle. To Ed. D. or not?. http://peabody.vanderbilt.edu/x6843.xml/.

二、中文参考文献

(一)著作

[1] [德]马克斯·舍勒. 知识社会学问题[M]. 艾彦译. 北京:华夏出版社,1999.

[2] [德]卡尔·雅斯贝尔斯. 什么是教育[M]. 邹进译. 北京:生活·读书·新知三联书店,1991.

[3] [法]爱弥尔·涂尔干. 教育思想的演进[M]. 李康译. 上海:上海人民出版社,2003.

[4] [法]让·利奥塔. 后现代状态——关于知识的报告[M]. 车槿山译. 北京:生活·读书·新知三联书店,1997.

[5] [荷]弗兰斯·范富格特. 国际高等教育政策比较研究[M]. 王承绪等译. 杭州:浙江教育出版社,2001.

[6] [荷]约翰·范德格拉夫. 学术权力——七国高等教育管理体制比较[M]. 王承绪等译. 杭州:浙江教育出版社,1989.

[7] [加]马克斯·范梅南. 教学机智——教育智慧的意蕴[M]. 李树英译. 北

京:教育科学出版社,2000.
[8] [美]埃德温·布里奇斯,菲利普·海林杰.以问题为本的学习:在领导发展中的运用[M].冯大鸣译.上海:上海教育出版社,2002.
[9] [美]伯顿·克拉克.高等教育系统:学术组织的跨国研究[M].王承绪等译.杭州:杭州大学出版社,1994.
[10] [美]伯顿·克拉克.高等教育新论——多学科的研究[M].王承绪等译.杭州:浙江教育出版,1998.
[11] [美]伯顿·克拉克.研究生教育的科学研究基础[M].王承绪译.杭州:浙江教育出版社,2001.
[12] [美]查尔斯·比尔德.美国文明的兴起(第1卷)[M].许亚芬译.北京:商务印书馆,1991.
[13] [美]查尔斯·哈斯金斯.大学的兴起[M].王建妮译.上海:世纪出版集团,2005.
[14] [美]丹尼尔·布尔斯廷.美国人——南北战争以来的经历[M].谢延光译.上海:上海译文出版社,1989.
[15] [美]德里克·博克.美国高等教育[M].乔佳义编译.北京:北京师范大学出版社,1991.
[16] [美]菲利普·阿特巴赫等.为美国高等教育辩护[M].别敦荣,陈艺波译.青岛:中国海洋大学出版社,2007.
[17] [美]菲利普·阿特巴赫.比较高等教育——知识、大学与发展[M].人民教育出版社教育室译.北京:人民教育出版社,2001.
[18] [美]弗兰克·罗德斯.创造未来——美国大学的作用[M].王晓阳等译.北京:清华大学出版社,2007.
[19] [美]亨利·康马杰.美国精神[M].杨静予等译.北京:光明日报出版社,1988.
[20] [美]亨利·罗索夫斯基.美国校园文化——学生·教授·管理[M].谢宗仙,周灵芝,马宝兰译.济南:山东人民出版社,1996.
[21] [美]康德尔.教育的新时代——比较教育[M].王承绪等译.北京:人民教育出版社,2001.

[22] [美]克拉克·克尔. 大学的功用[M]. 陈学飞等译. 南昌:江西教育出版社,1993.

[23] [美]克拉克·克尔. 高等教育不能回避历史——21世纪的问题[M]. 王承绪译. 杭州:浙江教育出版社,2001.

[24] [美]科学、工程与公共政策委员会. 重塑科学家与工程师的研究生教育[M]. 徐远超等译. 北京:科学技术文献出版社,1999.

[25] [美]劳伦斯·克雷明. 美国教育史——殖民地时期的历程1607-1783[M]. 周玉军等译. 北京:北京师范大学出版,2003.

[26] [美]劳伦斯·克雷明. 美国教育史(二)——建国初期的历程1783-1786)[M]. 洪成文等译. 北京:北京师范大学出版社,2002.

[27] [美]劳伦斯·克雷明. 美国教育史(三)——城市化时期的历程1876-1980)[M]. 朱旭东等译. 北京:北京师范大学出版社,2002.

[28] [美]罗杰·盖格. 增进知识——美国研究型大学的发展(1900-1940)[M]. 王海芳,魏书亮译. 保定:河北大学出版社,2008.

[29] [美]罗纳德·艾伦伯格. 美国大学学费问题[M]. 崔玉平译. 北京:北京师范大学出版社,2008.

[30] [美]莫顿·凯勒,菲利斯·凯勒. 哈佛走向现代:美国大学的崛起[M]. 史静寰等译. 北京:清华大学出版社,2007.

[31] [美]欧内斯特·博耶. 关于美国教育改革的演讲(1979-1995)[M]. 涂艳国,方彤译. 北京:教育科学出版社,2002.

[32] [美]亚伯拉罕·弗莱克斯纳. 现代大学论:美英德大学研究[M]. 徐辉,陈晓菲译. 杭州:浙江教育出版社,2001.

[33] [美]亚瑟·科恩. 美国高等教育通史[M]. 李子江译. 北京:北京大学出版社,2010.

[34] [美]约翰·布鲁贝克. 高等教育哲学[M]. 王承绪等译. 杭州:浙江教育出版社,2001.

[35] [美]约翰·杜威. 杜威教育论著选[M]. 赵祥麟,王承绪编译. 上海:华东师范大学出版社,1981.

[36] [美]约翰·杜威. 民主主义与教育[M]. 王承绪译. 北京:人民教育出

版社,1990.
[37] [美]约翰·范德格拉夫.学术权力——七国高等教育管理体制比较[M].王承绪等译.杭州:浙江教育出版社,1989.
[38] [美]詹姆斯·杜德斯达.21世纪的大学[M].刘彤等译.北京:北京大学出版社,2005.
[39] [日]金子元久.高等教育的社会经济学[M].刘文君译.北京:北京大学出版社,2007.
[40] [日]金子元久.大学教育力[M].徐国兴译.上海:华东师范大学出版社,2009.
[41] [英]阿什比.科技发达时代的大学教育[M].北京:人民教育出版社,1983.
[42] [英]安东尼·史密斯,弗兰克·韦伯斯特.后现代大学来临?[M].侯定凯,赵叶珠译.北京:北京大学出版社,2010.
[43] [英]杰勒德·德兰迪.知识社会中的大学[M].黄建如译.北京:北京大学出版社,2010.
[44] [英]托尼·比彻,保罗·特罗勒尔.学术部落及其领地——知识探索与学科文化[M].北京:北京大学出版社,2008.
[45] [英]约翰·纽曼.大学的理想[M].徐辉等译.杭州:浙江教育出版社,2001.
[46] 茶世俊.研究生教育制度渐进变迁[M].北京:北京大学出版社,2010.
[47] 陈洪捷.博士质量:概念、评价与趋势[M].北京:北京大学出版社,2010.
[48] 陈时见.比较教育导论[M].北京:商务印书馆,2007.
[49] 陈伟.西方大学教师专业化[M].北京:北京大学出版社,2008.
[50] 陈学飞等.西方怎样培养博士——法、英、德、美的模式与经验[M].北京:教育科学出版社,2002.
[51] 胡建华等.高等教育新论[M].南京:江苏教育出版社,2006.
[52] 刘献君.发达国家博士生教育中的创新人才培养[M].武汉:华中科技大学出版社,2010.

[53] 潘懋元. 多学科观点的高等教育研究[M]. 上海:上海教育出版社,2001.

[54] 潘懋元. 现代高等教育思想的演变:从20世纪至21世纪初期[M]. 广州:广东高等教育出版社,2008.

[55] 研究生专业学位总体设计研究课题组. 开创我国专业学位研究生教育发展的新时代——研究生专业学位总体设计研究报告[M]. 北京:中国人民大学出版社,2010.

[56] 资中筠. 20世纪的美国[M]. 北京:生活·读书·新知三联书店,2007.

[57] 周光礼. 中国博士质量调查——基于U/H大学的案例分析[M]. 北京:社会科学文献出版社,2010.

(二)期刊论文

[1] [美]伯顿·克拉克. 我的学术生涯[J]. 赵炬明译. 现代大学教育,2003(1):7-18.

[2] [美]戴维·拉伯雷. 复杂结构造就的自主成长——美国高等教育崛起的原因[J]. 北京大学教育评论,2010(7):24-38.

[3] [美]拉瑞·尼尔森. 当前美国高等教育面临的挑战[J]. 高等教育研究,2008(2):11-15.

[4] [美]罗杰·盖格. 美国高等教育的十个时代[J]. 北京大学教育评论,2006(2):126-144.

[5] 陈洪捷. 北大高等教育研究:学科发展与范式变迁[J]. 北京大学教育评论,2010(4):2-11.

[6] 陈洪捷. 论高深知识与高等教育[J]. 北京大学教育评论,2006(4):2-8.

[7] 陈洪捷. 知识生产模式的转变与博士质量的危机[J]. 高等教育研究,2010(1):57-63.

[8] 程晋宽. 论当代西方比较教育知识谱系的范式转换[J]. 大学研究与评价,2007(4):91-96.

[9] 邓涛. 国外教育专业博士教育的成效与问题[J]. 学位与研究生教育,2009(8):72-78.

[10] 李云鹏. 国外对教育博士(Ed. D.)教育的研究、争论及其启示[J]. 学

位与研究生教育,2011(10):42－47.

[11] 李云鹏.哈佛大学“教育领导博士”学位的创设与启示[J].比较教育研究,2011(5):41－45.

[12] 李云鹏.知识生产模式转型与专业博士学位的代际嬗变[J].高等教育研究,2011(4):42－48.

[13] 马健生,滕珺.论我国教育博士(Ed.D.)专业学位设置的迫切性和可行性[J].学位与研究生教育,2007(8):70－74.

[14] 文东茅,沈文钦.知识生产的模式Ⅱ与教育研究[J].北京大学教育评论,2010(4):65－74.

[15] 文东茅,阎凤桥.美国“教育博士”Ed.D.)的培养及其启示[J].国家教育行政学院学报,2004(3):97－100.

[16] 张济洲.美国“教育博士”培养的实践、问题与挑战[J].高等教育研究,2009(3):100－104.

[17] 张应强.关于设置教育博士专业学位的政策建议[J].现代大学教育,2003(1):40－43.

[18] 赵炬明.学科、课程、学位:美国关于高等教育专业研究生培养的争论及其启示[J].高等教育研究,2002(4):13－22.

[19] 钟秉林,张斌贤.我国专业学位教育发展的新突破——写在教育博士专业学位诞生之际[J].中国高等教育,2009(3,4):37－39.

(三)博士论文

[1] 邓光平.我国专业学位设置的政策分析[D].华中科技大学博士论文,2006.

[2] 李正风.科学知识生产方式及其演变[D].清华大学博士论文,2005.

[3] 骆四铭.中国学位制度:问题与对策[D].华中科技大学博士论文,2005.

[4] 赵立莹.美国博士生教育质量评估体系发展研究[D].华中科技大学博士论文,2009.

[5] 张凌云.德国与美国博士生培养模式研究[D].华中科技大学博士论文,2010.

附录1　美国教育领域的博士学位专业

课程与教学	Curriculum and Instruction
教育管理	Education Administration
教育领导	Educational Leadership
教育/教学媒体设计	Educ. /Instruct. Media Design
教育测量与统计	Educational Measurement & Stat
教育统计/研究方法	Educ. Stat. /Research Methods
教育评估、检测与测量	Educ. Assess. ,Test. ,Meas.
教育心理学	Educational Psychology
学校心理学	School Psychology
教育社会/哲学基础	Social/Phil. Foundations of Educ.
特殊教育	Special Education
咨询与指导	Counseling & Guidance
高教评估与研究	Higher Education Evaluation & Research
学前/儿童早期	Pre-elementary/Early Childhood
基础教育	Elementary Education
初中教育	Junior High Education
中等教育	Secondary Education
成人与继续教育	Adult & Continuing Education
普通教育	Education, General
其他教育	Education, Other
农业教育	Agricultural Education
艺术教育	Art Education

续表

课程与教学	Curriculum and Instruction
商业教育	Business Education
英语教育	English Education
外语教育	Foreign Languages Education
体育	Physical Educ, Health & Rec
健康教育	Health Education
家庭经济教育	Home Economics Education
技术/产业艺术教育	Tech. /Indust. Arts Education
数学教育	Mathematics Education
音乐教育	Music Education
护理教育	Nursing Education
体育与教练	Physical Education & Coaching
阅读教育	Reading Education
科学教育	Science Education
社会科学教育	Social Science Education
演讲教育	Speech Education
技术教育	Technical Education
贸易与产业教育	Trade & Industrial Education
教师教育/专门学术/职业组织	Teacher Educ. /Specific Acad. /Voc. Prog.

资料来源：California Postsecondary Education Commission. The Production and Utilization of Education Doctorates for Administrators in California's Public Schools. 2000：37.

附录 2　CPED 参与院校

Arizona State University
California State University System
Duquesne University (PA)
Lynn University (FL)
NorthernIllinois University
Pennsylvania State University
Rutgers University (NJ)
University of Central Florida
University of Connecticut
University of Florida
University of Houston (TX)
University of Kansas
University of Kentucky-Lexington
University of Louisville (KY)
University of Maryland
University of Missouri-Columbia
University of Nebraska-Lincoln
University of Oklahoma
University of San Francisco
University of Southern California
University of Vermont
Virginia Commonwealth University
Virginia Tech UniversityWashington State University

附录3　2010年哈佛大学教育学院Ed. D. 毕业生情况

学　生	学士学位	硕士学位	博士专业	论文题目	导　师
Lamont Anthony Gordon	文学士，布朗大学，1993	教育硕士，哈佛大学，2001	管理、规划与社会政策：社区与学校	跨越边界：为通过批判教育学反对种族主义、性别歧视和同性恋的三个非洲裔美国教育家画像	S. Lawrence-Lightfoot，M. Warren，D. San Antonio
Zenub Ali Kakli	文学士，哥伦比亚大学，2000	理科硕士，银行街教育学院，2003，教育硕士，哈佛大学，2005	管理、规划与社会政策：社区与学校	培养期望的家长：迈阿密——戴德县公立学校家长参与的途径	M. Warren，K. Mapp，S. Lawrence-Lightfoot.
Allistair Mark-Witten	文学士，开普敦大学，1990，教育学士，开普敦大学，1992	教育硕士，哈佛大学，2002，教育硕士，哈佛大学，2003	管理、规划与社会政策：社区与学校	构建社区学校：南非学校校长是怎样领导以应对教育和社会挑战的	J. Murphy，M. Warren，P. Noguera.
Carl Bruce Hermanns	音乐教育学士，坦普尔大学，1975	美术硕士，卡内基美隆大学，1977，教育硕士，哈佛大学，2004.	管理、规划与社会政策：市主管项目	平衡竞争市场：对拉丁美洲学前儿童英语学习者词汇发展的调查	C. Snow，J. Willett，J. Diamond.
Shonda Latite Huery	文学士，1996，霍华德大学	会计硕士M. S. A.，三一学院，2001，教育硕士，哈佛大学，2004	管理、规划与社会政策：市主管项目	教师效能事件：任教于较差中学的五名成功教师是如何解释教师效能的研究	R. Peterkin，K. Boles，E. McGowan.

续表

学　生	学士学位	硕士学位	博士专业	论文题目	导　师
Barbara Marie Crock	文学士,玛丽安学院,1991	教育硕士,洛约拉大学,1999;教育硕士,哈佛大学2003	管理、规划与社会政策:市主管项目	分析性论文:教学领导:新芝加哥中学的核心工作	J. Honan, R. Elmore, L. Wing.
Nicole Lisette Williams	文学士,布鲁克林学院,1986	理科硕士,布鲁克林学院,教育硕士,哈佛大学,2002	管理、规划与社会政策:市主管项目	扭转数学轨迹:一项对非洲裔美国中学生数学成功归因因素的调查	R. Peterkin, K. Boles, S. Johnson.
Stephen Kenneth Zrike, Jr.	文学士,达特茅斯学院,1998	教育硕士,哈佛大学,2003,	管理、规划与社会政策:市主管项目	跨案例研究分析:校长领导对新教师的影响	T. Hehir, K. Boles, R. Peterkin.
Cristian Carvacho Bellei		副博士 Lic.,1993。教育硕士,2004	管理、规划与社会政策:国际教育	支持智利表现不佳学校的教学改进:对补偿教育计划相关影响的评估	F. Reimers, R. Murnane, J. Willett.
Adam Sawyer	文学士,瓦萨学院,1995	教育硕士,哈佛大学,2003	管理、规划与社会政策:国际教育	钱不够:墨西哥南部的移民输出社区青年受教育程度的汇兑额和其他决定因素	F. Reimers, T. Tivnan, W. Cornelius.
Shahram Paksima	文学士,杨百翰大学,1999	文学硕士,杨百翰大学,2002,教育硕士,哈佛大学	管理、规划与社会政策:国际教育	组织建立伙伴关系和教育分权:检查组织级别的合作伙伴关系以便更好地了解印度安得拉邦的革兰氏乡村行政委员会的教育参与	S. Grant Lewis, C. Weiss, F. Reimers.

续表

学　生	学士学位	硕士学位	博士专业	论文题目	导　师
Joie Eva Jager-Hyman	文学士,达特茅斯学院,2000	教育硕士,哈佛大学,2003	管理、规划与社会政策:高等教育	学生不知道的事可能会伤害他们:低收入家庭的学生大学入学前认知对他们中学后教育入学后第一年的影响	B. Long, M. Savitz-Romer, E. Drago-Severson.
Ronald E. L. Brown	文学士,1993	教育硕士,哈佛大学,2001	管理、规划与社会政策:高等教育	决策中的校长领导:三个传统黑人学院和大学的研究	J. McLaughlin, B. Long, C. Willie, J. Honan.
Megin Hammond Charner-Laird	文学士,斯沃斯莫尔学院,1997	教育硕士,哈佛大学,2002.	教育政策、领导与教学实践	重要但难以捉摸:城市高风险问责背景下教师专业学习的第二阶段	S. Johnson, K. Merseth, J. Diamond.
Carol DeShano da Silva	文学士,史密斯学院,1996	教育硕士,哈佛大学,2003	教育政策、领导与教学实践	巴西学困生的学校效能与识字教学	F. Reimers, C. Snow, T. Tivnan.
Adam Lowell Seldow	理学士,西点军校,1997	教育硕士,哈佛大学,2003,教育硕士,哈佛大学,2008	教育政策、领导与教学实践	即需的成绩:网上的等级评定书对学生绩效目标取向、等级定位、学术自我效能感和学业成绩的影响	C. Dede, H. Gehlbach, J. Collins.
Stacy Agee Szczesiul	文学士,南卡罗来纳大学,1991	教育硕士,南卡罗来纳大学,1994	教育政策、领导与教学实践	在强大的外部问责制背景下对实践的决策:一个关于第二阶段的教师如何应对外部问责政策及在成绩低下城市地区改革的定性研究	S. Johnson, R. Schwartz, L. Teitel.

续表

学　生	学士学位	硕士学位	博士专业	论文题目	导　师
Jacy Ippolito	文学士，特拉华大学，2000	教育硕士，哈佛大学，2001	语言与文学	探索扫盲教练与教师的关系：平衡反应和指导教练的立场	C. Snow，R. Elmore，N. Lesaux.
Amy Collins Crosson	文学士，密歇根大学安娜堡分校，1993	教育硕士，哈佛大学，2000	语言与文学	强调学术语言对青少年英语语言学习者和只说英语的学生的挑战性	C. Snow，N. Lesaux，M. McKeown.
Kevin Alan Gee	文学士，加州大学伯克利分校，1994	太平洋国际事务硕士（文学硕士），2004，教育硕士，哈佛大学，2006	教育定量政策分析	学校层面的抗疟疾治疗对青少年认知的影响：源于肯尼亚随机人群干预的证据	J. Willett，R. Murnane，M. Jukes.
Gregory A. Harris	文学士，南佛罗里达大学新学院，1989	国际管理硕士，雷鸟美国国际管理研究生院，1992，教育硕士，哈佛大学，2002	高等教育	隐藏分数对学生决策和学业成绩的影响：对麻省理工学院政策变迁的检视	B. Long，R. Murnane，J. Willett.
Malia Maya Villegas	文学士，斯坦福大学，2001	教育硕士，哈佛大学，2005	文化、社区与教育	5 年 500 个毛利 PhD 博士：对一个成功土著高等教育倡议的认识	M. Warren，R. Elmore，B. Brayboy，J. Tippeconnic.
Becky DeVito	文学士，康奈尔大学，1997	文学硕士，旧金山州立大学，1999，教育硕士，哈佛大学，2003	学习与教学	作为探究的写作：写作诗歌的练习如何作为诗人认知工具而发挥功能？	D. Perkins，S. Tishman，S. Seidel.

续表

学　生	学士学位	硕士学位	博士专业	论文题目	导　师
Shereif Said El-Sheikh	理学士,东北大学,1992	理科硕士,东北大学,1995,教育硕士,哈佛大学,2000	学习与教学	有行动功能缺陷的儿童:改进对任务的焦点和时间的一项小范围实证研究	D. Perkins, C. Dede, M. Pagano.
Abdi Mohamed Ali	文学士 1993	文学硕士,1994	学习与教学	艺术感性,艺术环境,艺术焦虑:一群在公立艺术高中的男青年	S. Lawrence-Lightfoot, W. Luttrell, M. Nakkula.
Joan M. Blanusa	文学士,1980	教学法硕士,1985	学习与教学	"学生们怎样?":教师的精神和宗教信仰对他们工作的影响	R. Kegan, T. Tivnan, S. Kujawa-Holbrook.
Linda Colleen Clark	文学士,国立教育学院,1974	教育硕士,美国一路易斯大学,1991,教育硕士,哈佛大学,1999	学习与教学	下一次教育冲击波教师协作:一个针对初任教师探究性专业发展的研究	E. Duckworth, V. Jacobs, S. Seidel.
Harrington Vaughn Gibson	理学士,伊利诺大学香槟分校,1999		学习与教学	提高男性黑人学生的学业成就:为成功教师的教学法和教育学画像	J. Diamond, S. Lawrence-Lightfoot, P. Noguera.
Susan Ann Klimczak	理学士,马里兰大学,1984	理科硕士,莱斯利学院,1993,教育硕士,哈佛大学,2001	学习与教学	作为非正式成人教育的预言命名:对波士顿的新多数派想象力的祛殖民化	M. Pollock, W. Luttrell, G. Boggs.
Erin Marie McCloskey	文学士,布朗大学,1994	教育硕士,哈佛大学 2008	学习与教学	网上专业发展和跨文化能力:一项对 ELF 教师学习过程和结果的定性研究	M. Wiske, C. Dede, J. LeLoup.

续表

学　生	学士学位	硕士学位	博士专业	论文题目	导　师
Rebecca Noelle Mitchell	理学士，佛罗里达州立大学，1993	理科硕士，福罗里达州立大学，1995	学习与教学	接触外星人!：检查教师的数学知识对他们完成数学上的、增强现实课程单元教学的影响	K. Merseth，C. Dede，H. Hill.
Nina Abraham Palmer	文学士，班加罗尔大学（印度），1990	教育硕士，杨百翰大学，1997	学习与教学	什么值得教及为什么：我们如何证明教学内容的合法性？	D. Perkins，C. Elgin，S. Seidel.
Jennifer Ann Roloff Welch	文学士，奥古斯塔那学院，1997	教学硕士，芝加哥大学，1999，教育硕士，哈佛大学，2005	学习与教学	走向变化的路径：在一个工作者教育项目在初级、中级和高级ESOL的女性学习者如何经历学习的定性探索	R. Kegan，E. Drago-Severson，S. Schwager.
Joshua Sung-Chang Ryoo	文学士，首尔大学（韩国），1990	神学硕士，耶鲁大学，2003，教育硕士，哈佛大学，2006	学习与教学	认知自由的哲学：约翰·洛克的政治观、知识观和教育观	C. Elgin，E. Duckworth，H. Siegel.
Daniel John Berry	文学士，2000	教育硕士，2009	人类发展与心理学	注意力问题与整个小学期间师生关系：互动的过程及与学术成就的关系	K. McCartney，J. Willett，S. Jones.
Joanna A. Christodoulou	理学士，塔夫斯大学，2001	文学硕士，塔夫斯大学，2003，教育硕士，哈佛大学，2006	人类发展与心理学	识别流利阅读的神经性关联	K. Fischer，J. Thomson，J. Gabrieli.
Carlo Grant Cerruti	文学士，福特学院，1993	文学硕士，斯坦福大学，1996	人类发展和心理学	大脑活动的非侵入性调制：心—脑—教育研究的新路径	J. Thomson，H. Gardner，S. Carson.

续表

学　生	学士学位	硕士学位	博士专业	论文题目	导　师
Kathleen Helen Corriveau	理学士，布朗大学，2002	哲学硕士 M. Ph.，剑桥大学，2007，教育硕士，哈佛大学，2003	人类发展与心理学	随波逐流：被调查者对学前儿童监管的共识	P. Harris，J. Thomson，T. Tivnan
Jennifer DiBara Crandell	文学士，布兰迪斯大学，1995	文学硕士，加州大学伯克利分校，1998；教育硕士，波士顿学院，2001	人类发展与教育	头脑中对信息的大声阅读始于学前及幼儿词汇和识字能力的发展	C. Snow，B. Pan，T. Tivnan
Samantha Galloway Daley	理学士 B. S.，西北大学，1999	文学硕士，哥伦比亚大学，2000，教育硕士，哈佛大学，2005	人类发展与心理学	对阅读任务的情感反应：什么造成这些反映以及它们与阅读理解的关系	K. Fischer，D. Rose，J. Willett.
Maria Fusaro	文学士，布朗大学，2001	教育硕士，哈佛大学，2005	人类发展与心理学专业	学步儿童得到许可：一项对2到3岁儿童"是"和"不是"手势运用的分析	P. Harris，K. Fischer，B. Pan，C. Vallotton.
Rebecca Jean Garland	文学士，耶鲁大学，1983	教育硕士，哈佛大学，2000	人类发展与心理学	爱与扫盲：当女人学会阅读时夫妻中将会发生什么	MNakkula，J. Comings，T. Tivnan.
Natsuko Kuwahara	文学士，茨城大学（日本），1997	文学硕士，蒙特瑞国际研究学院，1998，教育硕士，哈佛大学，2006	人类发展与心理学	旅居美国的日本研究生的心理健康、生活质量和性别化体验	V. Fong，C. Snow，W. Luttrell.
Metta Karuna McGarvey	文学士，芝加哥大学，1981	神学硕士，哈佛大学，1999	人类发展与心理学	成人生活的心念实践和情感发展：研究和教学的一个发展框架	R. Kegan，J. Murphy，M. Nakkula.

续表

学　生	学士学位	硕士学位	博士专业	论文题目	导　师
Yeon-Jeong Son	理学士,波士顿大学,1992	教育硕士,哈佛大学,1997	人类发展与心理学	从中学到大学:家长、同伴和教师对多米尼加学生的影响	V. Louie, H. Haste, M. Nakkula.
Theresa Kathleen Sullivan	文学士,明尼苏达大学,1980	教育硕士,哈佛大学,2002,高等教育证书 C. A. S.,哈佛大学,2004	人类发展与心理学	合作思维:早期的青少年如何发展中发展战略性思维观念对 21 世纪的就业、公民权和领导能力至为关键	R. Selman, H. Haste, J. Willett.
Rebecca Ann Sutherland	文学士,哥伦比亚大学,1993	文学硕士,纽约大学,2001	人类发展与心理学	同伴交谈能告诉我们关于教室中的儿童什么?	C. Snow, B. Pan, R. Selman.
Paloma Visscher	理学士,秘鲁天主教神学大学,1997	教育硕士,哈佛大学,2002	人类发展与心理学	学习一个新的教学方式?学校教育对盖楚瓦人父母和兄弟姐妹们教学方法上的影响	P. Harris, B. Pan, T. Tivnan, G. Urton.
Ming-Te Wang	文学士,淡江大学(台湾),1988	教育硕士,哈佛大学,2006	人类发展与教育	学校氛围促使青春期学生约会	R. Selman, J. Willett, S. Jones.
Kathy Maria Warren Augustine	理学士 B. S.,洛约拉大学,1975	教育硕士,1983;教育硕士,1994	市主管项目	分析性论文:在高风险问责制的城市学区的新校长们:以他们的学习、实践和反馈为案例	R. Elmore, R. Peterkin, M. O'Neill
Gregory Wallace Baker	文学士 B. A.,1991	教育硕士,1993;教育硕士,哈佛大学,2005	市主管项目	在美国城市学区的教研员:从校长的视角看如何监督教研员	R. Peterkin, T. Payzant, E. Foley.

续表

学　生	学士学位	硕士学位	博士专业	论文题目	导　师
Pamela Chenetta Brown	文学士，斯坦福大学，1976	文学硕士，旧金山州立大学，1991；教育硕士，哈佛大学，2007	市主管项目	追求卓越绩效：关于平衡记分卡（Balanced Scorecard）在改善城市中学作用的案例研究	R. Peterkin, M. Higgins, J. Honan.
Jennifer Perry Cheatham	文学士，德保罗大学，1993	文学硕士，密歇根大学安娜堡分校，1996；教育硕士，哈佛大学，2006	市主管项目	区级实践社区：一个多案例分析	R. Peterkin, R. Elmore, R. Kegan.
Rebecca Ann Thessin	文学士，耶鲁大学，2001	教育硕士，哈佛大学，2006，教育硕士，哈佛大学，2007	市主管项目	一个小城区的专业学习社区教师工作的定性研究	R. Peterkin, R. Elmore, E. McGowan.

资料来源：Harvard Graduate School of Education 2011 Doctoral Candidates. 见 http://www.gse.harvard.edu/admissions/documents/2011_graduates.pdf. 2012－01－31.

附录4　人名中英文对照

Abraham Flexner 亚伯拉罕·弗莱克斯纳

Alison Lee 艾莉森·李

Anna Neumann 安娜·纽曼

Anne Huff 安妮·胡夫

Arthur Levine 亚瑟·莱文

Benjamin Baez 本杰明·贝兹

Bradley Courtenay 布兰得利·考特尼

Calleen Coorough 考林恩·库若夫

Clifton Conrad 克里夫顿·康拉德

Dale Anderson 戴尔·安德森

Daniel Boorstin 丹尼尔·布尔斯廷

Daniel Gilman 丹尼尔·吉尔曼

Daniel Stufflebeam 丹尼尔·斯塔佛宾

David Cater 大卫·切特

David Dill 大卫·第尔

David Ellwood 大卫·埃尔伍德

David Labaree 大卫·拉伯雷

Donald Schon 唐纳德·舍恩

Dressel Paul 朱爱瑟·保罗

Drew Faust 杜鲁·福斯特

Elen Lagemann 艾伦·拉格曼

Elliot Eisner 艾略特·艾斯讷

Ellwood Cubberley 艾莉沃德·克伯莱

Erica McWilliams 埃里卡·麦克威廉姆斯

Ernest Hollis 欧内斯特·浩乐斯

Ernest House 欧内斯特·豪斯

Frank Freeman 弗兰克·弗里曼

Gary Cow 加里·克罗

Geraldine Clifford 杰拉尔丁·克利福德

Gerard Delanty 杰勒德·德兰迪

Gert Hofstede 杰特·霍夫施泰德

Hank Rubin 汉克·若宾

Helen Gunter 海勒·甘特

Helga Nowotny 海尔格·诺沃特尼

Henric Bruun 韩瑞科·布汝恩

Henry Commager 亨利·康马杰

Henry Holmes 亨利·霍姆斯

Henry Tappan 亨利·塔潘

Ien Ang 伊恩·安格

Imig David 爱美吉·大卫

Issac Kandel 艾萨克·康德尔

Jack Nelson 杰克·尼尔森

James Duderstadt 詹姆斯·杜德斯达

James Guthrie 詹姆斯·古斯瑞

James Morrison 詹姆斯·毛瑞森

James Russell 詹姆斯·罗素

James Williams 詹姆斯·威廉姆斯

Jay Labinger 杰拉·宾格

Jean Wilson 简妮·威尔逊

Jennifer Haworth 詹尼弗·豪斯

John Armstrong 约翰·阿姆斯特朗

John Goodlad 约翰·古德莱德

John Porter 约翰·波特

John Russel 约翰·罗素

John White 约翰·怀特

Jonathan Turner 乔纳森·特纳

Joseph Cerny 约瑟夫·瑟内

Joseph Murthy 约瑟夫·墨非

Karen Gallagher 凯伦·加拉格尔

Karl Compton 卡尔·康普顿

Kathleen McCartney 凯瑟琳·麦卡特尼

Larry Leslie 拉里·莱斯利

Laurence Brown 劳伦斯·布朗

Lawrence Cremin 劳伦斯·克雷明

Lawrence Lowell 劳伦斯·洛韦尔

Lee Shulman 李·舒尔曼

Lewis Mayhew 路易斯·梅修

Lisa Towne 莉萨·汤

Maresi Nerad 内拉德·内瑞达

Margare Haggerty 马格瑞·哈哥提

Marvin Alkin 马文·阿尔金

Michael Copland 迈克尔·考帕兰德

Michael Gibbons 迈克尔·吉本斯

Michael Scriven 迈克尔·斯科文

Nancy Pitner 南希·佩特呐

Nicholas Butler 尼古拉斯·巴特勒

Paul Hanus 保罗·汉努斯

Paul Smith 保罗·史密斯

Peter Jarvis 彼得·贾维斯

Peter Scott 彼得·司考特

Philip Altbach 菲利普·阿特巴赫

Philip Piele 菲利普·帕雷
Ralph Tyler 拉尔夫·泰勒
Richard Schwab 理查德·施瓦布
Richard Shavelson 理查德·沙沃森
Richard Storr 理查德·斯道
Robert Birnbaum 罗伯特·伯恩鲍姆
Robert Burgess 罗伯特·伯吉斯
Robert Stake 罗伯特·斯德科
Robin Farquhar 罗宾·法克尔
Roger Geiger 罗杰·盖格
Russell Osguthorpe 鲁塞尔·奥古斯若普
Sheila Slaughter 希拉·斯劳特
Stan Lester 斯坦·莱斯特
Stephen Spurr 斯蒂芬·斯博
Stephen Spurr 斯蒂芬·斯珀
Talcott Parsons 塔尔科特·帕森斯
Tanya Fitzgerald 塔尼亚·菲茨杰拉德
Tennant Mark 坦南特马克
Terri Seddon 泰瑞·塞登
Terry Evans 泰瑞·伊万斯
Thomas Deering 托马斯·蝶瑞
Thomas Hill 托马斯·黑尔
Thosretin Veblen 索尔斯坦·维布伦
Tom Maxwell 汤姆·麦克斯维尔
Valerie Hall 瓦莱利·豪
Victor Ludlow 维克托·勒德罗
Walter Monroe 沃尔特·门罗
William Russell 威廉姆·罗素

后 记

刚入读南师大时，我对读博充满了恐惧，认为这三年或更长的时间将是漫长的煎熬，这主要是因为我对自己能否顺利完成学业完全没有信心。第一年，用“呕心沥血”一词来形容并不为过。第二年是我的转型期，随着发表论文数量与层次的突进，我一边坚定了自己的信心，一边确立了博士论文的框架。而现在觉得，这三年过得实在太快，回首往昔，很多事难以割舍，留恋之情愈重。宽厚淳朴的恩师、亦师亦友的伙伴、郁郁葱葱的随园，我竟与之长久地分别了，我愈发留恋甚至是迷恋这段时光和这片热土。“痛苦—喜悦—留恋”就是我的南师大三部曲。

我的学术出身，在2009级是最差的。深深的自卑，强烈的求生欲望，迫使我卧薪尝胆。泡图书馆就是我的日常生活，有同学笑言，我在西山图书馆待的时间之长仅次于看门的管理员，确是实情。原来望而生畏的英文文献逐渐成为我进步的源泉和珍爱的宝贝，但阅读与消化的痛苦使我每天都是拖着疲惫的身体回到宿舍。寒暑假，对我而言，只是换换战斗的场地而已。我甚至欣喜地发现，每次长假之后，必有作品问世。现在看来，三年的辛苦没有白费，我收获了自信与尊严。

我是后进者，却也是幸运儿，我在南师大的成长得益于众多师友的帮助。最要感谢的是恩师程晋宽教授。恩师学术扎实，视野高远，待人真诚，对我既严格要求，又宽容激励。我学术基础差，基本的学科知识和研究方法都很欠缺。恩师为我制定了量身定做的培养方案，鼓励我勇于挑战学术前沿，敢于面对学术难题，引导我一步步攀登学术高峰。我的所有成绩，都凝聚了恩师的勤劳和智慧。恩师在美国访学一年，但我们的交流从未间断。恩师还在百忙中为我用相机拍摄了一些珍贵的资料，这种费时费力的工作，让学生感念不已，铭记于心，终生不忘。

教科院的老师们，令我敬仰，催我奋进。鲁洁、吴康宁、胡建华、张乐天、张新平、叶忠、王建华等教授，以及陈学军、生兆欣、魏峰、陈红燕、王宁、金礼久等老师，都给予了我有形或无形的教育和积极的力量。在我求学与就业过程中很多人给予了重要帮助，他们是叶忠、胡建华、黄志成、李福华、汪霞、朱海琳、骆四铭、刘俊起、陆淑云等教授及曹树坤、黄海涛、朱景坤、徐金海、严从根、余承海、贾群生诸兄弟。感谢恩师部锦强教授一直以来对我的关心和爱护。感谢我的博士后导师戚万学教授的垂爱。

我的父母、岳母、兄长、妻儿都为我六年的求学生涯付出了很多辛劳，做出了很多牺牲，也始终给予了我强大的关爱和支持，尤其是妻子林琳，她总是最坚定有力地支持我的学业和事业。

特别感谢教育部人文社科基金的支持；感谢山东女子学院出版基金的支持；感谢山东人民出版社尤其是杨刚编辑的大力帮助。

人届中年，当奋发图强，把多年积蓄的力量迸发出来以无憾于此生，无愧于时代。

李云鹏

2014 年冬于济南

图书在版编目(CIP)数据

美国教育博士专业学位的发展与变革研究/李云鹏著.—济南:山东人民出版社,2015.7
ISBN 978-7-209-08357-7

Ⅰ.①美… Ⅱ.①李… Ⅲ.①教育学-博士-研究生教育-研究-美国 Ⅳ.①G649.712

中国版本图书馆 CIP 数据核字(2015)第 206472 号

美国教育博士专业学位的发展与变革研究
李云鹏 著

主管部门 山东出版传媒股份有限公司
出版发行 山东人民出版社
社 址 济南市经九路胜利大街 39 号
邮 编 250001
电 话 总编室:(0531)82098914
市场部:(0531)82098027
网 址 http://www.sd-book.com.cn
印 装 山东省东营市新华印刷厂
经 销 新华书店

规 格 16 开(169mm×239mm)
印 张 20.5
字 数 330 千字
版 次 2015 年 7 月第 1 版
印 次 2015 年 7 月第 1 次
ISBN 978-7-209-08357-7
定 价 48.00 元